船舶燃气轮机结构

牛利民　李淑英　主编

哈尔滨工程大学出版社

内 容 简 介

本书是根据中国船舶工业总公司1986年召开的船舶类高等院校专业教材会议审议通过的“船舶燃气轮机结构”教学基本要求编写的。本书1992年12月出版，今在原版基础上作了较大范围的修改和补充。力求能体现传承和更新，简捷、紧凑和适用，为了方便读者学习，书中提供了思考题。

本书较全面、系统地介绍了船舶燃气轮机结构的基础知识，各零、部件的功能和主要设计要求以及典型结构，并对各种典型结构进行了结构分析。指出了船舶燃气轮机总体和附属系统及装置的设计特点，介绍了它们的工作情况和实例。对燃气轮机新概念、新结构、新材料、新技术的发展动向也作了适量介绍。考虑到航空发动机日新月异的发展对船舶燃气轮机的巨大促进作用，对航空发动机及其发展，舰用化改装等问题也作了必要的介绍。

本书可作为高等院校船舶动力工程专业本科生教材，也可供有关专业本科生和从事船舶燃气轮机设计、研究、制造和使用维护工作的工程技术人员参考。

图书在版编目(CIP)数据

船舶燃气轮机结构/牛利民，李淑英编. —哈尔滨：哈尔滨工程大学出版社，2007.1(2024.7重印)
ISBN 978-7-81073-931-3

Ⅰ.船…　Ⅱ.①牛…　②李…　Ⅲ.船舶-燃气轮机
Ⅳ.U664.131

中国版本图书馆CIP数据核字(2007)第015039号

出版发行　哈尔滨工程大学出版社
社　　址　哈尔滨市南岗区南通大街145号
邮政编码　150001
发行电话　0451-82519328
传　　真　0451-82519699
经　　销　新华书店
印　　刷　哈尔滨午阳印刷有限公司
开　　本　787 mm×1 092 mm　1/16
印　　张　14.25
插　　页　1
字　　数　346千字
版　　次　2007年1月第1版
印　　次　2024年7月第6次印刷
定　　价　22.00元
http://www.hrbeupress.com
E-mail:heupress@hrbeu.edu.cn

前　言

本书是根据中国船舶工业总公司1986年召开的船舶类高等院校专业教材会议审议通过的“船舶燃气轮机结构”教学基本要求编写的。本书自1992年12月出版以来，一直作为高等船舶动力工程专业本科生的教科书使用。为满足今后教学的需要，在哈尔滨工程大学的通力支持下，今特在原版基础上作了较大范围的修改、补充，进行了重新编撰。力求能体现传承和更新，力求使该教材简捷、紧凑和适用。

本书与“船舶燃气轮机零件强度计算”一书配套使用。

本书从第1章到第7章，较全面、系统地介绍了船舶燃气轮机结构的基本知识，各零、部件的功能和主要设计要求，主要附属系统的组成和工作的情况，对总体设计所牵涉的有关问题等。对船舶燃气轮机总体设计涉及的结构问题和对船舶燃气轮机零、部件结构分析及结构设计是本书的核心内容。本书也注重对当今燃气轮机新概念、新结构、新材料、新技术发展动向的介绍。本书重视结构基本概念、基本设计原理和方法的介绍及讨论，力求通过学习使读者了解和掌握船舶燃气轮机结构设计的措施和原则，以及结构分析的方法。

事实证明船舶燃气轮机有其特殊性，但与航空燃气轮机和工业燃气轮机又有同一性。航空燃气轮机日新月异的发展促进了船舶燃气轮机的发展。航空发动机的舰用化改装和航空发动机技术的“移植”已成为船舶燃气轮机的发展方向，因此在第8章中对航空发动机的发展和舰用化改装问题进行了必要的介绍和讨论。

在编写本书过程中，得到了众多专家、学者的帮助和指导，在此深表谢意！

由于编者的理论水平和实践经验有限，书内肯定有许多缺点和错误之处，因此热忱地希望专家和读者给予批评指正。

编　者

2006年10月

目　　录

第 1 章

绪　论

燃气轮机是继蒸汽轮机和内燃机之后的新一代热机。由于它具有质量轻、体积小、单机功率大、启动快、污染少以及燃气初温高，可以实现能量的梯级利用，因而热效率高，经济性好；由于无往复运动部件，因而可靠性好且运转平稳。自20世纪40年代问世以来，短短的半个多世纪已获得了飞速发展。从50年代开始就在航空领域取得绝对优势地位，取代了航空活塞式发动机。从60年代开始，军用水面舰船涡轮化；70年代末期美国的主战坦克开始采用燃气轮机；80年代高速客轮、高速船等也采用了燃气轮机，实现民用船舶船速的飞跃。近30年船舶用燃气轮机功率增加200倍以上。在工业领域，石油工业、石化、化工等部门率先采用燃气轮机；在城市发电方面，由于常规燃煤蒸汽轮机电厂污染严重，发电效率低以及由于在国际范围内天然气供应充裕，因而燃气轮机电厂迅速发展。美国每年新增加和更新的发电设备中，有60%为燃气轮机电厂。1987年，美国生产的动力设备中，燃气轮机的总千瓦数已经超过蒸汽轮机。据预测，在今后10年新增的发电设备中，美国燃气轮机将占66%，在世界范围内将占36%。

随着燃气轮机技术的日臻完善，性能日益提高，目前简单循环燃气轮机效率已达42%，联合循环效率已经超过55%，正在研制中的可达60%。此外，燃煤联合循环、间冷－回热循环(ICR)、湿空气涡轮循环(HAT)等以燃气轮机为主要组成部分的各种不同形式组合的热力系统正在积极开发中。可以预期，燃气轮机技术将有更大发展。21世纪，燃气轮机联合循环发电将成为电力工业的主力军。

燃气轮机结构设计，是燃气轮机研制和使用中的一个重要环节。它是一项综合性很强，又密切结合工程实际的技术工作。在燃气轮机的长期研制和使用中，人们充分认识到以采用新技术、新材料、新工艺为基础的先进、合理结构设计，是实现燃气轮机高参数、高性能、适用性、可靠性、维修性和长寿命的技术保障。结构设计中要综合处理气动、性能、传热、材料、工艺、强度、振动、装配、使用、维修等诸多方面的问题，还要考虑实际制造和使用的具体条件、结合国内外燃气轮机的使用经验等。因此，本书从结构设计的角度出发，向读者简单介绍船舶燃气轮机各大部件和附属系统的功能和技术要求。对新、老机型中的各种典型结构进行归类和分析对比，并指出船舶燃气轮机总体、部件和附属系统的结构设计特点和技术要求，以及满足这些技术要求和特点的结构设计基本原理、原则。就是说，对船舶燃气轮机的典型零部件和附属系统进行较系统的结构设计介绍和分析是本书的宗旨。

在这一章中，我们先就燃气轮机及其构成，什么是船舶燃气轮机，燃气轮机的发展和现代水平，以及船舶燃气轮机的特点和使用方式等作简明、概括的介绍。

1.1 燃气轮机的构成和船舶燃气轮机简介

燃气轮机是一种连续回转的内燃、叶轮机械式的新型热机。它主要由压气机、燃烧室和燃气涡轮三大部件构成。图1－1所示为一简单开式等压燃烧循环的燃气轮机热线原理简图。燃气轮机以气体(空气、燃气)为工作介质。

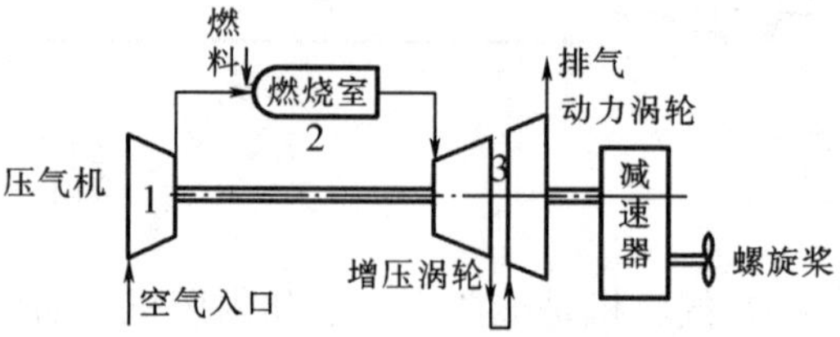

图1－1 简单开式等压燃烧循环的燃气轮机热线原理简图
1—压气机;2—燃烧室;3—涡轮

燃气轮机在正常工作时,由燃气涡轮拖动的压气机从外界吸入空气并使之压缩,空气的压强和温度皆相应提高。空气随后被压送到燃烧室,与燃油喷嘴喷入的雾化燃油混合、燃烧,形成高温高压的燃气。燃气随之在涡轮中膨胀做功,推动涡轮拖动压气机和外负荷高速旋转。从涡轮排出的废燃气或直接排入大气或引入余热回收设备中利用部分余热后再排入大气。这样,燃气轮机就把燃油的化学能转变为热能,又把部分热能转变成机械功。由此可知,它不同于活塞式内燃机和外燃式蒸汽轮机,它是一种以连续流动的气体工质等压内燃,且连续回转的叶轮机械式的热机。显然吸气压缩过程是在压气机中进行,等压燃烧过程是在燃烧室中进行,膨胀做功过程则在涡轮中进行的。即这些热力过程分别是在不同的部件中同时进行的,这一点与活塞式内燃机有很大不同。通常,涡轮发出的机械功率约2/3左右用来拖动压气机用于气流的加功增压,其余的约1/3左右的机械功率则通过输出轴和传动装置拖动外负荷(发电机或螺旋桨等)。

所谓的船舶燃气轮机就是在参数、材料、结构和运行性能等方面都能满足船舶航行技术要求的燃气轮机。它可以用作船舶推进的动力。通常把用作船舶推进动力的船舶燃气轮机称为主燃气轮机。在船舶各种航速下都能投入使用的主燃气轮机称为全工况船舶燃气轮机。在船舶巡航时提供推进动力的主燃气轮机称为巡航船舶燃气轮机。仅在高速航行或应急机动时开动的主燃气轮机称为加速船舶燃气轮机。此外,燃气轮机还可以作为驱动船舶辅助机械,如海水泵、风机、发电机等的动力。用作驱动船舶辅助机械的船舶燃气轮机称为辅助船舶燃气轮机。

船舶燃气轮机也主要由压气机、燃烧室和涡轮三大部件组成。但一般都做成分轴形式。通常把压气机、燃烧室和拖动压气机的涡轮三者看作一个整体,称为燃气发生器。燃气发生器可以看作是能连续不断地产生具有一定温度和压力的燃气的独立单元。而把利用燃气发生器产生的燃气作为工质产生输出功率用来拖动外负荷(螺旋桨或发电机)的独立单元称为动力涡轮。由于做成分轴形式,动力涡轮的转子与燃气发生器的转子之间无机械联系,而仅有气动上的联系,因而有时也称动力涡轮为自由涡轮。由此可知,燃气发生器为动力涡轮提供符合技术要求的燃气(这相当于一个燃气源),而动力涡轮则借助燃气膨胀发出机械功率以拖动外负荷。

典型的船舶燃气轮机如图1－2所示。

舰用太因RM1A燃气轮机是英国R. R公司早期研制的巡航船舶燃气轮机。它是由航空涡轮螺桨发动机经舰用化改装设计而成的。它与奥林普斯TM3C船舶燃气轮机一起构成当年英国海军水面舰艇燃气轮机推进的标准动力单元,用作护卫舰、驱逐舰的推进动力。它

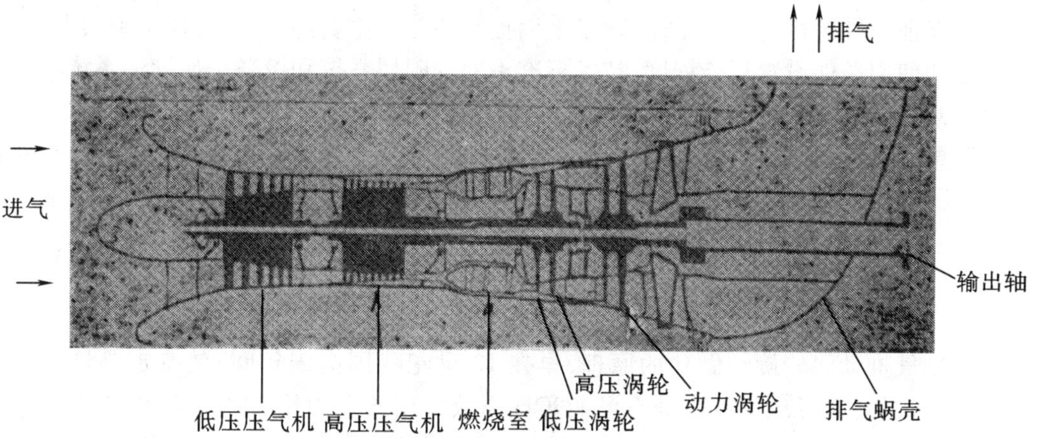

图 1－2　舰用太因 RM1A 燃气轮机

的改进发展型太因 RM1C 及太因 RM2D 的推进功率更大、质量更轻，可用作水翼艇、气垫船、巡逻艇等的推进动力。

太因 RM1A 是一台典型的具有双转子结构的船舶燃气轮机。由 9 级轴流高压压气机和 1 级轴流高压涡轮构成燃气发生器的高压部分。由 6 级轴流低压压气机和 1 级轴流低压涡轮构成燃气发生器的低压部分。环管形的燃烧室具有沿周均匀分布的 10 个火焰筒。高、低压两部分的高压转子和低压转子形成套轴结构的双转子结构系统，高、低压转子之间仅有气动联系。燃气发生器后面是动力涡轮和排气蜗壳。动力涡轮与燃气发生器转子之间也仅有气动上的联系。动力涡轮发出的轴功率由输出轴发兰与齿轮箱轴相连。齿轮箱轴通过轴系与推进器－螺旋桨相连。动力涡轮为两级轴流结构。

舰用太因燃气轮机的性能见表 1－1。

表 1－1　舰用太因 RM1A、RM1C、RM2D 的性能

性能数据 ＼ 型号		RM1A	RM1C	RM2D
最大持续功率	(kW)	3 126	3 928	3 678
	(hp)	4 250	5 340	5 000
最大间断功率/kW				4 266
耗油率/g(kW · h)		302	290	
燃气初温/K		1 150	1 280	
动力涡轮转速/(r/min)		12 900	13 970	14 900
压比		13	13	13
空气流量/(kg/s)		19.8(排气) 20.1(排气)	20.1(排气)	21.8
排气温度/℃		393	441	454
装箱体尺寸/m^3		0.548 9 ×0.203 ×0.254	0.556	0.212 ×0.261

条件:海平面,101 325 N/m^2,无进、排气压力损失,燃料的低热值为43 124 kJ/kg。

为了保证燃气轮机的正常工作,除了上面提及的三大主要部件之外,还必须根据不同的技术要求和使用条件设置复杂程度、技术标准不同的附属系统和设备。如燃油系统、滑油系统、附件传动装置、空气冷却系统、启动系统、调节保安系统、防喘系统等。对于船舶燃气轮机动力装置,还应设置进气滤清装置、通流清洗系统、盘车装置等。对于采用复杂循环的燃气轮机,还应配置相应的回热换热器、中间冷却器、废热锅炉等换热部件。

1.2 燃气轮机的发展简况和现代水平

关于燃气推动涡轮旋转做功的原理,早在12世纪我国南宋年间,就有走马灯的记载。但是没有现代的科学技术基础,是不可能实现高效实用的动力机械的。直到1939年,BBC公司试制成功一台4 000 kW发电用燃气轮机,装在地下电站作为备用电源使用。该机的压比为4.38,燃气初温(TIT)575 ℃,热效率仅为18%。同年德国人奥海因设计的推力为4 900 N的He-HeS3B喷气发动机装在飞机上首飞成功,成为第一台成功用于航空的涡轮喷气发动机。英国人F. whilt的W-1喷气发动机在1941年试飞成功,比德国人晚2年。人们通常把1939年作为燃气轮机发展成功的年份。

此后,两类燃气轮机在同一起点上并行独立地向前发展。在西方工业国家,航空燃气轮机以R. R、PW、GE三大公司为代表,在航空燃气轮机的基础上派生出了轻型工业和船舶燃气轮机。主要用于发电的重型工业燃气轮机以GE、西屋、西门子和ABB等公司生产的为代表,作为代替蒸汽轮机的动力,发展重型结构燃气轮机,在一个时期内,二者并行地分头发展。

由于军事、政治斗争和经济发展,航空迫切需要高性能的发动机。各国都投入大量财力和人力优先发展航空工业,航空燃气轮机技术获得了高速发展。20世纪50年代航空燃气轮机首先在军用飞机上取代航空活塞式发动机。60年代又出现了以涡轮风扇发动机为动力的民用客机。涡轮喷气发动机、涡轮风扇发动机、涡轮螺旋桨发动机和涡轮轴发动机纷纷投入使用。航空燃气轮机在航空领域已经取得了绝对统治地位。此后其性能不断提高,60年代一般采用亚音速压气机。平均级压比10年约提高0.04,达到1.25,60年代后采用跨音速叶型平均级压比每10年提高0.08,80年代达到1.38。此后三维黏性流场计算用于叶型设计,90年代初的级压比已达到1.5,总压比已达35~39。TIT(燃气初温)在50年代是靠改进材料提高的。每10年提高约100 ℃,到20世纪50年代末达到930 ℃。60年代开始,气冷叶片获得应用,平均增长速度提高了一倍,10年提高了220 ℃,60年代末达到1 150 ℃。以后由于采用更为先进的冷却技术,80年代末达到了1 370 ℃。随着冷却技术更加完善,并采用防护涂层和定向结晶、单晶技术,到90年代初TIT已达到1 700 ℃,航空燃气轮机技术带动了整个燃气轮机工业的发展。

在20世纪六七十年代,各航空发动机公司纷纷将成熟的航空燃气轮机改型为工业和船舶燃气轮机,又称轻型燃气轮机。例如在1962年RR公司推出奥林普斯、太因。PW公司推出TF-4,压比已达14,TIT达1 050 ℃,效率达30%。GE公司于1970年推出压比为20的LM2500。接着RB-211、斯贝等先进船用燃气轮机纷纷登场,效率可达36%左右。到80年代,效率为38.7%的FT-8、效率为41%~42%的LM-6000和Trent问世。轻型燃气轮机在技术上走在燃气轮机工业的前列,在船舶、坦克、石油、石化等工业,和城市的调峰发电、区域性热电联供和独立电站等方面获得广泛的应用。

舰用燃气轮机是用航机改型还是重新设计，两条技术发展道路之间经历了40多年的争论、实践、几经反复，最终走上了航机舰用化改型的道路。这一争论首先发生在英国，在1948年、1951年和1954年英国分别设计了专门用于舰船使用的燃气轮机G2(2.31MW)、RM-60(3.9MW)和G6(5.52MW)，但使用结果都不理想。而同一时期，由成熟的航空燃气轮机"海神"舰用化改型的舰船用燃气轮机比G6早4年，在勇敢号快艇上试验获得成功。皇家海军把注意力转向了航机舰用化改型，并于1967年作出："今后大、中型水面舰艇将以燃气轮机为动力"的历史性决策。此后英国的奥林普斯、太因、斯贝、RB-211，美国的TF4、LM1500、LM2500等燃气轮机纷纷成为了舰用动力。特别是LM-2500第二代船舶燃气轮机问世至1986年就已经装备了15个国家的海军的29种舰艇220艘、500多台。由1955年的147.1 MW到1987年的27 949 MW，30年船舶燃气轮机总功率增加了近200倍。西方工业国家几乎无例外地采用航机舰用化改型的轻型燃机作为舰用动力。各航空燃气轮机制造公司也几乎无例外地将成熟的航空燃气轮机改型为工业和船舶燃气轮机，促进了工业燃气轮机和船舶燃气轮机技术的迅速发展。

随着航空燃气轮机技术的成熟，可靠性、经济性不断提高，近年来除军用水面舰艇外，民用快速客轮也纷纷采用燃气轮机为动力。新型的时速为300 km~500 km的地效应水翼船更是直接采用涡轮螺旋桨、涡扇等航空发动机为动力。20世纪80年代的主战坦克M-1、T-80等也开始采用燃气轮机动力。

城市公用电网需要的大功率燃气轮机主要是由电力工业部门单独发展的。以GE、西屋、西门子、ABB等公司为主，采用重型结构，被称为重型燃气轮机。在这一时期，重型燃气轮机的单机功率增长迅速，但在技术上发展较慢，如GE公司的重型燃气轮机，30年先后开发了MS-3000、MS-5000、MS-7000和MS-9000等系列，到20世纪80年代中、后期，最先进的为MS-9000E型。由20世纪50年代初的MS-3000(功率1.0×10^4 kW、15级压气机压比为7、效率25%)发展到80年代的MS-9001E(功率1.23×10^4 kW、17级压气机压比为12.3、效率32%，联合循环功率1.67×10^4 kW，效率47%)，30多年间，功率提高了10倍多，但在技术上进展较慢，效率提高不多，级压比为1.15~1.16，在这一时期，简单循环效率较轻型燃气轮机低3~5个百分点。由于效率较低，而排气温度较高，因而在联合循环中得到补偿，其联合循环的效率与轻型燃气轮机的差距很小。这一时期的重型燃气轮机的另一个优点是可以燃用如重油等劣质燃料。

从20世纪80年代后期到90年代，工业燃气轮机技术进入了一个迅猛发展的阶段，其标志是航空燃气轮机技术向重型燃气轮机转移，大功率重型燃气轮机的性能得到迅速提高，市场份额迅速扩大。发达国家的环保要求日益严格，常规燃煤电厂污染严重，治理费用高，效率长期停留在35%~40%左右，提高难度大，加上在国际范围内天然气供应充裕、价格合理，液化天然气技术解决了天然气运输困难，高效率低污染的燃气轮机应运而生，巨大的市场需求在客观上刺激了燃气轮机技术的发展。航空燃气轮机技术向工业燃气轮机转移，重型燃气轮机技术迅速发展。由于航机技术的迅速发展，特别是民用航空动力的大量应用，技术日益成熟，重型燃气轮机在保留其结构优点的同时，采用了航机的先进技术如三维可控叶型、空气冷却高温涡轮、耐热合金材料、耐磨涂层、隔热涂层等。在技术上由部分吸取到全面采用、按比例放大，在组织上重型燃气轮机的制造厂商与航空燃气轮机的制造厂商合作，转让技术，轻、重型燃气轮机技术合流。例如R.R公司和西屋及ABB公司合作，R.R向西屋转让 RB－211、Trent 的先进燃气轮机技术。PW 公司与西门子公司合作转让 PW－4000 航空燃气轮机技术。GE 公司则因同时拥有轻、重型燃气轮机两个部门而得天独厚，发展最为方便和迅速。这一时期重型燃气轮机技术得到了突破性的进展，其功率和性能大幅度提高。例如 GE 公司在 1992 年推出了被称为“F”技术的高温燃气轮机 MS－9001F。功率由 E 型的 1.2×10^4 kW 提高到 2.2×10^4 kW，效率为 36%，TIT 为 1 287 ℃，联合循环功率为 3.4×10^4 kW，效率 55.3%，超过轻型燃气轮机。所谓“F”技术是指当时出现的 TIT 为 1 260 ℃的高温燃气轮机的总称。采用了航空技术，如 9001F 压气机前两级采用跨音级，由大涵道比风扇叶片发展而来。压比由 E 型的 12 提高到 15，涡轮采用航空的气冷技术和耐热合金，第 1、2 级气冷，第 1 级为定向结晶合金铸造，叶片采用等离子喷涂、耐热涂层等措施，性能大为提高。时隔不久，西门子公司于 1993 年推出了性能与 9F 相当的 V84－3A（采用 PW 公司的 PW－4000 的航空技术）。西屋公司推出 501F（采用了 RR 公司的 Trent 航空技术）。

由于这些技术突破，重型燃气轮机联合循环单级功率突跃至 $(3\sim4)\times10^4$ kW，效率较燃煤汽轮机电厂高 15 个百分点，加上全球范围天然气供应充裕，污染小，因而燃气轮机电站从调峰电站转为基本负荷电站，市场迅速扩大。统计表明，1994 年 6 月至 1995 年 8 月，用于电站的 892 台燃气轮机中，用于基本负荷的共 711 台，占总数的 79.7%。另据 GE 公司预测，1993 年至 2002 年的十年间，全世界电站装机平均增长率约为 3%，预计总增长为 618 GW，其中燃气轮机电站为 288 GW，占 46%，而汽轮机电站为 207 GW，只占 33%。加上这一时期，清洁煤技术、燃煤联合电站也获得巨大成功，整体煤气化联合循环（IGCC）和增压硫化床联合循环（PFBC－CC）电站已进入商业化运行阶段。因此电力界预言：燃气轮机联合循环电站将成为下个世纪城市发电的主要形式，燃气轮机将迎来一个新的发展高潮。

西方燃气轮机工业界在“F”技术取得成功的基础上，更加全面采用航空技术，加速发展大功率重型燃气轮机。GE 公司在美国能源部的支持下，参与先进涡轮系统（ATS）计划，集中它的航空发动机分部、电力分部（重型燃气轮机）和总公司研究中心的力量，全面利用航空技术，开发面向 21 世纪的大功率先进燃气轮机 MS－9001G 型和 H 型。压气机是 CF6－80C2 航空燃气轮机的高压压气机（LM2500、LM5000、LM6000 等轻型燃气轮机用的也是这一族压气机），按 3 倍比例放大再加 4 级共 18 级，压比增至 23，4 级涡轮均为航空改型（TIT 高达 1 430 ℃），第 1 级涡轮叶片为单晶精密铸造，2～4 级为定向结晶铸造，全部覆以耐高温涂层，G 型为空气冷却，功率增至 2.8×10^4 kW，效率为 39.5%，与先进的轻型燃气轮机相当。联合循环功率和效率则分别为 4.2×10^4 kW 和 58%，高于轻型燃气轮机。H 型为蒸汽冷却涡轮，只有联合循环，功率增至 4.8×10^4 kW，效率为 60%。燃烧室的干低 NOx 系统，NOx 排放在 10 ppm 以下，可用于天然气，也可以用于燃煤的 IGCC 电站。美国以此作为保证 21 世纪能源安全，全球领先和加强美国能源工业竞争能力的关键项目。据美国能源部估计，这一先进技术可使美国在接近 2020 年时，每年节约燃料 1.06×10^{15} kg，相当于原油 2 500 万吨。在同一时期，西屋、西门子、ABB 公司等也都用相似手段，开发性能相似的新机如 501G、V84A3、GT26 等，西屋还推出了效率超过 60% 的 ATS 燃气轮机。20 世纪 90 年代以后，轻型燃气轮机方面也有长足进展，具有代表性的是联合先进航机燃气轮机（CAGT），是由美国牵头，由美欧等 22 个公司和部门参加的多国计划，主要是把波音 777 客机装有的三种先进的大涵道比涡扇发动机（GE－90、PW－4084、Trent－800）改为先进的发电用燃气轮机。当前首要工作是利用双转子压气机的优势，实施中间冷却（ICAD）方案，TIT 为 1700～1755，简单循环效率为 45%～47%。ICAD 是实现更先进湿空气涡轮循环（HAT）的第一步。

以 PW－4084 为基础的 HAT 循环，效率可达 61%～63%，功率可达 2.0×10^4 kW。

第一个间冷－回热的先进燃气轮机是由美国海军主持的 WR－21 船舶燃气轮机，由 RR 公司和西屋公司合作发展。以 RR 公司的 RB－211 和斯贝燃气轮机技术为基础改进。功率 2.43 MW，油耗 0.203 kg/(kW·h)，效率 42%。采用 ICR 循环后，低工况时的油耗大幅度下降。在 30% 工况时，效率仍高于 41.16%，油耗 0.207 kg/(kW·h)，低于船用柴油机，代表了下一代世界军舰和民用船舶动力的方向。

燃气轮机工业是现代化的高技术产业，发达国家经 50 多年的努力，才发展到当前庞大的产业群体。我国燃气轮机工业的基础薄弱，应吸取国际燃气轮机工业发展的经验教训，充分发挥社会主义市场经济的优越性，在国家的统一组织和领导下把航空、电力、船舶等工业部门组织起来形成整体力量，发挥各自优势，同时开展国际合作，引进先进技术，来加快我国的燃气轮机建设。

近代燃气轮机性能见表 1－2。

表 1－2　近代先进燃气轮机性能表

燃气轮机型别	投产年份	总压比	燃气初温 ℃	简单循环		联合循环		备注
				功率 1×10^4 kW	效率 %	功率 1×10^4 kW	效率 %	
MS－9001E	1979	12.3	1 122	12.3	31.4	18.9	52	GE
MS－9001F	1991～1992	13.6	1 287	22.6	36	34	55.3	GE
MS－9001G	1995	23	1 430	28.2	39.5	42	58.2	GE
MS－9001H	1997～1998	23	1 430	—	—	48	60	GE
701D	1981	14.7	1 100	13.4	35	17.9	49.4	WH WHI
701F	1992	15.6	1 288	23.5	36.7	35.6	55.1	WH WHI
$701G_2$	1999	21	1 430	30.8	39	45.4	58.2	WH WHI
ATS	2000			35	43	50.5	60	WH WHI
V94－2	1981	21.9	1 100	15.4	34.5	23.8	52.1	Simen's
V94－3A	1995	16.6		24	35.4	35.4	57	Simen's
GT－26	1994	30		24.1	37.9	36.0	58.5	ABB
FT－8	1990	20.3	1 160	2.45	38.7	3.2	49.3	TPM
LM－6000	1992	30	1 243	4.2	40.1	5.3	52	GE
Trent	1996	21		5.1	41.5	6.3	52	RR
WR－21	1998～2000	16	1 200	2.5	42	—	—	RR－WH
LM－2500	1994	21.6	815	2.6		3.8	51.4	GE

1.3　船舶燃气轮机的特点及其在舰艇上的使用方式

现代常规舰艇动力装置有柴油机动力装置、蒸汽轮机动力装置和燃气轮机动力装置三种。

1.3.1　柴油机动力装置

以柴油机为主机的动力装置的突出优点是经济性好、操纵方便,可直接倒车、简单紧凑,是目前舰船上用得最多的一种动力装置。柴油机可分为低速、中速、高速三种。低速柴油机因转速低,可直接与轴系连接驱动螺旋桨,缸径大,热效率较中、高速柴油机的要高,单机功率可达$(3.68\sim2.94)\times10^4$ kW。但尺寸大、质量大,适合于大型船舶。中速柴油机常用齿轮传动经减速后驱动螺旋桨,也有用调距桨进行变工况和正倒车的,操作简单、效率较高。近年来广泛应用于集装箱船、滚装船和工程船等。低速和中速柴油机均能燃用不同品质的燃料油。高速柴油机燃用中质和轻质燃料油,质量轻、尺寸小,但油耗大、燃料成本高、使用寿命短、振动噪声大。较多用于军舰及内河浅水急流船舶。在军用舰艇中,常规动力潜艇几乎全部都采用柴油机。大多数军用辅助舰艇也采用柴油机作为推进动力。但柴油机单机功率小,难以满足大、中型水面舰艇所需要的全部功率要求。因此,通常只能作为巡航主机使用。而加速主机则多采用燃气轮机。另外,柴油机的振动大、高水下噪声会影响反潜声呐的工作,故目前大、中型水面舰艇的巡航主机甚至也尽量不采用柴油机,而采用燃气轮机。再则柴油机尚需要大量冷却水,滑油消耗量也较大。

1.3.2　蒸汽轮机动力装置

以汽轮机为主机的动力装置。蒸汽从主锅炉引出,进入汽轮机膨胀做功后排入冷凝器,被舷外水冷却而凝结成水,由凝水泵送入给水预热器,再由锅炉给水泵打进主锅炉并在锅炉中受热蒸发成蒸汽,构成一个闭式循环。蒸汽轮机动力装置的优点是单机功率大,可达5.5×10^4 kW,振动噪音小、工作可靠、寿命长,维护使用方便,因而在大型水面舰艇中仍占一定优势。在军用方面它用作驱逐舰、巡洋舰和航空母舰的动力。在民用船舶方面,它主要用于大型油轮和集装箱货船。蒸汽轮机动力装置的缺点是系统庞大笨重、启动时间长、维护使用需要的操纵和管理人员较多等。

1.3.3　燃气轮机动力装置

以燃气轮机为主机的动力装置。通常包括进、排气装置、主传动装置(含减速器和轴系等)、燃气轮机、推进器——螺旋桨和监控系统等组成。该动力装置的优点是结构简单、工作可靠、单机功率大、体积小、质量轻、启动加速快、运转平稳振动小、水下噪声小、维护使用简单、操纵方便、易于实现远距离自动监控和操纵。燃气轮机用作船舶推进主机可大幅度提高和改善现代舰艇的战术技术性能。因而在军用大、中型水面舰艇上得到日益广泛的应用。但燃气轮机动力装置也具有耗油率偏高,特别是变工况时耗油率更高、翻修寿命较短(8 000 h ~ 10 000 h)、排气温度较高、空气流量大,要求的进、排气装置的尺寸大等问题,倒车方面也存在一些技术困难。尤其是因为经济性的原因影响了燃气轮机在民用船舶上大批量的应用。

采用燃气轮机动力装置的舰艇在推进应用方式有下列几种类型。

1. COSAG(蒸－燃联合动力装置)

主机由蒸汽轮机和燃气轮机组成的联合动力装置。蒸汽轮机和燃气轮机用并车齿轮箱机械地联系在一起。蒸汽轮机和燃气轮机热力系统是各自独立的。通常用蒸汽轮机作巡航机,加速时并入燃气轮机与蒸汽轮机共同驱动螺旋桨,以获得舰艇的高航速。在紧急情况下,可用燃气轮机快速启航。这是一种最早出现的联合推进方式。由于蒸汽轮机动力装置质量、尺寸较大,随着全工况燃气轮机的发展,已能满足各种功率要求,为使装置简化,在中、小型水面舰艇中已由柴－燃联合动力装置或全燃联合动力装置所取代。

2. CODOG(柴－燃交替联合动力装置)

主机由柴油机和燃气轮机组成的联合动力装置。针对燃气轮机在低工况运行时经济性差、启动快和单机功率大,柴油机在所有工况下都运行平稳,又便于反转的特点。20世纪60年代各国将柴油机和燃气轮机组成的联合动力装置,成了中、小型水面舰艇的主要动力装置应用方式之一。如柴油机功率在总功率中所占比例较小(25%),柴油机仅作巡航机用,大于巡航工况时,使柴油机停车,改用燃气轮机工作,称为柴－燃交替联合动力装置。

3. CODAG(柴－燃并列联合动力装置)

舰艇的巡航航速较高,即柴油机功率在总功率中所占比例较大(50%)时,则必须使柴油机在所有工况下都工作,而燃气轮机只在大于巡航航速时才投入工作,称柴－燃并列联合动力装置。

CODOG 和 CODAG 皆由于柴油机和燃气轮机的特性差异较大,联合工作使传动、燃油系统、滑油系统等结构复杂,管理不便,使用范围受到一定限制,故已逐步被全燃联合动力装置所替代。

4. COGOG(燃－燃交替联合动力装置)

舰艇装备两种不同型号的燃气轮机,其中功率较小、耗油率较低的燃气轮机作为巡航机使用;功率较大的燃气轮机作为加速机使用,大小机交替工作。例如英国的奥林普斯和太因燃气轮机组成的联合动力装置就属于这一使用方式。

5. COGAG(燃－燃并列联合动力装置)

舰艇装备了两台以上相同型号的燃气轮机联合推进。例如美国 DD963 驱逐舰即装备了由四台 LM2500 船舶燃气轮机组成的 COGAG 联合动力装置,双轴线每轴并列安装两台 LM2500 船舶燃气轮机。全速工作时,四台燃气轮机同时在高工况下工作,航速可达30节以上,巡航时每轴上开动一台燃气轮机并在较低工况下工作。

6. COGAS(燃－蒸联合动力装置)

将燃气轮机和汽轮机两种按不同热力循环的热机联合在一起的动力装置,两者不仅在机械上,而且在热力系统上联合在一起。以燃气轮机 产生基本功率,利用燃气轮机的高温排气(一般为450 ℃ ~500 ℃)注入到余热锅炉产生蒸汽,驱动蒸汽轮机发出附加功率(一般附加功率占总功率的30%左右)。这样,可以有效地增加输出功率,减小耗油率,提高装置的经济性。

随着对燃气轮机和联合动力装置的深入探索和开发研究,必将促进船舶燃气轮机用于船舶推进方式的变革和各种联合动力装置的改进和创新。例如间冷－回热燃气轮机、平行复合双流程式循环燃气轮机、湿空气涡轮循环燃气轮机等的研究开发必将引起船舶燃气轮机推进方式的新变化。

思　考　题

1. 画出简单开式等压燃烧循环燃气轮机的热线原理图，并简述燃气轮机工作过程。指出三大部件（压气机、燃烧室、涡轮）的功用。

2. 何谓船舶燃气轮机、主燃气轮机和辅助燃气轮机？何谓全工况、巡航和加速船舶燃气轮机？

3. 何谓燃气发生器、动力涡轮，各起何作用？

4. 结合太因 RMIA 总剖面图，简述此船舶燃气轮机的构成和结构要素。

5. 回顾燃气轮机发展简史，简略说明航空燃气轮机的技术进步，并促进了船舶、工业燃气轮机的快速发展。

6. 船舶燃气轮机动力装置由哪些部分组成？船舶燃气轮机动力装置有哪些优点、缺点？

7. 采用燃气轮机动力装置的舰艇其推进方式有哪些类型？粗略比较 CODOG、COGAG 有何优点和不足。

8. 简述柴油机动力装置，蒸汽轮机动力装置各有哪些优点、缺点？

9. 为什么说燃气轮机是一种新型、有发展潜力的热机？

第 2 章

压 气 机

2.1 概　述

压气机是燃气轮机的三大主要部件之一。它的功用是消耗机械功率提高流过它的空气的压力，供给燃烧室以符合技术要求的压缩空气。由“燃气轮机原理”课程可知，压气机性能的优劣直接影响燃气轮机的功率、工作稳定性、耗油率和工作可靠性等，因此，对压气机提出如下基本设计要求：

(1)应满足燃气轮机总体性能提出的各项要求。如在给定的空气流量和压比的条件下，具有符合要求的迎面尺寸、通流面积、级数、轴向尺寸和质量，具有要求的效率等。

(2)应采用适宜的防喘和防颤振技术措施，保证压气机具有宽广的稳定工作范围。

(3)应满足强度、振动和刚性的要求，保证压气机工作可靠、长寿命。

(4)结构应简单合理，制造、装配、维修方便，成本低廉。

根据压气机的结构形式和气体流动的特点，现有船舶燃气轮机中应用的压气机可分为轴流式和离心式两类。

在轴流式压气机中，空气基本上是沿着与叶轮旋转轴线平行的方向流动的，图 2－1 所示为轴流式压气机的典型结构。轴流式压气机由许多轴流单级串接组成。虽然各单级压比在 1.15～1.35 范围(当采用跨音级压比可更高些)，但多级串接后整机压比可达 20～30，甚至更高，并获得 87% 左右的整机效率。

轴流式压气机结构复杂，特性线陡峭，稳定工作范围必须依靠调节才能确保。尽管如此，由于它的压比高、效率高，特别是具有很高的单位面积通流能力，所以在大、中型船舶燃气轮机中得到普遍应用。

在离心压气机中，空气是沿着离开叶轮中心的方向流动的，图 2－2 所示为离心压气机的典型结构。离心压气机的单级压比高、结构简单、工作可靠、稳定工作范围比较宽，一般不需要调节。但它的效率较低，流量和压比的进一步提高受到限制。因而，离心式压气机仅适用于中、小功率燃气轮机上。

在一些中、小型燃气轮机中，还应用一种由若干轴流级和 1 级离心级组成的组合式压气机。图 2－3 所示为这种组合式压气机的典型结构。这种压气机在小流量条件下，可以充分发挥上述两种基本类型组成级的特点，获得满意的性能和简捷的结构。

根据转子的数目，可以把轴流式压气机分为单转子、双转子和三转子结构的压气机。在双转子压气机中，两压气机分别称为低压压气机和高压压气机。在三转子压气机中，则分别称为低、中、高压压气机。目前船舶燃气轮机中，广泛应用单转子和双转子结构的压气机。

若轴流式压气机级进口气流沿半径的相对速度为亚音速的，称为亚音级。均由亚音级

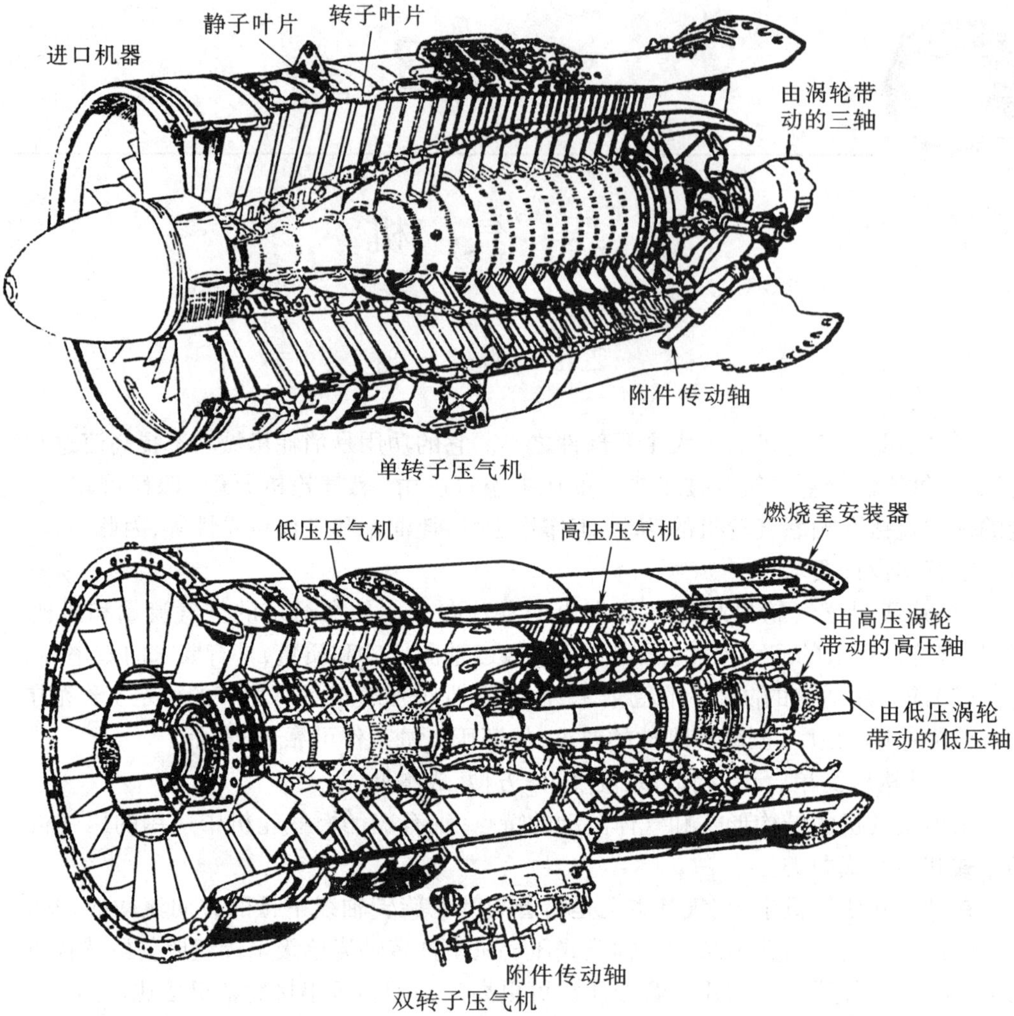

图 2－1　轴流式压气机

组成的压气机称为亚音压气机。长期以来船舶燃气轮机主要使用亚音压气机。跨音级则指动叶顶部进气气流相对速度是超音速的,而叶根处为亚音速的压气机。包含有跨音级的压气机为跨音压气机。跨音压气机利用合理组织波系进行加功增压,在级效率降低不多的情况下,单级压比可达 1.4 以上,甚至有的可达 1.9。跨音压气机的采用,可以大大减少压气机的级数、轴向尺寸和质量。

轴流式压气机通流形式如图 2－4 所示,可分为等内径、等外径和等平均直径三种基本形式。

等内径通流形式的优点是在同样流量条件下,末级叶片较长,有利于压气机效率的提高。其缺点是在相同的最大外径条件下,增压能力低,欲达到规定的压比则需要较多的级数,使压气机轴向尺寸、质量增加。再则,机匣内壁呈曲面形状,加工制造较困难。当转子与静子之间发生相对轴向位移时,会影响工作叶片叶尖与机匣内壁之间的径向间隙,从而影响到压气机效率和工作的安全。

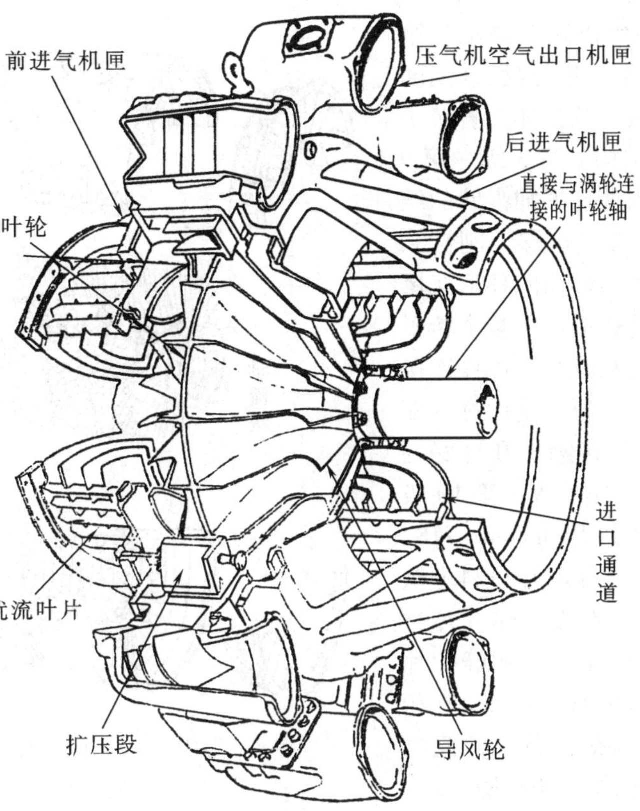

图 2－2　离心式压气机

等外径通流形式的优、缺点恰好与等内径的相反，而等平均直径通流形式则介于两者之间。

有时，在大流量、高压比的压气机中也采用组合形式的通流形式。这种组合式通流形式的前段为等外径的，后段则是等内径的。这种通流形式兼顾等外径和等内径通流形式的优点。以获得级数少、末级叶高又比较长的高效率、小尺寸、质量轻的压气机。

由图 2－1、图 2－2、图 2－3 可知，压气机由进气装置、转子、静子、防喘装置等部分构成。

图 2－5 所示为 LM2500 船舶燃气轮机的压气机剖面图。它具有单转子轴流式压气机的典型结构。该压气机共 16 级。主要由压气机前承力机匣、压气机转子、压气机静子（中机匣）和压气机后承力机匣等组成。

压气机静子的前端由前承力机匣支撑，而压气机转子的前端由滚棒轴承支撑，压气机静子后部由压气机后承力机匣支撑，而压气机转子后部由滚珠轴承支撑。

前承力机匣形成压气机进口空气的流通通路。毂部与外壁之间用空心的导流支板连接。空心的导流支板中放置前轴承的滑动供油和回油管路。该机匣还支撑着压气机前轴承、进气管、整流罩、压气机中机匣前端结合面、进气导叶的内支撑、输入齿轮箱和回油池端盖。在中机匣上还布置了压力密封和通风等用途的空气管路，以及压气机进口空气压力和温度的探针和传感器等。

压气机转子是高速旋转、对气流加功增压的构件。它的第 1 级、第 2 级工作叶片与盘之间为普通燕尾槽连接,第1级工作叶片有减振阻尼凸台,以减少振动。第3级～第16级工作叶片与盘、鼓之间用环形燕尾槽连接。从整体上看转子为盘－鼓混合式结构。第3级～第9级的鼓筒为具有内伸环形加强肋的结构,从而使鼓筒具有了足够的刚性和强度并为使用叶片与鼓筒间环形燕尾连接具备了很好的适应性。整个转子共有七个结构单元和三个短螺栓连接结合面。这三个结合面皆使用过盈配合,以保证各段的连接刚性和良好的定心。盘鼓材料为:第1级～第10级用钛合金,其余各级用 Inconel 718。第10级～第16级工作叶片材料为钛合金、第15级与第16级工作叶片材料为 A286。工作叶片叶尖和静叶片内缘可磨损结构与相配的喷涂材料相接触;这种设计能有效地减小喷涂材料的过度损耗,并保持最小间隙。

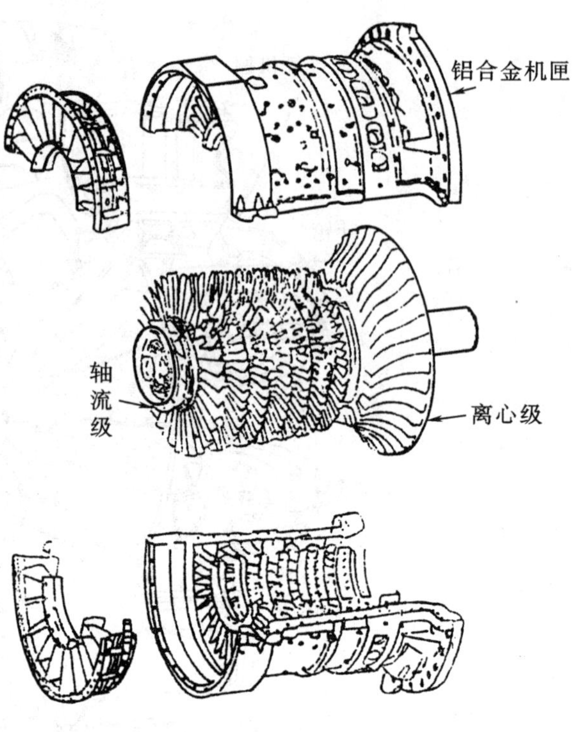

图2－3　组合式压气机

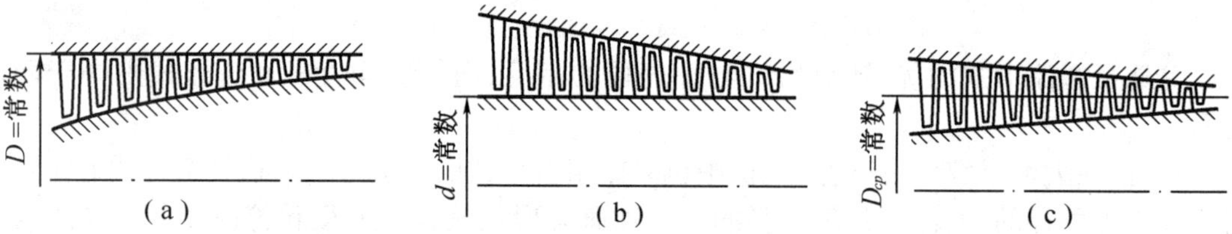

图2－4　轴流式压气机的通流形式

(a)外径不变,增大内径;(b)内径不变,减小外径;(c)平均半径不变,内外径同时变化

压气机静子机匣(压气机中机匣)是气流减速扩压的构件,也是燃气轮机的主要承力壳体构件之一。它与前承力机匣和后承力机匣构成一个整体。各级静叶片环固定在静子机匣内,并形成通流部分的静子部分。该压气机的静子有1级进口导叶和16级静叶。进口导叶和第1级～第6级静叶为可转静叶组成。进口导叶和第1级、第2级静叶材料为钛合金,而第3级～第16级的材料为 A289,但其中第8级导叶叶身材料为 A286,叶根材料为不锈钢。静子机匣由四部分组成,由螺栓连接固定成一整体。前面两段分半式机匣由钛合金制成,而后面两段分半式机匣由 Inconel 718 制成。

压气机后承力机匣用 Inconel 718 制成,由外壳体、导流支板、毂及回油池壳体组成。其外壳支撑着燃烧室、燃油总管、30个燃油喷嘴、2个点火器和第1级涡轮导向器支承。

轴承的轴向和径向负荷以及第1级涡轮导向器上的负荷一部分由毂来承受,并通过10个径向导流支板传至机匣外壳。毂为铸件,导流支板端部也为铸件,两者焊成一体后,导流

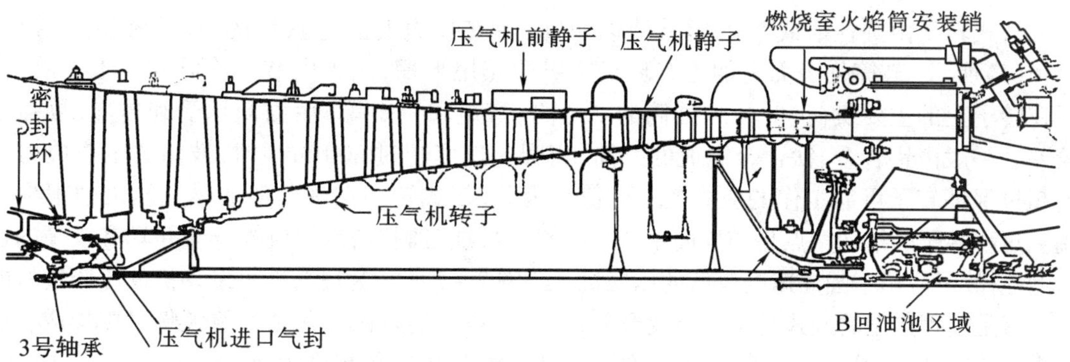

图 2－5　LM2500 轴流式压气机剖面图

支板再与外壳体焊成一体。机匣外壳既是燃烧室的外壳，又是压气机机匣与涡轮中机匣之构件负荷的传递通路。

2.2　轴流式压气机转子

轴流式压气机转子由工作叶片、轮盘(或鼓筒、鼓环)、轴和一些连接件等组成。

转子的功用是把由涡轮传来的机械功通过工作叶片加给空气。它是高速旋转的构件，在工作时承受巨大的离心力、气动力、扭矩和振动力等的作用。因此，设计时应满足下列要求：

(1)各零、组件应具有足够的强度，以传递功率，并承受离心力、气动力、扭矩、振动力等的作用；

(2)转子应定心准确，联结可靠，并具有足够的刚性，以保证工作时平衡性好、变形小；

(3)结构简单、质量轻；

(4)制造容易、装拆方便、成本低廉；

(5)便于维修和检查。

2.2.1　转子的结构

压气机转子分为三种基本结构形式：鼓式、盘式和混合式，如图 2－6 所示。

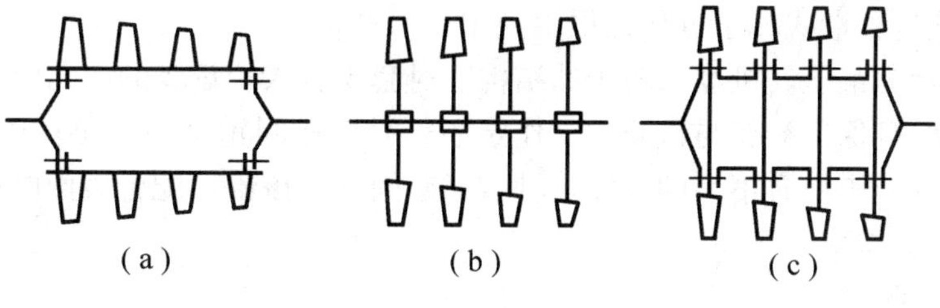

图 2－6　轴流式压气机转子的基本结构形式

(a)鼓式；(b)盘式；(c)混合式

1. 鼓式转子

鼓式转子由圆柱形或圆锥形鼓筒以及前、后安装边上固定联结的前、后轴组成，如图2－6(a)所示。鼓筒外表面上加工有环形或纵向燕尾形槽，用来安装工作叶片。工作时，作用在转子上的主要负荷（叶片和鼓筒的离心力，弯矩和扭矩等）由鼓筒承受和传递，故强度较差。一般由铝合金、钛合金制成的鼓筒，当圆周速度超过200 m/s时，鼓筒的工作应力就会超过保证转子可靠工作的应力的允许值。因此，鼓式转子在现代船舶燃气轮机中很少应用。这种转子的结构特点是结构简单，零件数目少，加工制造容易，成本低廉并具有较高的抗弯刚性，故可应用于圆周速度较低的压气机上。图2－7所示为民航斯贝发动机低压压气机的转子就是这种典型的鼓式转子。鼓筒分为前、后两段。前段由三段通过氩弧焊对接焊成。前段带有前轴颈、后段带有后轴颈，前后两段通过安装边用24个精密短螺栓连成一体。其中有3个是圆柱形螺栓，起装配定心作用，其余21个为锥面螺栓，起工作定心和传扭作用。

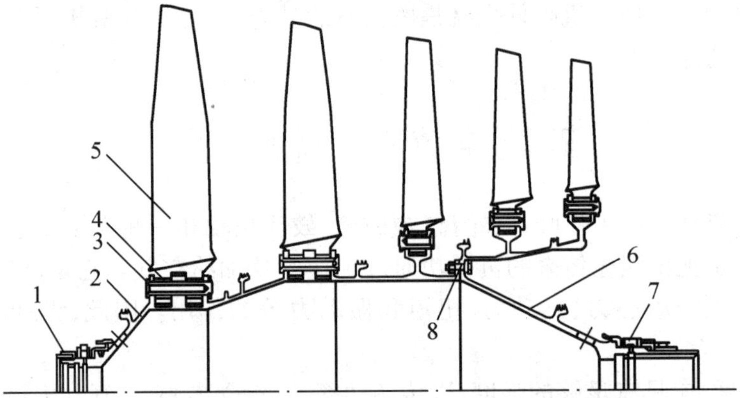

图2－7　民用斯贝发动机低压压气机转子

1—前支点；2—鼓筒前段；3—销钉；4—衬套；5—风扇叶片；6—鼓筒后段；7—转子后轴承内圈；8—连接螺栓

2. 盘式转子

盘式转子由一组轮盘和一根中心轴组成。通过联结件把轴和一组轮盘连成一体，如图2－6(b)所示。扭矩通过轴传给盘，再由盘传给固定在轮缘上的工作叶片。由于盘的强度远比鼓筒好，因此，这种转子结构允许有较高的圆周速度，一般可达350 m/s，但它的主要缺点是抗弯刚性差，其临界转速不高。且传递大扭矩及保证工作定心的可靠性较差，特别容易产生振动。因此这种盘式转子近代已很少使用。

图2－8所示为某压气机盘式转子的结构。衬套3压入轮盘2的内孔中，并用沿径向均布的销钉4止动，且保证衬套与盘间的工作定心。衬套连同轮盘一起压在压气机轴6上的配合表面上，此配合表面有不大的锥度。轴和衬套间利用该锥形配合表面摩擦传扭，并靠此配合锥面定心。

3. 混合式转子

混合式转子由盘、鼓环和轴等组成，如图2－6(c)所示，扭矩和其他负荷由轴、盘、鼓环逐级传递。这种转子兼有鼓式转子抗弯刚性好以及盘式转子强度好的双重优点，得到普遍应用。按盘与鼓环（轴）的连接方法不同，鼓盘混合式转子分为不可拆卸式和可拆卸式两种。

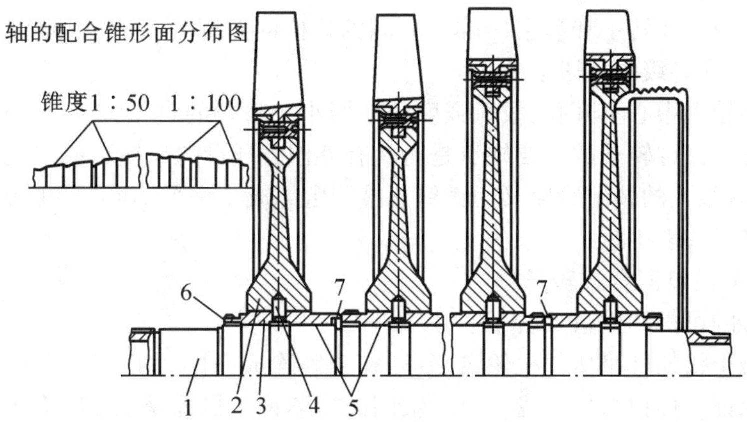

图 2－8　简单盘式转子

1—前轴承；2—轮盘；3—衬套；4—销钉；5—工作叶片；6—轴；7—后轴承

(1)不可拆卸鼓盘混合式转子

图 2－9 所示为某压气机的转子即为不可拆卸的盘鼓混合式转子。

实心轮盘的外缘和鼓环制成一体。各级轮盘及前、后轴借鼓环上的圆柱定位面互相配合(有较大的过盈量)，组合钻、铰孔后压入径向销钉。数量很多的销钉将各级轮盘与前、后轴连成一个整体，并传递扭矩、承受轴向力、保持转子的刚性、确保各级轮盘鼓环、前后轴工作时的定心可靠。为了使销钉在工作时承受纯剪切，轮盘间的定位面皆采用有较大过盈量的紧度配合；转子装配时，轮盘要加温到 150 ℃～250 ℃逐级压入，钻、铰销钉孔时为了避免因切屑落入转子内腔破坏转子的平衡性能，销钉孔都做成盲孔。

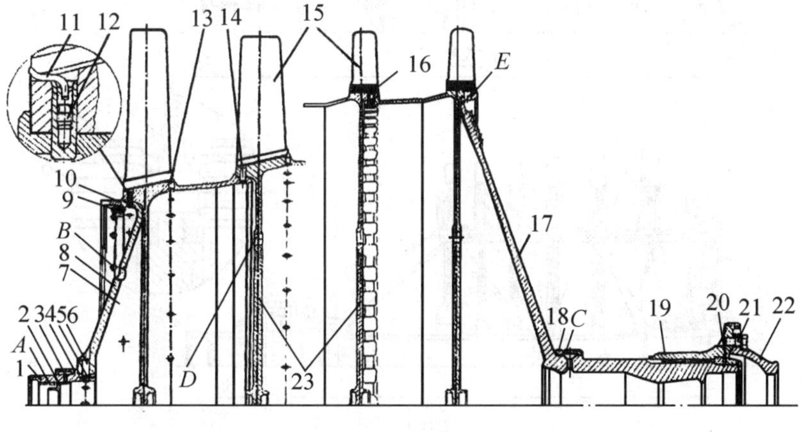

图 2－9　各级依次压装并用销钉固定的混合式转子

1—前轴颈；2—堵头；3—止动螺钉；4—前轴颈挡油圈；5、6—销钉；7—前轴颈组合件；8—前轴颈锥体；9—螺桩；10—前轴颈密封圈；11、16—锁片；12—配重螺钉；13—锥形销钉；14—销钉；15—叶片；17—后轴颈；18—后轴颈挡油圈；19—从动套齿；20—螺母；21—螺栓；22—球形座盖；23—盘；A—套齿；B—前减荷腔进气孔；C—后轴颈封严装置引气孔；D—均压气孔

销钉和销孔间也有足够的过盈量，以保证联结固定，传递负荷和工作定心的可靠。经中

间级盘圆柱段上的孔向压气机转子的内腔输入由通流引来的中压空气，用以消除各盘上的轴向负荷。为了防止经转子和静子（导向器）间的径向间隙漏气，每级后面均设有迷宫式密封装置，封严齿开在各级圆柱段上。

这种转子的轮盘中心不开孔，故对强度的削弱小。鼓环的直径大，因而转子质量轻、刚性和强度都很好。这种转子的主要缺点是对具有外伸鼓环盘的毛坯制备和机械加工均较困难。此外，由于有很大的装配紧度又用销钉连接固定组成了一个不可拆卸的转子，这给加工装配和维修带来了许多困难。

（2）可拆卸的鼓盘混合式转子

①拉杆连接的可拆卸鼓盘式转子

用一根或若干根拉杆将压气机轮盘、鼓环和轴等连成一体。工作时转子的负荷传递靠拉杆的拉紧力保证。传扭可依靠盘、鼓环、轴间的压紧面上的摩擦力，盘、鼓环、轴间的端面齿，或拉杆承受剪切并附加端面间摩擦力等多种方式来实现。用一根拉杆（中心拉杆）的鼓盘式转子仅用于压比不高的小功率燃气轮机上。普遍采用的形式是外围多根拉杆的结构。图 2－10 所示为由沿周均布的多根拉杆连接的盘鼓混合转子的结构。轮盘和转接段（鼓环）之间用长拉杆（螺栓）固定。在盘和转接段上，采用组合钻、铰孔，借助螺栓和孔的圆柱段来完成盘与转接段的定心。扭矩是靠多根拉杆拉紧所造成盘、转接段间的端面摩擦来传递的。

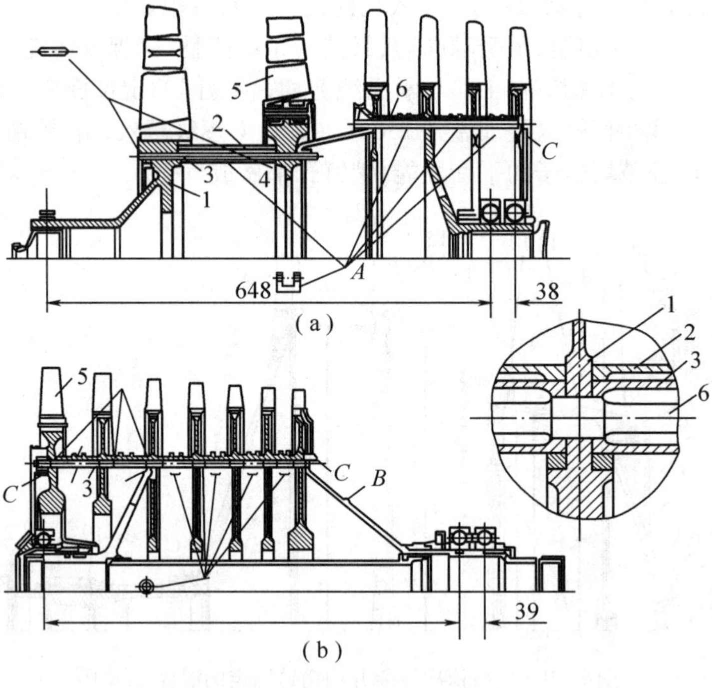

图 2－10　盘与转接段间用长拉杆和间隔衬套连接的压气机转子

1—盘；2—鼓筒；3—衬套；4—销钉；5—叶片；6—长螺杆；A、D—配重块；C—加配重处；B、E—去材料处

拉杆是承力很大的关键构件。转接段（鼓环）安置在轮缘处增大了转子的刚性。由于端面摩擦传扭所需的拉杆拉紧力较大，而鼓环又是一个薄壁圆筒，为了防止承压失稳，时常

在鼓环内嵌入间隔衬套来加强之。顺便提及，如上图所示，转子的前轴颈与中间级的轮盘相连，这样不仅缩短了前、后轴承之间的距离，增强了转子的刚性，还缩短了压气机的轴向尺寸，减轻了质量。

多拉杆连接的可拆卸鼓盘转子，抗弯刚性好和强度好。但其结构复杂、加工精度要求较高，质量较大，尤其拉杆的工作应力大，或因加工不精确，或装配不严格会造成转子刚性的不均匀。尽管如此，使用这种结构转子的压气机仍较多。

②轴向短螺栓连接的可拆卸鼓盘式转子

为了适应压气机通流部分剧烈变化的情况，和克服长拉杆通常会造成附加热应力等技术不足，出现了用轴向短螺栓连接的转子结构形式。图 2－11 所示为这种转子，其各分段间依次用精密轴向短螺栓连接固定。各级轮盘或带有鼓环，或鼓环单独制作。相邻的鼓环、盘、轴安装边用精密轴向短螺栓连成一体。鼓环、盘和轴上的与精密螺栓柱面相配的孔是经组合钻、铰的，因此装上精配螺栓后能保证相邻鼓环、盘和轴之间角向位置的准确和工作定心的可靠。扭矩的传递主要借助安装边接触端面摩擦力实施的。由于螺栓数量大、鼓环置于大直径处，因而，可以确保传扭和转子连接的抗弯刚性要求。由于鼓环要满足用短螺栓的连接要求必须做出安装边，轮盘上要开安装孔，且开孔处轮盘也需要适度加厚，加上螺栓数量大，故这种转子结构的质量比相应的径向销钉连接的要重。再则盘、鼓环、轴上开许多安装孔，强度也会削弱。但这种转子是可拆卸的结构，而且可以按设计者的要求安排鼓环的位置，故显示出较为突出的优越性。特别是随着先进焊接技术的发展，结合短螺栓结构形式可以设计出结构紧凑、抗弯刚性好、质量轻、传扭可靠又可拆卸、维修的压气机转子结构来。现代先进燃气轮机中，采用具有短螺栓连接焊接结构的转子逐渐增多。例如，船用 RB211 低压压气机转子的前 5 段钛合金盘间和后 2 段钢盘间皆采用电子束焊焊成两段，然后用短螺栓把这两段连成一个整体转子。这种具有短螺栓连接的焊接结构转子减少了机械加工量，使级间定心和传扭更加可靠。这是当前压气机转子结构的发展方向。但这需要有先进的锻造和焊接工艺技术作后盾。

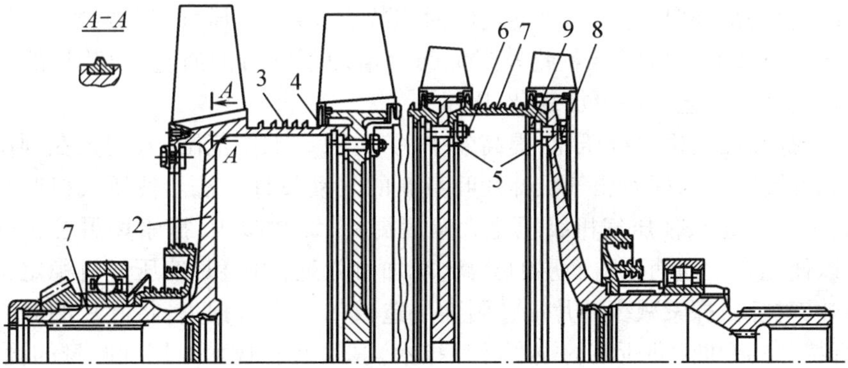

图 2－11　采用精密轴向短螺栓固定各分段件的混合式转子

1—轴颈；2—轮盘；3—鼓筒段；4、5—安装边；6—螺栓；7—转接段；8—保险锁片；9—弹性环（防止螺栓在组装盘和转接段时轴向移动）

由此看来，转子的结构形式是多种多样的。应根据燃气轮机总体结构设计要求、使用经验和生产厂家的加工传统以及工装设备等权衡确定采用哪种结构形式。

2.2.2　工作叶片及其与轮盘(或鼓盘)的连接

工作叶片是轴流式压气机的重要零件之一。它由叶身和榫头组成,如图2-12所示。有些长叶片或在激振力强的地区工作的叶片,叶身设置减振阻尼凸台。

工作叶片的好坏直接影响压气机的气动性能、工作可靠性、质量及成本等,因此,在叶片的设计和生产过程中都必须投入大量劳动。

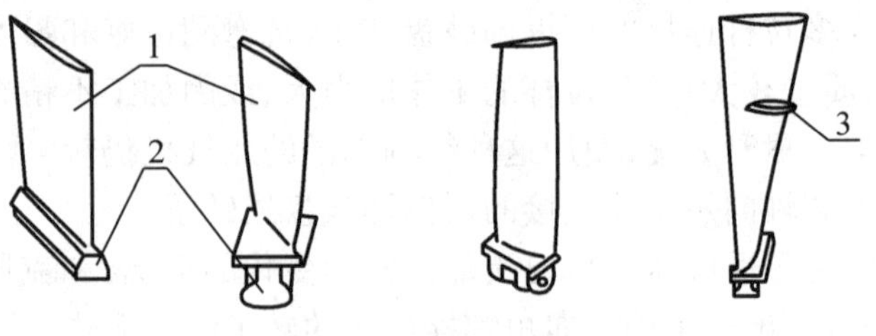

图2-12　压气机工作叶片
1—叶身;2—榫头;3—减振凸台

对叶片设计的要求归结为:具有良好的气动性能,保证高的压气机效率和压比;具有足够的强度,以承受巨大离心力和气动力等所造成的工作应力;具有要求的抗振性能,以避开危险共振并具有满意的振动阻尼特性;加工容易、成本低廉、便于装拆等。

在这里仅就叶身、榫头的结构形式以及叶片同轮盘间的连接等问题作必要的介绍和分析。

1. 叶身的结构

为满足气动和强度方面的要求,工作叶片的叶身都由适合于亚音或超音速流动的叶型,按一定的扭向规律以及叶型重心沿径向分布规律沿叶高叠合而成。为了符合强度、振动和减轻叶片质量的要求,工作叶片一般叶尖处的弦长要比叶根处的窄。

叶片较长时(例如大流量压气机的首级叶片),为了避免发生危险共振和颤振,在叶身的中部可设置减振阻尼凸台,这些长叶片安装好后,各叶片的阻尼凸台连成一个环,每个叶片与相连叶片彼此制约,增加了刚性,改变了叶片的自振频率。在减振阻尼台接合面处通常喷涂耐磨合金材料,可以有效地防止凸台的磨损破坏。但是由于减振凸台的存在和叶身与凸台接合部又要局部加厚,这使得级通流的面积减小,减小了压气机的空气流量,增加了流动损失,使压气机效率有所降低。此外阻尼凸台增加了叶身的质量,使叶片的离心负荷加大,还使叶片的加工工艺变得更加复杂、困难。

为进一步提高压气机单级压比,提高效率,扩大稳定工作范围,人们正在利用叶轮机械计算流体力学的新进展,探索压气机叶片叶身新的气动设计方法。使压气机叶片叶尖的切线速度超过了550 m/s,使压气机级压比大幅度提高,级数减少;探索用可控扩散叶型代替常规叶型,以便能有效地消除附面层的分离,增加有效通流面积,使压气机稳定工作范围扩大,压气机效率提高;探索减少叶片端壁附面层造成的二次流损失,将叶片的叶尖和叶根的前后缘进行特殊的弯曲(即所谓的端弯叶片技术)。这些新技术运用到叶身的设计上,会使压气机性能和结构带来许多新的变化。

2. 榫头的结构

榫头的作用是使工作叶片按着要求的方位准确地连接固定在轮盘(或鼓环)上,并将叶片所受到的负荷传递给轮盘(或鼓环)。

设计榫头时,应使其具有较小的周向尺寸,以保证在轮盘(或鼓环)上安装足够数量的叶片,满足设计要求(即保证级的加功量)。小尺寸、质量轻的榫头还便于可靠地固定工作叶片,保证连接处有足够的强度。还应具有适宜的刚性和较小的应力集中;对盘(或鼓环)的强度削弱要尽量的小。当压气机工作时,叶片上作用着巨大的离心惯性力,还有气动力和振动负荷。实践证明,工作叶片因振动和应力集中而损坏是常见的故障。因此对榫头刚性和应力集中问题必须给予足够的重视。工作叶片又是易损件,所以,榫头的设计应便于装拆,以利于叶片的修理和更换。

工作叶片榫头通常有三种形式:销钉连接形、燕尾形和枞树形榫头。其中以燕尾形榫头采用的最广泛。

(1)销钉连接榫头

工作叶片借凸耳跨装在轮缘上或插在轮缘的环形槽内,如图 2-13 所示。借销钉或衬套承剪传递叶片负荷。衬套与凸耳之间,凸耳与侧面轮盘之间均留有间隙。工作时允许叶片绕销钉摆动,从而具有阻尼减振的作用和自动调位作用。当叶片很长,离心负荷较大时,可以用增加凸耳和轮缘环槽数的办法来增加承剪截面积改善销钉、衬套、叶片和轮盘的受力情况。

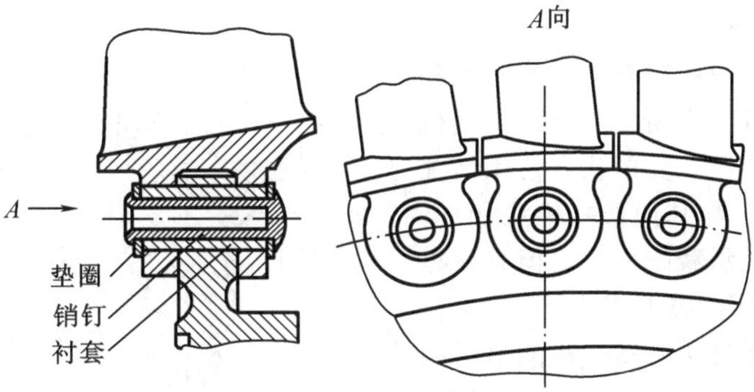

图 2-13 双凸耳销钉式榫头

这种榫头结构简单,榫头的加工不用专门的设备,并可以利用改变销钉直径或销钉和销孔间的配合间隙的大小来改变叶片的自振频率,而勿需改动盘和叶片。铰接的销钉榫头连接是消除危险共振的有效措施之一。但这种榫头承载能力有限,且利用尺寸小、质量较大的中间承力件——销钉和衬套,结构比较笨重,现代燃气轮机中用的比较少。

(2)燕尾形榫头

工作叶片借燕尾形榫头安装在轮盘(或鼓环)的相应榫槽内,如图2-14(a)所示。依靠榫槽的侧面定位、承力和传力。通常榫头与榫槽的配合为过渡配合,即有小的间隙(0.01 mm ~0.03 mm),使叶片装拆方便和避免在榫槽内出现过大的装配应力。有时为了提高叶片的自振频率,钢叶片以 0.015 mm 的紧度压装在钢盘上。这时,叶片榫头上必须镀一层铜(0.003 mm ~0.005 mm),安装时铜镀层起润滑作用,以保证往榫槽安装叶片时不产生划伤。

由于气动性能方面的要求。因此,不仅对榫头、榫槽尺寸加工精度要求高,而且对榫槽在盘(或鼓环)上的相对位置要求也要很高。这种常规的(或称为盘缘上横向均布的)燕尾榫头连接结构。榫槽是拉削加工出来的,榫头则用铣削加工。

一些先进的燃气轮机压气机采用了环形燕尾形榫头来安装固定叶片,即在轮盘(或鼓环)的外缘处车出一环形燕尾槽来安装叶片,如图 2 – 14(b)所示。这种结构简化了榫槽的加工,给装配、叶片锁紧和拆卸带来了许多方便,但叶片榫根的上、下表面要做成圆弧形,给加工带来困难。英、美、俄的一些先进发动机均采用了环形燕尾槽结构。

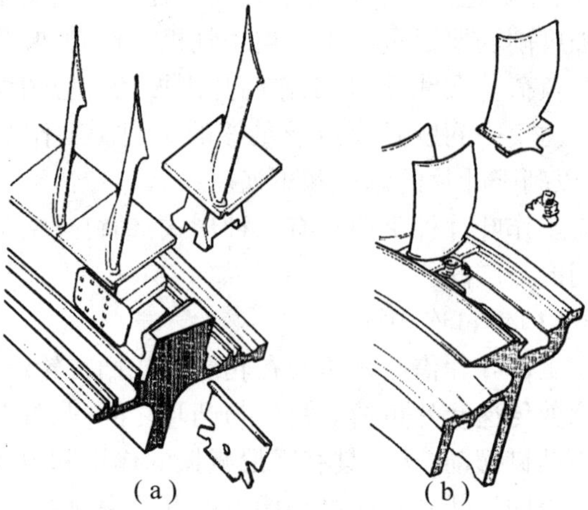

图 2 – 14　纵向和周向固定的燕尾形榫头槽

燕尾形榫头的突出优点是叶片直接与轮盘(或鼓环)连接,不需要中间传力件,故质量轻、尺寸小,结构简单,装拆方便,并能承受较大的负荷。尽管这种榫头存在由槽内圆角半径受限制而引起较大应力集中问题,但在压气机中仍得到了很广泛的应用。

(3)枞树形榫头

这种榫头主要应用在涡轮工作叶片和轮盘的连接固定上。但是,在个别压气机的后面级中也有应用。其形状和使用情况如图 2 – 15 所示。与其他形式榫头相比,其尺寸小、质量轻、承载能力强。但它仅靠几对榫齿承力、传力,应力集中严重、工艺性较差。国产某燃气轮机压气机的最后两级,考虑到工作温度高,工作叶片和盘都由合金钢制成,特别是该机空气流量大,采用了这种枞树形榫头连接的结构。

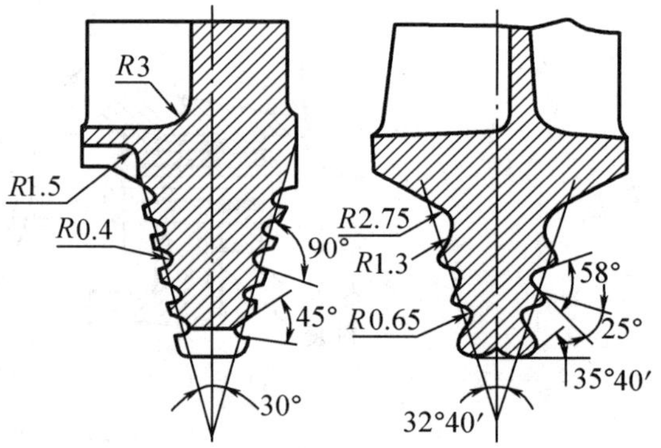

图 2 – 15　枞树形榫头

3. 叶片的槽向固定

工作叶片在非环形燕尾槽安装固定时,为防止叶片在气动和离心力的槽向分力作用下使叶片从榫槽中脱落出去,对叶片必须做槽向固定。这还可以保证转子的平衡特性免受破坏。

槽向固定的方法很多。通常采用卡圈、锁片、挡销等,如图 2 – 16 所示的锁紧方法。槽向固定方法主要根据槽向力大小和盘及叶片的具体结构选取。

卡圈固定的方式已很少采用。锁片固定最简单,但是能承受的槽向力较小。在槽向力很大的情况下,应采用挡销、加厚锁片或利用两级盘间定距环使工作叶片槽向固定。

上面我们讨论了转子的结构形式以及工作叶片在轮盘(或鼓环)上的安装固定等向题。但事物总是在发展和变化的,由于新工艺和新技术的不断涌现,转子的结构也会发生新的变化。例如近年来,出现的压气机整体叶盘就是一种新发展的结构。所谓的整体叶盘,最初是应用在一些小型燃气轮机的轴流压气机中,是将工作叶片和轮盘(或鼓环)轮缘做成一体(铸造或锻造毛坯,经机械加工,加工出带叶片的盘(或鼓环)称之为整体转子或整体叶盘)。目前,在一些大中型燃气轮机的压气机中也发展了称为叶盘的结构,即将单个做出的叶片用真空电子束焊焊接到盘(或鼓环)轮缘上形成整体转子。常规的榫头连接使叶根和盘(或鼓

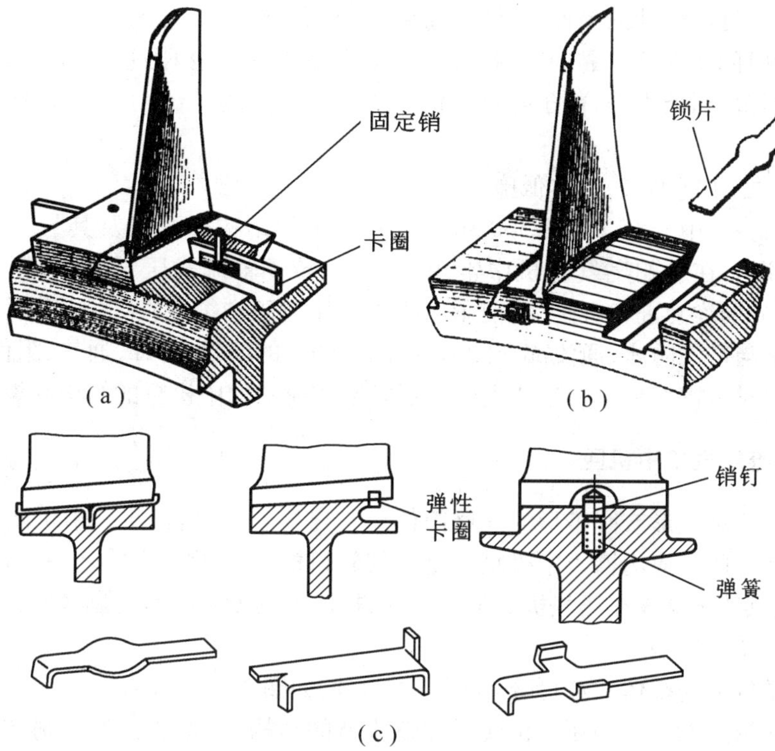

图 2-16　叶片的槽向固定方法
(a)用卡圈固定;(b)用锁片固定;(c)锁片结构

环)轮缘占到整个转子质量的很大一部分。整体轮盘结构可使压气机质量减轻 30%;还去除了气流在榫头中的逸漏,使压气机效率有所提高;避免了由于安装不当或榫头的磨蚀、裂纹及锁片损坏造成的故障;减少了压气机零件数量,有利于压气机可靠性的提高,针对这种叶盘结构某一叶片因故损坏的修复,需要发展可行的维修手段(用真空电子束焊焊上补片,而后按叶型量规修磨。对于一些小的掉块,则可用氩弧焊修补)。

又如,在使用常规的结构材料(如铝合金、钛合金或耐热合金),鼓筒式转子的强度差,不适用于高压比、大流量的压气机使用。但利用如今开发的纤维增强复合材料制成无盘鼓筒式转子结构(工作叶片是用特殊的黏结工艺方法固定在鼓筒上的),不但能满足强度和刚性的要求,而且可以使压气机的结构质量减轻 70%。尤其能适用于高压比、大流量的压气机使用。

由此可知,新材料、新工艺、新技术的采用会使压气机部件结构发生很大的变化。

2.3　轴流式压气机静子

轴流式压气机静子主要由前机匣、中机匣、后机匣和静子叶片组件(或称整流器或导向器)等组成。它是压气机中不旋转的部分。它除了承受静子叶片所受的轴向力、周向力和振动负荷外,还要承受和传递从转子及支撑传来的各种负荷。静子和转子共同构成压气机的通流部分,保证对空气加功增压能在高效率下进行。

对静子设计的基本要求是：

(1)在保证强度和刚性的条件下，结构简单，质量要轻；

(2)各段机匣间要保证可靠的密封、准确的定位、良好的连接刚性；

(3)具有良好的封严设施，静子叶片有优异的气动性能，能与转子叶片密切配合保证压气机的高效率；

(4)维修方便，工艺性好，成本低廉。

在本章的第一节中介绍了 LM2500 压气机中静子的结构形式以及其与转子结构相配合、相适应的情况。在船舶燃气轮机中常用的单、双转子轴流式压气机中，静子一般分为前、中、后三段，分别称为进气机匣（或前承力机匣）、中机匣和扩散机匣（或后承力机匣）。

压气机静子与进气防冰、通流部分的清洗，以及轴承的润滑、冷却、通气，附件传动、冷却封严等的总体安排有密切关系。这节主要分析安装整流器的中机匣的结构和设计特点。

2.3.1　轴流压气机中机匣

中机匣是一个圆柱形或圆锥形的薄壁筒体。它连接着前、后机匣。中机匣的内壁车有固定各级整流叶片的相应沟槽。中机匣也是燃气轮机的主要承力构件之一。它支承在前、后机匣间，压气机转子支承在压气机静子机匣内，机匣的强度和刚性对燃气轮机的气动性能和工作可靠性有重要影响。

中机匣的结构分为整体式和可分（分半）式两种，如图 2－17 所示。

中机匣结构形式的选取与压气机转子和整流器的结构、机匣的材料和制造方法有密切关系。

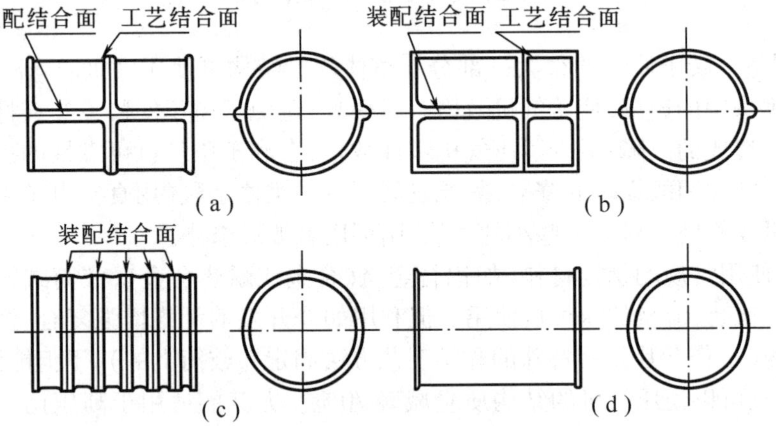

图 2－17　轴流式压气机中机匣的方案

(a)、(b)分半式机匣；(c)分段式机匣；(d)整体式机匣

整体式机匣质量轻、机械加工量少、刚性均匀。但压气机的装配不方便，且必须和可拆卸式转子配合使用，这会给转子的动平衡工作带来很多困难。此外，给检查叶片与机匣之间的装配间隙工作也带来很大的不便。整体式机匣的这些明显缺点影响了它的适用性，一般少用。

可分式机匣一般将机匣制成两半，故也称分半式机匣。每一半均有纵向结合面（安装边),两半机匣借此结合面用螺栓和定位销连成一体。此时,整流器也制成两个半环形式,分别装入两半机匣的相应弧形槽内。待整个转子的动平衡稳定之后装入机匣,再把两半机匣合拢,在纵向结合面上打入定位销,装上螺钉。为了使纵向结合面处保持要求的密封性和连接的刚性,结合面应经精细机械加工,此安装边应设计得较为厚大且具有较多数量的连接螺栓。通常安装边的厚度应当为机匣壁厚的2~3倍以上,安装边上螺栓孔的孔间距应为螺栓直径的6~10倍。由于沿压气机通流方向空气的压力是逐渐提高的,所以安装边上的连接螺栓孔的孔距应是逐渐减小的。安装边上应开定位销孔和精密螺栓孔。定位销和精密螺栓起到两半机匣的精确定位作用。为了便于分解已经结成整体的机匣,在纵向安装边上应设有顶丝孔。

纵向安装边的设置解决了分半机匣的连接、定位和密封问题,但却带来了机匣周向刚性不均匀的问题。当压气机工作时,温度和刚性的不均匀会造成机匣各部分热变形的不协调,尤其是高压比压气机,工作温度越高,这种热和刚性的不均衡而引起的热变形会越严重。为了解决这一问题,通常要增设纵向和横向的加强肋。但这些加强肋的尺寸和形状要设计合理、布局合适,否则仍会产生由热应力而引起的结构裂纹。

由于分半机匣装配、维修方便,又能与整体式转子良好配合,因此,尽管尺寸、质量稍大,周向刚性不够均匀,但目前压气机分半式机匣应用得仍十分普遍。

从工艺上看,中机匣可以是铸造的、锻造的和钣料焊接的结构。铸造机匣工艺性好,安装边、放气孔口、加强肋等可以一次铸出,机械加工方便,因而得到普遍的应用。锻造机匣是用锻坯经机械加工制成。这种机匣的锻坯的制备需要有大型锻压设备,成本较高。钣料焊接机匣在船舶燃气轮机上很少使用,这主要是这种结构的机匣刚性差,难以耐受冲击负荷的作用。

2.3.2　整流器及其在机匣上的安装固定

从叶轮机械原理可知,整流器的用途是把气流在工作叶片中获得的动能转变成压力能,并使气流作相应的转弯,以保证下一级工作叶片对进气方向的要求。压气机工作时,整流器主要受气动力作用,因此强度问题不突出,但振动问题应认真对待。就结构设计而言,整流器除要满足气动性能方面的要求外,最突出的问题是整流器在机匣中的可靠安装和固定。主要要求是:连接榫头尺寸小,结构轻巧,能安装足够数量的静子叶片,对机匣的强度削弱小,连接的刚性和可靠性好。在现有的压气机中,整流器与机匣的连接固定可分为:整流器叶片与机匣直接连接固定和整流叶片与机匣间接固定两种结构方式。

1.整流器叶片与机匣直接连接固定结构

对于铸造分半机匣,由于机匣厚度较大,整流器的叶片可以用各种形式的榫头直接固定在机匣内壁车制的特形环形槽内,如图2-18所示。图中(a)、(b)为T形榫头的连接固定;(c)、(d)为燕尾形榫头连接固定。这种结构具有简单、连接位置准确、装拆方便、连接固定可靠等优点。所以,它是现代燃气轮机整流器叶片与机匣连接固定的主要结构形式,得到了普遍的应用。这种结构的缺点是机匣的结构复杂,连接处需开有各种形式的沟槽和孔洞,对机匣的强度有所削弱。为了承受气体对静子叶片的气动力和气动力矩,提高叶片的自振频率,要求叶片与机匣间的连接具有足够的连接刚性。为此,有的采用柱状销结构,并借助轴向可分开的内半环带有径向分布的半圆孔,将该级静子叶片连成一体,而叶冠处的柱状销的外端制有螺纹,它穿过机匣上的圆孔,并用螺帽将叶片拧紧在机匣上,可转导叶和静叶也隶属于这类结构。如图 2－19 所示。

有的则利用锥形销钉使叶片榫头周向抵紧，如图 2－20 所示。

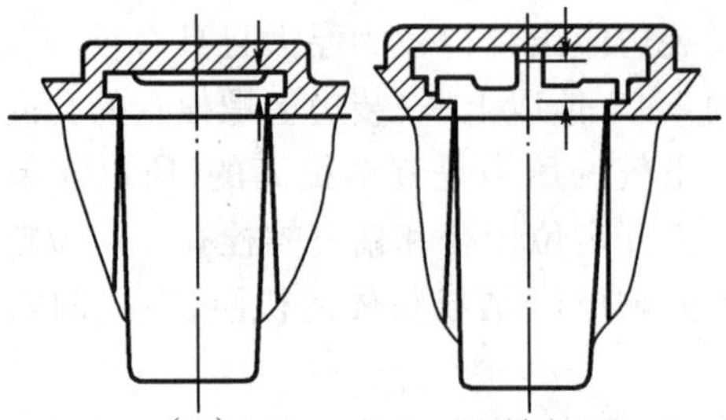

图 2－18　静子叶片用榫头直接与机匣连接

(a)简单的 T 形榫头；(b)带有隔热空气腔的 T 形榫头；(c)、(d)燕尾形榫头

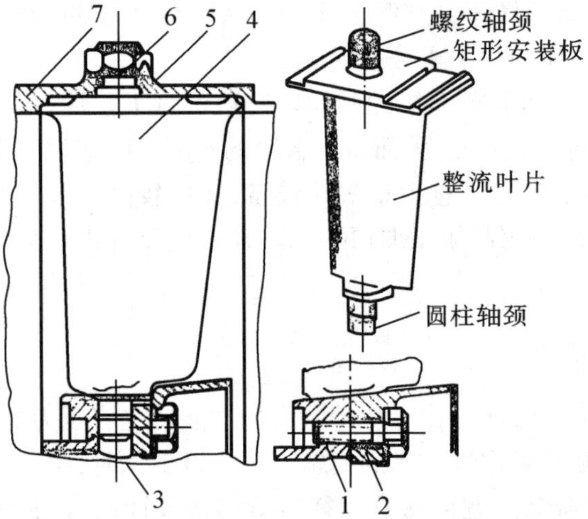

图 2－19　带有柱状销的静叶及其与机匣的连接固定

1—前半环；2—后半环；3—卡圈；4—整流叶片；5—橡胶圈；6—螺帽；7—机匣

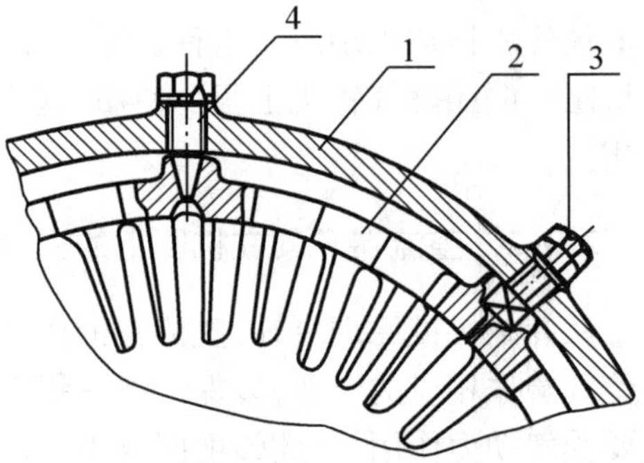

图 2－20　用锥形销钉使整流器叶片榫头周向抵紧的结构

1—机匣；2—整流叶片；3—固定螺栓；4—锥形销钉

有的则利用具有燕尾形榫槽的专门内环把整流叶片内端连成一体，从而使连接刚性得到加强。还有的则利用高温钎焊的办法把整流叶片连成若干组件，在外端用 T 形或燕尾形榫头装入机匣的相应环槽内。

整流器与机匣的直接固定也可以采用焊接的方式，如图 2－21 所示。

用叶片外端矩形安装板由点焊或连续点焊与机匣直接焊接固定。这是一种加工量少，不削弱机匣强度的轻巧结构设计。但这种结构要求矩形安装板的厚度要与机匣的壁厚相近，以利于焊接。机匣最好为多段结构，这样焊接方便、可靠。这是一种受限制的不可拆卸的连接固定方式，已极少采用。

2. 整流器叶片与机匣间接连接固定的结构

利用专门的环形构件(整环或半环)把整流器叶片组合成组合件，然后连接在机匣内。

图 2－22 所示为一种压气机整流器静子叶片（无冠叶片）用钎焊或氩弧焊焊在外环（中间件）上。另一端自由插入内环凹槽内，以备叶片受热膨胀。外环用螺钉固定在机匣上。这种结构简单、质量轻、成本低。但它是一种不可拆式的结构，叶片损坏无法更换。这种结构已为可拆式连接固定结构所代替。如图 2－23 所示，为用带有榫槽的中间外环与整流器连接，而中间外环通过螺栓固定在机匣内壁。这种结构比较复杂，零件数量多、质量大，但可以拆卸，便于维修和更换叶片。

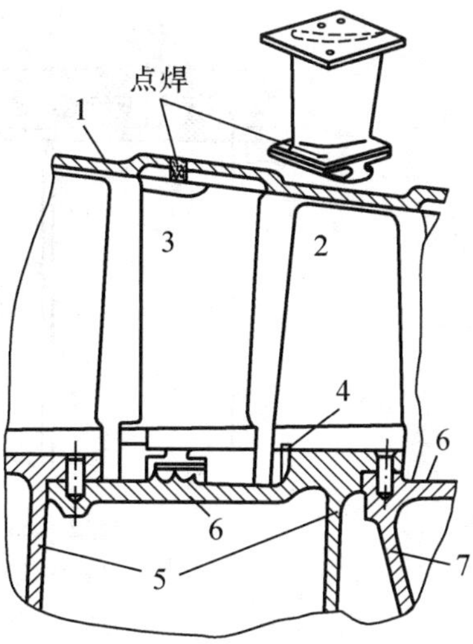

图 2－21　整流器叶片直接与机匣点焊连接
1—机匣；2—工作叶片；3—整流叶片；4—卡环；5—盘；6—鼓环；7—后轴

如前所述，有的整流器是有内环的（双支点形），有的后面级的则没有内环（单支点悬臂形）。作用在静子叶片上的气动力并不很大，但气流的脉动将导致振动且产生裂纹，这是静子叶片损坏的主要原因。因此，对前面级较长的静子叶片应将叶片内端连接起来，组成双支点静叶结构。这有助于提高叶片的自振频率，也有助于减少级间空气的逸漏，对保证压气机

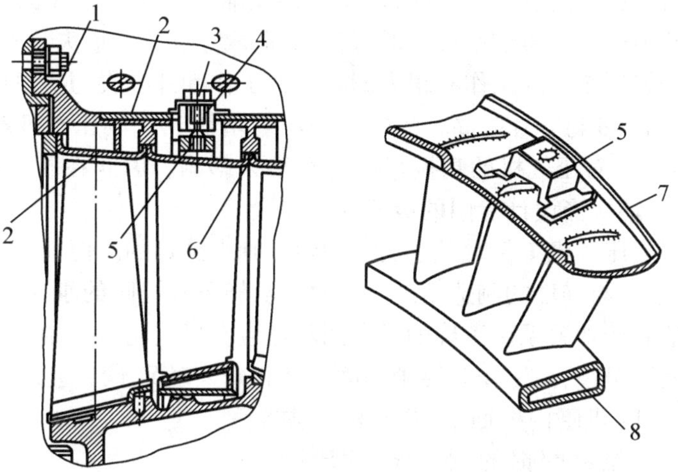

图 2－22　焊接不可拆整流器与机匣的固定
1—安装边；2—板料机匣；3—螺钉；4—衬套；5—凸块；6—定位环；7—外环；8—内环

工作可靠和提高级效率有益。对于后面级不长的静叶采用单支点悬臂结构，能满足刚性要求，且有助于后面级温度较高情况下的温度补偿，对减少叶片和环（或机匣）的热应力，是有利的。

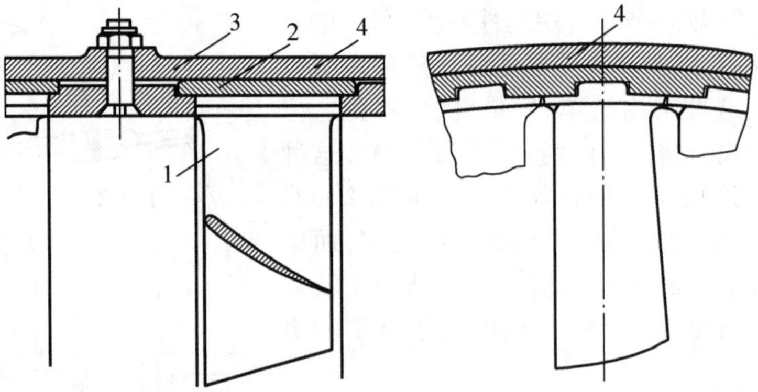

图 2-23　用燕尾形榫头间接固定的整流器

1—整流叶片;2—外环;3—螺栓固定件;4—机匣

2.4　封气装置

在压气机转子和静子之间,即工作叶片叶尖与机匣内壁之间,整流器内环内壁与转子鼓环之间,转子前、后端面和前、后机匣内壁之间都存在漏气间隙。压气机工作中在压差作用下必然会在这些间隙处产生压缩空气的泄漏,从而造成二次气流损失。实践证明,空气的泄漏对压气机和整台燃气轮机的工作有很大影响。如工作叶片叶尖与机匣内壁之间的相对间隙,即该处的径向间隙 δ 与叶片叶高 h 的比值 δ/h,若增加 1%,则压气机效率下降 3%,燃气轮机油耗增加近 10%,对压气机的喘振裕度也有很大影响。因此在压气机设计中,除正确选择径向间隙值外,还应当设计专门的级间封气装置。

径向间隙是根据压气机工作时最小安全间隙原则来选定的。但最小安全间隙的确定却是一个复杂的问题,它与零件的制造精度、使用材料、转子和机匣的刚性、工作过程各零件的热膨胀的协调性等有密切关系。正确的径向间隙值应在燃气轮机试制调试期间予以确定。

为了使径向间隙最小,而工作时转子和静子间相碰擦时又不致危及工作的安全,目前广泛采用在静子壁面处(机匣内壁面上,或整流器内环内壁上)喷涂或黏结易磨损的软金属、软质涂料,嵌装复合材料环件或加装蜂窝结构密封环等来进行压气机径向密封。

图 2-24 所示为用软质涂料(通常为石墨粉、滑石粉、石棉粉、铝粉和其他成分的粉末为基础的涂料)与工作叶片叶尖、鼓环篦齿配合进行级间封气的结构。为了保证涂料黏结牢固,在待涂表面应加工成粗糙状。通常把上述粉料用专门的漆料调制成膏状涂在待涂的粗糙表面上,经干燥后再车削,加工完成后的涂层厚度约 1 mm ~ 3 mm。

图 2-24　压气机的级间封气

为减少压气机级间的漏泄量,通常采用具有 3 ~ 5 个篦齿的迷宫式密封装置。在压气机的最后一级后面采用的封气装置所使用的篦齿数量要多些，其篦齿数与整机的压比有关。压比为 6 时，一般要 10～12 个篦齿。若压比越高，则需要的篦齿数也要更多些。图 2－25 所示为几种封气装置篦齿的形式。各种不同类型的封气装置的漏气量的大小可按下式计算：

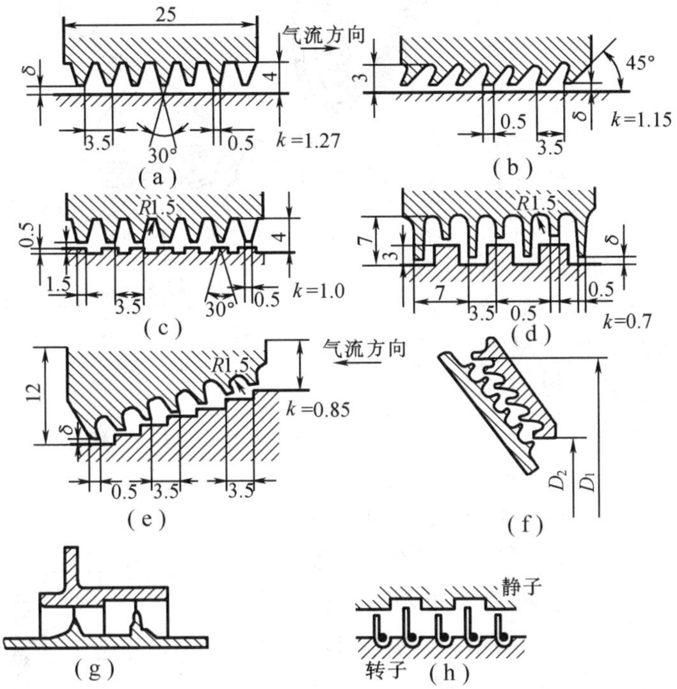

图 2－25 几种封气装置篦齿的形成

$$G = KF\sqrt{\frac{(p_1^2 - p_2^2)}{zp_1 v_1}}$$

式中 G——漏气量；

K——流量系数；

F——漏气面积，$F = \delta\pi D$；

D——漏气处平均直径；

δ——漏气处的径向间隙；

p_1、p_2——装置前、后气体压力；

v——装置前气体比容；

z——篦齿数。

由上式可以看出，漏气量除了与径向间隙 δ 有关外，而且还与篦齿数 z 以及流量系数 K 有关。图 2－26 所示为某燃气轮机蜂窝式封气结构。蜂窝以厚度为 0.1 mm 的不锈钢或其他金属薄片钎焊而成，并焊在底环上。由于金属片很薄，篦齿碰及时，金属片可变形，却可以保证很小的径向间隙，获得很好的封气效果。特别是针对这种篦齿封严环在压差稍大时，气流逸漏过程中易激起封严环振动，因而在篦齿环内侧加装减振阻尼环，以改善封气效果。带减振阻尼环的篦齿——蜂窝封气装置作为一种新技术得到了迅速的推广应用。

篦齿封严属于非接触式封气装置，其漏气量比接触式的大，且在工作中会磨损，造成漏气量加大，使燃气轮机性能衰退快。据称，在当前技术水平下，气动热力专家在燃气轮机设计上花很大力气作改进，才可使燃气轮机的油耗降低0.1% ~0.2%。但是，如果改变气封的设计，提高封严效果，不难使耗油率降低1% ~2%。先进的封严装置不仅改善了燃气轮机的经济性，而且可以使：(1)性能衰退率低；(2)可以降低燃气初温，提高热端部件寿命；(3)提高止推轴承工作寿命；(4)降低燃气轮机质量。目前开发的刷式封气装置（简称刷封）即为很有前途、性能优异的封严先进技术。

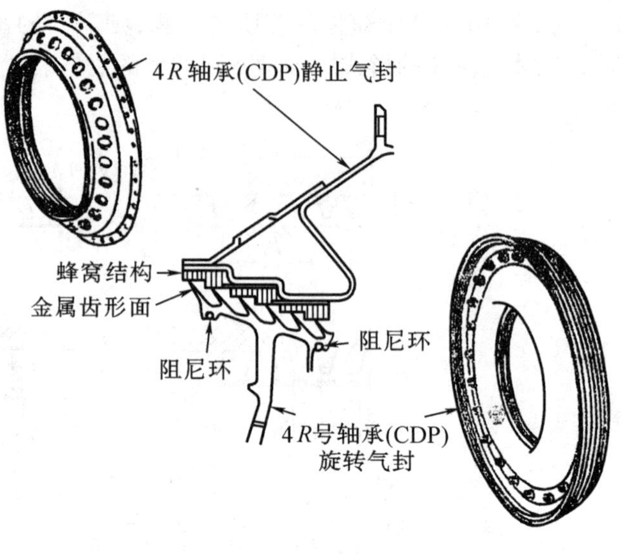

图2－26　某机的蜂窝式封气装置

图2－27所示为一典型刷封装置。在静子结构内，由前、后侧板夹着的很细金属丝组成的环形刷，刷内端紧压在转动的轴上，轴在与刷接触的环带上喷涂有耐磨陶瓷。如果封严处压差较大时，可用2 ~3组封刷串装起来，这时还可以起到篦齿封严的作用。刷丝做得较长，使它紧压在转子上。为了不使刷丝在压差作用下向后弯曲，后侧板的内径小，它与轴间仅留有较小的缝隙。环境温度低于650 ℃，刷的摩擦速度低于300 m/s时刷丝的材料可选用钴基合金。刷封起源于R·R公司。研究表明在$\Delta p = 2 \times 10^5$ Pa时，单个封刷的漏气量仅是间隙为0.75 mm的5道篦齿封严环的漏气量的4% ~6%。在试车中，用刷封取代篦齿后推力提高3%。由于使用材料的改进等，目前刷封也可用于油腔的封严。R·R公司研究表明，主轴承采用封刷后，其传入的热量仅为5道篦齿封严环的25%，使传到滑油中的热量大为减小。除此之外，由于刷丝对轴施加的压力和摩擦力还能减少轴的振动。由于各国对刷封开展了大量的试验研究工作，因而作为一项新技术已逐渐在燃气轮机上得到普及应用。

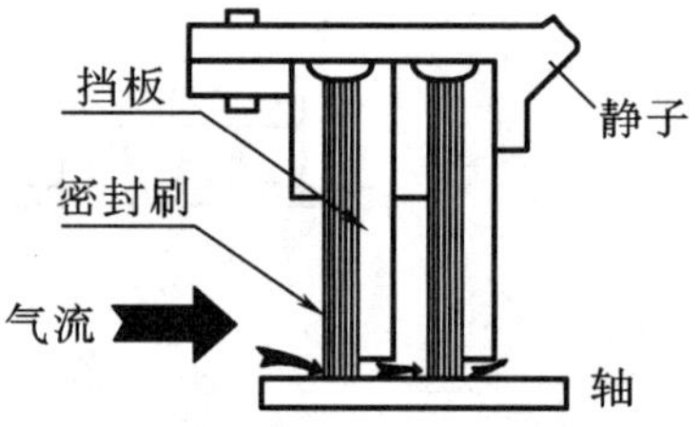

图2－27　刷封装置

值得提出的是在燃气轮机工作循环中，无论是压气机工作叶片和机匣内壁之间的间隙，还是涡轮工作叶片和机匣之间的间隙，由于机匣实际上不可能完全响应转子叶尖的径向位移变化，因此这些间隙是随燃气轮机工况变化而变化的。特别是在加速、减速等过渡过程中，这些间隙会发生较大变化。在工况变化中，客观上存在一个最小间隙值。如果在设计时，选择恰当，能保证此最小间隙值很小，却又大于零，这样既能保证工作安全（叶片和机匣间不发生结构干涉），又可保证压气机具有高的效率。这就是前面曾提及的最小安全间隙问题。但这个很小又很安全的间隙难选。于是，人们开始了间隙控制技术的探讨。由于转子叶片处在燃气轮机内部，又是转动件，其膨胀或收缩不便于控制。因此控制叶尖间隙的实施就是设法控制机匣在工作循环中的位移，使之更好地响应转子的位移，从而保证既不会在最小间隙时发生叶片同机匣的结构的干涉，又能使叶尖间隙在各工况（包括启动、加速、减速、巡航、额定、全功率、慢车、停车）减到最小。原则上说这种间隙控制技术尽管主要应用于涡轮部件，但在压气机中也可应用。近年来有的压气机后面级已应用了间隙控制技术，效果很好。

2.5　进气和防冰装置

压气机进气装置的作用是保证气流均匀地进入压气机。在压气机进气部分的设计中，应考虑不能使外物（冰块、飞鸟等）进入，应考虑压气机通流部分和盐的清洗等问题。压气机的进气部分一般包括进气装置、防冰装置及通流清洗装置（通流清洗装置将在第 7 章中简单讨论）。

2.5.1　进气机匣及进口导流叶片

进气机匣也称压气机前机匣（也称前承力机匣）。它一般由机匣内、外壁，进口导流叶片以及进气整流罩、进气管等组成。在进气机匣的中心部分，通常安装压气机的前轴承、进口空气压力和温度的探针与传感器及转子转速表传感器等附件。进口导流叶片常常做成空心的，以便设置滑油管、通气管、防冰空气管及附件传动杆等。图 2－28 所示为某燃气轮机的进气机匣的结构。

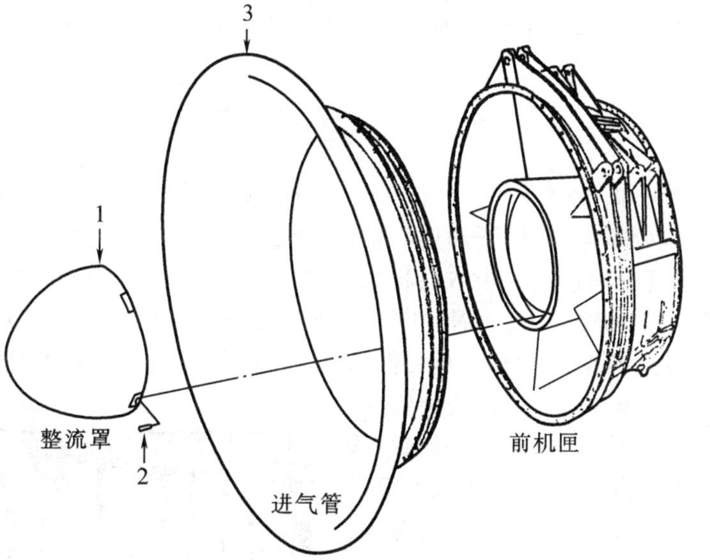

图 2－28　LM2500 的进气管、整流罩以及前承力机匣

整体式的前承力机匣由内、外壁和呈径向均匀分布的导流叶片焊成，整流罩通过安装边和前承力机匣的内环前安装边连成一体。进气管则固定在前承力机匣外环前安装边上。有的燃气轮机进气机匣中的导流叶片在机匣内、外壁之间并非呈径向，而是与径向倾斜一小角度 r（例如斯贝燃气轮机的压气机 $r = 7°18'$）。这样做，可以使导流叶片在受热膨胀时产生的热应力减小，且可使导流叶片的尾迹力均匀地作用在工作叶片上，有效地减小工作叶片的激振力。

当压气机第 1 级为跨音级时,通常此时进气机匣不设置导流叶片。此时进气机匣只有机匣外壁,整流罩则固定在转子上,并与转子一起旋转。

2.5.2　防冰装置

当燃气轮机在接近 0 ℃或 0 ℃以下的大气温度,且空气的湿度又很大的条件下工作时,则在燃气轮机进口、轴流式压气机的前几级整流叶片和工作叶片上可能出现结冰现象。冰层会引起压气机通流面积减小,使通过燃气轮机的空气流量下降,从而使燃气轮机的功率下降。也会使燃气初温升高。严重的还会造成压气机喘振。此外,由于冰块脱落,被吸入燃气轮机中则会打伤叶片,甚至使整机损坏。为此,应当在压气机进口处设置防冰装置。

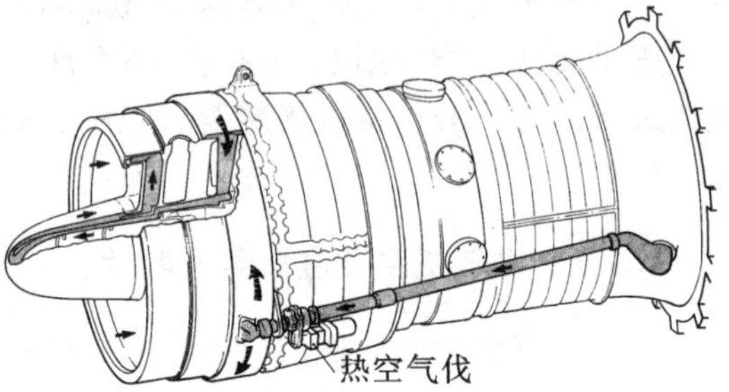

图 2-29　某燃气轮机的防冰装置

最常用的防冰方法是对易结冰的零件表面进行加温。燃气轮机上用得最多的方法是利用压气机后面级的温度较高的压缩空气来加温防冰。图 2-29 所示为某燃气轮机的防冰装置。从高压气机抽来的热空气通过管道引向防冰空气控制阀,然后,通向进气机匣外壳、进气导叶和整流罩。最后经进气机匣外壳进入压气机通流中去。热空气的通入可有效地防止结冰。

此外,尚有用电加热和利用热滑油加热的方法防冰的,但使用不普遍。

2.6　减 荷 装 置

由气体动力学可知,燃气轮机压气机转子上的轴向力是向前的,而涡轮转子上的轴向力是向后的。压气机转子和涡轮转子通过联轴器连成一体,联轴器使转子上的两个方向相反的轴向力抵消了一部分后仍是一个数值相当大的向前的轴向力。例如某燃气轮机压气机转子承受了 570 kN 向前的轴向力,而涡轮向后的轴向力为 226.5 kN。这样大的轴向力作用在止推轴承上,会严重地影响轴承和支承元件的尺寸、质量,影响轴承工作的可靠性和寿命。

由于单排滚珠轴承结构简单和安装方便,是燃气轮机燃气发生器止推轴承常用的结构形式。但单排滚珠轴承能承受的轴向力很有限,一般仅 8.9 kN 左右。在不得已的情况下,才采用双排滚珠轴承结构。但这时双排止推轴承能承受的轴向力仅为 17.8 kN 左右。因而,必须在压气机上设置卸荷装置,以减小转子作用在止推轴承上的轴向负荷,改善止推轴承的工作条件。图 2-30 所示为该燃气轮机的卸荷装置。由图中可见,篦齿封气装置把压气机前、后腔室(A、B)与气流通道隔开,A、B 腔分别称为前卸荷腔和后卸荷腔。通过在压气机转子鼓环上沿周开出的进气孔口把压气机第 5 级高压空气引入到转子内腔,再经过前轴锥体上的孔 1 进入前卸荷腔 A,由于 A 腔与压气机有迷宫密封,故此处高压空气作用在转子

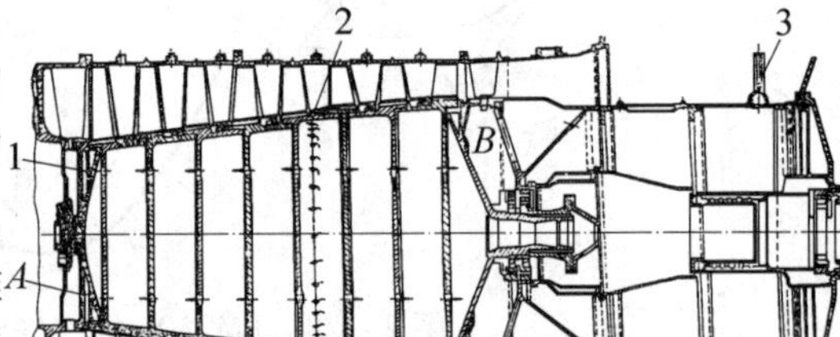

图 2-30　某燃气轮机压气机卸载荷图

1—前卸荷进气孔;2—压缩空气进气孔;3—放气导管;A—前卸荷腔;B—后卸荷腔

的前端面上产生了向后的轴向力。在后卸荷腔 B,用放气导管 3 和大气相通,放气导管内装有调压隔板,通过调换不同通径的调压隔板,使后卸荷腔 B 的绝对压力保持在(1.3 ~ 1.6)之间。这样就降低了作用在转子后端面上向前的轴向力。采用上述卸荷措施,就可以大幅度地减小作用在止推轴承上的轴向力。例如该燃气轮机经 A、B 腔的减荷后作用在双排止推轴承的轴向力由 283.4 kN 变为 22.6 kN,保证了轴承工作的可靠性。实践证明,采用这种卸荷是有效的。但实用中也发现,工作时篦齿会发生磨损,从而使止推轴承的轴向力变大,止推轴承过早损坏。GE 公司的一项试验研究表明,若轴承轴向力变大,则止推轴承过早损坏。GE 公司的一项试验研究表明,如维持轴承的轴向负荷为常数时,轴承的寿命可提高 60 倍。为此发展一种恒压式转子轴向力控制机构,以取代通常采用的篦齿封严通气卸荷系统。由于大大减小了因转子轴向力平衡篦齿封严环的漏泄量,燃气轮机油耗可下降 0.5% ~2.0%,另外在工作中保持了一定的轴承轴向负荷,使轴承的寿命大大提高。在此控制机构中,用一液压作动活塞来减小作用于止推轴承的负荷。滑油经增压泵输送到转动的止推器端面,以便对转子施加向后的轴向力,止推器端面与静止的配合面间的轴向间隙保持在 0.025 mm 以内。利用改变滑油的压力来控制向后的轴向力。这种先进技术正在开发中,很有推广应用的价值。

2.7　轴流式压气机的防喘装置

为了改善轴流式压气机的工作特性,扩大其稳定工作范围,使燃气轮机具有良好的启动、加速性能,避免压气机工作时发生喘振,现代高增压比的轴流式压气机都设置防喘振装置。防喘振装置按结构、原理可分为:中间级放气、进口可转导流叶片和可转静子叶片、可变弯度进口导流叶片、双转子压气机、机匣处理等。

2.7.1　中间级放气

由叶轮机械原理可知,在轴流式压气机中间级放气,是扩大压气机稳定工作范围、改善燃气轮机启动特性的简单有效的方法。这种方法的缺点是将耗功增压后的空气放出压气机,造成了能量的损失、浪费,使压气机效率降低。此外,放气时还会增加放气窗口附近叶片的激振力,造成叶片的附加振动。

放气窗口的位置依靠实验确定。放气窗口的位置和数目应使工作叶片前的速度场和压力场不受很大的影响,否则会造成叶片的剧烈振动。因此,放气窗口数目应当多且均匀分布在机匣的圆周上,或者经过环腔放气。放气窗口不应开在正对工作叶片的外端,而应当开在整流器的平面内,如图 2 - 31(a)所示,或整流器的后面,如图 2 - 31(b)所示。放气机构有下列几种形式。

1. 活塞式放气机构

空气自压气机经放气孔放出,放气受活塞式放气活门的操纵,如图 2 - 32 所示为某燃气轮机压气机的活塞式放气活门。放气活门装于压气机中机匣外表面处的集气室上。放气活门由壳体 4、活门 17、活塞 10 及弹簧 16 等组成。压气机正常工作时,活塞顶部无油压。在弹簧力的作用下,使活门处于关闭状态,当压气机进入喘振不稳定工作时,通过防喘调节器将高压滑油经进油管 12 输入活塞上方的空腔中。由于作用在活塞上方的滑油压力作用力大于弹簧力,使活门向下移动,打开放气活门。压气机中的空气通过该活门排至大气。为了

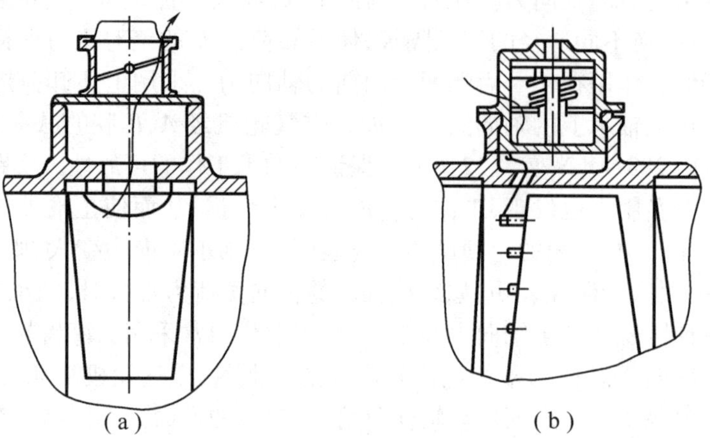

图 2－31　放气结构简图
(a)节气门式;(b)活门式

保证有足够的放气量和放气的均匀性,可在压气机的一级上安装若干个放气活门,有时甚至同时在几个中间级上安置这样的放气活门。

活塞式放气活门的缺点:放气不够均匀、放气机构结构复杂、质量大。特别是对于大流量的压气机,因放气量大,则需要安置较多的放气活门,这更增加了结构的复杂性,尺寸、质量也比较大。因此,活塞式放气活门仅适合于小流量轴流压气机的防喘调节。它的优点是:由于活塞式放气活门的个数及安装位置调整、改变比较方便,容易,所以,调节放气量的大小、放气时间的长短,甚至改变放气位置都很方便,这一点对调试批燃气轮机压气机的调试很重要。

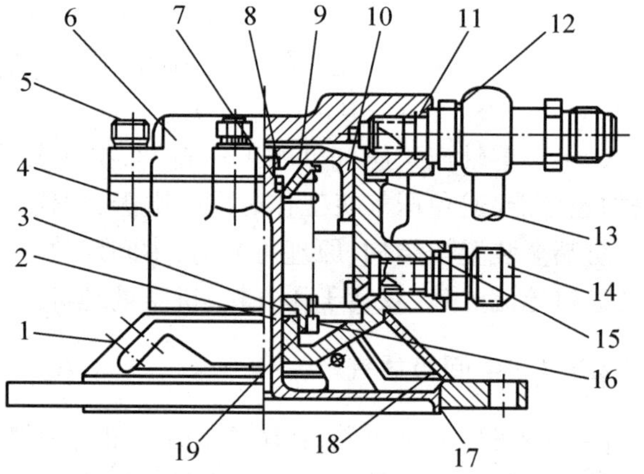

图 2－32　放气活门

1—铆钉;2—胶圈;3—胶垫;4—放气活门;5—螺桩;6—盖子;7—锁块;8—止推盘;9—座盘;10—活塞;11—垫圈;12、14—管接头;13—垫子;15—垫圈;16—弹簧;17—活门;18—网子;19—弹簧座盘

2. 链带式放气机构

图 2－33 所示为某燃气轮机压气机的链带式放气机构。在压气机第 3 级机匣外壁上,沿周开有许多长方形放气窗口。窗口两侧有凸边,钢带 3 围绕在凸边上,并借助控制操纵机构使之拉紧或松开。压气机在正常工作时,将高压气体(或流体)通入作动筒,借助活塞杆将钢带拉紧并紧紧箍在凸边上,放气带关闭,停止向大气中放气。当需要放气时,则停止向作动筒供应高压气体(或流体),作动筒活塞在弹簧作用下被推向作动筒的两端,使钢带松开,于是,放气窗口被打开,压气机中的空气从窗口逸出。这种形式的放气机构结构简单,放气均匀,减少了放气过程中工作叶片所受的激振力。但缺点是这种结构的封气效果较差。

斯贝燃气轮机为了保证压气机具有良好的防喘特性,采用双转子结构设计的同时,在高

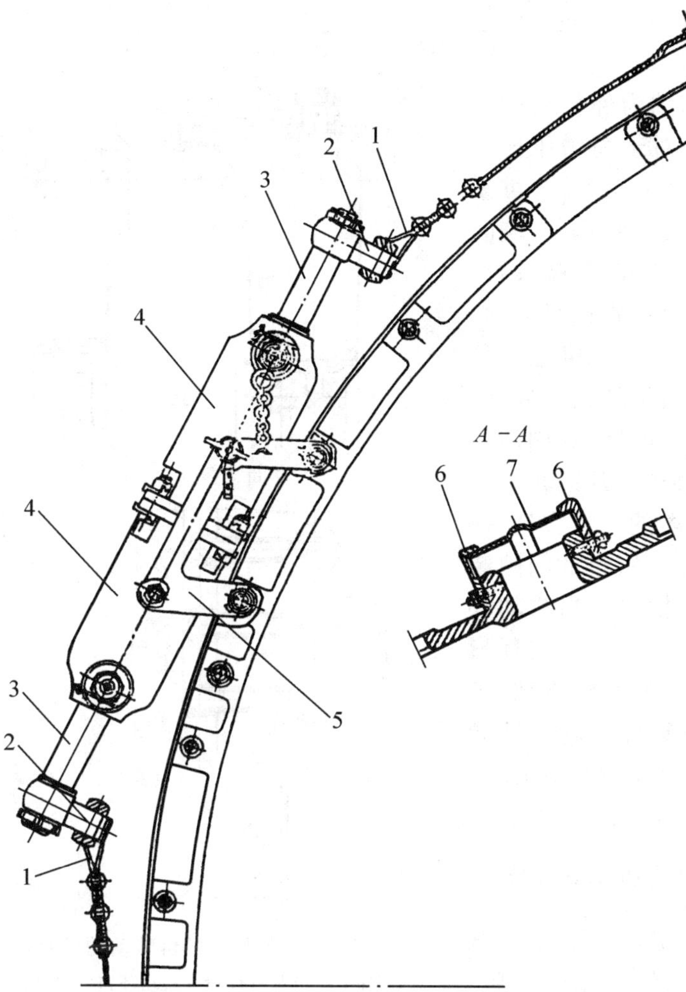

图 2-33　某燃气轮机的放气机构

1—放气带固定耳环;2—固定销;3—活塞杆;4—放气带作动筒外壳;5—支臂;6—限动器;7—放气带

压压气机进口采用了可调进口导流叶片和第 7 级环带放气。这种环带式放气机构与上面提及的链带式放气机构不同之处在于该环带为两半圆环连接而成的整体式刚性圆环。放气时,环带往前沿轴线移动,并作周向旋转运动,打开高压第 7 级静子叶片外缘板上的放气孔,使高压压气机中部分空气排至大气。压气机正常工作时,环带往后移动,直到压紧机匣的凸边,同时作周向旋转(与前移时相反),使高压第 7 级静子叶片外缘处关闭状态,气流不能外泄,并利用第 7 级空气作用在环带后侧凸边上,使环带有一个向后压紧的辅助力,保证了封严的可靠。斯贝的可调进口导流叶片和高压第 7 级放气环带均由防喘调节器控制。

2.7.2　进口可转导流叶片和可转静子叶片

当压气机在非设计工况下工作时,进口导流叶片和静子叶片会绕其轴颈转动某一角度,使压气机进口气流的预旋量相应改变。只要调节的角度适宜,就会使第一级进口的气流攻角恢复到接近设计值,使各级叶片气流攻角也恢复到接近设计值,从而达到了防喘的目的。

如图2-34所示的为外传动的可转导叶和静叶结构。对于高增压比的压气机,为了扩大稳定工作范围,可采用图2-34所示的外传动结构的,同时转动导叶和若干级静叶的防喘系统。叶片外端的轴颈滑配合在青铜衬套内,而青铜衬套事先压入压气机机匣的径向孔内。叶片内端也有轴颈,直接滑配在整流器内环的径向孔内(该孔内注入复合钙基润滑脂)。静子叶片的转动依靠每个叶片头部固定着的摇臂实施,摇臂另一端球形侧面,它以很小的间隙装在联动环上相应的方槽中。当联动环在调节螺杆的推动下沿机匣上的环形槽切向移动时,摇臂就被方槽拔动,带动叶片一起转动。这种外传动可转导叶和静叶的防喘办法是比较有效的,一般静叶可调级数为36级。

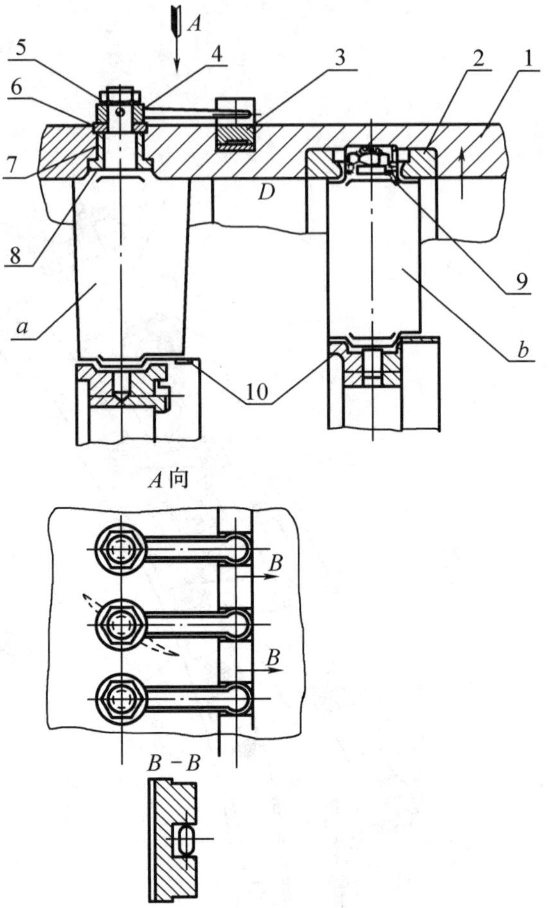

图2-34　外传动的可转动的导叶和静叶结构

1—机匣;2—叶片外环;3—联动环;4—摇臂;5—固定销;6—青铜垫片;7—青铜衬套;8—调整垫片;9—紫铜垫片;10—导叶内环

2.7.3　可变弯度进口导流叶片

可变弯度进口导流叶片的防喘基本原理与可转导叶没什么原则区别。只是在结构上相差较大。可变弯度进口导流叶片由前、后两段组成。前段是固定的,保证气流轴向进入。后段铰接,可连续调节,以保证气流相对工作叶片所要求的攻角。图2-35所示为某燃气轮机可变弯度进口导流叶片的结构。前段为空心结构,其两端和机匣焊成一体,中间通过进、回油管路、防冰空气等管路,后段的内、外端带有轴颈 ,内端插在内支承的孔座内,外端轴颈上装有摇臂,各摇臂由一作动环联结,同时动作。作动环则由两个作动筒操纵。

2.7.4　双转子压气机

由叶轮机械原理可知,当压气机压比大于10时,采用两个由气动联系的转子的压气机进行防喘调节十分有效。所谓的双转子结构,即把一个高压比的单转子轴流式压气机分为两个低压比的轴流压气机,用两个套轴把它们分别与各自的涡轮联结起来。两个转子之间没有机械联系,而仅仅有气动上的联系。当然也可以制成多转子形式,但是这样会使结构变得更加复杂。

双转子或多转子压气机的防喘原理可归结为:压气机在偏离设计点工作时,两个转子

（或多个转子）会自动地调节各自的转速，保持气流进入低压压气机和高压压气机的攻角始终接近设计值，从而保证了高压比压气机在较宽的范围内高效、稳定的工作。这种防喘结构特点是结构较为复杂、加工工艺要求高。但调节范围宽、变工况工作效率高、启动容易和启动时消耗启动机功率较小。

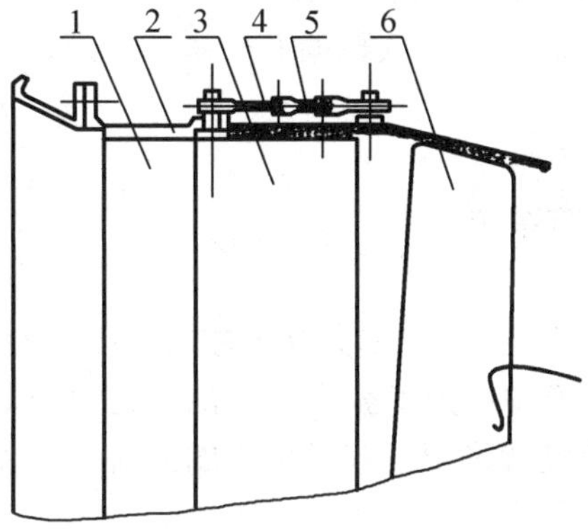

图 2－35　可变弯度进口叶片

1—导流叶片前段固定部分；2—压气机机匣；3—导流叶片后段可转动尾部；4—摇臂；5—作动筒；6—第一级工作叶片

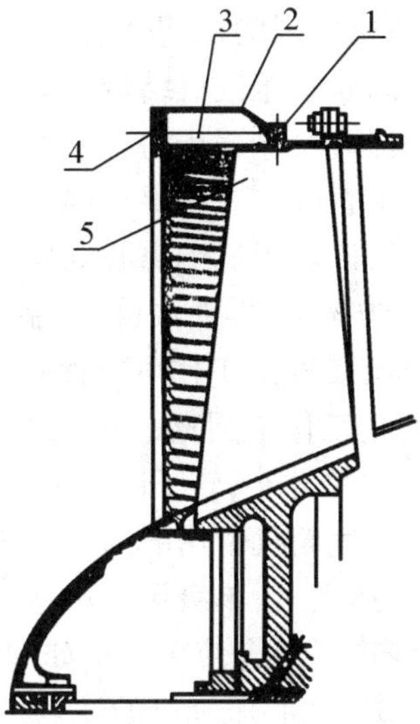

图 2－36　进气机匣处理

1—径向固定销；2—进气机匣处理；3—扰流片；4—轴向固定销；5—北一级工作叶片

2.7.5　机匣处理

在压气机进气机匣外壁处开斜槽，环槽等可以延迟叶片叶尖处的失速，扩大压气机的喘振裕度。带有这种结构的机匣称之为机匣处理。图 2－36 所示为机匣处理的一种形式。在工作叶片叶尖处的机匣上，做出一环形空腔，内装数百片扰流片。从工作叶片顶部甩出的空气，通过扰流片形成的狭缝进入环形腔，然后，又由这些狭缝排至叶片进口，形成附加的循环气流。这股循环气流可以抑制机匣与叶片表面附面层的发展，增大了进口处的气流速度，抑制旋转失速的产生。

近些年来，在一些高技术燃气轮机高压压气机的后面级，把压气机机匣内表面的直径做成与转子外径一样大小，而在相对工作叶片叶尖处的机匣内圆上开斜槽，斜槽的密度比叶尖处弦长要大。不过这种在高压压气机机匣上，对应工作叶片叶尖处开斜槽的主要目的是减少漏气损失，以提高压气机效率（压气机效率可提高约 1%）。这也是压气机上采用的一种新结构新技术，也有利于防喘。

2.8 离心式压气机

2.8.1 概述

燃气轮机发展的初期基于离心式压气机使用在柴油机增压方面积累的丰富设计和制造经验,加上离心式压气机结构简单、制造容易,曾得到普遍的应用。直到高压比、大流量的轴流式压气机问世,才逐步为后者所取代。至今,离心压气机在小流量燃气轮机领域仍备受重视,应用仍很普遍。这主要是因为小流量条件下,轴流式压气机后面级相对间隙增大,效率会显著降低,以至于低于离心式压气机的效率。况且离心式压气机尚有一系列优点:

(1)结构简单,零件数目少,制造成本低;

(2)具有良好的工作可靠性;

(3)稳定工作范围宽,一般不需要专门的防喘调节系统;

(4)轴向尺寸小,转子刚性好。

目前,燃气轮机常用的离心压气机单级压比为4.5左右,效率为0.8左右。正在研制中的新型离心压气机,单级压比可达10以上,效率高于0.8。为了获得更高的压比,可以把两个离心单级串联组合使用。例如ME990巡航燃气轮机就采用了双级串联的离心压气机,压比可达11.5。离心压气机的缺点是:

(1)效率不高;

(2)由于受到尺寸的限制,现有离心压气机单面进气时,空气流量一般不超过30 kg/s ~ 35 kg/s;

(3)受轮盘强度和性能的限制,在单级离心压气机中,当叶轮外径处的切线速度为450 m/s ~ 480 m/s时,增压比为4.5 ~4.8左右。

按结构主要特征的不同,离心式压气机可分为以下几种:

(1)按进口的结构可分为:用于小流量的单面进气离心压气机和用于大流量的双面进气的离心压气机。

(2)按叶轮的形式分为开式、半开式和闭式的叶轮离心压气机。

(3)按叶轮上的叶片结构分为径向的、前弯的和后弯叶片的叶轮离心压气机,前弯叶片叶轮增压能力强。而后弯叶片叶轮效率较高、变工况性能好。

(4)按压气机增压级数可分为单级离心压气机、双级离心压气机和多级离心压气机。后者仅用于工业上的工艺流程中,船舶燃气轮机中不采用。

(5)按扩压器的形式可分为带叶片扩压器的、不带扩压器的、管式扩压器的离心式压气机。

2.8.2 离心式压气机的组成和结构

离心式压气机也由转子和静子两大部分组成。转子部分主要由工作轮、导风轮、压气机轴和联结件组成。静子部分由进气装置、叶轮盖板和后壁、扩压器、排气管等组成,如图2-2所示。

1. 转子

转子是离心式压气机的主要构件之一。燃气轮机工作时,转子高速旋转。工作轮直接对气流做功，一方面提高气流的动能，另一方面提高了气流的压力能。转子的工作转速很高，工作轮的离心负荷很大，当船体作应急机动时，还会有附加惯性力和陀螺力矩作用。为保证转子工作的可靠性，设计时，必须满足下列条件：

①气体动力学、热力学方面的需求，保证工作的高效率；

②足够的强度和刚度，质量要轻，满足振动和临界转速等的要求；

③联结定位可靠，保证转子工作的平衡性；

④加工、装配均应方便，保证工艺性好、成本低廉。

（1）叶轮（工作轮）

叶轮是一个具有许多叶片的圆盘状构件。叶轮一般均有中心孔，可作为与轴联结的定位孔，或在其中作出齿槽传递扭矩，也可作为叶轮加工时的定位基准。通常叶轮采用半开式结构。叶片的剖面形状可根据叶片的振动、强度和工艺等具体确定。一般，叶轮形状可按等厚度或厚度按等厚线规律变化来设计。等厚度叶片的加工工艺简单，但叶片质量大、叶片强度差，刚性不好，且容易产生低频共振，因而等厚度叶片仅采用小流量、要求不高的压气机上。厚度按等厚线规律变化的叶片剖面如图 2－37 所示，图中处叶片的厚度相等，沿叶高方向叶片厚度按直线规律变化。这种叶片比等厚度叶片质量要轻，刚性强度要好，但加工稍微复杂，大流量、高压比压气机使用这种叶片。

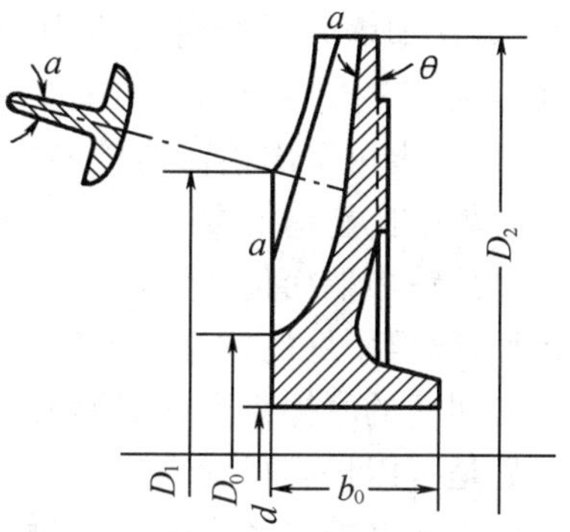

图 2－37　单面进气压气机叶轮

长期以来，使用径向（径流）式叶轮比较多。这是因为效率适中，增压能力适中，加工简单容易。但目前已经开始使用后弯式叶轮，与径流式叶轮比较，后弯式叶轮虽然级增压能力稍差，但反动度大效率较高，特别是气流速度在叶轮的分布比较均匀，其变工况特性优异。因而后弯式叶轮倍受重视，得到普遍应用。但后弯叶片叶轮的不足之处是叶轮的形状对强度不利，且加工比较困难。

（2）导风轮

为了使空气无撞击，顺畅地进入压气机叶轮，需要将叶片的进口部分沿气流进入叶轮时的相对速度方向弯曲一定角度。这种带有弯曲进口的叶轮部分称为导风轮。导风轮可以与叶轮制成一体，也可以分开制造。通常较大流量的离心式压气机的导风轮都是单独制作的，而后与叶轮联结成一体。

与叶轮是一体的不可分式导风轮一般在加热状态下在形胎上弯成。这种导风轮型面的准确性较差，强度较差，但加工简单。当然，也可以用指状铣刀由数控机床加工。这样，虽然可以做到尺寸和形状的准确，但成本相对比较贵。

可分开式导风轮的型面采用机械加工方法制出，叶片尺寸和形状便于准确控制。导风轮损坏时，可以方便更换，结构比较合理。这种导风轮与叶轮之间的联结必须可靠，以保证导风轮叶片与工作叶轮能很好的压紧，以防止叶片由于振动而损坏。如图 2－38 所示，将导风轮与工作轮相接触的表面加工成锥形表面，装配时将导风轮轴向压紧与工作轮上，由于导风轮叶片尖部端面产生了 0.3 mm～0.5 mm 的紧度，使叶片刚性大大加强，防止了低频共振的产生。

为了提高压气机的效率，常把导风轮设计的比较宽，使导风轮中叶片弯曲的曲率半径变大,也使由轴向变为径向的弯曲流道的曲率半径变大。于是,气流在导风轮中的转弯比较平缓,改善了流动状况。

(3)工作轮、导风轮与轴的连接

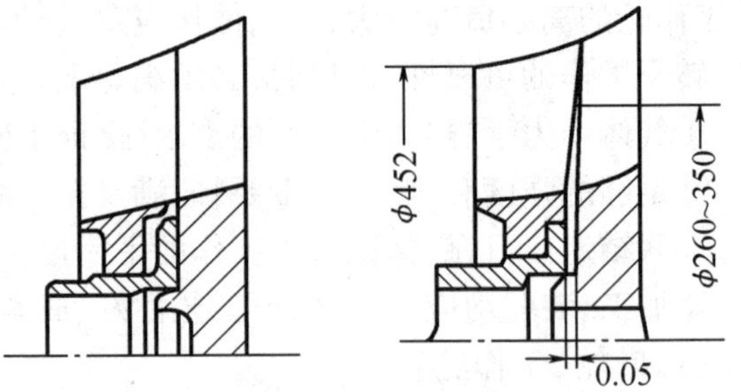

图 2－38　导风轮与工作轮装配简图

对于小流量离心式压气机的叶轮与轴之间,习惯于采用齿槽连接。工作时,为了使叶轮与轴之间不产生间隙,保证定心可靠,叶轮与轴之间必须采用紧度配合,但这却增大了轮盘的应力,并在齿槽处容易产生应力集中,如图 2－39 所示。有时,也可采用销钉连接形式,如图 2－40 所示。轴与叶轮采用紧度配合,销钉孔产生的应力集中比齿槽的要小。近年来,小流量离心压气机叶轮与轴之间的连接倾向于采用适度的过盈辅加端面传扭的连接结构。瑞士 ABB 公司生产的离心式压气机就采用了这种结构设计,取得了好的效果。工作轮和导风轮皆以通过计算确定的过盈量与光轴配合。为增加结合面间的摩擦系数,轴颈和工作轮、导风轮的内表面应进行喷丸处理。喷丸处理的另一个好处是可以提高材料表面的抗疲劳性能。工作时,靠结合面间过盈和较大的摩擦系数传扭。由于选择的过盈量适中,传扭又靠端面压紧螺母提供的轴向压紧力产生的摩擦扭矩,从而避免了轮盘的应力过大和应力集中。有时为过盈配合和一对对称配置的平键协助传扭,以增加传扭的可靠性。

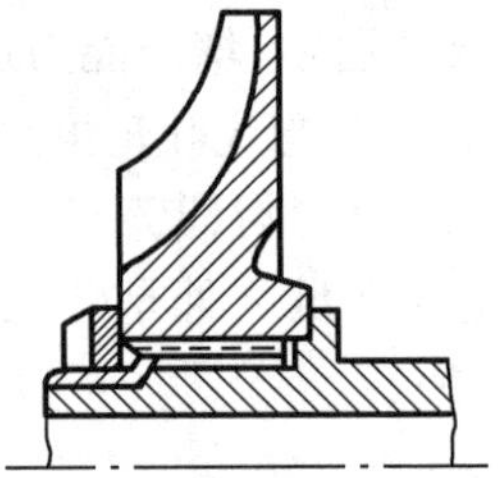

图 2－39　叶轮与轴的齿槽连接图

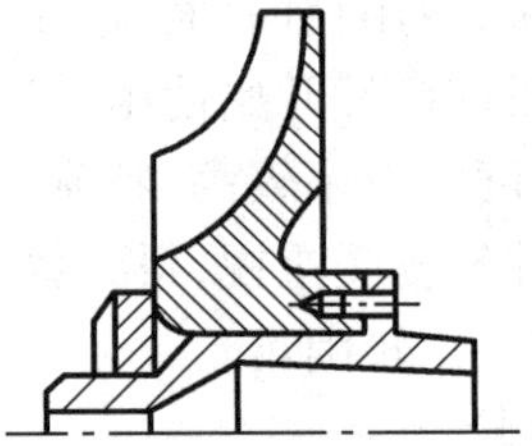

图 2－40　叶轮与轴的销钉连接图

为了保证工作定心的可靠性,轮盘与轴的工作定心表面应远离叶片离心力作用平面。这种结构有效地解决了传扭、定心、应力集中等问题,是一连接固定上的技术进步。

图 2－41 所示为大流量双面进气离心压气机的工作轮、导风轮与轴之间的一种典型连接机构。

轴与导风轮、工作轮用螺桩夹紧在一起,扭矩靠摩擦力传递。工作轮两端有轴颈凸出。轴颈的外圆与前、后轴内表面配合,由圆柱面定心。工作时,由于叶轮变形较大,必然使定位面紧度增加,能保证工作定心的可靠性。导风轮分别套装在前、后轴外圆上,两导风轮由圆柱面或圆锥面定位于轴的外表面。为了防止工作时离心力使定位表面间产生间隙,在装配时,必须保证定位面间有较大的紧度。但紧度过大会造成装配困难。导风轮、工作轮和轴是采用沿周均布的 8 个螺栓连接在一起的。螺栓采用尾端顶紧于螺纹孔底部的办法,使螺栓、叶轮、轴之间产生轴向紧度来锁紧的。这样,避免了采用径向紧度锁紧螺栓时给叶轮带来的辅加应力。

2. 静子

图2-42所示为单面进气离心式压气机的静子。

压气机静子是燃气轮机承力系统的重要组成部分。它以机匣为主体,把进气装置、扩压器、排气管以及转子的轴承等组成一体,静子和转子共同构成压气机的通流部分。

(1)压气机机匣

压气机机匣是一个重要的承力构件。为了保证足够的强度和刚性,机匣的壁厚一般为6 mm~7 mm以上,并布置必要的加强肋。在机匣的外表处装有燃气轮机安装节和附件等。

为了使机匣便于制造和装配,通常把机匣制成整体轴向可分式结构。机匣由铸造合金铸造,经机械加工,用螺栓和螺桩连成一体。机匣内表面为气流通道,必须加工得光洁、精确,以保证流动损失较小。

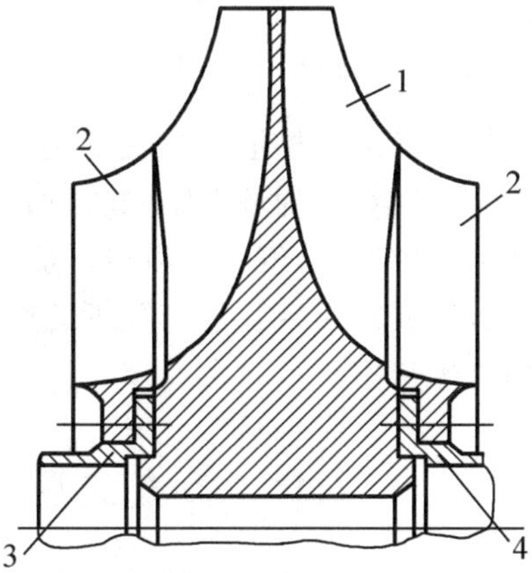

图2-41 用锥形面定位的导风轮、工作轮与轴的连接

1—工作轮;2—导风轮;3—前轴;4—后轴

(2)进气装置

一般由防护网、预旋导流片、导气盆等组成。预旋导流片的作用是使入口气流沿叶轮旋转方向预先得到一个必要的旋转,以减小空气进入叶轮的相对速度。导气盆固定在预旋片的凹槽中,导气盆各盆面间形成收敛形气流通道。气流在导气盆中作加速流动,一般进口速度为60 m/s~80 m/s,出口速度为125 m/s~150 m/s,并使流场均匀。在与机匣连接的环形框架之外,围装有防护网,以防止外物被吸入压气机。防护网由不锈钢钢丝制成。

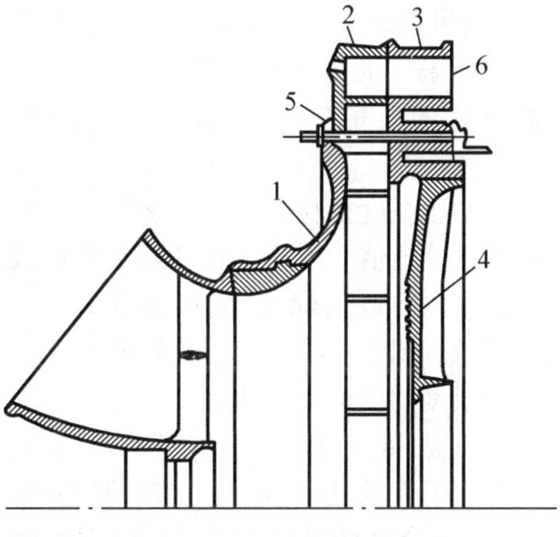

图2-42 单面进气压气机的静子结构

1—进气管壳体;2、3—扩压器机匣;4—后盖板;5—夹紧螺栓;6—通向燃烧室的供气孔口

(3)扩压器

离心式压气机的扩压器使从工作轮中高速流出的气流减速扩压。最简单的扩压器是沿圆周通道面积逐渐加大的蜗壳式扩压器,它的结构简单、特性平稳。但由于气流在扩压器内沿螺旋线流动,运动轨迹较长,效率低。因此仅在内燃机增压器中应用。

燃气轮机中离心式压气机通常使用的是由无叶和有叶扩压器构成的混合式扩压器。这种扩压器具有尺寸小、效率高的优点。在有叶(叶片式)扩压器中,气流沿周向均布的叶片之间形成的扩压通道流动,气流的流动路径短、损失小、扩压效率高。无叶(缝隙式)扩压器实际上是工作叶轮与叶片式扩压器之间的环形空间(或环形缝隙)。两者组合在一起可形成结构紧凑、扩压效果令人满意的离心式压气机扩压器。

近些年来,有的离心压气机上采用了可适应高压头、高效率要求的超音速管式扩压器。这种扩压器靠进口锐边前缘适应高压头叶轮出口速度超音速的要求,把气流由径向引至轴向,同时在管内扩压,并通过喉部下游的渐扩导管。这样可以提高稳定工况下扩压器的效率。

(4)排气管

排气管的结构形式取决于燃烧室的型别。多个单管的燃烧室需要有相应数量的单独的弯管。当燃烧室为环形结构时,通常采用叶片扩压器(径流式)和轴流式扩压器组合形式的扩压器。此时,排气管可以设计成简单的环形扩张通道。对于大型回流式单管燃烧室则需要制成蜗壳式排气管。排气管的作用是使气流进一步滞止扩压,并以较小的流动损失,均匀地引入燃烧室。

2.9　轴流式压气机主要零件的材料及表面防护

选择压气机主要零件材料的原则如下。

(1)零件在工作条件下能承受所受的质量负荷、热负荷,并能满足寿命长和质量轻的要求。当然,船舶燃气轮机中的压气机对质量的要求没有航空燃气轮机那么苛刻,但对寿命前者却比后者要求的更高。

(2)材料的工艺性及经济性要好。

(3)应尽量选取规格化的材料,减少材料的品种。

在选择压气机主要转动零件的材料时,考虑到它们所受的质量负荷大,应选择比强度大的材料。

所谓的比强度是材料的持久极限或屈服极限和材料密度的比值。由于材料的持久极限或屈服极限随温度的升高而降低,故比强度也随温度的升高而降低。图2-43所示为几种常用结构材料比强度随温度的变化关系曲线。

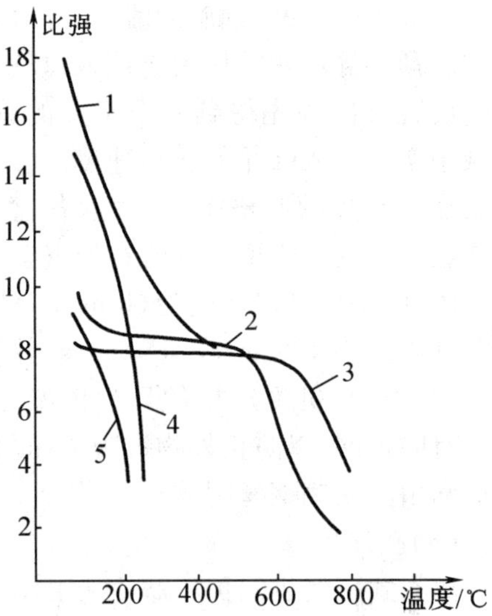

图2-43　温度对不同材料比强度的影响

1—钛合金;2—不锈钢;3—镍基合金;4—铝合金;5—钛合金

图中可见,温度在0 ℃～400 ℃范围时,钛合金的比强度最大;温度在0 ℃～250 ℃范围时,除钛合金外,铝合金的比强度也很大;当温度超过450 ℃时,只有不锈钢和镍基合金具有一定的比强度。

对于船舶燃气轮机中压气机的转动件,在选材方面与工业和航空燃气轮机的显著不同在于必须考虑材料对海洋环境条件的适应性上。即在选材时要强调结构材料应具有良好的耐腐蚀性能,特别是对海水和含盐空气的耐腐蚀性能。因此,在航空和工业燃气轮机中惯用的铝合金、镁合金材料在这里将不再适用,而宁可采用价格较昂贵且工艺性要求比较高的钛合金、不锈钢和镍基合金,钛合金的耐腐蚀性能是很突出的,优于不锈钢和镍基合金。比强度也高,低温性能,尤其是超低温下,其强度增加约一倍,而且塑性和韧性良好。钛合金主要用作离心压气机叶轮、导风轮、轴流式压气机工作叶片、静子叶片、轮盘、鼓环、机匣和轴承壳体等零件。但钛合金也存在一些缺点,如弹性模量较低,会影响薄壁零件的刚性不足；耐磨性较差，易与摩擦表面发生黏着现象；与钛合金相摩擦容易着火；当使用温度超过400 ℃时，钛合金的蠕变极限急剧下降；对应力集中敏感；导热性差；切削加工性能不好；高温下易吸收氮、氢、氧等气体而变脆，这对于焊接、热压力加工和热处理工艺操作带来了一定困难；再则生产成本高，价格昂贵。但由于它具有比强度大的突出特点，近些年来高技术燃气轮机广泛地应用钛合金作压气机的结构材料，尤其是研制出了耐高温的钛合金IMI834，耐温到600 ℃，例如R·R公司把这种耐高温钛合金用作压气机后几级盘的材料，使压气机成为全钛转子，并用焊接焊成一个整体转子。也有的采用钛合金机匣，以降低燃气轮机质量。但在使用中曾发生过钛合金的工作叶片叶尖或断片卡在叶尖间隙中磨损机匣造成钛失火的严重问题。为此有的将钛合金机匣又改成钢机匣；有的将钛机匣中与叶尖对应的内壁处嵌上防火及易磨环带；有的把机匣沿轴向分为多段，每两段钛机匣中夹一钢制圆环，圆环内径处嵌有橡胶衬套，以钢环、橡胶与钛工作叶片叶尖相对应。钛合金使用最多的是TC－4（即Ti－6 AL－4V），此外TA2、TA6、TA8和TC9也有应用。

不锈钢、镍基合金也作为船舶燃气轮机轴流式压气机工作叶片、轮盘（鼓环）等的结构材料。常用的不锈钢和镍基合金的品种有：30Cr、Cr17Ni2、30CrMnSiA、13Cr14NiWVBA、1Cr13、2Cr13。

压气机转子的鼓轴、前轴、后轴及拉杆、螺栓等一般用18CrNiWA、40CrNiMoA和OCrNi13Mo等高强度镍铬合金模锻后机械加工制造。

在选择压气机机匣、静子叶片一类零件的材料时，主要是根据工作温度、材料密度和加工工艺选定。由于船舶燃气轮机对结构材料耐腐蚀的严格要求，铸造铝合金、铸造镁合金已不适合作为前、中、后机匣的结构材料，而宁愿采用密度比较大、铸造工艺性能较差，但耐腐蚀性能好的1Cr13、2Cr13和3Cr13等不锈钢或钛合金来制造前、中、后机匣。

压气机整流器叶片通常选取和工作叶片相同的材料。

要提高压气机零件的可靠性和使用寿命，就必须加强材料的抗腐蚀性、抗氧化、抗热冲击和抗热疲劳能力。因此，压气机零件制成后，应对其工作表面进行防护处理。常用的表面防护方法有：对铝合金零件进行阳极化；对钢和合金钢进行发蓝或表面镀锌、铬、镉等金属。还可以采用等离子喷涂或火焰喷涂等工艺方法给零件表面喷涂各种防护层。

在零件相互摩擦的表面（如工作叶片的叶冠之间、减振凸台之间的摩擦面、叶根榫头部分等）常涂有耐磨的涂料或喷涂碳化钨硬质合金。有的压气机在叶片榫头与轮盘榫槽接触表面涂以石墨清漆，除可防止胶着剥伤外，还可起一定的减振作用。

顺便提及，新材料的采用会给压气机结构和性能带来很大变化。例如，针对航空涡轮风扇发动机大风扇叶片的振动问题并提高抗外来物击伤的能力，大风扇叶片均在叶身距离叶尖约1/3处做有中间凸肩（也称减振凸台），这种凸肩不仅增加了叶片加工的难度，带来强度问题，还会降低风扇的效率与喘振裕度。R·R公司设计、加工了一种宽弦长、夹心（两面板间夹以蜂窝芯板）的无凸肩叶片，在RB－211发动机中使用。这种新材料、新结构的风扇叶片不仅很好地解决了振动与抗外来冲击物击伤问题，扩大了喘振裕度，且使风扇效率增加了4%，发动机巡航耗油率降低了4%～4.6%。这种叶片也装于V2500发动机中，并曾遭遇到质量达5.66 kg、翼展2.14 m的巨大飞鸟撞击而未折断的事件，这证明它确实有较强的抗外来冲击物击伤的能力。目前该公司又发展了第三代宽弦长无凸肩的风扇叶片，称之为“超塑性成型、扩散连接”风扇叶片。它的核心部分是采用波纹板结构取代原来的蜂窝结构，两面板以及核芯部分置于硬模中，送入高温炉中进行扩散连接，然后向叶片芯部通以高压氦气,使面板和波纹板进入超塑态紧贴模面。这种结构比第二代夹层空心叶片减轻了 15%。

再则在燃气轮机结构设计中,选材不当也会引发严重故障。例如,F404 航空发动机高压压气机前几级工作叶片和机匣均采用了钛合金,流道中的空气温度压力分别达到 300 ℃及 0.35 MPa 以上,在这种条件下,一旦工作叶片与机匣相碰磨时,极易引起钛机匣着火,且火势发展极快。为解决钛火问题,后来的机匣改用 M152 合金钢,故障迎刃而解。

思 考 题

1. 燃气轮机中应用的轴流式和离心式压气机各有哪些特点?

2. 比较轴流式压气机等外径、等内径通流形式的优缺点,并指出各用在何场合。

3. 轴流式压气机转子结构的三种基本类型是什么? 各类转子结构有何优、缺点? 以 LM2500 第 3 ~9 级的带内伸环形加强肋的加强鼓筒结构为例分析其特点。

4. 对压气机转子结构设计有哪些技术要求?

5. 简述不可拆卸鼓盘混合式转子结构、工艺特点,指出其优点和不足。

6. 简述轴向短螺栓连接的可拆卸鼓盘混合式转子结构、工艺特点,指出其优点和不足。

7. 工作叶片主要由哪两部分组成? 长叶片叶身凸台有何作用?

8. 叶片的榫头有哪几种基本结构形式? 压气机中常用哪一种,有何特点?

9. 轴流式压气机静子的功用是什么? 对轴流式压气机静子设计的基本要求是什么?

10. 简述整流叶片与机匣连接的几种结构形式及特点。

11. 简述篦齿封严的基本原理。指出其缺点和采用刷封的优点。何谓最小安全间隙和间隙控制技术?

12. 简述环形槽周向固定燕尾形榫头及榫槽结构;结合真空电子束焊的短螺栓转子结构等新结构的采用说明了什么?

13. 压气机进气装置由哪些构件组成,各有何作用? 为什么要设置防冰装置? 如何防冰?

14. 压气机为什么要有减荷装置? 简述减荷装置的工作原理。指出液压转子轴向力控制机构的优点。

15. 简述压气机主要防喘措施及原理。

16. 简述可转静子叶片的结构及工作原理。

17. 离心压气机由哪些部分组成,各部分的功用是什么?

第 3 章

燃 烧 室

3.1 概 述

3.1.1 燃烧室的功用及其重要性

燃烧室是保证燃气轮机在各种工况下,将燃料的化学能转化为热能,用来加热工质的装置。来自压气机的高压空气进入燃烧室后与喷油嘴喷入的燃料混合并燃烧,把蕴储在燃料中的化学能以热能的形式释放出来。高压空气在这里变为高温、高压的燃气,具有了较大的做功能力。

燃烧室是燃气轮机的主要部件之一。燃气轮机的性能、可靠性、寿命等皆与它有密切关系。例如,燃烧室出口局部温度过高会引起涡轮叶片过热和烧毁;燃烧不稳定会导致燃烧室熄火和燃气轮机停车;燃烧组织不好,会使燃烧过程的流动损失增加,燃烧效率降低,燃料消耗量也将增大。同时,在火焰筒和涡轮叶片工作表面会产生积炭,火焰筒壁面上积炭,会使冷却变坏,会造成过热变形,甚至开裂;涡轮叶片上积炭,会使涡轮叶片气动特性变坏,降低了涡轮效率,并引起转子的不平衡,造成燃气轮机的振动。因此应当精心设计燃烧室。由于燃烧过程极其复杂,直到 20 世纪 70 年代,燃烧室设计几乎全靠“试凑”法。在过去的 10 多年中,燃烧室模化和计算技术方面已取得重要进展。预计到 2015 年能够进行带化学反应和紊流模型的稳态计算。用计算燃烧学辅助燃烧室的设计工作。

3.1.2 燃烧室的工作条件

在船舶燃气轮机中,燃烧室的工作条件是十分恶劣和复杂的。必须了解燃烧室的工作条件,才有利于燃烧部件的设计。

1. 燃烧室中的燃烧在高速气流及贫油混合气情况下进行

来自压气机的压缩空气以 120 m/s ~ 125 m/s 气流速度进入燃烧室。在这样高的气流速度下,组织好燃烧过程是十分困难的。况且,受涡轮叶片材料的耐热强度限制,对于不进行冷却的涡轮叶片,燃烧室出口温度不超过 1 200 K;对于采用冷却的涡轮叶片,允许达到 1 700 K 左右,这相当于在空气过量系数 $\alpha=3\sim4$ 的条件下燃油完全燃烧所能达到的温度。在这样的贫油混合气下,稳定燃烧是不可能实现的。在常规设计的燃烧室中,采用了“空气分股”和“反向回流”来解决上述燃烧组织上的困难和矛盾。“空气分股”即在燃烧室内安装有火焰筒,空气分两股:第一股约占 1/3 ~ 1/4,从火焰筒头部进入,并与燃料混合,组成适宜燃烧 $\alpha=0.7\sim1.0$ 的混合气在主燃烧区中进行燃烧,燃烧温度在 2 000 ℃以上;其余的为第二股气流,从火焰筒的中部和后部的大孔进入,与燃气掺混、冷却,使燃气温度降低到涡轮前允许的温度范围,并对燃烧室的零、组件进行冷却。可见“空气分股”有利于在燃烧室火焰筒前锻造成适于稳定燃烧的条件,从而较好地解决了稳定燃烧和燃气温度对混合气成分要求不一致的矛盾。而在燃烧室中,在火焰筒前配置扩压器,使从压气机出来的高速气流“降速扩压”;又在火焰筒的头部设置旋流器,一股气流经旋流器作用后产生旋转运动而甩向四周,而在火焰筒中心处形成低压区,火焰筒中、后部的高温燃气在压力差的作用下造成倒流,形成“反向回流”。这样,火焰筒燃烧区中心的流速降低,形成了稳定火源;外围气流速度的提高,加强了对火焰筒壁的冷却。同时高温燃气的倒流,还促进了燃料的蒸发以及与周围空气的混合,形成浓度分布适宜的混合气,并使其燃速提高。由此可见,“反向回流”在燃烧室内造成了局部低速区,解决了稳定燃烧和流速过高的矛盾。

2. 燃烧室在高温、大负荷下工作

燃烧室产生的燃气提供给涡轮,由于现代燃气轮机的燃气初温越来越高(LM2500 为 1 170 ℃,最新研制的重型燃气轮机燃气初温达 1 430 ℃)。由此可知,燃烧室各零、组件是在高温下工作,且时常处在不均匀温度场下工作。因而,若燃烧室各零、组件设计不合理,就会产生很大的附加热应力,使零件产生挠曲变形,甚至因局部温度过高而过热烧毁。此外,燃烧室不仅承受气体压力、轴向力、惯性力产生的静负荷,还承受压气机、涡轮在工作中或燃烧室燃烧过程中因空气或燃气流的脉动而引起的交变负荷作用。这些静负荷和交变负荷作用在燃烧室壁面(即机匣)上,会产生静应力和交变应力,从而会造成燃烧室应力超标和疲劳损坏。

在现代燃气轮机设计中,燃烧室的外壁及某些燃气轮机燃烧室的内壁都包括在整机的承力系统中,是承力构件,它们承受很大的负荷。因此燃烧室必须具有足够的强度和刚性,通常采用厚度适当的耐热合金,并采用必要的隔热、冷却措施,来保证燃烧室工作的可靠。

3. 燃烧室在变工况下工作

对于全工况船舶燃气轮机,它的运行范围很宽,几乎在全部负荷范围内运行,且工况变化频繁。因此,燃烧室必须具有很好的变工况工作的适应性,满足燃气轮机提出的高效、稳定工作的要求。另外,船舶燃气轮机高工况下持续运行的时间往往比航空燃气轮机要高得多。航空燃气轮机最大工况使用时间一般不超过 10 min,而船舶燃气轮机则要求不小于 1 h。这无疑要求燃烧室具有更好的变工况适应性和在高热容强度下持续工作的稳定性和可靠性。

4. 燃烧室在具有腐蚀性的环境下工作

船舶燃气轮机在海平面上运行,空气中含有大量的盐分。尽管经过燃气轮机动力装置中进气滤清装置的处理,已使进入燃气轮机的空气含盐量大幅度降低,但因空气流量大,仍带入一部分盐分。加上燃油中因污染也含有盐分。尤其燃油中还含有硫分和矾等。特别是在进气滤清装置工作不正常或燃油系统遭大量海水污染的情况下,就会在燃烧室、涡轮等热端零、部件表面上发生严重的硫化腐蚀,从而危及燃气轮机的可靠工作。

5. 燃烧室内的燃烧过程是一个极其复杂的物理化学过程

整个燃烧过程包括了三维非定常大紊流度、有黏性的复杂流动、燃料的雾化和蒸发、燃料与空气以及空气与燃烧产物之间的传热和扩散、可燃物与氧气之间的化学反应、燃气与二股气流的稀释、降温等各种物理化学过程。仅就燃烧问题本身,又是以液相为主的两相燃烧。所有这些复杂的过程几乎是同时在燃烧室内进行着。雾化、点火、蒸发、传热、扩散、流动、燃烧等就构成了一个非常复杂的物理化学过程。这个过程客观上的复杂性,使我们难以用确定的物理化学模型准确地描述和研究。尽管计算燃烧学已经问世,且取得了进展,但它仍不能制定出指导燃烧室设计的准确方法。所以尚不能取消长期形成的指导燃烧室设计的试验法。

3.1.3　对燃烧室的设计要求

由船舶燃气轮机的工作特点和燃烧室的工作条件,提出了燃烧室的设计要求如下。

1. 不同工况下,燃烧室工作应稳定

在各种工况,包括工况急剧变化的过渡过程,燃烧室应保证稳定工作,即不熄火、无脉动燃烧。表征燃烧室工作稳定性的参数是空气过量系数 α 的极限范围。所谓的空气过量系数 α 为燃烧 1 kg 燃料时的实际空气量 L 与燃烧 1 kg 燃料时的理论上需要的空气量 L_0 的比值,即 $\alpha = \frac{L}{L_0}$。当燃烧室在贫油下工作时,α 值大;反之,燃烧在富油下工作时,α 值小。如果在相当宽的 α 变化范围内能维持燃烧,则认为燃烧稳定性好。反之,燃烧稳定性差。

有两种熄火情况:一种是 α 小到一定限度值后造成的熄火。此时,燃油过浓,空气不足,这称为“富油熄火”。富油熄火时的过量空气系数叫作“富油熄火极限”,用 α_{min} 表示。另一种熄火情况发生在 α 大到一定程度以后,此时空气供应过量,燃料过少,造成所谓“贫油熄火”。它对应的过量空气系数称为贫油熄火极限,用 α_{max} 表示。α_{min} 与 α_{max} 之间差值越大,燃烧室的燃烧稳定性越好。

2. 燃烧要完全

在燃气轮机的主要工况下,燃烧室应具有足够高的完全燃烧程度和具有较小的散热损失。表征这一特征的参数是燃烧的效率 η_r。η_r 表示 1 kg 燃料燃烧时,实际加热工质的热量与 1 kg 燃料完全燃烧时理论发热量的比值,即

$$\eta_r = \frac{H_u - \sum Q}{H_u}$$

其中　H_u——燃料的低位发热量;

$\sum Q$——由化学和物理不完全燃烧以及对外热散失所造成的损失。

η_r 的数值与燃烧室、喷嘴、负荷情况等许多因素有关。目前,η_r 值可达 0.95 ~ 0.99。

3. 燃烧室具有最小的流体阻力

工质流过燃烧室时,由于扩压、摩擦、分流、掺混、倒流、扩散、热交换等,气体的总压必然下降,这就是流体阻力。流体阻力的大小与燃烧室的结构、工作参数和加热程度等有关。通常,燃烧室的流体阻力以 σ_r^* 表示,称为总压恢复系数,$\sigma_r^* = \frac{P_3^*}{P_2^*}$;其中,$P_2^*$、$P_3^*$ 分别表示燃烧室入口和出口的气流总压,通常,$\sigma_r^* = 0.92 - 0.98$。

4. 燃烧室出口温度场应能满足涡轮的要求

为了减少涡轮导向器叶片及工作叶片的过热和提高它们工作可靠性,必须保证涡轮前沿圆周方向上有均匀的符合要求的温度场,否则,因热负荷的不均匀会造成涡轮叶片的热疲劳。温度沿叶高的分布,应保证在叶片质量最小的情况下,与应力沿叶片高度分布相适应。通常,最大应力是发生在叶根截面上,因此希望叶根的温度低于叶片中部的温度比较适宜。而叶尖处叶片振动应力大,故也希望叶尖处的温度也应具有较低的数值。图 3 - 1 所示为燃

烧室出口处我们希望的燃气分布。表征温度不均匀的系数 A_T 为

$$A_T=\frac{\Delta T_3^*}{T_{3m}^*}=\frac{T_{3\max}^*-T_{3m}^*}{T_{3m}^*}=\frac{T_{3\max}^*}{T_{3m}^*}-1$$

其中　T_{3m}^*——燃烧室出口平均温度；

$T_{3\max}^*$——燃烧室出口最高温度。

目前，A_T 应小于10%。A_T 数值越小，表示出口温度场越均匀，燃气涡轮的工作寿命越长，工作可靠性越好。

5. 在任何使用条件下，燃烧室都应该能迅速、可靠地启动点火，且联焰性好

要求启动时能迅速、可靠地点火燃烧，并在整个启动过程中不出现熄火、超温和火焰过长等现象。未装点火器的火焰筒应能借助传焰管迅速可靠地传焰，保证启动百分之百的成功。

6. 工作寿命长

目前，船舶燃气轮机的翻修寿命要求在8 000 h ~ 10 000 h以上。翻修寿命与燃烧室、涡轮等高温部件结构设计的合理性、有效的隔热和冷却及周密地消除热应力考虑等密切相关。合理地组织燃烧，避免火焰筒等高温构件局部过热、严重变形、裂纹和积炭等，有助于燃烧室部件工作可靠性和寿命的提高。

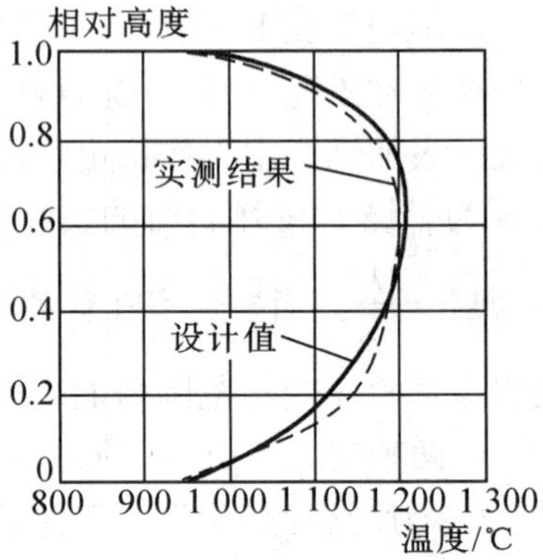

图3-1　涡轮进口燃气温度沿叶高的分布

7. 燃烧室的尺寸和质量要小

船舶燃气轮机在尺寸和质量方面的要求虽然可以比航空燃气轮机适当放宽，但总的来说，尺寸和质量指标仍是一个重要方面。对燃烧室来说，较小的尺寸和质量意味着在较小的空间内，实现大量工质的燃烧加热。表征这一特征的参数为燃烧室的容热强度 q_r，它表示燃烧室在单位时间、单位容积加给工质的热量与燃烧室进口总压 P_2^* 的比值。即

$$q_r=\frac{BH_u\eta_r}{P_2^*V_B}$$

其中　B——燃烧室每小时的耗油量；

V_B——燃烧室火焰筒的容积。

容热强度 q_r 数值的大小反映了燃烧室结构的紧凑程度。如法国早期的阿塔航空发动机 $q_r-134\times10^6$ kJ/(h·atm·m^3)，新近研制的M88航空发动机 $q_r=323\times10^6$ kJ/(h·atm·m^3)。

8. 排气污染应能满足国家标准要求

对于高压比燃气轮机排气污染主要指排放物氮氧化物 NO_x、一氧化碳CO、未燃尽的碳氢化合物HC、硫氧化物 SO_x 和烟粒等。这些排气污染物，对于舰员和沿海居民的生命健康带来了危害，同时，破坏了舰艇的隐蔽性。因此，在燃烧室设计时，必须很好地控制火焰筒头部不要形成高温、富油状况，以控制碳粒的产生；进一步完善燃烧室低工况下的喷油雾化条件，以形成高温略贫油的主燃区、防止燃烧反应过早地被二次空气或冷却空气所冻结，避免CO和HC的大量产生。采用双环腔等新结构设计等可使 NO_x、CO、HC的排放降低。对燃气轮机的排污控制问题，受到全世界燃气轮机界的科技人员越来越多的关注。

9. 检视、装拆和维修应当方便

由此可见，对船舶燃气轮机燃烧室的设计要求是很高的，而且这些要求又往往是相互矛盾的。例如，用增大气流紊流度的办法来改善燃烧的稳定性和完全性，必然会引起流动损失的增大；而减小燃烧室的尺寸和质量，也会给完全燃烧、提高燃烧室寿命和减小火焰长度带来许多困难。因此，要使燃烧室十分完美地满足各方面的要求是不可能的。因而，在设计燃烧室时要针对舰艇对燃气轮机动力装置的具体战术技术要求，抓住主要矛盾，并提出解决主要矛盾的方法。例如，对于巡航燃气轮机的燃烧室，突出的要求是燃烧的效率 η_r 高，即需要良好的经济性。而加速燃气轮机最主要的要求是尺寸、质量、启动性能和燃烧的稳定。因此，必须满足这些主要矛盾方面，在此前提下再照顾到其他一般性要求。

3.1.4　燃烧室的分类

由上面介绍可知，船舶燃气轮机燃烧室的工作条件十分恶劣，对燃烧室的设计要求也很严格。为了满足这些设计要求，在现代燃气轮机燃烧室上都采用了“减速扩压”、“空气分股”、“反向回流”等技术手段来保证在恶劣条件下，在燃烧室局部区域内造成优势环境条件，保证燃烧的完全和稳定。为了实现这些技术手段，现有燃烧室都由进气装置、壳体、火焰筒和点火器、传焰管等基本构件组成。但由于这些基本构件可以有不同的结构形式，故燃烧室通常分为分管、环管和环形三种基本类型。当然，还有许多介于上述三种基本类型燃烧室的各种“混合”形式。这里主要介绍分析三种类型燃烧室结构。

3.2　三种基本类型燃烧室的结构

3.2.1　分管燃烧室

分管燃烧室的结构特点是管形火焰筒的外围包有一个单独的壳体，构成一个分管，沿燃气轮机圆周均匀的安置有 6 ~ 16 个这样的分管，各分管用传焰管连通，以传播火焰和均衡压力。分管燃烧室的优点是：

(1) 装拆、维修、检修方便；

(2) 因各个分管的工质流量不大，调试容易，试验结果比较接近实际情况。

其缺点是：

(1) 外形尺寸大、笨重；

(2) 空间利用不好(环形面积利用效率低，仅 70% ~ 80%)，热散失大；

(3) 涡轮部件进口温度场(即燃烧室出口温度场)不均匀；

(4) 流体阻力较大。

分管燃烧室在早期航空和船舶燃气轮机上曾有应用，但现在已少用，仅用于一些小功率的工业燃气轮机上。

图 3 - 2 所示出为某燃气轮机的分管燃烧室的结构。全机共有 9 个分管燃烧室，每个分管燃烧室的轴线与燃气轮机轴线呈 19°角沿圆周均布。每个分管燃烧室均有燃烧室外套、火焰筒、传焰管等。燃烧室外套的前端与压气机出气管相连，两安装边之间装有球面钢圈，仅用两个螺栓连接，以保证拆装、维修燃烧室的方便并保证结合面密封的可靠。燃烧室外套前段(铝合金)和燃烧室外套后段(10 号钢焊接件)之间由 30 个螺栓连成一体，形成燃烧整

体外套。外套后端的定位环插入燃气收集器（入口为圆截面，出口为扇形截面）的衬套中，在轴向方向留有较大轴向间隙，此间隙可保证工作时外套受热的膨胀，更重要的是可以配合外套前端的两个螺栓和球面钢圈结构，实施拆卸和装配燃烧室时可不必分解压气机和涡轮。火焰筒用一个空心销和两个传焰管在外套上轴向定位，火焰筒的前端借插在涡流器内环中的喷油嘴作角向支持。火焰筒后端冲压出来的凸包在外套定位环的内壁中定心。在 9 个分管中，仅装两个点火器，燃气轮机启动时，点火火焰借传焰管传入其他分管。

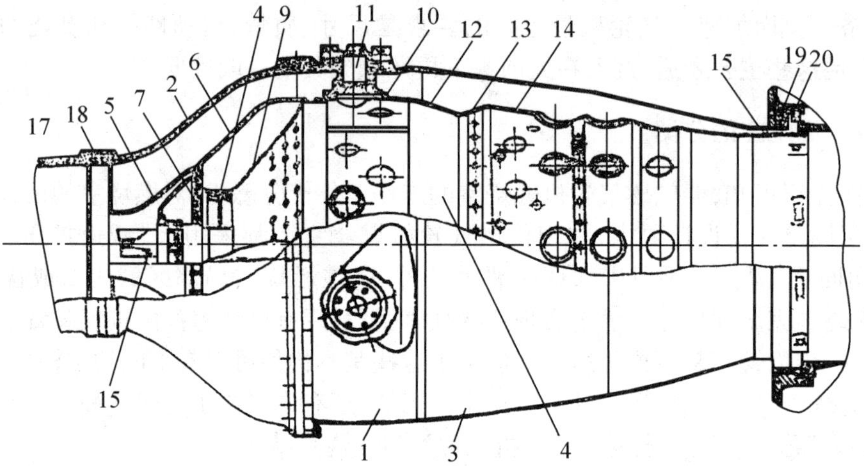

图 3－2　分管燃烧室

1、3—燃烧室外壳；2—燃烧室颈；4—火焰筒；5—火焰筒圆锥罩；6—火焰筒帽罩；7—带许多小孔的进气碟；8—叶片式涡流器；9—带许多小孔的进气锥体；10—火焰筒圆柱段；11—空心固定销；12—火焰筒中间锥段；13—结合环；14—火焰筒后锥段；15—火焰筒出口段；16—喷油嘴；17—压气机出气管；18—球面垫圈；19—燃烧室密封圈；20—燃气收集器的安装圈

火焰筒由 1 mm～1.5 mm 的耐热合金板料焊接而成。它由火焰筒进气口、进气碟、进气锥体、火焰筒帽罩、叶片式稳定器（即涡流器）、圆柱段、圆锥段、带孔的结合环、火焰筒后锥段等组成。由火焰筒进气口进入一股气流，在进气碟后方安置叶片式稳流器，使部分一股气流绕火焰筒轴线旋转，并形成回流区。从进气碟和进气锥体上的小孔进入的空气也直接参加主流区的燃烧，并对火焰筒前部结构进行冷却。圆锥段上开有两排一股气流孔，从该孔进入的空气也参加主流区的燃烧，因为开孔较大，气柱打入较深，也起到了非流线体的作用，它与火焰筒进口各元件一起起到了稳定燃烧的作用。在结合环和后锥段上也开有多排气孔，以引入掺混冷空气。设计时，改变开孔的直径、数目和布局，可以改变燃烧室出口处的温度场。火焰筒的各段之间的连接处借蝌蚪形切口用滚焊连接，以方便焊接前的装配和工作时的热应力减少，并尽量减少应力集中。同样，为了减少沿火焰筒掺混孔处的热应力而嵌装了衬套，最后两排二股气流孔口，常用向内弯边的开口结构，借弯边的弹性减少热应力。内弯边的开孔还有利于二股气流打入更大的深度，使掺混更加有效。

传焰管的中心通道与火焰管的内腔相通，传焰管的环形通道则与相邻分管燃烧室外套的内腔连通。每个分管燃烧室的传焰管间则依靠螺纹凸缘和螺帽连接。为了防止空气与燃气的泄漏，其间夹有密封元件。

叶片式涡流器为板料冲压焊接结构，如图 3－20 所示。叶片、外环、内环间点焊连接成一体。叶片式涡流器使流过的一股气流沿火焰筒内壁作螺旋运动，并形成已燃气体的回流。

分管燃烧室外套配合火焰筒起到扩压、分流的作用。

分管燃烧室的一系列缺点限制了它在船舶燃气轮机中的使用。但是后来广为使用的环管、环形燃烧室都是在分管燃烧室的基础上发展起来的。

3.2.2　环管燃烧室

这是具有轴流式压气机的燃气轮机曾广泛采用的一种燃烧室结构形式。它是将若干个（6～14 个）火焰筒沿周向均布，排列安装在同一个燃烧室内、外壳体组成的环腔内，相邻火焰筒燃烧区之间用传焰管连通，如图 3－3 所示。它的主要优点是：

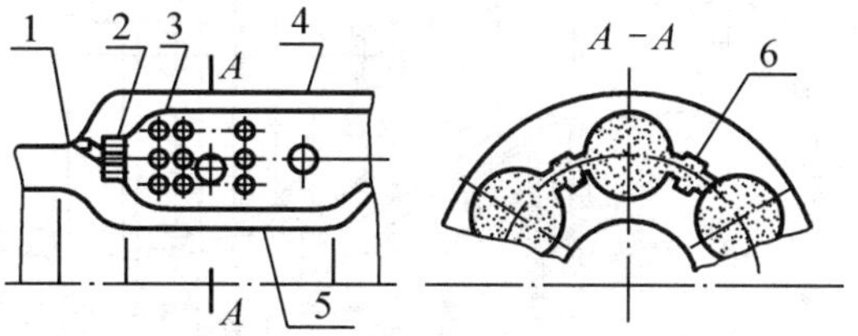

图 3－3　环管燃烧室示意图

1—喷嘴；2—叶片式涡流器；3—火焰筒；4—燃烧室外壳；5—燃烧室内壳；6—传焰管

（1）适合与轴流式压气机配合，布局紧凑、尺寸小、刚性好；

（2）气流转弯小，流体阻力小，热散失亦小；

（3）调试比较容易；

（4）加工制造的工作量比分管小。

但由于它相当于分管和环形燃烧室间的过渡结构，所以，相对环形燃烧室而言还有如下缺点：

（1）燃烧室出口温度场沿周向不够均匀；

（2）燃烧室的流体损失较大；

（3）耗费的材料、工时较多；

（4）质量较重。

斯贝燃气轮机的燃烧室就是典型的环管燃烧室，其结构如图 3－4 所示，它由燃烧室内、外套、10 个火焰筒、燃气导管、点火器、传焰管等组成。燃烧室外套 12 是钢制的两半壳体，其分开面在垂直平面内。两半壳体用螺栓连接成一体。外套前安装边与压气机机匣连接，外套后安装边与涡轮导向器外环连接。外套后部焊有 10 个底座，用来安装 10 根高压涡轮支座传力空心撑杆，这 10 根空心撑杆也是低压冷却空气的出气管，在其外面有一低压冷却空气集气环 13，冷却空气由此集气环排入大气。

燃烧室内套 21 的后端固定在涡轮隔热机匣上，内端的前段与扩散机匣之间留有间隙，冷却空气可以从此处进入内套内侧，与涡轮轴承支座之间形成环形腔室，通气向后去冷却涡轮部件。在内套和高压涡轮支承座上各开有两个伸手孔，用来伸进手去装拆高压转子联轴器。

10 个火焰筒分布在同一外套之间的环形腔室中，每个火焰筒前端装在位于扩散机匣中的一股空气进气口 2 中，后端与燃气导管相连。

火焰筒由一股空气进口 2、火焰筒头部锥体 7、火焰筒圆柱段 11、燃气导管 14、传焰管 10 等组成。

一股空气进口位于扩散器中，由 3 个螺钉固定在扩散器机匣的外壁上，它的出口是圆形的，正好与火焰筒头部外罩进口衔接。一股空气进口作成鱼嘴形，即进口为扇形，后部有上

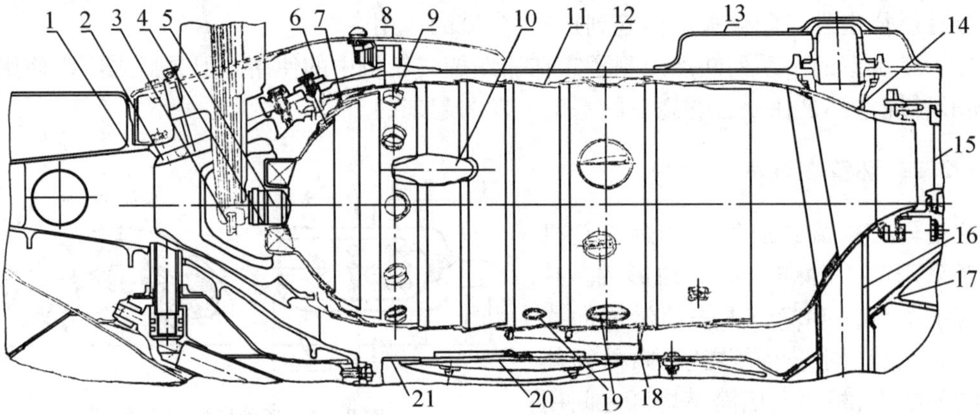

图 3 - 4　斯贝燃气轮机燃烧室

1—扩散机匣;2—鱼嘴形空气进口;3—喷水嘴;4—涡流器;5—燃油喷嘴;6—火焰筒固定销;7—火焰筒头部锥体;8—整流罩;9—进气斗;10—传焰管;11—火焰筒圆柱段;12—燃烧室外套;13—低压冷却空气集气环;14—燃气导管;15—高压涡轮第一级导向器;16—低压冷却空气出气管;17—高压涡轮轴承支座;18—挡气板;19—导流板(空气隔板);20—装配窗盖;21—隔热屏(燃烧室内套)

下扇形缝隙,使从进口进来的气流,除进到火焰筒头部外,还有一部分气流从上下扇形缝隙流到火焰筒的背、腹两边。采用这种形式的一股气流进口后,可以减少对前方气流方向的敏感性。由于在上下扇形缝隙又引出一部分空气,可使火焰筒头部周围的空气流场更加均匀一些。

这样,从一股空气进口进入的气流分三路:一路经涡流器 4 进入主燃区并使空气产生旋流;另一路经火焰筒头部隔层上的小孔进入到火焰筒头部的内表面,形成隔热冷却气膜;第三路则经扇形缝隙,又流回二股气流通道中。

火焰筒头部是半圆形锥体,由三圈搭接板焊成三个隔层,每个隔层凸肩处有一圈小孔如图 3 - 5 所示,冷却空气由此进入,在内壁上形成冷却气膜,冷却火焰筒头部内壁,使其壁温降低,减少在头部内壁处的积炭。火焰筒头部的后部开有一排大孔,称为主燃孔,每个孔内焊有风斗,使气流打入的更深和更强劲,并与一股气流相互作用,在头部形成回流,并强烈扰流,这样可以保证燃烧火焰的稳定,使火焰缩短,尤其使回流区前移、燃烧完全、发烟减少。

圆柱段由五节套筒组成,每两节之间有波纹隔圈,与前、后端的端头焊接起来,如图 3 - 6 *A - A* 剖面所示,形成了五段气膜冷却结构,使壁温较低,温度均匀,减少了火焰筒热应力和热裂纹的产生。在圆柱段后部开有大孔,称为掺混孔,用以降低燃气温度,保证涡轮可靠正常工作。在掺合孔后焊有扇形挡气墙,在挡气墙前焊有垂直导流叶片,并架在每个掺合孔中央处。它们的作用是使二股气流无漩涡、平直地进入掺混孔内。这样可使二股气流的打入深度增加,进入每个掺混孔的气流较均匀。因此,使燃烧室的出口温度分布比较均匀,有利于涡轮部件的工作,挡气墙和垂直导流叶片的结构是斯贝燃烧室特有的,比较有效。

燃气导管的前部是圆柱形,后部出口为扇形。在燃气导管的两侧面和腹面开有许多小孔,引入冷却空气,以降低其壁温排除局部过热。燃气导管用四个螺钉固定在火焰筒圆柱段的后端,再用氩弧焊焊死,使燃气导管和火焰筒形成一个整体。

传焰管的截面为椭圆形,以减少传焰管后的涡流区,减少流动损失。

火焰筒前端径向定位于一股气流进口后部的圆柱段上，轴向位置由火焰筒头部的固定销来保证，周向定位靠燃油喷嘴。在后端的燃气导管安装边是一个精密铸造机加件，它与涡轮导向器叶片的前段的环形通道配合。它的外扇形板和内扇形板插在导向器的环槽内。这样，火焰筒后端的周向、径向位置都得到了固定，但又允许轴向膨胀。

这种环管形式的燃烧室无论在航空、船舶和工业燃气轮机上都得到了广泛的应用。但由于质量较大，出口温度场沿周向不够均匀，火焰筒气膜冷却又需要较多的空气量等缺点，随着燃烧室设计、研制和使用经验的丰富，又发展了一种新型的燃烧室，这就是环形燃烧室。

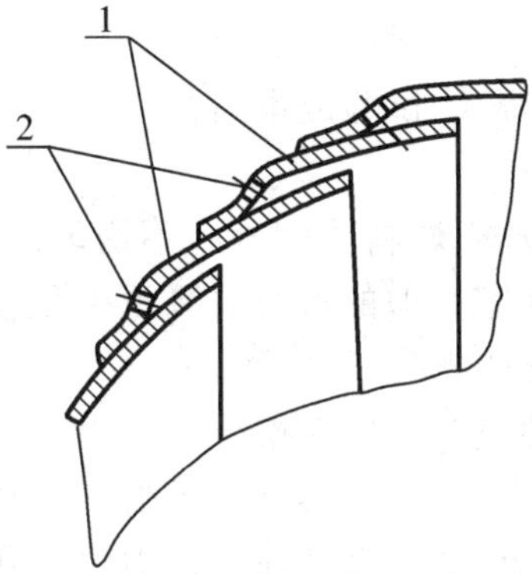

图3-5　火焰筒头部隔层

1—隔层；2—小孔

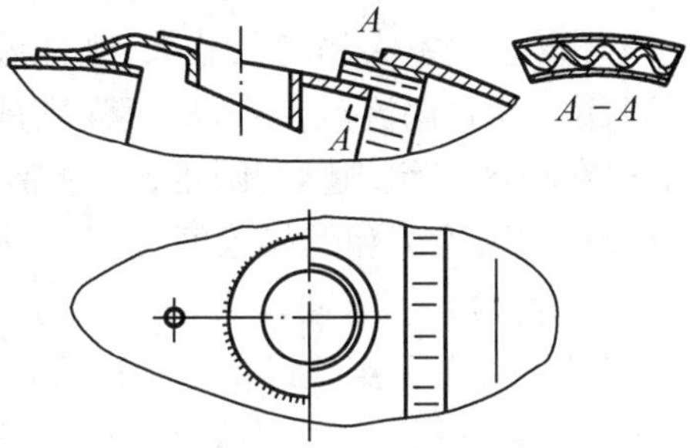

图3-6　进气斗及波纹板形成冷却气膜的结构

3.2.3　环形燃烧室

环形燃烧室的内、外壳体与环管燃烧室类似，但火焰筒却有很大的差别。在内、外壳体之间的环形腔室中，布置了一个呈环形的火焰筒，即火焰筒内外壁构成环形主燃区，如图3-7所示，环形燃烧室头部、火焰筒头部、内壁和外壁可以做成不同的结构形式。

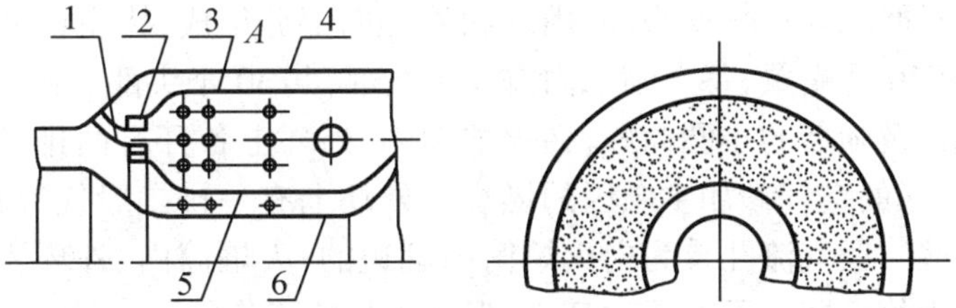

图3-7　环形燃烧室示意图

1—喷嘴；2—涡流器；3—火焰筒外壁；4—燃烧室外壳；5—火焰筒内壁；6—燃烧室内壳

因而这种燃烧室结构有许多种组合形式，这种燃烧室的优点是：

(1)环形火焰筒制造简单，比环管燃烧室火焰筒省工时约2/3左右；

(2)长度短，质量轻；

(3)环形燃烧室通流与轴流压气机、轴流涡轮的通流皆为环形，配合方便、容易，且流动阻力小、气流均匀，这种直流式布局有利于缩短扩压器长度、降低扩压损失；

(4)节约火焰筒冷却空气量约1/3，缓和了大加温比 $\Delta = \frac{T_3^*}{T_3^*}$(其中，$T_3^*$、$T_2^*$ 分别为燃烧室出口和进口的气体总温)时，冷却空气显得不足的矛盾；

(5)环形火焰筒截面积比相同外形尺寸的环管燃烧室火焰筒断面积总和约大1/4，筒内气流速度可降低1/4，流体阻力较小(约减少7/16)，有利于燃烧室的完全、稳定燃烧，并能减轻对大气的污染；

(6)联燃性好。

但环形燃烧室也存在如下缺点：

(1)调试比较困难，全尺寸试验件试验需要的气源很大，试验成本高；

(2)环形燃烧室火焰筒尺寸大，刚性差；

(3)用叶片式涡流器，出口旋流强度低，回流区比较弱，燃料浓度分布不均匀(离心喷油嘴喷油存在死区)，组织燃烧困难，一种带有与环管燃烧室类似的混合式环形燃烧室虽然可以有较理想的回流区和燃料浓度分布，但结构和工艺较复杂；

(4)装拆、检查不方便。火焰筒的局部损坏，往往使整个火焰筒报废。

近30年来，由于实验设备水平的提高，及大流量、高压比、高燃气初温燃气轮机发展的需要，环形燃烧室得到了大力的发展。一些新研制的高水平的燃气轮机已普遍使用了环形燃烧室，特别是短环形燃烧室。

由于供油方式(机械压力喷射式、气动喷油式、蒸发式和甩油盘式等)的不同，以及造成气流回流的技术实施方式(叶片式涡流器、双锥体、隔板等)的不同等，环形燃烧室的不同方式的组合，使环形燃烧室有多种多样的结构形式。下面仅介绍其中的两种结构。

1. 直流环形燃烧室

(1)全环形燃烧室

图3－8所示为LM2500燃气轮机的燃烧室即属于这种全环形燃烧室，它由燃烧室外套6、火焰筒内环7、火焰筒外环8、火焰筒头部5、涡轮轴机匣(或称燃烧室内套)12、进口导流器1、涡流器3、30个机械离心压力喷射喷油嘴2和半导体高能点火电嘴4等组成。

火焰筒由进口导流器、火焰筒头部、内环和外环四部分组成，皆由镍基含金板材冲压焊接而成。火焰筒由10个帽罩，每个帽罩内有3个头部，共30个头部。每一个头部装有一个喷油嘴、一个涡流器及随后的小圆筒段，在火焰筒内、外环上各开有两排带有翻边结构的一股气流孔。这里进入的空气参加主燃区的燃烧。外环上有一排二股气流孔，而内环上有两排二股气流孔，这些二股气流孔皆为向火焰筒内翻边的；火焰筒内、外环皆采用突筋式隔层冷却气膜结构，使火焰筒壁温不至于过高，以保证火焰筒工作的可靠性和寿命。这种突筋式结构，还能使尺寸较大的外环、内环具有了较好的刚性。

燃烧室外套通过位于燃烧室进口处的10个肋板与燃烧室内套在前端连成一个整体，同时作为承力结构，支承压气机后轴承座。

整个火焰筒在进口导流器处的10个均布的径向销钉13支承定位，每个销钉正好位于肋板后面，因此，把进口导流器隔成为10个扇状进口。在火焰筒的出口处，由内外安装环9和11插入，而内外安装环又插在涡轮1级静子叶片处，允许火焰筒受热时的径向和轴向的膨胀。

(2)带有单独头部的环形燃烧室

为了便于在火焰筒头部组织好燃烧，常把环形燃烧室头部做成若干个类似环管燃烧室

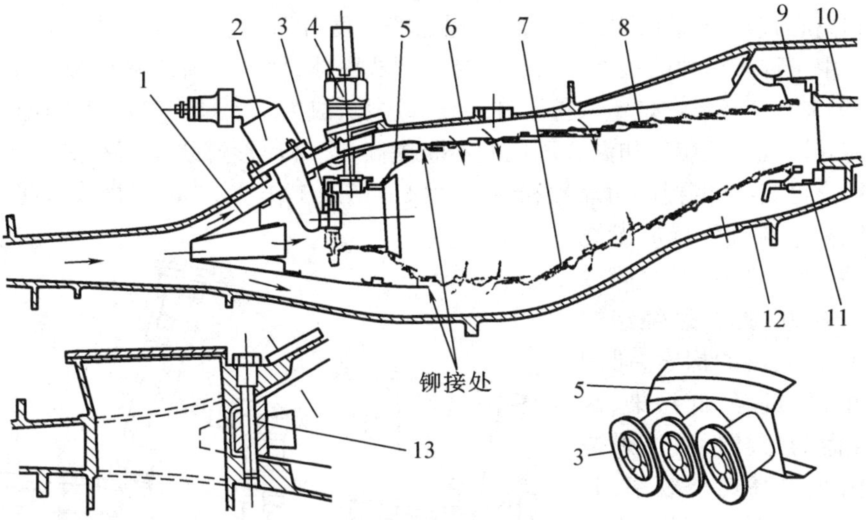

图 3 - 8　LM2500 环形燃烧室

1—火焰筒进口导流器;2—喷嘴;3—旋流器 4—点火器;5—火焰筒头部;6—燃烧室外套;7—火焰筒内环;8—火焰筒外环;9—外安装环;10—涡轮一级导向器;11—内安装环;12—燃烧室内套;13—径向定位销钉

火焰筒的头部结构。在这些单独头部后面,再转接成环形掺混区,这种形式的燃烧室也成称为混合式燃烧室。

如图 3 - 9 所示为这种混合式燃烧室的结构。燃烧室的火焰筒带有如似环管燃烧室的 20 个头部。在头部涡流器中央处装有双路式离心喷嘴。火焰筒头部与外壁焊成一体,用三个定位销固定在燃烧室扩散机匣上。火焰筒内壁和燃烧室内套一起用螺栓固定在第 1 级涡轮导向器的支座上。火焰筒材料为耐热镍基含金,火焰筒的内表面涂有金属 - 陶瓷涂层,借增强绝热的办法来减小火焰筒的热应力。这种所谓的“热障”涂层是采用等离子喷涂的办法实施的,与金属表面相接的为钴、铬、铝、钇合金,而外部覆盖的陶瓷涂层为镁稳定氧化锆。在燃烧时外套上开有观察孔,可用孔探仪观察火焰筒的故障情况。外套设计成可以向前拉出的结构,以便对火焰筒进行更仔细地检查或更换第 1 级涡轮导向器叶片。

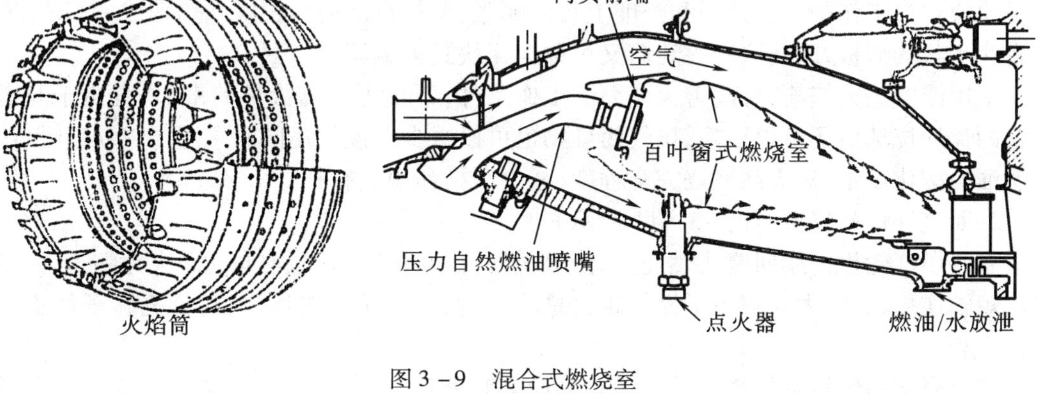

图 3 - 9　混合式燃烧室

这种结构形式的环形燃烧室的设计和调试可借助环管燃烧室的经验。由于在这里叶片式涡流器和离心式喷流嘴协调配合形成较理想的浓度分布，克服了“死区”，使燃烧的组织得以完善。由于许多单独的头部与火焰筒外壁焊成一体，使火焰筒的刚性大为增强。

近 20 年来直流环形燃烧室取得了许多技术进步，成为了大型高参数燃气轮机的主流结构形式。随着燃气轮机燃气初温和压比的不断提高，直流环形燃烧室正在进一步解决减小尺寸、质量、火焰筒冷却、提高可靠性和耐久性保证稳定工作、减少排放物等这些重点问题。人们在三维高紊流度强旋流燃烧气动设计、燃油喷雾方式、气膜冷却甚至发汗冷却方式、燃烧组织布局上进行了大量的探索，研制出了尺寸小、质量轻、低污染、高性能、长寿命的短环形直流燃烧室。首先为了提高燃烧效率，延长工作寿命，减少排气污染，火焰筒已不再采用钣料焊接结构，而广泛采用由锻件，经机械加工而成；或用轧制的气膜环形状的特型钢带，经滚轧成圆环焊接后，再一段段地焊成火焰筒内、外壳体。例如 GE90 的燃烧室如图 3－10 所示，其最大特点是采用了双环腔头部以及多孔冷却的火焰筒。这种设计可以减少污染，比 CF6－80C2 巡航时的排放量可降低 34%，未燃烧的碳氢化合物和一氧化碳可减少 70%。小工况时外环腔的喷嘴工作，大工况时两个环腔的喷嘴全部工作。它在冷却火焰筒上采用了带斜孔的多孔式冷却方法，属于发散式冷却。这种设计可降低成本和提高寿命。GE90 的火焰筒采用 GTD222 铸造而成。又如，F119 发动机的燃烧室，火焰筒为双层浮壁式，外层为整体环形壳体，在壳体与燃气接触的壁面上铆焊有薄板，薄板与壳体之间留有一定的缝隙，使冷却两者的空气由缝隙中通过，为了使薄片在工作中能在圆周和长度上自由膨胀，薄板在圆周与长度上均切成一段段的，形成多片瓦状的薄板，因此这种火焰筒又可称为瓦块式火焰筒。

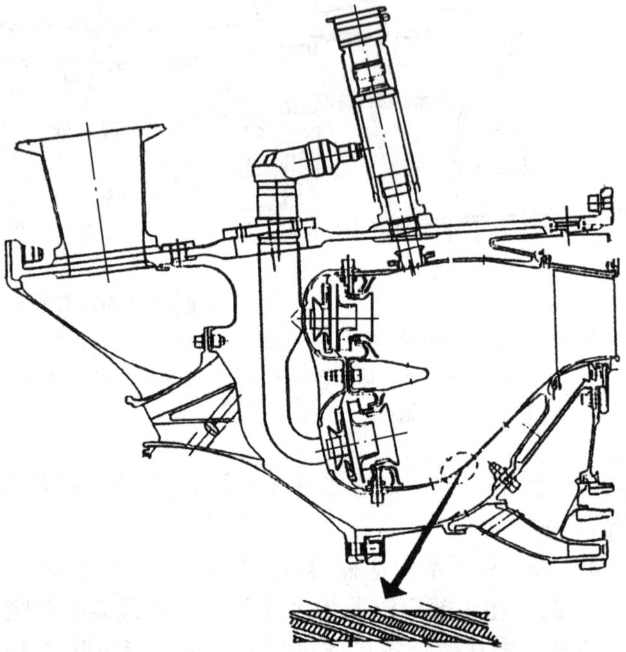

图 3－10　GE90 的双环腔发散冷却燃烧室

采用浮壁式火焰筒，可改善火焰筒的工作条件，不仅可提高火焰筒寿命，且由于与燃气接触的瓦片烧坏后还可以更换，排气污染物也可以减少。该机还同时采用了气动喷嘴，改善了燃油的雾化质量，对提高燃烧完全程度、减少污染和积炭有利。

2. 回流环形燃烧室（如图 3－11 所示）

有些燃气轮机使用回流式燃烧室，使得压气机和涡轮之间的轴向间距大为缩短，两者可以用短轴连接，这样大大缩短了燃气轮机总体长度，减轻了整机质量，对提高转子的临界转速也有利。

该燃烧室由燃烧室外套、火焰筒（包括内环和外环）、排气弯管、涡轮静子支承组合件等组成。这种回流环形燃烧室的气流通道较长，油气混合较均匀，因而有利于燃烧的完全，可使排气冒烟显著减少。同时燃烧对压气机出口速度分布不敏感,但从压气机出来的气流经两次转折,流动损失较大。燃烧室外套是燃气轮机的承力件,其分别与压气机机匣和涡轮静子机匣连接。火焰筒由头部、外环、内环等部分组成。燃烧室内套有多种结构形式。图中所示的燃烧室内套兼作涡轮的静子外环。环形燃烧室还有其他形式,如折流式环形燃烧室等。此处不赘述。

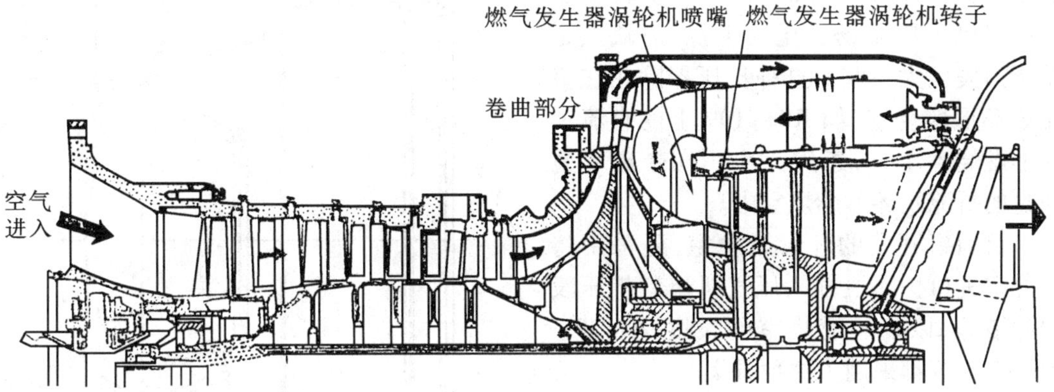

图 3－11　具有回流环形燃烧室的燃气轮机

3.3　燃烧室基本构件的结构

燃烧室的结构形式虽然多种多样,但它们都由扩压器、内壳体、外壳体、火焰筒、燃油喷嘴、点火器等基本构件组成。这里仅就这些基本构件的结构问题简单概括阐述如下。

3.3.1　扩压器

扩压器的功用是降低从压气机流出的气流速度,并与火焰筒配合实施分流,以利于燃烧的组织。气流的减速扩压是在扩压器的扩散形流通中实现的。一般扩压器进出口截面积之比$\frac{F_{出}}{F_{进}}=3.0\sim5.0$,使得压气机出口的速度由 120 m/s ~ 125 m/s,降低到 30 m/s ~ 50 m/s。扩压器通常皆为燃气轮机的承力构件之一,扩压器的长度约占燃烧室总长度的 1/4。气流在扩压器中的流动损失约占燃烧室总损失的 1/3。因此,合理设计扩压器意义重大。

根据扩压器内气流通流型面的不同,目前常见的扩压器可分为如下三种形式。

1.1 级扩压器

这是一种早期惯用的扩压器。扩压器的气流通流面积按一定规律变化,使压力按相应规律均匀地增加。这些相应的规律可以是等压力梯度、等速度梯度或两者兼有的混合型规律。斯贝燃烧室的扩压器型面(如图 3－4 所示)就是按等压力梯度规律造型的,其流动损失较小,总压恢复系数达 0.985 ~0.99。

2.2 级扩压的扩压器(如图 3－12 所示)

压气机出口气流先经过一个扩压比不大的 1 级扩压器,而后再进入扩压比很大的第 2 级扩压器。由于第 1 级扩压器的扩压比较小和第 2 级进口速度已经下降,扩压器的总损失不致很大,又可以较有效地缩短扩压器的总长度。

3. 突然扩张式扩压器(如图 3 – 13 所示)

这是一种很短的扩压器。压气机出口气流经过很短的略为扩张环形通流,使气流速度略为下降后就突然扩张。这种扩压器不但轴向尺寸很短,而且燃烧室较少受到压气机出口流场变化的干扰,但缺点是总压损失偏大一些。这种扩压器除用在直流短环形燃烧室,如 RB – 199 上的直流短环形燃烧室上外,还广泛应用在带离心甩油盘的折流式环形燃烧室中。

目前新开发的环形燃烧室,还采用将燃烧室进口扩压段并入压气机出口扩压段内的措施,以缩短燃烧室的长度,如 FT9、RB – 211 等都采用了这种方案。

扩压器是燃烧室中结构较复杂,且质量很大的组件,又是燃烧室的主要承力构件,压气机后轴承就安装在扩压器里面。因此,还要解决传力、轴承润滑和封气等问题。在结构设计中,除要抓住减少流动损失、减速扩压这个主要矛盾以外,还要照顾到减少轴向尺寸、减轻结构质量、强度、刚性和燃气轮机总体结构特点等。

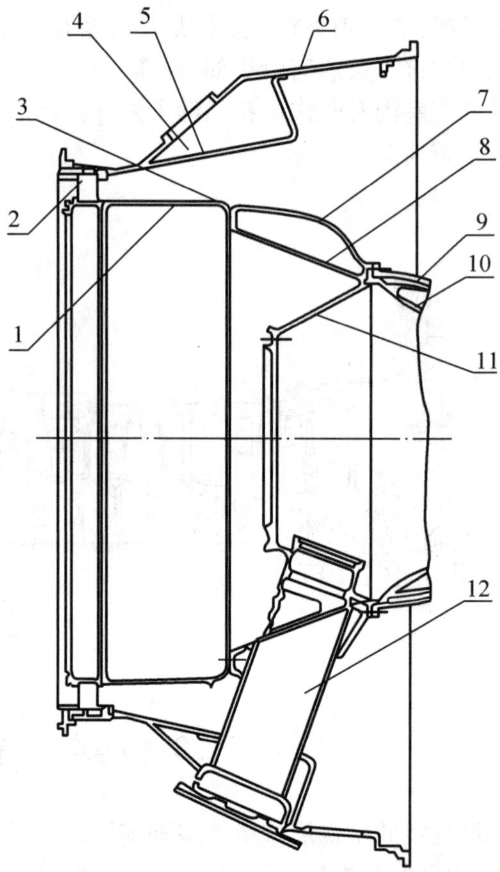

图 3 – 12　二级扩压器

1—扩压器内壁前段;2—压气机静叶片;3—突尖环;4—集气环;5—扩压器外壁;6—外套;7—扩压器内壁后段;8—引气腔内壁;9—火焰筒;10—内壳;11—机匣;12—导流支板

3.3.2　燃烧室壳体

燃烧室壳体构成二股气流通道。在环管和环形燃烧室中,燃烧室壳体由内外壳体组成,它们又是燃气轮机的主要承力件(有的个别的燃烧室内壳体不承力、传力)。由于其直径尺寸大、壁厚较薄,设计时必须保证壳体有足够的强度、刚度。为此,除选择壳体材料、确定合适的壁厚尺寸、采用专门的加强肋、相应的散热和隔热措施外,大多数燃烧室内外壳体的前后端用专门的联结结构件组成封闭的承力、传力的盒形结构(将在第 6 章讨论)。

图 3 – 14 所示为燃烧室内壳体的加强肋的实例。燃烧室壳体承受有轴向力、径向力、扭矩、弯矩和振动负荷等,受力较大,应力状态复杂。特别是燃烧室内套和扩压器,空气压力的作用使薄壳筒形零件承受径向指向轴心的外压作用。在内传力和内外混合传力的方案中,它们又承受轴向拉伸(或压缩)的作用。为了保证在较大径向应力作用下薄壳不致于失稳,许多燃气轮机的扩压器内壁和燃烧室内套采用由钣料冲压焊接的加强肋予以加强。图 3 – 14(b)所示的“Z”形加强肋主要是径向加强,用在圆柱段上。为了减轻质量,在加强肋的辐板上可沿周向开许多减轻孔,在孔口处可以翻边加强。图 3 – 14(a)所示的“L”形封闭加强肋可在径向和轴向都起到加强作用,因而用在同时受轴向力和向内压力作用的曲线形壳体的转接段上(例如扩压器内壁)。

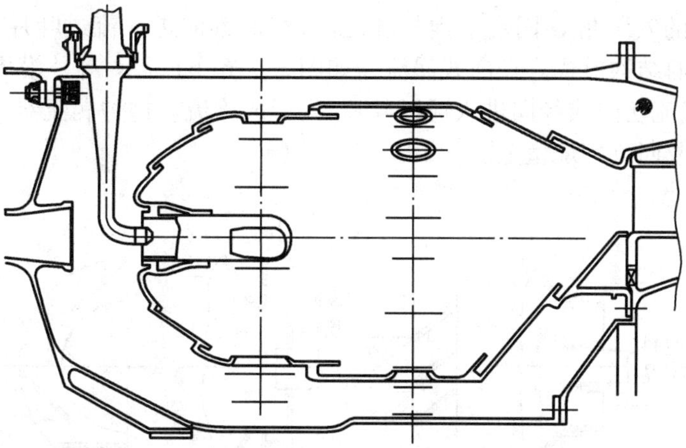

图 3-13　具有突然扩张式扩压器的 RB-199 发动机燃烧室

燃烧室外套通常不用加强肋加强，这主要是因为外套承受内压作用，一般不会造成失稳，再者尺寸比较厚大的前、后安装边也起到了对外套的加强作用。

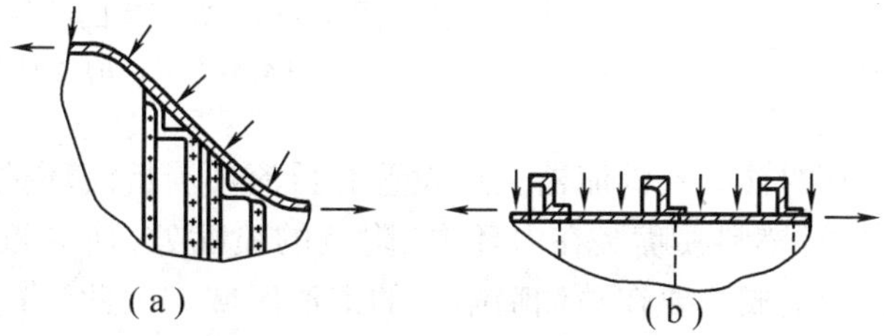

图 3-14　两种形状加强肋对壳体的加强

(a) L 形加强肋；(b) Z 形加强肋

燃烧室外套的安装边结构如图 3-15 所示。其中图 3-15(a)为搭接滚焊形式，用得比较普通；图 3-15(b)为对接熔焊形式；图 3-15(c)为搭接熔焊形式；它可以获得比滚焊更好的气密性；图 3-15(d)形式结构比较合理，，因为焊缝远离安装边，可有效地减少焊接热影响区对安装边造成的挠曲变形。另外，较大的轴向尺寸安装边材料厚度由厚变薄的合理过渡有利于提高壳体与安装边间的焊接质量。

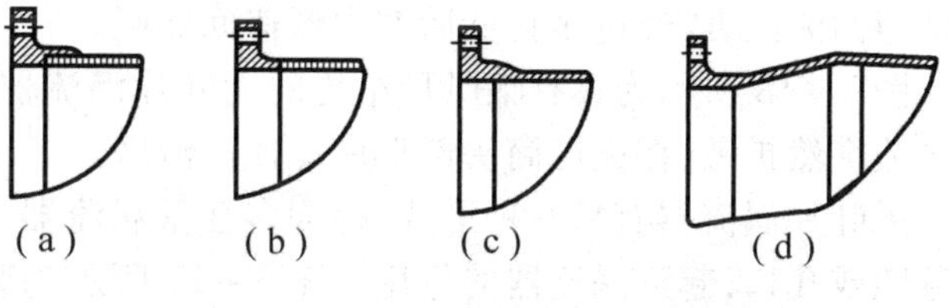

图 3-15　燃烧室外壳的安装边结构

3.3.3　火焰筒

火焰筒是燃烧室的核心构件，由涡流器、火焰筒筒体、燃气导管（燃气收集器）等部分组成。

1. 涡流器

涡流器的作用是使高温燃气在火焰筒头部形成低速回流压，保证点火、稳定燃烧和完全燃烧。按结构涡流器可分为叶片式和无叶片式两种。

叶片式涡流器在非蒸发管燃烧室中得到普遍应用。它主要由内、外环和挠流叶片等组成。可以是钣料焊接结构，亦可采用精密铸造结构。叶片式涡流器在结构上又分为轴流式和径流式两种。图 3－16(a)所示为简单轴流式涡流器结构。

叶片以一定的安装角 α 固定于内外环之间,气流轴向进入流过叶片时,形成旋流。这是一种广泛采用的结构形式。径向式涡流器如图 3－16(b)所示,叶片沿周以一定的安装角固定在端壁上,气流切向或径向进入通过叶片时,形成旋流。这种涡流器多用于工业燃气轮机的单管燃烧室或回流燃烧室上。

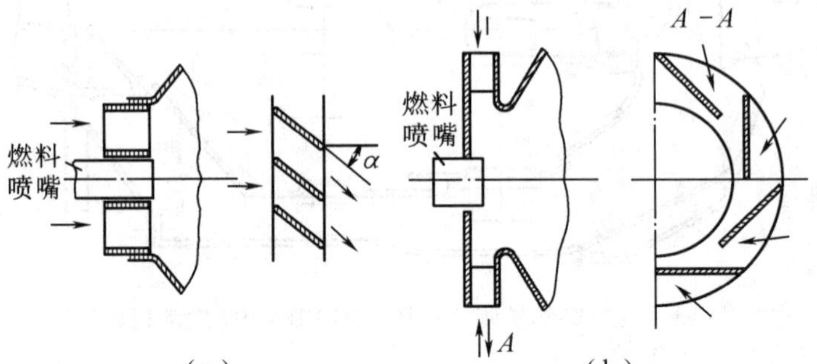

图 3－16　燃烧室的叶片涡流器

(a)轴流式;(b)径向式

有的轴流式涡流器上还设置有折流环。折流环把涡流器出口处的空气部分地引向涡流器内环(燃料喷嘴装在内环中)附近的喷嘴处,使靠近喷嘴的周围形成贫油区。实践证明,炭粒的生成主要在喷油嘴附近的富油区域。因此,带折流环涡流器可以减少燃气轮机排气冒烟。图 3－17 所示为某机组具有折流环的涡流器结构。为了减少热应力,在折流环上加工有四条周向均匀分布的膨胀槽。

无叶片涡流器利用喇叭形、碗形、双锥形等非流线体。当气流流过这些非流线体之后产生低速回流区,或经过多孔壁后产生低速回流区。

图 3－18 所示为具有喇叭形结构的无叶片涡流器。一股气流流过喇叭形涡流器时,由于气流突然扩散,在火焰筒头部形成低速回流区。

无叶片涡流器有另一种形式,称为多孔壁涡流器。它是在火焰筒头部壁板上冲制专门的缝隙或孔口,起到涡流器的作用。图 3－19 所示为某折流燃烧室头部的多孔壁涡流器的结构。火焰筒前壁沿圆周有三道冲制缝隙,外圈和内圈缝隙使气流进入火焰筒后向右旋转。中圈缝隙相反。三者互相交错,促使从离心甩油盘内甩出的燃油与空气良好掺混,并形成低速回流区。

RB211 的火焰筒就采用了这种多孔壁涡流器。在蒸发管燃烧室中,广泛采用的隔板式涡流器亦属于这种无叶片涡流器范围。

2. 火焰筒筒体

火焰筒的结构应保证合理进气,与燃料均匀混合,形成回流区,便于点火,稳定燃烧和掺混降温。由于火焰筒内壁面受火焰冲刷,局部又有空气冷却,受热很不均匀,热应力很大。在结构设计中,应注意筒壁的冷却问题和火焰筒各部分之间的热变形协调问题。长期以来筒体通常皆为钣料焊接件。因而,保证它具有足够的刚性很重要,尤其对环形燃烧室这点更为重要。

筒体的头部装有各种形式的进气口、涡流器等构件。为了保证头部工作的可靠性,头部

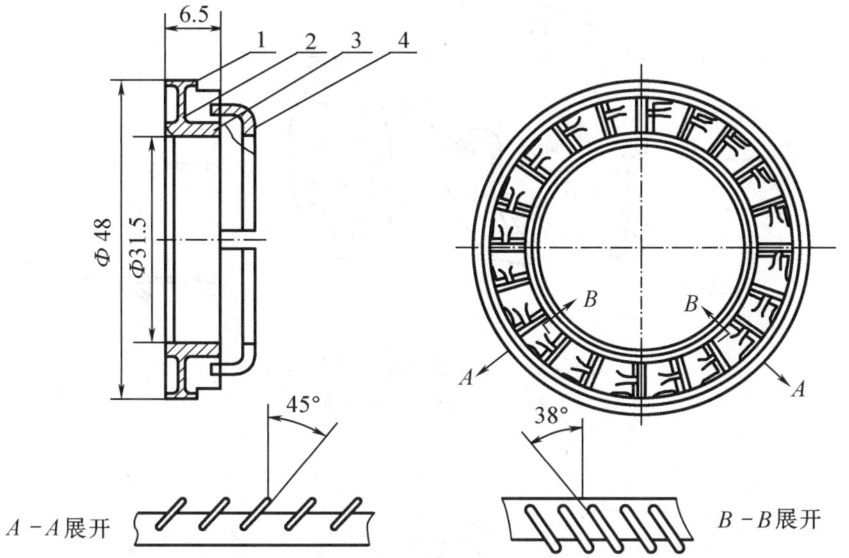

图 3－17　某机组火焰筒涡流器图

1—外环;2—叶片;3—内环;4—折流环

应具有合理的几何形状和适宜的冷却结构措施。

筒体上设置一股和二股气流开孔如图 3－20 所示。这些开孔的大小、形状、数量和分布取决于燃烧的组织和涡轮前燃气温度的要求。为了提高抗振、抗热疲劳强度,孔边应抛光和加强,如加箍套或做成弯边孔和进气斗。为了改善受热不均匀的情况,在筒壁上孔稀少而孔径大的部位或在大孔之间可开若干小孔。

筒壁的冷却方式有气膜式和散热片式两种。散热片式多用于前苏联早期研制的机型中。实践证明,其冷却效果差,质量大,并且费料、费工时已被淘汰。因此现都已普遍采用气膜冷却结构,其结构形式如图 3－21 所示。

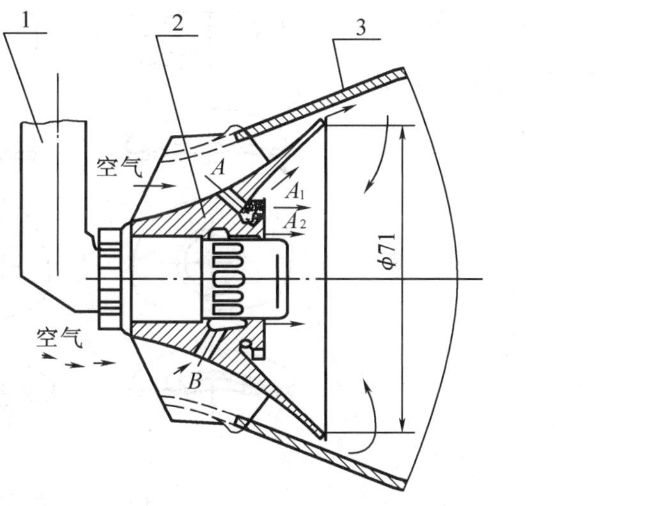

图 3－18　某机组火焰筒的喇叭形涡流器

1—喷嘴;2—喇叭形涡流器;3—火焰筒头部

图 3－21(a)、(b)为波形板气膜冷却结构,它具有弹性,可减轻由于径向膨胀不一致而引起的热应力。波形板冷却效果好,结构简单,又富有刚性,可以省去加工许多小孔的麻烦,但冷却消耗的空气量比较大。图 3－21(c)为鱼鳞状缝隙气膜冷却结构,其结构简单,但切口边缘容易开裂。图 3－21(d)为双边冷却环。图 3－21(e)为单边冷却环。图 3－21(f)则为冷却环与缩腰小孔冷却气膜结构。这种结构,气膜冷却效果好,质量轻,合理的结构设计可以使火焰筒具有良好的刚性和热补偿性,但生成气膜的有效长度约 40 mm～80 mm。因

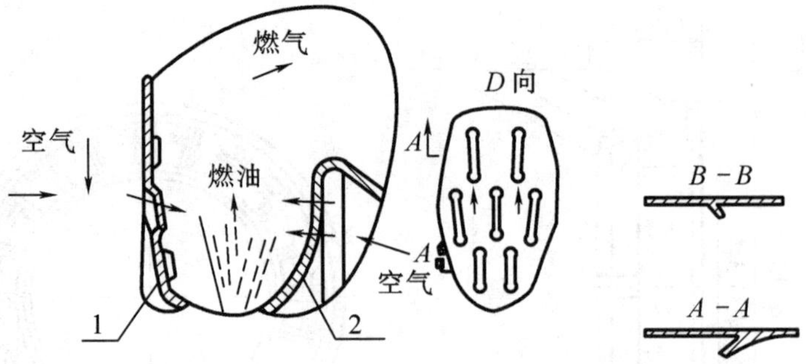

图3－19　折流燃烧室的火焰筒头部
1—火焰筒前壁;2—火焰筒内壳

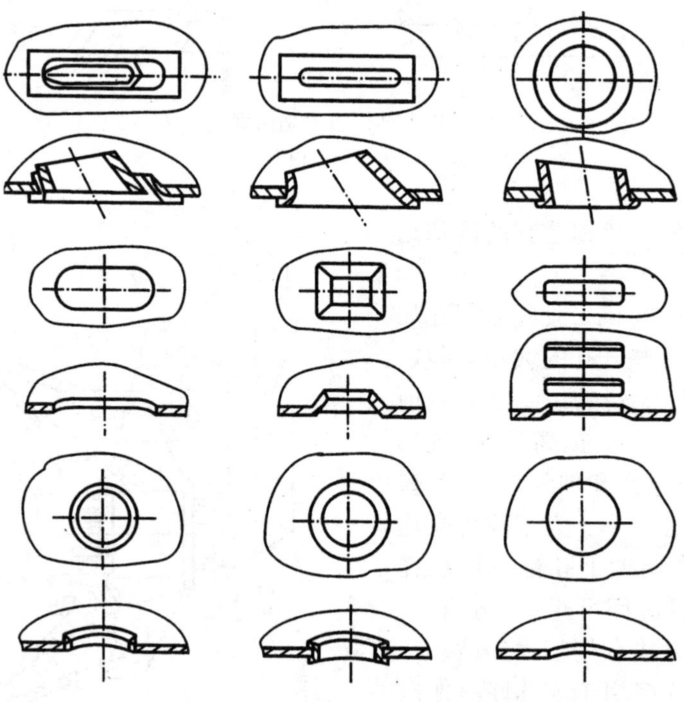

图3－20　火焰筒上的气流开孔形式

此,需要沿火焰筒长度方向安排许多道这样的气膜冷却环节。为了加强环形燃烧室的径向刚性和改善冷却效果,在近代燃气轮机的火焰筒外壁上,采用锻造经机械加工或用特型材料滚压后焊接而成的冷却环,如图3－22所示。关于筒体各部分热变形协调问题有两个方面:一是相互固定的零件要允许在受热时同时膨胀,而不相互约束,这一点可以用增加零件的柔性的措施来达到,例如前面提及的各段连接处开蝌蚪形补偿槽的方案;二是固定零件之间,应保证受热零件能自由膨胀,因而,仅能有一个轴向定位面,其他的支承或连接形式只能起辅助支持作用。

3. 传焰管

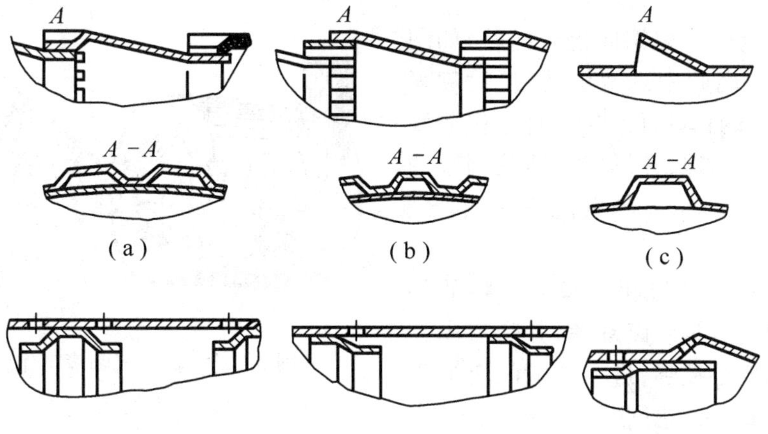

图 3 - 21　形成火焰筒冷却气膜的结构形式

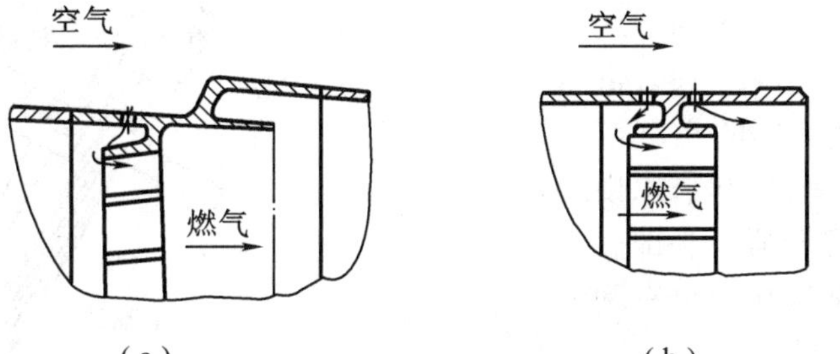

图 3 - 22　机械加工的火焰筒冷却环

(a)太因发动机冷却环;(b)RB211 发动机冷却环

在分管和联管燃烧室中应装有传焰管,用来传递燃烧区之间的火焰,并均衡各火焰筒间的压力。

分管燃烧室的传焰管伸出燃烧室外套,因此,必须解决好传焰管同外套的密封和传焰管本身的冷却问题。环管燃烧室的传焰管包围在二股气流中,因此结构较简单。传焰管的轴向位置应该在回流区直径最大的地方处,因为这里容易点火。传焰管的直径应足够大,以保证传焰的可靠性,但也不能过分的大,因为贯穿在二股气流中的大尺寸传焰管会在其下游产生强烈的旋涡,影响火焰筒壁面的冷却。

3.3.4　燃料喷嘴

燃料喷嘴的作用是将燃料雾化(或汽化),加速混合气的形成,保证稳定燃烧和提高燃烧效率。

燃气轮机上采用的燃料喷嘴主要有离心喷嘴、蒸发喷嘴(也称蒸发管)、甩油喷嘴(亦称甩油盘)、气动喷嘴等。由于离心喷嘴工作可靠,有很好的雾化质量,故应用的最为普遍。但离心喷嘴处在高温富油区,容易造成排气冒烟,而且在不同工况下,燃烧室出口温度场变化比较大。

1. 离心喷嘴

燃料以一定的压力切向进入内腔，如图3－23所示。在内腔中高速旋转，从喷嘴喷出时，在离心力的作用下，将燃油雾化散开形成许多微小的油珠，并形成旋转的圆锥油雾层，与来自涡流器的旋转气流相撞、混合、形成油气混合气。

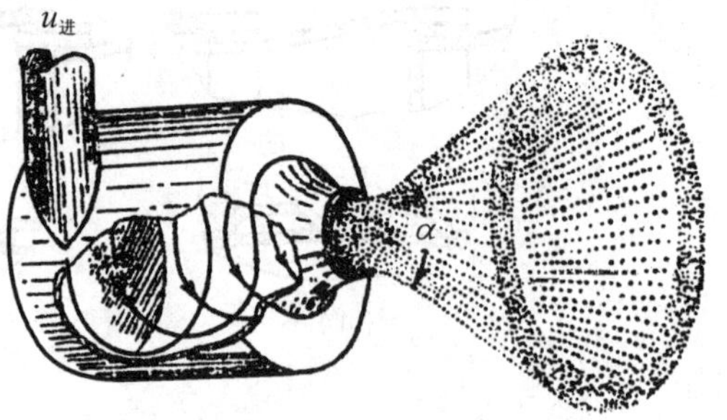

图3－23　离心式喷嘴工作原理图

图3－24所示为某机的离心喷嘴的剖面图，由图可知，这为双路双室，并带有内部流量分配器的离心喷嘴，进入喷嘴的燃油先经过一个117 μm的滤网，而后流至流量分配器。工作时，主燃油经主油路经燃油旋流室进入燃烧室。当喷嘴油压升到22.7 bar～24.1 bar时，流量分配器开启，燃油经分配器流入副油路，并流至副燃油旋流室，同主燃油流结合在一起，供入燃烧室。用喷嘴头部的空气套筒从主气流中吸入少量空气，以便冷却喷嘴头部，并阻滞喷嘴头部表面积炭，气流的热屏蔽作用也有利于防止燃油受热焦化。

离心喷嘴种类可分为：双路双室双喷口喷嘴、双路双室单喷口喷嘴、双路单室单喷口喷嘴等。

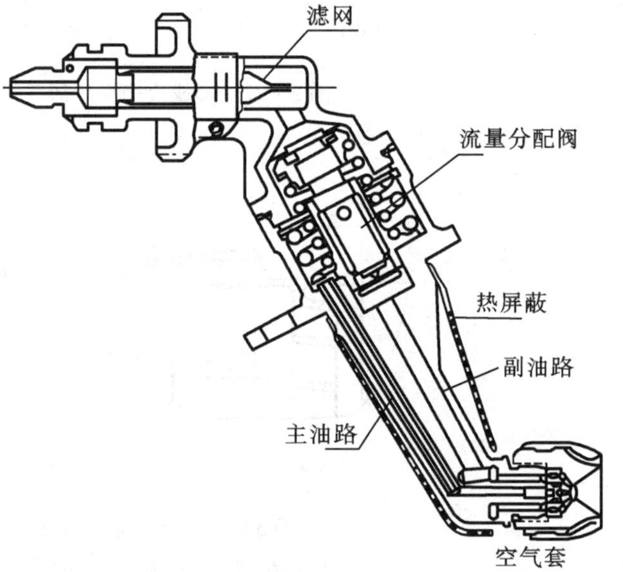

图3－24　某机的离心式喷油嘴

2. 气动喷嘴

为了改善燃料的雾化质量，设计了利用压缩空气吹散作用的气动喷嘴。图3－25所示为RB211燃烧室的气动喷嘴。燃油经六个切向孔，在喇叭口的内壁表面上形成旋转的薄油膜层，在内、外两股高速气流的作用下，油膜破裂成与空气充分掺混的油雾，并进入火焰管头部。气动喷嘴的优点是：油气混合均匀，避免了主燃区的局部富油区，减少了冒烟和积炭；火焰呈蓝色，辐射热量少，火焰筒壁温低；不要求有很高的燃油压力，而且在很宽的工作范围内喷雾角大致保持不变，故容易使燃烧室出口温度场分布比较均匀、稳定。气动喷嘴的缺点是：由于油气充分掺混，贫油熄火极限大为降低，使燃烧室稳定工作范围变窄；启动时，由于气流速度低，压力也低，雾化不良。

保证气动喷嘴雾化质量的关键在于要适当地控制雾化空气的流量和压力。根据实验，雾化空气的消耗量一般取为燃料理论燃烧空气量的4%；空气的喷射压力与燃烧室中工质的压强比在1.5～1.8范围，燃油流量的调节范围为7%～100%之间。

3. 蒸发管式喷嘴

这是应用于航空燃气轮机环形燃烧室的一种喷嘴。油气的混合提前在蒸发管内进行，即燃油首先喷入处于高温燃气包围着的、炽热的蒸发管内,并迅速吸热、蒸发,形成燃油蒸气,并与蒸发管内的少量空气初步混合成油气,然后,从蒸发管喷入火焰筒的主燃区内,与大量空气混合后燃烧。图 3－26 所示某航空燃气轮机燃烧室的"T"形蒸发管式喷油嘴。蒸发管固定在火焰筒头部,燃烧室中共有 16 个这样的蒸发管。燃油从中间喷油管路引入,空气在前端进入,少部分空气用来冷却蒸发管外壁,大部分空气与油蒸气混合形成油气混合气。"T"形管的两个出口分别对应布置在火焰筒上主燃孔的位置,可以避免产生局部高温区,并能更好地组织燃烧。,由于蒸发管式喷嘴的油气是预混好的,使燃烧容易完全,燃烧效率高、发烟度低、供油压力也可以比较低,具备了像气动喷嘴类似的优点。但它仍存在稳定工作范围较窄、蒸发管本身冷却困难、管内预混油气存在自燃、需要辅助启动供油系统等缺点。船舶燃气轮机尚未见到使用这种喷嘴的情况。

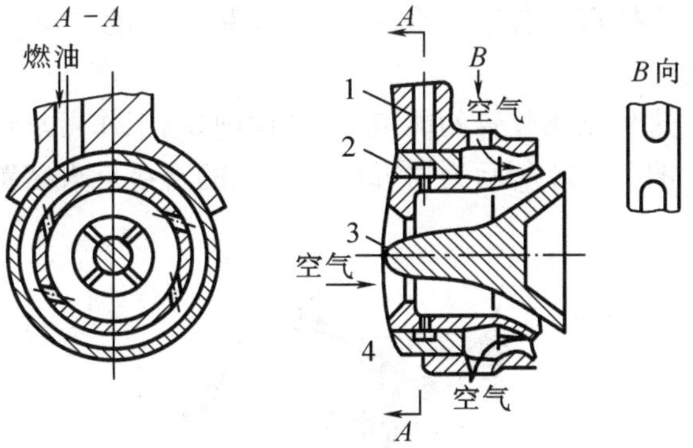

图 3－25 RB－211 燃烧室的气动喷嘴

1—壳体;2—分油环;3—内锥;4—密封图

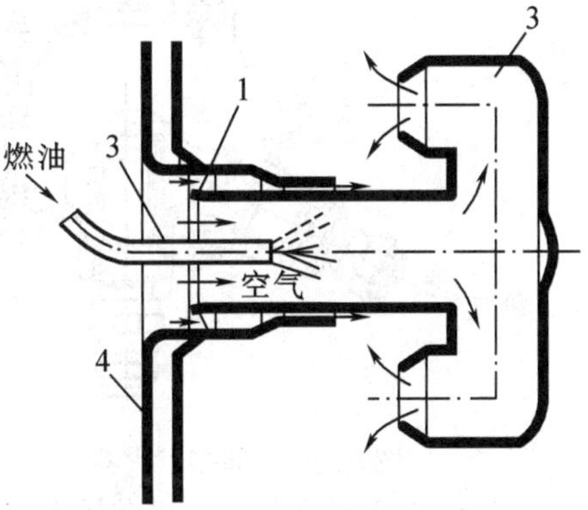

图 3－26 某航空燃气机燃烧室的"T"形蒸发管喷嘴

1—支承环;2—蒸发管;3—喷油管;4—火焰筒头部

4. 甩油喷嘴

甩油喷嘴在高转速小流量折流式环形燃烧室中得到了较多应用。燃油在甩油盘孔中形成油膜,在离开喷口时,由于突然膨胀,使油膜破碎成小油珠,并在气动力的作用下,小油珠变成更小的油雾,并与空气混合进入主燃区。

3.3.5 点火装置

点火装置的功用在于燃气轮机启动时,向燃烧室提供初始点火火炬。当燃烧室主燃区能连续、稳定地燃烧时,点火过程结束,点火装置即可停止工作。目前,点火装置分为两类:间接点火装置和直接点火药装置。

1. 间接点火装置

早期的燃气轮机大多采用这种间接点火装置。它实际上是一个小小燃烧系统,如图 3－27 所示。它穿过燃烧室外壳,插在火焰筒或传焰管中,空气经上面的小孔进入预燃室,与启动喷油嘴喷出的燃油混合,形成燃气混合气。经点火电嘴点火而形成点火火炬,点燃燃烧室主燃区的油气混合气。这种点火装置的特点是:对在主燃区的安装位置不敏感、点火能量大、火炬连续、工作可靠。但它是一个复杂的系统,要求有一套启动燃油系统、电系统和小小燃烧室,结构复杂、质量也比较大。近代研制的燃气轮机已不再使用这种落后的间接点火装置了。

2. 直接点火装置

直接点火装置是利用高能电嘴产生的点火火炬直接点燃火焰管头部混合气的点火装置。

这种点火装置的能量大、结构简单、工作可靠性好,因而得到了越来越广泛的应用。图 3－28 所示为斯贝燃气轮机的直接点火装置在燃烧室中的安装使用情况。

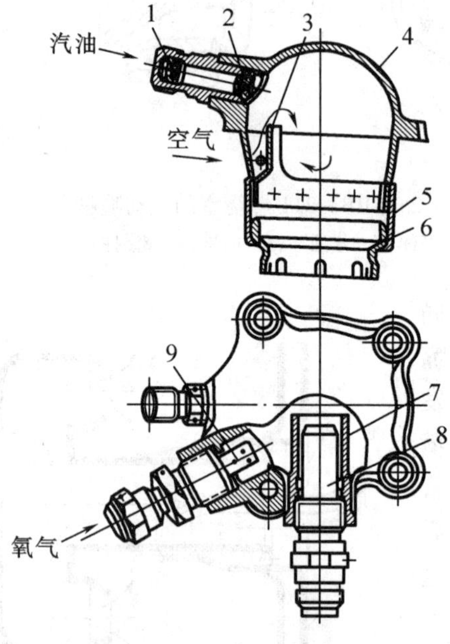

图 3－27 间接点火器

1—垫片;2—左隔热屏;3—定位器;4—裙部;5—盖子;6—接管嘴;7—启动喷嘴;8—调整垫圈;9—导风罩

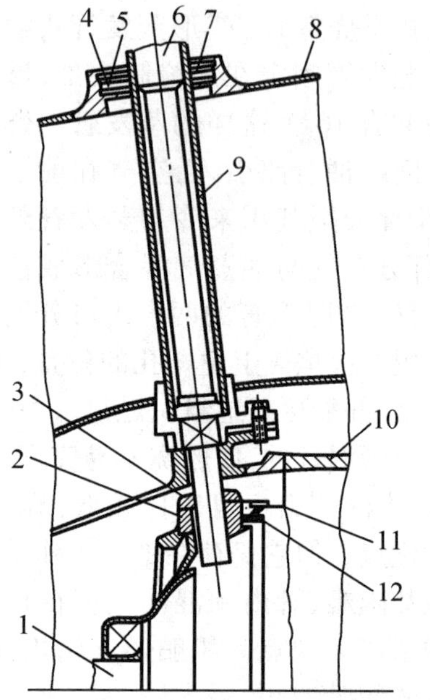

图 3－28 斯贝发动机燃烧室的点火器

1—喷嘴;2—安装座;3—限动环;4—卡圈;5—垫圈;6—电嘴;7—浮动环;8—外函外壳;9—电嘴外套;10—燃烧室外壳;11—火焰筒;12—浮动环

高能点火电嘴固定在燃烧室外套的安装座上,伸进火焰筒头部,使生成的点火炬正对喷油嘴和涡流器下游。保证点火源限制在主燃烧区内,并能借回流作用在回流区内不断地回转,直到火焰遍及整个燃烧区。为了避免电极积炭和电嘴烧毁,直接点火器的电嘴不能放在主燃区,而只能放在上面提及的火焰筒头部,靠近喷雾锥的外缘流速较低的位置。斯贝有两个点火电嘴,其中一个为 12 J,另一个可长时间连续工作的为 3 J。

3.4 燃烧室结构的新发展

燃气轮机技术的进步和燃烧技术的新发展密不可分。随着燃气轮机燃气初温和压比的增高,当前燃烧室发展的主要问题是解决火焰筒的冷却问题,以确保要求的可靠性和寿命;走进一步减小燃烧室的尺寸和质量;特别是要解决排气污染等问题。当前,节能、高效燃气轮机燃烧室的发展的主要目标,是解决短环形燃烧室高温升带来的冷却和掺混气量减小而采取的燃烧组织(含燃油供给方式)、火焰筒冷却以及出口温度控制;为适应更宽广的油气比工作范围而采取的扩大稳定燃烧范围,降低排气污染物等应采取的新结构、新材料、新工艺等。

3.4.1 短环形燃烧室

对直流环形燃烧室而言，燃烧室的长度是非燃烧段（扩压器）和燃烧段（火焰筒）长度之和。短环形燃烧室其实包含了短扩压器和短火焰筒两项技术内涵。短环形燃烧室不仅减轻了燃烧室自身的质量，而且还可以缩短燃气轮机轴系的长度，减轻整台燃气轮机的质量。

1. 短扩压器

前面我们简略地提及了扩压器，扩压器结构设计中最突出的矛盾是减小扩压器的压力损失。一级和二级的曲线壁面扩压器虽然压力损失较小，但尺寸长、质量重、且成本高。而突然扩张式扩压器却能为高性能燃气轮机燃烧室提供对进口流场畸变不敏感、长度短、结构简单、质量轻的扩压器，但相比之下压力损失稍高。尽管如此，出于对燃烧室工作稳定性考虑，仍促使设计者所采纳。在突然扩张式扩压器之后又提出了抽吸式扩压器、组合式扩压器等，对这些新型扩压器进行了大量的基本结构因素与其性能进行了水流模拟和冷吹风试验，尤其对短突然扩张式扩压器的前置扩压器（包括直壁和曲壁的）进行了尺寸最佳化研究。并投入了实际应用：早期的 RB－199“巴掌”燃烧室就是采用了突然扩张式扩压器的典型，如图 3－13 所示。该燃烧室为具有蒸发管供油、翻边主燃及掺混孔以及机械加工冷却环的高负荷短环形燃烧室。后期出现的 E3 发动机燃烧室如图 3－29 所示，其具有分流环。该环将大张角扩压器通道分成了两个曲臂前置扩压器，面积比小于 1.8。且在压气机出口导向叶片的出口至前置扩压器的进口，有一个很短的等截面段，以消除压气机叶片尾迹对燃烧组织的影响。该燃烧室为具有双环腔冲压进气环形燃烧室。为其后的 F100、F401、GE90 燃气轮机所借鉴。但其创新点在于带分流环的曲壁前置扩压器。其缺点是扩压器压力损失较大。关于抽气式和组合式扩压器此处不作讨论。

2. 短火焰筒

短火焰筒的采用能有效地减少火焰筒冷却表面积，因而可以节约火焰筒冷却用空气、缓解高性能发动机冷却用气的紧张局面；缩短了燃气在火焰筒内的停留时间，有利于降低 NO_X 的排放量。但是，缩短火焰筒长度也带来一些不利于燃烧性能的问题，如燃烧反应不够完全，使 CO、UHC 排量增加，燃烧效率则可能降低；掺混不够充分，使燃烧室出口温度场品质变坏等。因此必须采取有力措施来解决这些不利于燃烧的问题。

（1）应强化燃烧反应的掺混过程，如主燃孔和掺混孔翻边或带风斗，可以增加二股气流穿透深度、增大内部气流紊流度。

（2）采用预混式供油方式，如采用蒸发管或空气雾化喷嘴。由于油气预混，比采用离心喷嘴时的燃油雾化及其与空气混合需要的距离短。如 RB211 采用空气雾化喷嘴、M45H 采用了蒸发管供油方式。因此它们燃烧室长度比采用离心喷嘴的 Conway 及 CF6－6 火焰筒长度短。法国研制的第三代燃油供给技术的采用，使 M53 的火焰筒（蒸发管）比 Atar90k（双室离心喷嘴）短 36%；使 M88 的火焰筒（组合式空气雾化喷嘴）又比 M53 的短 30%，这可以说明供油方式对缩短火焰筒长度的作用，当然，热负荷也增大了。

（3）提高火焰筒的热负荷即加大容热强度 q_r。这会带来火焰筒壁温问题，必须采用先进的冷却技术予以解决。这也是缩短火焰筒长度的又一重要措施。例如 RB211 及 M45H 的火焰筒都采用了机械加工的冷却环，因而改善了冷却效果，并增加了使用寿命。

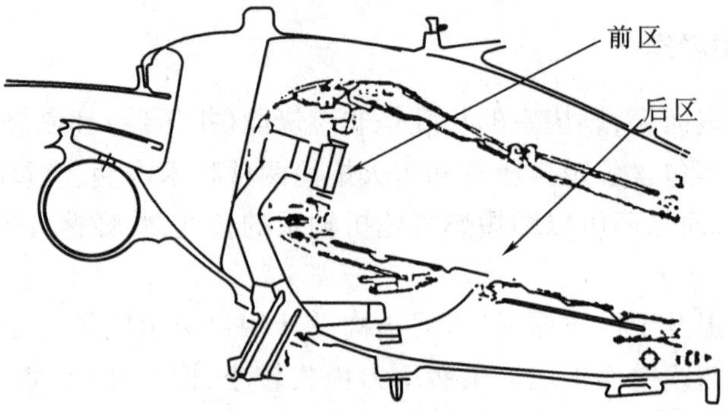

(a)

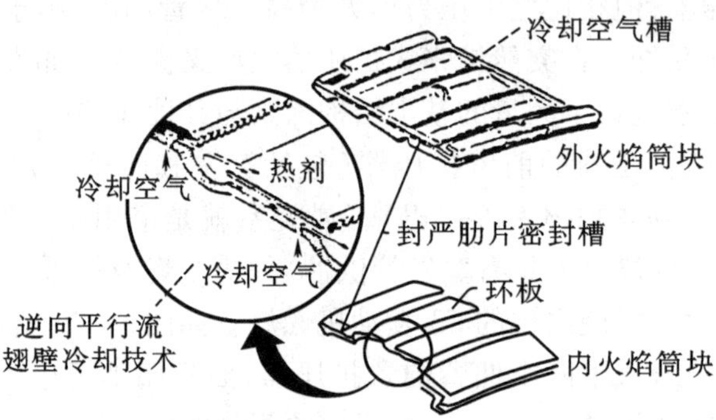

(b)

图 3 - 29　GE 公司 E^3 发动机燃烧室（采用分流环前置扩压器）

3.4.2　火焰筒的冷却技术

首先，随着压比和燃气初温的提高，火焰筒壁温增加。冷却效果随压气机出口气流温度 T_2 的大幅提升而迅速降低。例如 T_2 由 800 K 增加到 850 K，要维持相同壁温，则要增加冷却空气量 18.5%。可实际上随着燃气初温 T_3 的增高，燃烧室的燃烧用气和冷却用气发生了矛盾。当 $T_2 = 800$ K，$T_3 = 1\ 600$ K 时，可有 45% 的空气用于冷却，也就是当前的气膜冷却水平。当 T_3 增加到 1 900 K 时，仅剩下 30% 的空气可供利用，即冷却空气量减少 1/3。由上述分析可知 T_2、T_3 再增加，壁温增加若采用目前已有的冷却技术和材料，冷却需要的空气量剧增，而这在客观上又不可能。因此必须采用更先进的冷却技术及其他措施（如表面涂层或新型材料）来解决这里难题。

其次，热端构件的维修费要占整机的 60%。高性能发动机研制中，把结构可靠性、耐久性和可维护性看作与性能要求同等重要问题。因此要求大大提高热端构件的使用寿命，据统计发动机故障中 63% 是火焰筒的故障，故火焰筒冷却是限制、影响寿命的关键之一，冷却很重要。

再者，火焰筒冷却技术的开发实践证明是卓有成效的。冷却使燃气轮机两大部件（燃烧室和涡轮）有了高参数和高性能，为高参数性能燃气轮机的研制铺平了道路，缩短了研制周期。

1. 机械加工的冷却结构

早期发动机火焰筒的气膜冷却结构多为板料焊接结构。冷却孔(缝)尺寸的差偏大,且焊时变形难以控制,使用中故障多。目前较先进性能的发动机火焰筒大都是分段或整体机械加工件。这种结构可以改善冷却空气流量的控制精度,也有利于增加热态下结构稳定性的刚性,增长使用寿命,采用机械加工冷却环可以更加合理地进行造型设计,并可利用燃烧室工作参数,即机械和气动负荷,进行局部模型的应力数值模拟分析。进行理论分析和试验研究,归纳出合理设计冷却缝隙结构和尺寸的综合参数。

2. 多孔壁发散冷却技术

它是在火焰筒壁面上采用电火花或电子束数控打孔等先进工艺方法,加工大量密布的直径很小的孔(一般 $\phi0.5$ mm ~ $\phi1.0$ mm)。利用火焰筒内外压差,二股气流穿过壁面小孔进入火焰筒内,其冷却特点是:

(1)由于孔径很小,气流射流穿透深度很小,进入火焰筒后很快形成紧贴内壁的冷气层。

(2)由于小孔密布均匀,因而冷气层均匀铺开,可以有效地降低燃气对壁面的对流换热,并不断地将燃气对壁面辐射热量带走,如果是开斜孔,还可以更多抑制通过孔壁的对流换热。因此可以获得均匀的较低壁温,并比一般气膜冷却用气量减少 2/3 ~ 3/4。从而可以缓解高性能发动机组织燃烧用气的矛盾。

(3)不会出现像一般气膜冷却其后段冷却效果降低的情况。因此该种冷却方式也被称为全气膜冷却。理论上可以达到等温壁面,有利于降低热应力,提高燃烧室使用寿命。

(4)由于冷却气膜紧贴壁面,不会干扰燃烧。也不会因冷却气掺混而降温。因此易于保证燃烧性能,获得高效低污染特性。这种方案在一些发动机火焰筒中部分或全部采用,如图 3 – 10 所示 GE90 就应用了倾斜小孔的发散冷却方式。

3. 浮壁式火焰筒

它是为满足高性能发动机燃烧室的高工作温度、低排放、少冷却气量和长工作寿命要求而开发的。这是一种先进冷却技术和创新火焰筒结构相结合新颖火焰筒构件技术。它解决了常规火焰筒在高负荷条件下,因火焰筒壁温不均匀而引起的低循环疲劳裂纹故障等难题。其特点为:

(1)允许火焰筒体自由热膨胀,消除或减小了结构内部热应力。

(2)提供了所采用的材料、工艺的灵活性。如采用高熔点材料及铸造工艺,甚至可采用陶瓷火焰筒体。以满足高温、高压燃烧室的工作要求。

(3)可采用先进冷却技术,节约冷却用气量。

(4)可修复性好,即可变换个别损坏的瓦块。

如图 3 – 29 所示。有许多燃气轮机燃烧室如 E^3、F119、CF6 – 80C 已采用这种浮壁式火焰筒结构并获得了很好的效果。

实际上还有复合气膜冷却方式。其形式多样,冷却效果和特点各异,此处不赘述。

关于排气污染问题受篇幅的限制此处不作讨论。但应当指出,解决排气污染问题十分重要。

3.5　燃烧室主要零件所使用的材料和燃烧室的热防护

燃烧室零件的材料应根据作用在零件的负荷、工作温度和工艺特点等进行合理的选择。

工作温度在 300 ℃以下,不承受机械负荷的燃烧室壳体,例如分管燃烧室的外套、扩压器等零件,可用 10 号钢制造。10 号钢具有良好的机械性能、高的塑性和可焊性,为了防止锈蚀和减少热辐射,可涂以 0.01 mm ~ 0.05 mm 含铝粉的保护层。

承受较大负荷的机匣,其工作温度低于 300 ℃时,可用结构钢 30CrMnSiA 或不锈钢 1Cr18Ni9Ti 等材料,后者耐温性能好,在超过 300 ℃的环境条件下,仍具有较好的机械性能和耐腐蚀性能。超过 500 ℃,工作温度很高的零件,例如火焰筒、传焰管、燃气收集器等,则应用耐热强度高、热稳定性好、耐腐蚀能力强、热塑性亦好的镍基高温合金。火焰筒结构材料的选用是关键。它直接影响燃烧室的工作可靠性、性能和工艺性,对火焰筒结构材料的要求可归结为:

(1)在工作温度下,具有足够高的机械性能:强度极限、屈服极限及蠕变极限。

(2)应具有良好的耐腐蚀性能,即材料应具有抵抗燃气腐蚀而不产生破坏的能力。燃气腐蚀作用的大小可根据单位面积上材料的化学变化速率来判断,对于用作火焰筒的结构材料,要求在工作温度下,发生化学变化的速率应小于 2 $g/(m^2 \cdot h)$。

(3)火焰筒材料应具有高的抗热疲劳和高的抗热冲击的性能。当燃气轮机启动、停车或工况急剧变化时,火焰筒受热、冷却发生变化,火焰筒内的热应力随之改变,交变应力可使材料产生疲劳裂纹,因而,要保证火焰筒长寿命可靠工作,材料必须有很好的抗热冲击、抗热疲劳特性。

(4)应具有小的线胀系数、高的传热性能、低的吸热性能和良好的工艺性。早期的燃气轮机由于燃气初温较低,火焰筒曾使用过奥氏体铬镍钢,这种钢具有较好的耐腐蚀性能,但导热性能差,仅为碳钢的 1/3,线胀系数也较高,加工工艺性不好,因而在使用上受到限制。随着燃气初温的不断提高,火焰筒的工作温度越来越高,趋向使用性能更好的镍基耐热合金来制造火焰筒。常用的火焰筒镍基耐热合金有:GH22、GH39、GH44、GH30、C263、Inocnel625、Reney 等。

GH30 是以少量的钛强化的镍基合金,其耐热强度不高,但抗氧化腐蚀性能好,线胀系数较小,可以在 800 ℃以下工作。早期火焰筒及目前燃烧室的次要零件采用这种材料较多。

GH22(Hastelloy X 或 Ni50Cr21Fe18Mo9COW)是以钼强化的镍基合金。它具有较高的抗氧化腐蚀性能,它不含铝和钛,依靠铬、钼、钨、钴提高热强性。因而具有良好的塑性,易冲压,焊接性能好,工作温度在 850 ℃ ~ 900 ℃,LM2500、FT9 等燃气轮机的燃烧室火焰筒用此材料。

GH39(Fe50Ni25Cr20Mo2NbTiAl)含有铌和钼,耐热性能更好些,可用于 900 ℃以下的工作温度的火焰筒。它在各种温度下具有较高的塑性,并具有良好的抗氧化腐蚀性能和冲压、焊接工艺性能。

GH44(Ni60Cr25W15TiAl)含有钨,耐热性好,该合金已接近固溶强化极限,也就是说,采用固溶处理(淬火)已不能提高其强度。为进一步提高合金的强度,不仅应淬火,而且还需要时效处理,以使其析出弥散的强化相。工作温度可达 950 ℃ ~ 1 100 ℃。

Inconel625 与 GH39 性能接近,也为含钼和铌的镍基合金。

C263(Ni50Cr20Co20Mo6Ti2Al)为斯贝火焰筒材料。

关于上述结构材料的化学成分、物理和机械性能等,可从有关的材料手册中查得。

随着燃气初温的不断提高,火焰筒的工作温度也越来越高,对火焰筒材料的要求就更加苛刻。现有的镍基和钴基合金已难以胜任,必须研制性能更好的合金材料,如 980 ℃钛合金和1 480 ℃铌合金。这种由快速凝固粉末冶金技术为研制高强度、高韧性、耐高温、抗氧化合金材料提供了可能性。再者近20年来高温陶瓷材料方面已有很大的进展,其韧性以及抗热和抗机械冲击负荷的能力有很大的提高,但脆性仍然是推广应用的障碍。目前,陶瓷基复合材料的使用温度上限为1 400 ℃,法国和日本在这方面处领先地位。美国也在积极开发研究,其目标是能在1 650 ℃ ~2 200 ℃下工作。

为了保证火焰筒这个关键零件的使用可靠性、减少其维修费用,开发火焰筒的先进冷却技术和防护涂层技术十分必要。

燃烧室的火焰筒的防护涂层是减少零件变形、裂纹、掉块、烧蚀、脱焊和腐蚀等故障的有效办法。尤其采用耐热、耐腐蚀、热障涂层,可以有效地改善火焰筒本体材料工作条件(如使壁温降低、隔绝与炽热燃气的直接接触等)。可显著地提高材料的热强性和抗疲劳性能,抗氧化、耐腐蚀等性能,这对船舶燃气轮机火焰筒具有特殊的意义。对于易磨损构件上覆盖耐磨涂层则能大大延长构件的使用寿命。因此燃烧室的防护涂层技术越来越受人重视。按涂层的工艺分类,燃烧室涂层主要有下列几种。

3.5.1 高温珐琅涂层

它由玻璃加耐火氧化物,经高温熔烧在基体上形成玻璃态的无机涂层。这种涂层与基体结合牢固、表面光洁,涂层厚度为0.04 mm ~0.1 mm,其工艺如似普通搪瓷,国产某航空燃气轮机的火焰筒采用了这种涂层,不仅提高了火焰筒材料的抗氧化性能,而且也提高了火焰筒材料的高温持久强度和高温蠕变性能。

3.5.2 热扩散涂层

它是将Cr、Al、Cr + Al、Cr + Ta、Cr + Al + Ta等成分制成均匀细粉末,将基体材料埋在其中,通过一定程序控制的加热,由于扩散作用,在基体表面形成一层热扩散涂层。其中铬涂层对一般含硫的燃气具有保护作用,铝涂层对高温氧化有防护作用。

3.5.3 热喷涂层

它是利用一定的热源(电弧等离子体、电子束、气体爆炸火焰等)将涂层材料加热到熔融状态,然后用高速气流雾化,并以一定的速度涂于工作表面或用气相沉积于工作表面。例如,FT9火焰筒内表面分级涂有金属 - 陶瓷涂层,这种涂层是用等离子喷涂形成的热障涂层 - 金属涂层。金属涂层为钴铬铝钇合金(内层),陶瓷涂层为镁稳定的氧化锆(外层)。这种热障涂层借增加绝热保护的办法来减少火焰筒的热应力,增强耐腐蚀、抗氧化和抗火焰冲刷的特性。实用表明,用电子束气相沉积形成的陶瓷防护层其效果好寿命更长。此外对陶瓷及其复合材料、碳 - 碳复合材料的开发研究也在积极的进行中,有的已经进行了试车和实用,耐温达1 600 ℃以上。

3.5.4 烘烤涂层

它是将涂层的粉末与某种无机和有机黏结剂制成料浆然后涂在基体表面上,加温至400 ℃左右烘干。这种涂层生产工艺简单、方便,涂层的性能可以根据需要进行调节,并具有良好的耐高温抗腐蚀性能。

珐琅涂层比其他涂层要脆,而且容易剥落。热扩散涂层改变了基体材料表面的化学成分。烘烤涂层的应用受到所用黏结剂性能的限制。热喷涂层独具优点,因此这些年来受到普遍的重视和得到普及应用,且充满了希望。合理地选择防护涂层及其工艺,对进一步发挥燃烧室材料的性能,满足燃气初温不断提高的要求,特别是满足船舶燃气轮机火焰筒耐硫化腐蚀方面的要求,提高其使用寿命具有重大意义。热喷涂层种类繁多,性能各异,正在大力开发中。

最后,顺便谈及某热障陶瓷涂层的喷涂工艺过程:

(1)去掉金属表面油脂,并用白色氧化铝(粒径 250 μm)吹砂,使表面粗糙度为 6 μm(均方根值)。

(2)吹砂后 30 min 左右,用等离子喷枪喷涂 Ni - 16Cr - Al - 0.5Ta 黏结层至 0.95 mm ~ 1.05 mm 厚、黏结剂粉末粒径为 44 μm ~ 77 μm。黏结层粗糙度为 5 μm(均方值)。

(3)喷涂黏结层完成 30 min 后，同样用喷枪喷涂镁稳定氧化锆陶瓷至 0.42 mm ~ 0.58 mm 厚。用 1 700 K 的电弧加热粉末,黏结剂和陶瓷粉末立即熔化并贴于基体。

思　考　题

1. 简述燃烧室的工作条件和对燃烧室的设计要求。
2. 燃烧室有几种基本类型,各有何特点?
3. 以单管燃烧室火焰筒为例说明火焰筒的结构组成和各部分的功用。
4. 以环管燃烧室为例说明燃烧室主要由哪些部分组成。及各部分的功用。
5. 简述全环形直流环形燃烧室和带有单独头部环形燃烧室的优、缺点;并指出回流环形燃烧室的优点。
6. 试比较 1 级扩压器,2 级扩压器和突然扩张式扩压器的结构形式及其特点。
7. 燃料喷嘴的功用是什么? 主要有哪些类型,各有何特点?
8. 在新开发的短环形燃烧室上,在火焰筒的冷却方面有何新措施?

第 4 章

燃气涡轮

4.1 概　　述

燃气涡轮是燃气轮机的另一主要部件,它的功用是把来自燃烧室的高温、高压燃气中的部分热能和压力能转换成机械功,用以带动压气机、附件和外负荷(船舶螺旋桨或发电机)。

按燃气流动方向,燃气涡轮(下皆称涡轮)可分为轴流式和径流式两类。而径流式又可分为离心式和向心式两种,因离心式涡轮效率很低,故很少使用。

船舶燃气轮机多应用轴流式涡轮。其特点是功率大、燃气温度高、转速高、效率高,同时对其尺寸、质量也有严格的要求。

涡轮的工作条件也十分恶劣:高温、高转速、频繁剧烈热冲击、不均匀加热及由于转子不平衡和燃气压力、流量脉动造成的不平衡负荷的作用。涡轮是燃气轮机中动力负荷和热负荷最大的部件。因此,对涡轮的设计提出下列要求。

(1)必须有足够高的效率

涡轮效率越高,则在其他部件相同情况下,传到船舶螺旋桨上的轴功率就越大,经济效益就越高。只有对涡轮的工作叶片、静叶片和其他通流元件采用正确的气动造型、精确加工和正确地选择构件的基本尺寸、形状以及间隙等才能做到高效率。

(2)必须能承受高温、热冲击和热应力的作用

涡轮部件在高温下,除了承受很大的离心负荷和气动负荷作用外,还承受很大热负荷的作用。特别是工作叶片、轮盘等关键零件,必须有足够的强度。这就要求在结构设计时,选取具有优良的耐高温、耐腐蚀、耐热疲劳的结构材料,使零件具有合理的尺寸和形状,充分考虑零件受热后的热补偿等。避免产生过大的热应力,具备抗热冲击、抗热疲劳的能力。特别是还要采取一系列技术措施防止在海洋条件工作的涡轮部件发生严重危及工作可靠性和涡轮工作性能的硫化腐蚀现象。

(3)外廓尺寸要小、结构要紧凑,质量要轻

精巧紧凑的结构不但是涡轮可靠性所要求的,而且也可以减少耐热合金的消耗。镍基合金、钴基合金和包含大量镍、铬元素的耐热钢不仅价格昂贵,而且还是世界紧缺的战略物资,必须合理节约使用。

(4)充分考虑涡轮部件的冷却问题,以满足燃气轮机不断增长的性能和可靠性等方面的要求。

(5)充分注意零、组件的热定心问题。

由此看来,涡轮部件的设计除了要妥善处理类似压气机部件的各种问题外,最突出的要注意解决高温、高负荷、温度不均匀所带来的特殊问题:热变形、热应力、热定心、热疲劳、硫

化腐蚀，以及高温结构材料的选用、涂层和冷却系统设计等。

径流式涡轮(仅使用向心涡轮，离心涡轮已遭淘汰。)虽然有结构简单、制造容易等优点，但由于燃气流过时要折转 90°，流动损失大、效率低。同时，质量、尺寸大，轮盘、叶片强度低。因此仅在小功率燃气轮机上使用，船舶燃气轮机主机不再使用。故本章只在最后一节作简要介绍。

在船舶燃气轮机中，用来带动压气机和附件的涡轮称为燃气发生器涡轮(也称增压涡轮)。而用来带动减速器－螺旋桨或其他负荷，专做功率输出的涡轮称为动力涡轮。两个涡轮之间通常仅存在气动上的联系。两者通常由中间扩压器(也称中间机匣)连通起来。中间机匣如图 4－1 所示。它是一段把增压涡轮出口的燃气以较少的流动损失引入动力涡轮的中间环形通流部分(或称通道)。一般，动力涡轮的直径比增压涡轮的直径大得多，故中间机匣通流部分具有一定的扩散度。中间机匣是用耐热合金或耐热钢板焊接而成的具有机械加工安装边的环形截锥筒体。由内、外壁和若干把内、外壁连成一体的整流支板组成。

增压涡轮和动力涡轮虽都是发出机械功的部件，但因所处工作条件的差异，因此在气动和结构设计上应有各自特点。在这一章中我们将对增压涡轮和动力涡轮分别讨论。

涡轮的通流形式有平的和扩张型两种。

平流通用于工业小流量单级涡轮上。而大功率多级涡轮皆采用扩张形通流。如图 4－2 所示。其扩张角为 α。扩张形通流又分为等内径、等中径和等外径三种。等外径通流由于内径逐级减少，径向尺寸较小，涡轮外环加工容易，但平均直径和内径较小，叶片较长，叶片扭曲剧烈。等内径通流和等外径相反，由于平均直径逐级增大，在通流截面积相同的条件下，叶片较短，叶片扭曲趋于缓和，虽然外环的加工较麻烦，但转子的加工大为简化。等内径的通流缺点是涡轮的径向尺寸变化剧烈。等中径的通流特点则介于上述两种通流之间，在选择涡轮通流形式时，除了要顾及上述特点外，还要考虑燃烧室的装配、修理和维护以及第 2 级、第 3 级涡轮导向器的安装问题，以保证涡轮结构简单、合理和工艺性好。

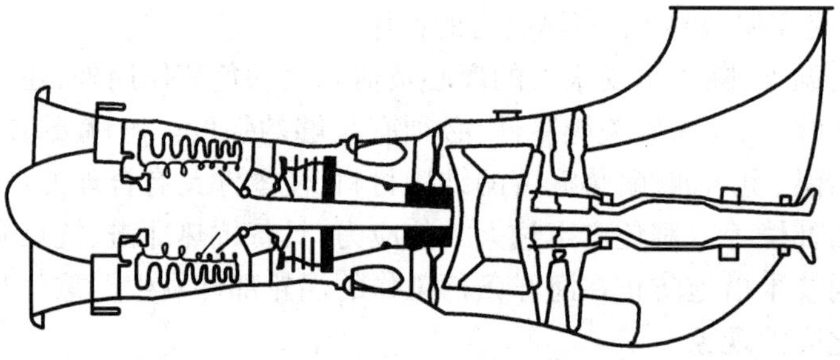

图 4－1　船用 RB211 燃气轮机示意图

涡轮的级数是由涡轮单级容许的最大焓降、效率、可靠性和寿命等因素确定的。单级涡轮最大允许焓降值约为 250 kJ/kg～293 kJ/kg 燃气。根据增压涡轮的总焓降与动力涡轮的总焓降，以及涡轮单级容允许的最大焓降，可确定增压涡轮和动力涡轮所需要的最少级数。实用中为了保证涡轮有较高的效率，通常取小些的级负荷，以保证工作可靠性和寿命，往往选用比由上述方法确定的最少级数为多的级数。但级数也不宜选择的过多，以便保证结构不致复杂化和结构质量过大。因而，涡轮级数的选择应综合涡轮性能和结构等多方面的要求。

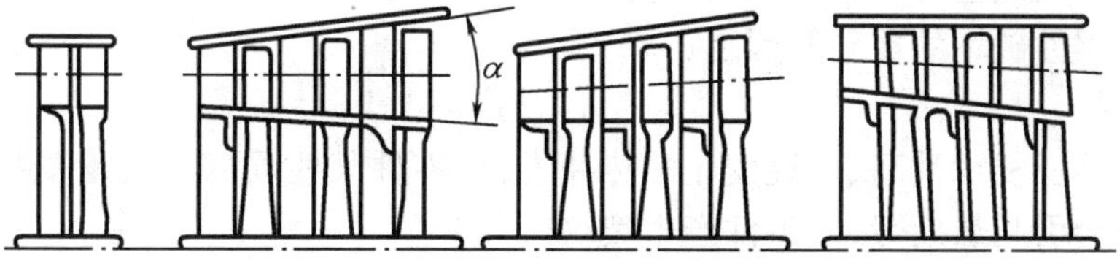

图 4-2　涡轮的通流图

(a)平通流;(b)等中径通流;(c)等内径通流;(d)等外径通流

4.2　涡 轮 转 子

涡轮有转子和静子两部分组成。涡轮转子是涡轮转动部分的总称,由涡轮盘、涡轮轴、工作叶片及连接零件等组成。

涡轮转子特别是增压涡轮转子,是在高温高转速高负荷等十分恶劣的条件下工作的,尽管涡轮转子在结构设计中有些原则甚至在结构形式上,与压气机转子结构设计有许多相似之处,但由于高温、热冲击、热负荷等又引起了许多新矛盾新问题,必须认真仔细地解决好这些新矛盾、新问题,因为这些是涡轮转子结构设计的关键。

(1)材料的选择

高温使一般的材料的机械性能大大降低,必须采用在高温下具有足够强度的耐热合金来制造涡轮转子的工作叶片、轮盘等零件。耐热合金在高温下的强度用持久强度极限表示。即在给定的温度下,在一定的时间间隔内引起材料损伤的最大应力表示。例如 σ_{100} 表示在给定温度下,在 100 h 内使用材料破坏的应力。对航空燃气轮机而言涡轮选材主要突出高温、强度两个问题。但对于船舶燃气轮机的涡轮选材则更应突出材料的抗氧化、耐腐蚀问题。这主要是因为在海洋条件下工作会造成涡轮部件的硫化腐蚀现象,即在高温和具有氯化钠、硫、钒元素的环境条件下,在涡轮零件表面上会产生硫酸钠(Na_2SO_4)与耐热合金基体铬、镍元素间发生的化学反应。从而严重破坏了涡轮部件的性能和工作可靠性。

目前,耐热合金的开发研制速度赶不上燃气轮机燃气初温发展的需要,所以,普遍采用先进的冷却技术,特别是对增压涡轮导向叶片、工作叶片及涡轮盘等进行有效地冷却降温。

(2)热变形

高温以及温度的不均匀会造成涡轮零件的热变形,以致影响涡轮的正常工作。涡轮零件长时间在高温下工作还会在应力作用下产生永久变形——蠕变。例如,涡轮使用一段时间后,工作叶片会伸长,轮盘直径会变大,由于变形会改变涡轮原来零件间的配合性质(间隙或紧度)改变。或使零件间的连接定心破坏。各种材料的抗热变形,抗蠕变的性质是不同的。通常用蠕变极限来表示材料在高温下的抗热变形能力。所谓的蠕变极限是在一定的温度下,在一定的时间间隔内总变形达到给定数值时的应力,例如 $\sigma_{0.2/100}$,第一个数表示永久变形的百分数,第二个数表示达到该变形的时间(以小时计),它也是材料高温强度的一个指标。

(3)热应力

高温会使连接在一起的膨胀系数不同的零件间产生热应力,由于温度分布不均匀同一零件内部也会产生热应力。如热应力数值过大,常会引起零件的热裂纹。在热端零部件中,热应力是引起零件破坏的重要原因之一。

(4)热疲劳

高温零件因反复承受高、低温变化的热冲击,使零件某些局部交替承受拉伸和压缩,反复次数多了就会引起热疲劳,使零件产生裂纹。

(5)热定心

热变形还会使原来的配合零件间的配合性质改变。因此,在解决涡轮高转速下工作的热定心以及工作时工作叶片叶尖间隙等问题时,要考虑热变形因素的影响,以保证涡轮在各种工况时性能和工作可靠性要求。

由此可知,对涡轮转子结构设计提出了很高的要求。归结起来,这些基本要求是:采用优质、抗腐蚀、耐高温的结构材料;采用有效的冷却、隔热、均温、润滑、密封方法和合理的结构形式,以避免和减少零、组件的热应力、热变形、热疲劳和振动,保证转子工作时具有高的效率、良好的热定心,具有可靠的连接、足够的强度,并使转子具有尽可能紧凑的结构、小的尺寸和轻的质量,以及足够长的使用寿命。

涡轮工作叶片、导向器叶片的气动计算、强度和振动计算,以及轮盘、鼓环、轴等的强度和振动计算在其他有关课程中讨论,这里仅研究盘与轴的连接、盘与盘的连接、工作叶片和轮盘间的连接问题。

4.2.1　盘与轴的连接

涡轮盘与涡轮轴在连接处承受很大负荷,有扭矩、轴向力、转子质量、惯性力及不平衡力引起的弯矩,以及由转子不平衡、燃气压力脉动等原因造成的振动负荷,此外,还处在较高的温度环境下工作,具有一定的热负荷。因此,在盘与轴的连接处的结构必须保证工作时可靠的传递负荷、定心性好,并应减少轮盘向轴和轴承的传热。盘与轴的连接分为不可拆式和可拆式两大类结构形式。

1. 不可拆卸式的盘、轴连接

如图 4 - 3 所示为某燃气轮机增压涡轮转子盘与轴间的销钉连接结构,就是这种传统不可拆卸式的典型。在这种结构中,轮盘需要加热后套装在轴的安装边上,使盘、轴间的圆柱面上具有规定的紧度。而后在盘与轴的安装边上组合钻铰孔,然后压入圆柱形销钉。为了防止销钉在离心力作用下甩出,需要在销钉孔边冲坑。该结构中,扭矩和轴向力皆靠销钉承受剪力承担和传递。盘与轴装配定心、工作定心、热定心皆靠具有规定紧度圆柱配合而来保证。长期工作中,由于轮盘的蠕变变形,会使这

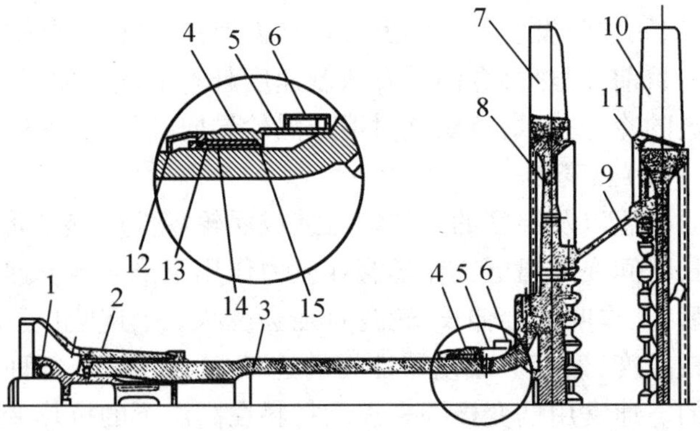

图 4 - 3　径向销钉连接的不可拆式转子

1—球形轴尾;2—主动套齿;3—涡轮轴;4—轴承内圈;5—涡轮轴衬套;6—涡轮轴封严圈;7—第一级工作叶片;8—第一级轮盘;9—承力环;10—第二级工作叶片;11—第二级涡轮盘;12—后轴承螺帽;13—锁片;14—垫圈;15—调整垫圈

一表面的配合松动，这时可由径向销钉辅助来保证定心不被破坏。为了增强转子在工作时的刚性，在轴安装边内表面有一内凸缘，其与盘的端面处的外凸缘相“配合”，形成辅助工作热定心。圆柱配合面设置在较大半径处，并把轴端做成喇叭形，盘、轴间配合面采用紧度配合，销钉在孔中也采用紧度配合。这些措施都有利于转子刚性的加强。

这种径向销钉连接结构曾一度成为国内某些燃气轮机采用的盘、轴连接的传统典型结构。这主要是因为加工方便、结构简单、强度和刚性好、质量较轻。但缺点是不可拆卸。对这种结构，在结构设计中应注意解决：

(1)盘、轴配合面的直径、销钉直径、销钉数目、销钉的材料的选取等问题，以保证连接的刚性和强度；

(2)盘、轴间配合面性质的选择，既要保证装配时盘轴定心可靠，又不造成过大的装配应力；既要使装配方便，又要保证工作中盘、轴不同时变形，维持销钉受力状态好，转子的连接刚性能确保；

(3)销钉与盘、轴间配合紧度的选择，既要保证装配方便和工作时定心可靠，又要有利于保证转子的平衡。

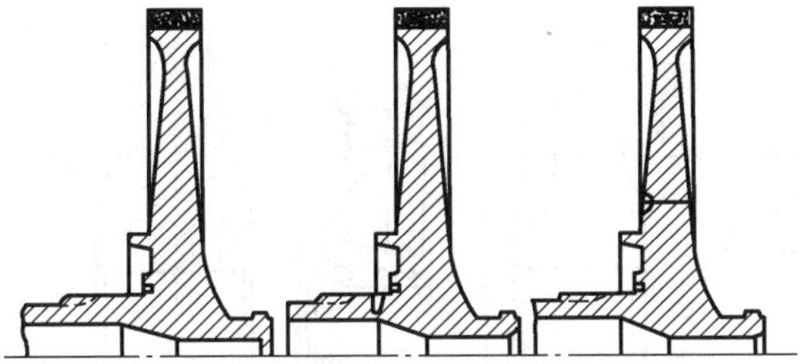

图4-4　不可拆卸式受能力盘轴连接

(a)整体的盘与轴；(b)盘与轴焊接；(c)在盘的腹板处焊接

盘、轴锻制成整体或焊成一体，是最简单的不可拆卸式结构，如图4-4所示。由于这种结构无中间连接件，所以，结构最简单、质量最轻。但盘向轴的传热量比较大。图4-4(a)所示为盘、轴一体的方案。材料的利用不合理，毛坯制造困难，仅用于小型燃气轮机上。近些年来一些小型燃气轮机中，压气机或涡轮常将叶片与轮盘做成一体(铸造或锻造成毛坯后机械加工)称之为整体转子。这种整体转子即属于这种整体盘、轴不可拆卸式结构。图4-4(b)、(c)所示为焊接一体化结构。过去因为焊接水平的限制，这种结构应用的不多。随着真空电子束焊等先进焊接技术的发展这种方案倍受重视。显然，焊接一体化结构在材料合理利用、毛坯制备、以及尺寸质量三个方面皆比较合理。例如某燃气轮机高压涡轮转子就采用了真空电子束焊的盘、轴一体化结构设计方案，如图4-5所示。制造方便、材料利用合理，又很好地采用了热节流结构解决了盘向轴承的传热问题。

2. 可拆卸式盘轴连接

图4-6所示为用螺钉将轮盘固定在轴上的结构。轮盘靠圆柱表面A定心，6个螺钉拧在轴端安装边的螺栓孔中，将盘、轴连接固定。扭矩靠盘、轴压紧面上的摩擦力传递。为了消除螺钉内附加的弯曲应力，螺钉的拧紧力必须很大，因此螺钉直径应加大。而且在轴端安装边上加工螺栓孔，会产生应力集中。此外，在轮盘上开孔也会降低盘的强度。LM2500增压涡轮转子的盘、轴间的连接采用了类似结构。只是它的涡轮轴是一个薄壁空心喇叭形鼓轴，用位于轴后端处的外表面在轮盘的内凸缘上定心，并用螺栓把轴、盘以及中间隔板连成一体，仍用摩擦传扭，但轴的安装边上开成光孔，而不是螺纹孔以减少应力集中。这种用喇叭形鼓轴在轮盘的外缘处的可拆卸螺纹连接提高了转子的刚性。在大直径处的圆表面定心，增加了定心的可靠性。

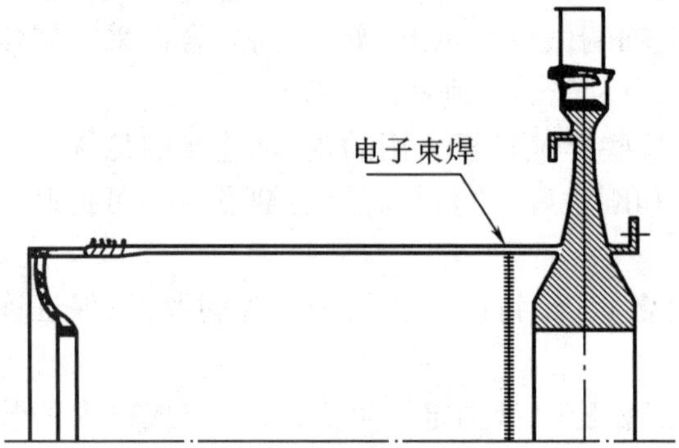

图 4 - 5　盘轴焊接的高压涡轮转子

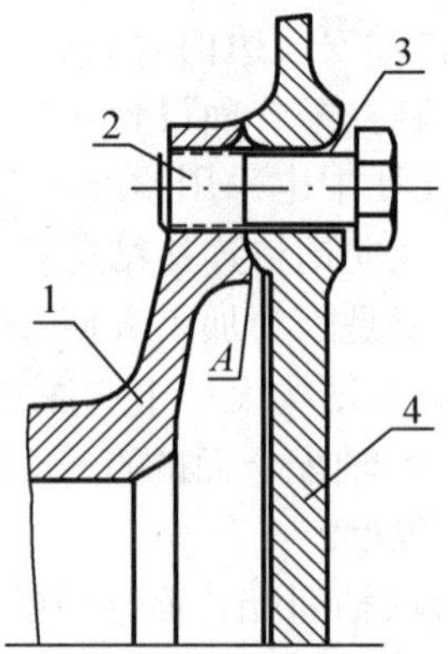

图 4 - 6　盘轴用螺钉连接结构

1—涡轮轴；2—螺钉；3—球形垫圈；4—涡轮盘

目前，采用较多的一种盘、轴可拆卸式连接结构为短螺栓连接，如图 4 - 7 所示。靠盘与轴紧压的端面摩擦力传递扭矩，采用圆柱面定心，将轴安装边的凸缘压入盘安装边的环腔内表面中。这种在轴端和盘端专门设计的安装边不削弱轴、盘的强度，加工拆卸比较方便，特别是可以使盘、轴的连接处具有一定的弹性（通常可以把盘的安装环或轴的安装环做成薄壁和特殊形状实现）。图 4 - 7(a)是利用轴上的 Z 形薄壁轴颈结构实现与盘的连接，并富有了弹性，这可以减少工作时盘产生的不稳定负荷向轴的传递，有利于轴承的工作。同时，这种结构与普通的喇叭形轴颈相比，尚可缩短盘、轴间的距离。特别是轴颈上的薄壁圆筒部分形成了一个细脖子，减少了传热截面，起到了热节流作用，改善了轴和轴承的受热条件。图 4 - 7(b)与图 4 - 7(a)的结构类似，只是薄壁圆筒做在盘上，同样具有热节流和弹性作用。

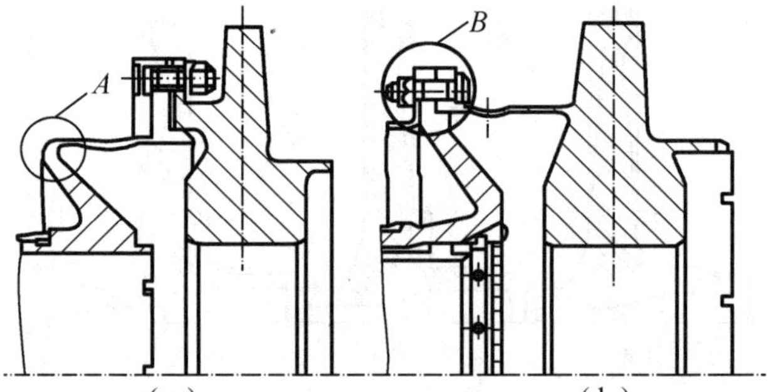

图 4 - 7　盘轴用短螺栓连接

应当指出，必须正确地选择轮盘、轴和连接螺栓的结构材料，并计算好预紧力。选材不当、预紧力不恰当，要么工作时盘、轴结合面会产生松开的趋势，降低摩擦传扭的可靠性；要么相反，会使连接螺栓热应力过大，甚至造成螺栓的断裂。

4.2.2　盘与盘间的连接

在多级涡轮转子中，盘与盘之间的连接也是结构设计中的主要问题。盘与盘间的连接也分为不可拆卸和可拆卸两种结构。

图 4 - 3 所示为涡轮转子的盘与盘间的连接结构，即属于不可拆卸的径向销钉连接。两级盘间有承力环，盘与承力环间均用带紧度的圆柱形安装边定心，用带紧度的径向销钉连接成一体，并传递扭矩。为了减少承力环前后端的温差造成的热应力，承力环做成圆锥形，由

前向后扩张。同时,尽可能把承力环的直径做大一些,以保证转子具有足够的抗弯刚性。为了减轻转子的质量和受力均匀,在承力环安装边的端面和内表面,皆用铣刀铣掉多余材料。

这种盘与盘间采用紧度配合、径向销钉连接的转子刚性大、强度好、质量轻。但它属不可拆卸结构,不仅给维修带来了困难,而且给涡轮部件的装配带来了不便。因为它的第 2 级工作叶片必须在装好第 2 级导向器之后,在涡轮壳体内进行装配,即在总装时进行。

在涡轮导向器做成整体不可分结构的多级涡轮中,为了便于装配,盘与盘间的连接通常做成可拆卸的结构形式。图 4 – 8 所示为某燃气轮机可拆卸式 3 级涡轮转子。3 级轮盘和轴用长螺栓连接起来。每级盘的前、后端面皆制有凸台,其数量为 1 级、2 级盘各 10 个,3 级盘 5 个。此凸台中心处加工有拉紧螺栓通过孔。长、次长螺栓各 5 根。其中长螺栓连接涡轮轴和 3 级盘;而次长螺栓只连接轴和 1 级、2 级轮盘。长螺栓的 *A* 面和次长螺栓的 *B* 面以及与之相配的螺栓孔内表面均为锥面,锥度为 1∶48。螺栓皆用螺帽固紧。在拧紧螺帽前,用手抵紧螺栓头,检查螺栓头与涡轮轴安装边间应有 0.5 mm ~ 1.0 mm 的间隙,以保证螺帽拧紧后螺栓锥面与涡轮盘锥孔间有 0.01 mm ~ 0.02 mm 的紧度。对拉紧螺栓的拧紧力矩是限定的。对长螺栓为 40 kg · m,对次长螺栓为 55 kg · m。长、次长螺栓的相应伸长量为 0.15 mm 和 0.09 mm。螺帽拧紧后,再锁紧垫圈的对称方向冲两坑,借金属挤入螺帽槽中而锁紧。这种锥面定心,长螺栓锥面承剪传扭的盘与盘间的连接结构简单,连接、定心传扭可靠,也便于装配,因此曾一度在增压涡轮和动力涡轮中采用。这种结构的缺点是工作时长螺栓中热应力大。

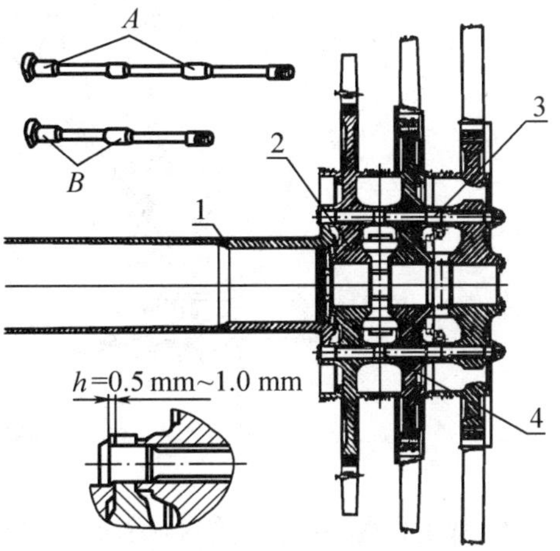

图 4 – 8　长螺栓连接的可拆卸式涡轮转子
1—涡轮轴;2—涡轮盘;3—长螺栓;4—次长螺栓

在多级涡轮中,盘鼓混合结构应用日渐增多。盘鼓各段间的连接采用短螺矩连接比用长螺栓连接有明显优越性和灵活性,而且是可拆卸的结构。图 4 – 9 所示为某低压涡轮各段盘鼓之间的短螺栓连接结构。短螺栓的径向位置可与通流部分的变化相适应,结构按需要布局,比较灵活,装拆和更换损坏元件方便,结构简单,质量轻,连接刚性好,因而近代得到广泛应用。

从上面的介绍和讨论中可知,盘与盘的连接通常是通过中间承力环或直接由轮盘伸出的鼓环段来实现的。它的连接要求与盘轴间的连接要求大致相同。由于多级涡轮的特殊性,在考虑涡轮结构设计中应注意以下问题。

(1)涡轮部件的装拆问题。盘与盘间的连接与导向器结构有关,即与导向器是整体式的,还是可分开式的结构有关。由于涡轮部件工作温度高,可分开式的导向器(机匣)刚性不均匀,受热后沿周向变形不均匀,容易产生椭圆度和翅曲,影响转子和机匣的同心度,径向间隙改变还会破坏机匣的密封,所以大多数涡轮部件采用整体导向器。这样,多级涡轮转子盘与盘间的连接就应当做成可拆式结构。当采用整体式导向器和不可拆式转子时,就应像图 4 – 8 所示那样,在第 2 级工作叶片做出过渡段叶根,减少第 2 段轮盘的外径,以便在分解时,在取下第 2 级工作叶片后,将整体式第 2 级导向器沿轴向向后移出。

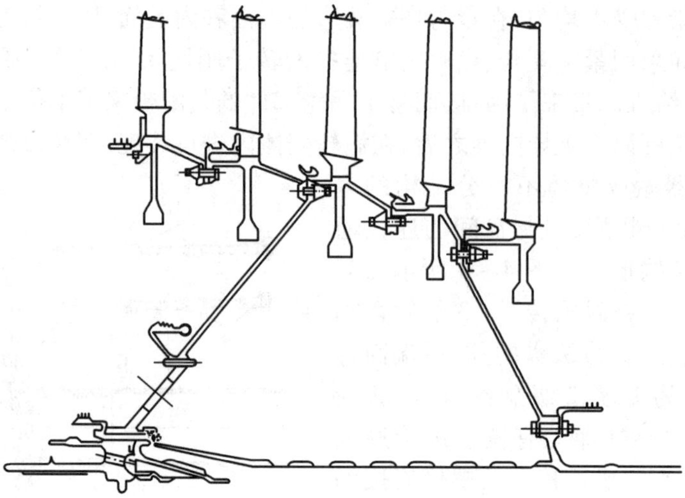

图 4 – 9 某低压涡轮盘鼓间用短螺栓连接的结构

(2) 由于盘是多级的，组合后轴尺寸较长，所以盘间的连接不仅要有径向热补偿，还要考虑轴向的热补偿，以减少热应力。

(3) 多级涡轮是简支方案支承的，如图 4 – 9 所示。这对提高转子的连接刚性、减少涡轮径向间隙和转子的振动都是有利的。

4.2.3 工作叶片及其轮盘的连接

涡轮工作叶片在高温燃气的包围中工作，它不仅要承受转子高速旋转时叶片自身离心力、气体力及振动负荷作用，而且还受到燃气的严重腐蚀。燃气轮机工况不断变化时叶片还经受冷热疲劳。所以，工作叶片是燃气轮机中受力、受热最严重的零件之一，特别是燃气发生器涡轮第 1 级涡轮工作叶片工作条件最恶劣。第 1 级涡轮工作叶片的强度对燃气初温的选择起到决定性作用，并直接影响燃气轮机性能和可靠性。因此，当前一方面要不断研制新的耐高温的超级合金材料，以提高材料的耐高温、耐腐蚀性能；另一方面则要不断发展各种先进的叶片冷却技术，以降低工作叶片的壁温。在工艺上，早期的工作叶片，采用高强度，耐热合金锻造后机械加工制成。现代则多采用高温合金定向结晶或单晶凝固精铸后机械加工制成。

涡轮工作叶片一般由叶身、中间叶根和榫头三部分组成。与压气机工作叶片相比涡轮工作叶片的叶身厚度较大，翼剖面更加弯曲，且截面积沿叶高的变化也较剧烈。涡轮工作叶片叶身顶端排气边缘比较薄弱。当叶片出现某种形式的振动时容易造成很大的交变应力，同时，在高温下材料的疲劳极限下降，因此容易在该处造成裂纹或断裂等故障。消除这种故障的一种有效的方法是在叶片排气边缘处削掉一部分材料，称为“削角”。这种方法可以改变涡轮叶片的自振频率，故也称“削角调频”，这一办法还能改善叶片根部的强度，但这却使涡轮效率略有下降。

采用叶片尖部带有叶冠的叶片结构，如图 4 – 10 所示，可以减少叶片叶尖处由叶盆向叶背的燃气泄漏，降低二次流损失提高涡轮效率。相邻叶片的叶冠抵紧后，可以减少叶片的扭曲和弯曲变形，增强叶片的刚性，提高叶片的振动频率，并且可以利用相邻叶冠之间的摩擦来吸收振动能量，起到阻尼减振的作用。叶冠的形状可以做成平行四边形，也可以做成锯齿形。平行四边形叶冠结构简单，便于装拆，但对振动的抑制性能比较差；锯齿形叶冠能克服平行四边形叶冠的这一不足，但结构较复杂，特别是叶片向盘上装配时，需一圈叶片扣成一个整环后，推入榫槽中，因此操作比较困难。

为了抗磨损，带冠叶片间相接触表面应喷镀硬质合金。为了加强封气效果，减少叶片间隙处的轴向漏气，提高涡轮效率，可在叶冠上做出封严齿。封严齿与涡轮机匣的相应易磨环（例如蜂窝内环）相配合，可以获得很好的封严效果。

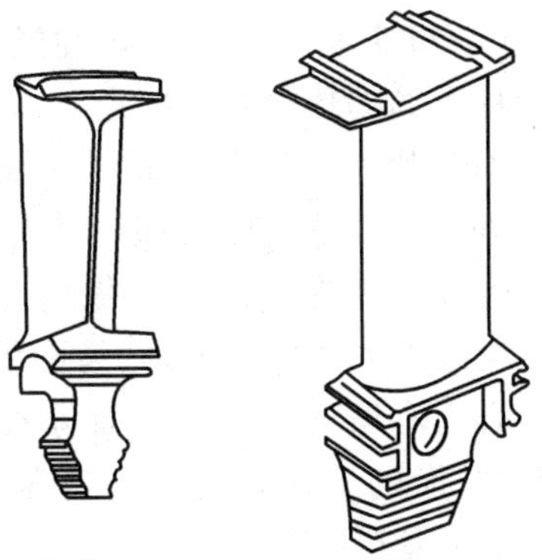

(a)　　(b)

图4-10　带封严齿的带冠叶片

(a)斯贝高压涡轮工作叶片；

(b)RB211 高压涡轮工作叶片

带冠叶片的缺点是叶冠较重，工作时增加了叶身的离心拉伸应力，也增加了轮盘的工作负荷。叶冠和叶身转接处易造成应力集中，带叶冠的叶片制坯和机械加工均较困难。为了减小叶冠离心力，通常采用减少叶尖处叶形的弦长，增加叶片数，使叶冠的周向尺寸减少的办法。

叶身可借底座和榫头连接，如图4-11(a)所示。也可通过底座及中间叶根和榫头连接。如图4-11(b)、(c)所示。底座的厚度 H_1、叶身与榫头连接处的转接半径 r、叶根截面及榫头的相对位置等，对榫头在横截面上应力分布的不均匀有很大影响。一般 $r=3\ \text{mm}\sim4\ \text{mm}$，$H_1=0.5\ \text{mm}\sim2\ \text{mm}$。带有中间叶根的叶片可以减少叶片向涡轮盘的传热量，并改善榫头应力分布的不均匀。在冷却式工作叶片中，中间叶根处通以冷却空气，并时常作为叶身冷却的空气引气口。由于空气的强制冷却，可以大大降低叶根、榫头和轮缘的温度，减少轮盘内的热应力，从而使轮盘制作得薄些，减轻整个转子的质量。中间叶根的截面可以做成长方形或工字形。目前，长方形截面应用较多。中间叶根的主要缺点是叶片质量加大，因而，榫头处的应力也会相应增大。

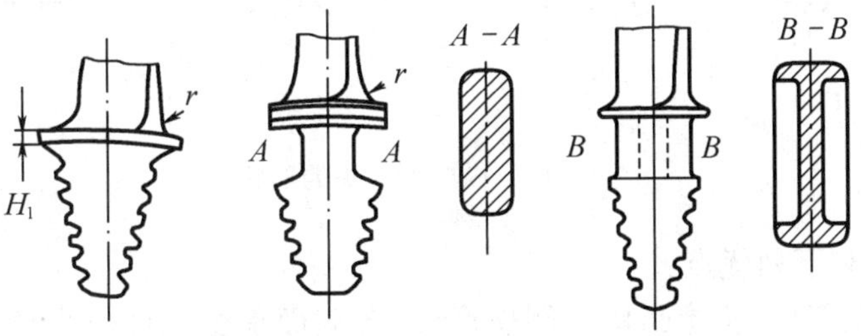

(a)　　(b)　　(c)

图4-11　叶片型面部分与榫头的连接

(a)无中间叶根；(b)，(c)带中间叶根

叶片用枞树型榫头和轮盘联结。涡轮叶片的榫头承受的负荷是很大的。在现代燃气轮机中，一个叶片根部所承受的离心力高达100 kN~150 kN。榫头还处在高温下工作，材料的机械性能大大降低。因此，设计中除了像对待压气机榫头一样之外，还应注意到：

(1)允许榫头联结处受热之后能自由膨胀,以减少热应力;

(2)榫头联结处的传热性能良好,使叶片上的的热量容易散走。

涡轮叶片和轮盘的联结枞树型榫头得到了广泛的应用,如图4-12所示。叶片靠楔形根部上的枞树型齿装在涡轮盘上的相应齿槽内,齿面承受叶片离心力和弯曲力矩作用而承受剪力和弯曲;齿的工作表面承受挤压;榫头各个截面承受拉伸。

榫头的齿数一般为2~6对。一般来说,齿数的多少取决于叶片离心力的大小,离心力大可取较多的齿数。但过多的齿数会造成各齿承受负荷的不均匀。图4-13所示为几种燃气轮机涡轮枞树型榫头的形状。图4-13(a)为5对榫齿的榫头。在现代英、美燃气轮机上,倾向采用齿数少、齿间圆角半径大的榫头,如图4-13(b)、(c)、(d)所示,以减少齿面负荷的不均匀和应力集中。

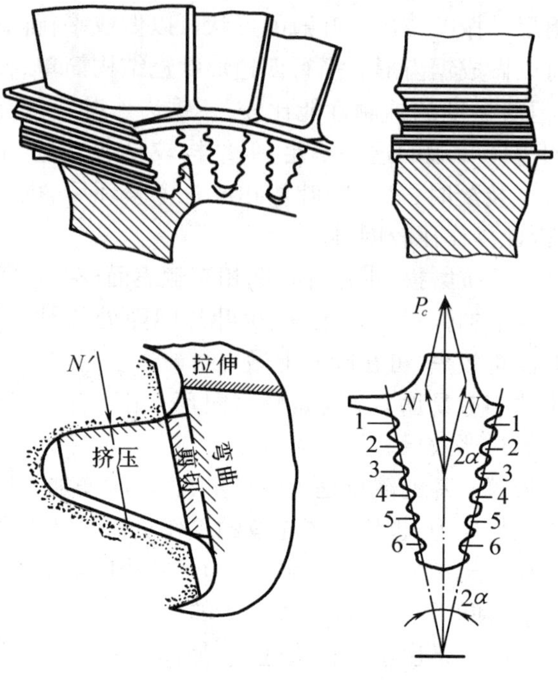

图4-12 枞树型榫头及其受力分析图

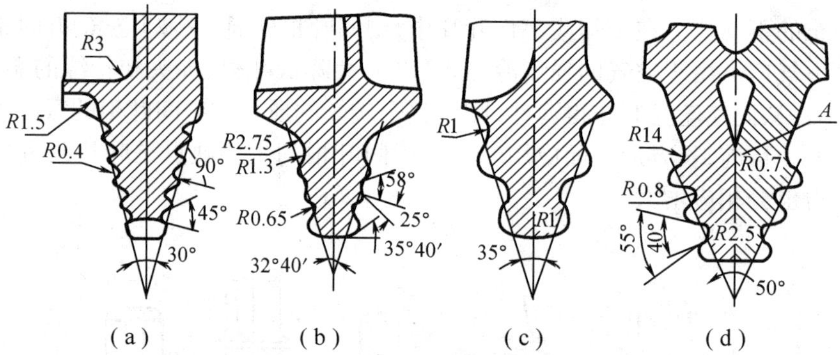

图4-13 枞树型榫头的形状

枞树型榫头具有下列优点:

(1)叶片榫头呈楔形,轮缘凸块呈倒楔形,从各截面承受拉伸应力角度看,材料利用合理,接近等强度,因而,这种榫头的质量轻;

(2)榫头在轮缘所占周向尺寸小,在轮盘上可以安装较多的叶片,便于保证要求的叶片稠度;

(3)这些榫头有间隙地插入榫槽内,允许轮缘受热后自由膨胀,因而,减少了叶片和轮缘连接处的热应力;

(4)可以利用榫头的装配间隙通入冷却空气,对榫头和轮缘进行吹风冷却,可降低叶片温度，减少叶片向轮盘的传热，降低轮缘的温度，减少轮缘和轮心的温差，从而改善了轮盘和轴承等的工作环境条件；

(5)由于装配间隙的存在，低速时叶片可以在榫槽内有一定的相互移动，对振动起到了阻尼作用，并可自动定位，减少了离心力所引起的附加弯矩；

(6)装拆和更换叶片方便、容易。

枞树型榫头的缺点：

(1)由于叶片和轮盘齿间圆角半径较小，应力集中严重，容易出现裂纹、拆断等故障；

(2)加工精确度要求高。

为了使各榫齿能均匀受力，必须提高齿距、角度、圆角等榫齿几何尺寸和位置的制作精度。但由于榫齿处工作温度高，榫头和榫槽产生塑性变形，因此加工误差所引起的应力分布不均匀问题也会得到一定的缓解。

针对枞树型榫头上述缺点，近年来一些燃气轮机上普遍采用齿数少，圆角大的半圆形榫齿，如图 4 - 13(c)、(d)所示。这种榫齿结构不仅可以减少受力不均匀和应力集中，而且接触面积也比常规榫齿大。有些燃气轮机中，把每个叶片的榫头只做成常规榫头一半，一对叶片合成一个枞树型榫头，装在轮盘的一个榫槽中，如图 4 - 13(d)所示，称为双榫根结构。工作时，两个半榫的结合面相互压紧，结合面间的摩擦有阻尼减振作用。同样，工作叶片在涡轮盘中也需要槽向固定，如图 4 - 14 所示。图中(a)是靠榫头上的凸肩和锁片固定的，但在叶片上做出凸肩会使榫头加工复杂化；图(b)是在叶片榫头的底部开槽，采用锁片固定；图(d)是靠锁板固定。锁板内端装入轮缘后端面的环槽中，锁板的外端装入叶片根部后端的凹槽中，每块锁板锁住 2 ~ 3 个叶片。装配时，先装上几个叶片，随后将锁片装入到规定位置，待盘上所有叶片装好后，装最后一个锁板时，应将锁板预先弯曲，而后插入叶片和轮盘上的环槽内，再敲平这最后一片锁板。图(e)则是利用一头带盲孔的长铆钉来固定。图(f)则是利用位于榫头底部的一个锁片来固定的结构。

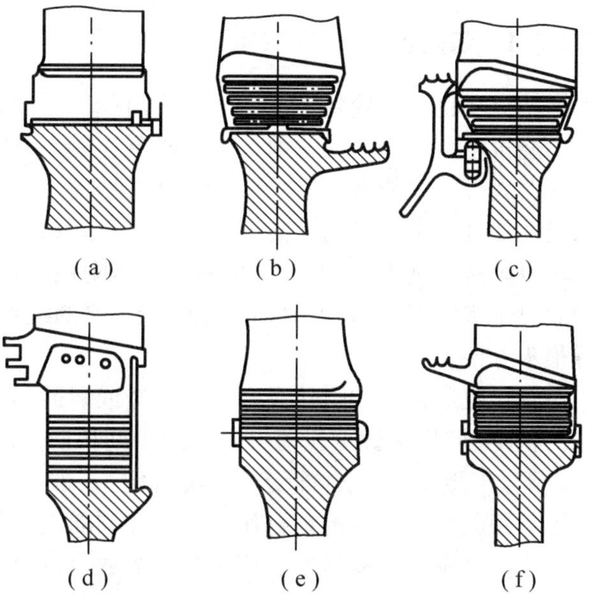

图 4 - 14　涡轮工作叶片的槽向固定方法

4.3　涡 轮 静 子

涡轮静子由涡轮外环、导向器及涡轮支承和传力系统等组成，是涡轮部件的主要承力件，也是燃气轮机总承力系统的一部分。涡轮静子上没有离心负荷的作用，强度问题不突出，但导向器叶片的工作温度比工作叶片还要高，在抗热冲击和热疲劳方面的要求要比工作叶片更苛刻。涡轮机匣的内表面壁温高达 700 ℃ ~800 ℃,外表面有空气冷却,温度比较低,因此涡轮机匣在高温下应保持足够强度、刚性,避免翅曲变形,保证与转子间有合理的径向间隙,以保证涡轮工作时的可靠性和高效率。对涡轮静子结构设计的主要技术要求是:

(1)涡轮机匣除了要刚性均匀,不产生翅曲变形、裂纹等外,还要保证尽可能小的涡轮叶尖径向间隙,以提高涡轮效率;

(2)涡轮导向器要能经受住热冲击和热疲劳作用,在混合传力方案中,要处理好传力和受热条件下的自由膨胀问题;

(3)在结构安排上,应满足导向器面积调整要求;

(4)合理设计转子和静子之间的气封和油封;

(5)对机匣和导向器叶片采取有效的冷却;

(6)结构应该简单、合理、紧凑,工艺性好、拆装方便、成本低、寿命长。

下面分别分析介绍涡轮机匣和导向器的结构。

4.3.1 涡轮机匣

涡轮机匣也称涡轮外环,通常它是带有安装边的圆柱形或截锥形壳体,其前后安装边分别与燃烧机匣室和动力涡轮前的中间机匣连接,涡轮机匣上作用有扭矩、轴向力、惯性力和内外压差力等。一般涡轮机匣采用整体式结构,且采用与燃气轮机轴线垂直的分开面,将外环分成几部分。也有采用纵向剖分面的分开式结构的机匣,但多用于多级涡轮的情况。分开式机匣虽然拆装方便,但其突出的不足是刚性沿周向不对称,故工作时受力、受热变形不均匀。对于多级涡轮而言,整体式机匣最主要的缺点是要求转子必须制成可拆式结构,而且装拆很不方便。

涡轮机匣通常采用耐热合金离心铸造或锻造制坯经机械加工制成。涡轮机匣与其前后相连的机匣(燃烧室机匣和动力涡轮的中间机匣)的径向和周向定位通常采用圆柱表面来实施。配合间隙根据配合面受热情况选定,一般在(0 ~0.3)D/1 000 mm 范围内。也有用几个不等距的精密配合的销钉作为径向和周向定位件的,然后再用精配螺栓附加定位,以加强机匣工作中定位的可靠性。连接螺栓的数目取决于连接刚性和密封的要求。一般螺栓间距与螺栓直径之比约为 6 ~8,对密封要求高的地方则为 2.5 左右。

由于涡轮机匣内、外表面壁温有很大差别,即沿径向温度梯度大,因此机匣和安装边可能产生超过材料屈服极限的热应力(外表面产生拉应力,内表面产生压缩应力)。在这种情况下,机匣产生塑性变形,燃气轮机停车冷却后,安装边的内径缩小,这种现象叫安装边收缩。这会导致机匣翘曲并产生较大的紧度使涡轮难以分解。为了减少安装边收缩和翘曲,在安装边的固定孔之间铣出凹槽,如图 4 -15 所示。这些凹槽除上述用途外,还能减小质量。

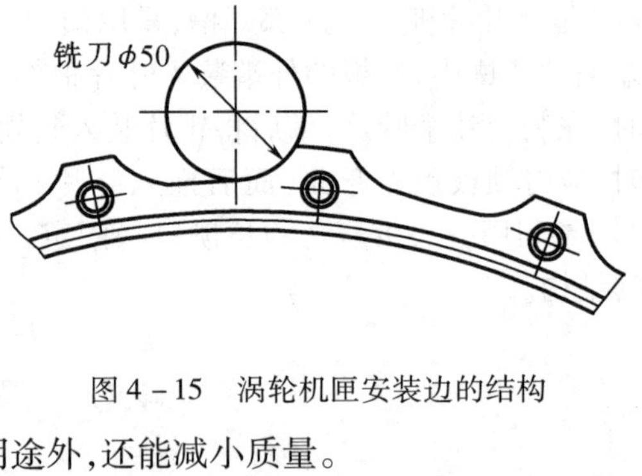

图 4 -15　涡轮机匣安装边的结构

涡轮机匣与工作叶片的径向间隙对涡轮效率有很大影响。所以,应尽量减小径向间隙。但过小的径向间隙又会使转子和机匣碰磨,产生故障。影响径向间隙的因素很多,其主要的有:

(1)工作时由于离心力和热膨胀而引起的叶片和轮盘的伸长；

(2)工作时机匣受热膨胀及不均匀变形；

(3)高温工作时引起的转子蠕变伸长和机匣的蠕变收缩；

(4)转子和静子的偏心度、轴向角偏转(叶片受轴向负荷不均衡引起)及椭圆和翘曲变形；

(5)结构形式所带来的工作中径向间隙的变化。例如滚珠轴承若远离涡轮,而涡轮又采用外径扩张的通流形式,则由于转子、静子的轴向变形量的不同,会带来径向间隙的变化。

因此,在设计时必须综合考虑上述各种因素,尽量避免对径向间隙变化带来的不利影响,必须尽量提高转子和机匣的刚性,提高加工精度保证同心度要求,消除因转子轴向膨胀引起的径向间隙的变化等。

涡轮的径向间隙同压气机的径向间隙一样,随着燃气轮机的工况变化而变化,特别是在过度过程工作时,径向间隙值取决于转子对转速和温度变化的响应速度及静子对温度变化的响应速度。图 4 – 16 所示为径向位移随转速的变化。最小间隙发生在突然加、减速时。

这是由于加速时,瞬时转速增大,离心负荷使叶片和轮盘径向伸长量迅速加大,这时径向间隙最小。随着涡轮机匣迅速受热膨胀,它的径向膨胀量超过叶片和轮盘的径向变形量,径向间隙随之变大。当燃气轮机转速稳定后,涡轮叶片和轮盘的温度逐渐升高,转子径向伸长量加大,径向间隙又逐渐减小。相反,当燃气轮机减速时,由于离心负荷的骤然下降,转子的径向变形量下降,径向间隙瞬间变大,紧接着涡轮机匣温度下降且比转子温度下降得要快,所以径向间隙减小。当燃气轮机稳定在慢车工况时,随着涡轮叶片和轮盘温度的慢慢下降,径向间隙又逐渐加大。在设计涡轮部件时,一定要选择一个安全间隙,以便使这个间隙大于保证燃气轮机由于过载而引起的机匣和转子的变形量,避免转子和机匣之间的相互干涉(碰磨)。但若选择的这个安全间隙偏大则会造成燃气轮机稳定工况时径向间隙过大。从而使涡轮效率降低。要改善燃气轮机涡轮的性能,又要保证工作时的安全、可靠,就应当采取控制径向间隙的结构措施,为此,应注意以下问题。

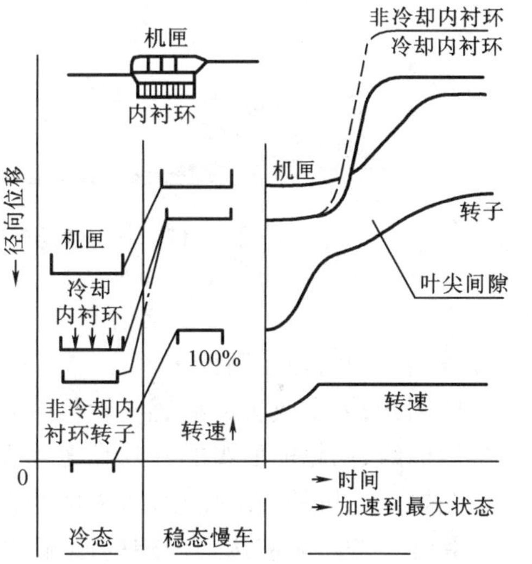

图 4 – 16　径向位移和径向间隙随转速的变化

1. 减小装配间隙

在减小装配间隙的同时,各工况下的间隙也相应缩小,但这会造成过渡过程中转子和机匣间的干涉。为了避免干涉造成故障,可在机匣内壁嵌装易磨材料,如石墨块或蜂窝结构件。

2. 采用双层机匣

这是一种冷却式涡轮机匣,如图 4 – 17 所示。机匣分为两层,中间引入燃烧室二股气流进行隔热冷却。从而使涡轮机匣在过渡过程的反应速率减慢,控制机匣和转子之间的热响应，使径向间隙的变化范围减小，有利于提高涡轮效率；另外隔离冷却气流把受力件（外层机匣）和受热件（内层机匣）隔开，改善了受力件（外层机匣）的工作条件；再则也减少了热散失和减少了各零件内、外温度差，有利于防止翘曲变形和热裂纹等的产生减少了因涡轮外环温度过高而引起的燃气轮机火灾发生的几率。但双层壁涡轮机匣结构较复杂，质量也较重。尽管如此，由于有一系列优越性，双层气冷涡轮机匣仍得到了普遍应用。

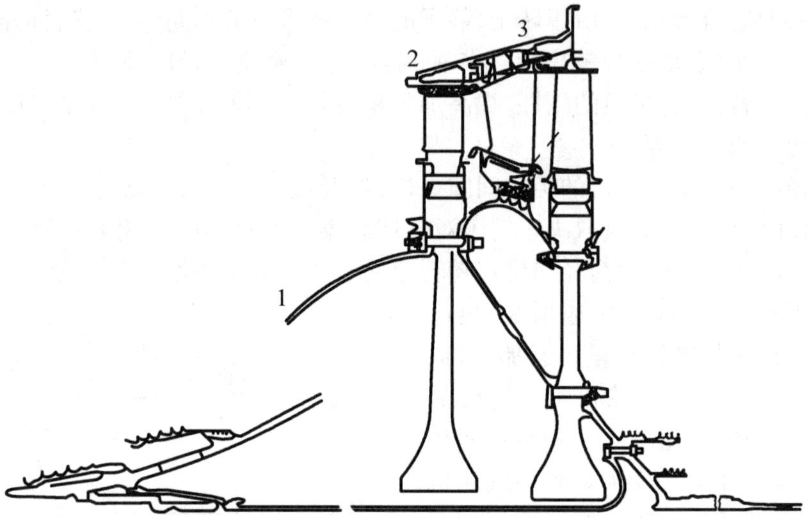

图 4－17　具有双层气冷结构涡轮机匣的涡轮部件图

1—增压涡轮转子；2—第 2 级导向器；3—双层气冷涡轮机匣

3. 采用主动间隙控制技术

众所周知，为了改善巡航燃气轮机的经济性，压气机的增压比选取的越来越高。因而，压气机后面级、涡轮前面级的叶片高度越来越短，相对间隙变大。

根据燃气轮机的工况变化，人为的控制机匣（压气机机匣或涡轮机匣）的受热膨胀量，使转子和静子的热响应达到理想的匹配，保证径向间隙在各工况（包括启动、加速、减速和各种稳态工况）达到最小，既保证高效，又顾及安全可靠，这就是主动间隙控制技术的出发点。某燃气轮机高压涡轮的主动间隙控制系统主要由控制高压涡轮机匣引气和输气管路以及径向间隙活门三部分组成。燃气轮机工况变化时，燃气轮机主燃油调节器发出燃油压力信号、油泵旁路油压信号和调节器壳内压力信号变化。按需要操纵径向控制活门开度，经引气管引入高压 9 级和高压 5 级的混合空气，经径向输气管送入涡轮机匣的集气腔（此集气腔是由涡轮外壳和专门设计的隔板形成的，隔板上开有多排气流喷射孔。涡轮的承力外环位于隔板内侧，并设计许多个弓形块沿周排列成整圈挂在外环内表面上，弓形块之内表面涂有易磨涂层，并带有多排气膜冷却孔，弓形块受热和变冷而产生的膨胀和收缩，仅改变相邻弓形块的周向间隙，并不影响工作叶片叶间间隙。这里采用弓形块有两个作用：一是由于它的存在，它本身被良好的冷却，避免了外环与热燃气的直接接触，从而减少了燃气向外环的传热；二是由于弓形块的内表面涂有易磨涂层，允许工作中叶片叶尖对它有轻微干扰，增强了工作时的安全、可靠性。显然，感受了燃气轮机工况的变化，主动调节了进入集气腔的热空气流量，控制了涡轮外环的热膨胀量，因此也限定了挂在外环内的弓形块的径向位移，达到了主动间隙控制的目的,使径向间隙最小,又最安全。冷却外环后的空气除少量泄漏外,大部分流入机匣之后的一个集气腔内,与第 5 级引气混合去冷却低压 1 级导向器叶片及低压涡轮转子。虽然采用主动间隙控制增加了冷却空气的消耗量,并使燃气轮机结构复杂了,质量也增加,但经济性的改善也很明显,一般油耗可降低 0.5% 以上。这种技术经实践证明是成功和有效的,故在新一代燃气轮机的压气机和涡轮部件中得到了较多的应用。

还有一种所谓的被动间隙控制的技术。在其工作循环中,控制机匣温度(即控制径向位移)的冷却空气流量仅仅是被动的跟随燃气轮机转速而变化,而不能对它施加人为的影响。一般低压涡轮和高压压气机后几级多采用这种被动间隙控制技术。

4.3.2　涡轮导向器

涡轮导向器是由内、外环和导向器叶片组成的环形静止叶栅。燃气通过导向器叶片组成的收敛形通流部分时,加速、减压、降温,同时气流方向也有所变化。它的功用是使燃气的部分热能转换成动能,并使燃气以一定的方向进入工作叶片。虽然导向器叶片静止不动,但它的工作条件却十分恶劣,它承受的温度比较高,尤其是第 1 级导向器的工作温度比第 1 级工作叶片的温度还高。导向器各零件受热不均匀,最易烧伤。叶片直接与高温燃气接触,燃气中的游离氧和硫、矾等对叶片有强烈的氧化和腐蚀作用。各零件内热应力大,工作时导向器叶片又受冷热冲击,所以极易产生疲劳裂纹。此外,导向器还承受燃气的气体力、气流脉动所造成的振动负荷等。因此,在设计时必须在选材、结构、冷却和表面防护方面采取相应的措施。

导向器叶片采用耐热合金制造,尤其是第 1 级导向器叶片的材料是燃气轮机中耐热要求最高者。为满足提高燃气初温的要求,并使叶片叶形各部分厚度尽量趋于一致,以减少热应力,1 级导向器叶片多采用空心冷却叶片。由于高温耐热合金硬度大,机械加工困难,导向器叶片多采用精密铸造抛光制成。为了保证耐腐蚀,有的导向器叶片表面涂有防腐、隔热涂层。

涡轮导向器排气面积的大小直接影响通过涡轮部件的燃气流量。在双转子燃气轮机中,导向器排气面积的大小还对高、低压转子的转速差有较大影响,因此,在装配导向器时,要对其排气面积进行测量和调整,以满足技术条件的要求。

在多级涡轮中,由于工作条件的差异,各级导向器在结构设计上有很大差别。虽然第 1 级导向器紧接燃烧室出口,工作温度最高,温度分布又最不均匀,工作条件最恶劣,但第 1 级导向器在结构上有条件采用两端与机匣(内、外环)相连结的形式,有的燃气轮机涡轮前轴承支座的力通过导向器传出。因此,在结构设计中要很好地处理固定、传力与允许零件自由膨胀三者之间的关系。燃气通过第 1 级导向器和第 1 级工作叶片后,温度降低了,温度不均匀程度也减少了。虽然后面级导向器的工作条件变好了一些,但第 2 级和以后各级导向器则处在各级轮盘之间,导向器叶片只能靠外端与机匣(外环)联结固定,即呈悬臂式结构形式,其另一端与转子之间设有燃气封严装置。

下面分别讨论第 1 级导向器和第 2 级及以后各级导向器的结构。

1. 第 1 级导向器

图 4 – 18 所示为某燃气轮机 1 级涡轮器的结构。它由 1 级导向器支承、1 级导向器、内密封、外封密和空气隔板等组成。导向器表面有镀层,以增强抗氧化和耐腐蚀的能力。导向器上装有 32 对叶片,每对叶片由两个精铸叶片拼焊而成,以减少燃气漏进通道数目。这些

导向器叶片用螺栓固定在第 1 级导向器的支承上,另一端可自由膨胀。导向叶片材料为 Rene80 钴基合金,镀层为钴铬铝钇合金保护层。导向器叶片具有上、下叶冠,是空心冷却叶片,其下部做出带孔的凸耳,以便用螺栓与导向器支承相连结,上部前端带安装边在外密封圈内,作轴向限位,后端带有凸块作为角向限位并传扭。导向器排气面积的调整靠稍许弯曲导向器叶片的尾缘或更换叶片组的办法来实现。上述结构的 1 级导向器属于导向器不传递轴承机匣负载的典型。

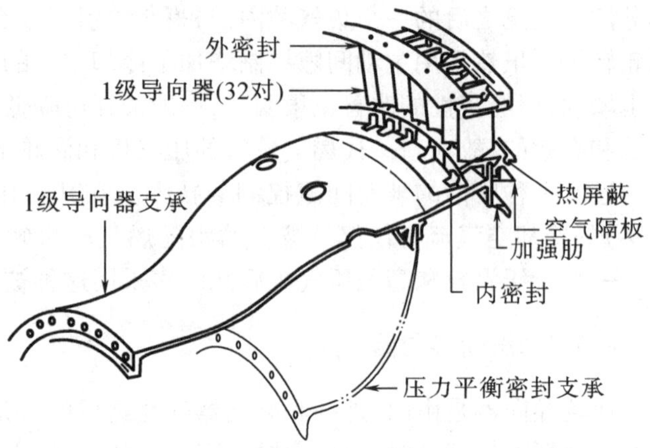

图 4－18　某燃气轮机 1 级涡轮导向器

图 4－19、图 4－20 所示为某燃气轮机第 1 级导向器和导向器叶片的结构。它由内环、外环、上部枕垫、导向叶片、定位螺钉、螺钉等组成。外环为 7 mm 厚的薄壁筒件,其前端、后端分别与燃烧室外壳和第 2 级涡轮导向器外壳相连。上部枕垫用耐热合金精密铸造制成。每两块枕垫嵌装一个导向器叶片,枕垫翼形孔与导向器叶片的翼形表面间留有间隙,以备自由膨胀。枕垫的顶面开有深度为 1 mm 的槽,以便在导向器外环和枕垫之间流过冷却空气来冷却外环和枕垫。外环和枕垫环实际上构成了双层气冷式涡轮外环。枕垫装在外环上,两枕垫之间也留有一定间隙,以备受热膨胀不受限制。导向器叶片是精铸件,叶片根部用螺钉固定在导向器内环上。安装时,两导向叶片之间流有间隙,以便进行热补偿。导向器叶片叶根处开槽,通过冷却空气对导向器内环和导向器叶片根部进行冷却。叶片为实心不冷却结构,这些叶片通过定位螺钉把导向器内环、外环、上部枕垫和导向器叶片连成一体。导向器内环、第 1 级导向器叶片上的轴向力、切向力通过这些叶片传到外环和燃烧室壳体上。显然,这种结构也属于导向器不传递轴承机匣负载一类。船舶燃气轮机由导向器叶片传递轴承机匣负载的情况较少采用,故不讨论。

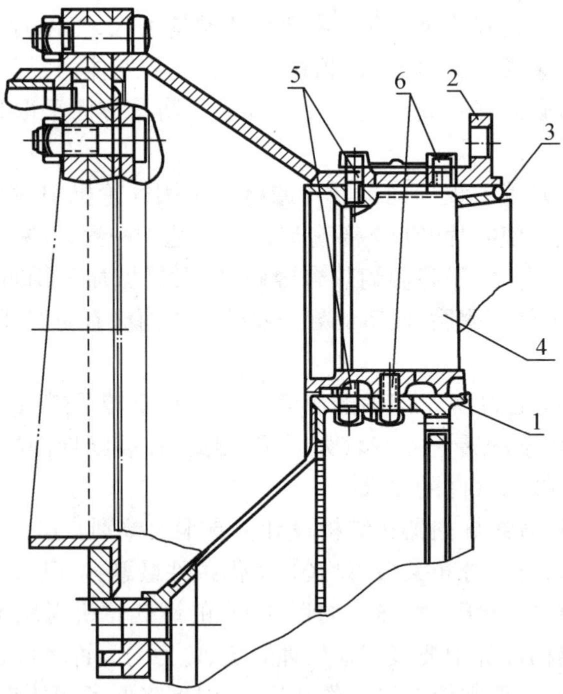

图 4－19　某燃气轮机第 1 级涡轮导向器

1—内环;2—外环;3—上部枕垫;
4—导向器叶片;5—定位螺钉;6—螺钉

从上面分析可知,第 1 级导向器的共同特点是:

(1)叶片不作燃气轮机的承力件(即不传递轴承机匣上的负荷),而仅承受燃气作用的气动负荷,叶片自由的安装在导向器内、外环间,允许受热自由膨胀,以减少热应力;

(2)导向器做成可拆分的结构,便于获得高准确度的翼形,保证高效率,且损坏的叶片也便于更换;

(3)由于第1级导向器可做成双支点结构与涡轮的内、外环联结,有利于保证导向器具有较好刚性;

(4)排气面积必须设计成可调节的。

2. 第2级及以后各级导向器

第2级及以后各级导向器都位于两级工作轮之间,故只能采用外端固定的悬臂结构。作用在导向器叶片上的负荷通过外端传到外环上去。由于后面级导向器叶片尺寸比较长,为了加强刚性,应使叶片根部在工作时相互抵紧、靠住,并形成通流的内壁面。后面级导向器工作温度比较低,一般皆采用实心不冷却叶片。为了便于涡轮部件的总装和分解,设计后面级导向器时,还应考虑与转子结构的搭配。一般不可拆式导向器必须与可拆式转子配合使用,而可拆式导向器应与不可拆式转子配合。

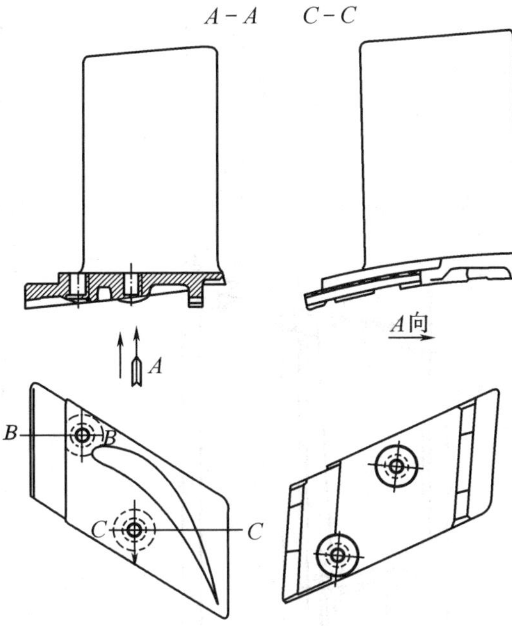

图4-20　某燃气轮机第1级涡轮导向器叶片

图4-21所示为某燃气轮机涡轮第2级不可拆式导向器结构。导向器由内、外环、导向器叶片和封严环等组成。导向器内环和外环上做有翼形槽,使叶片的内端插入内环的槽中,然后将叶片顶端与外环焊成一体,作用在叶片上的气体力通过叶片顶端传到外环上。叶片内端与内环翼形槽间留有间隙,允许叶片受热后自由膨胀。内环上固定有封严装置,这种结构简单、质量轻,但内外环上的翼形槽加工困难,导向叶片损坏后不易更换。另外,由于内环与个导向叶片之间有间隙,内环与转子的同心度不好保证。因此,在装配封严环时,要用千分表找正,再固定在内环上。这种不可拆式导向器结构要求与可拆式转子配合使用。

图4-22所示为某燃气轮机的高压涡轮结构。其第2级导向器的封严装置自成一组件,然后固定在导向器叶片的内缘板处。这种结构,既要使封严环定心可靠,保证与转子封严环的同心度,又要不影响叶片受热后的自由伸长。它采用叶片内缘板的后端凸边作轴向定位,前端用凸块和封严组件定心并传扭,内缘板与封严组件径向配合处留有间隙,允许叶片受热后自由伸长。

高压2级导向器叶片固定在机匣相应的环槽中,并用定位销作周向和径向定位;前部伸出的弧形凸边插入导向器机匣的环形槽中,使其径向辅助定位;轴向则由8个扇形组成的扇形定位件固定。这就是所谓的现代涡轮普遍采用的机匣和叶片外缘板不开孔的“挂钩”式导向器结构。机匣上开环形槽,导向器叶片伸出的弧形凸边插入此环形槽中。在机匣后段的环形槽中,利用销钉与焊接成组的导向器叶片外缘板凸缘的缺口相配,使导向器叶片周向和径向定位,轴向则用专门设置的扇形衬段压紧。这种结构简单、拆装方便、对强度削弱较小。

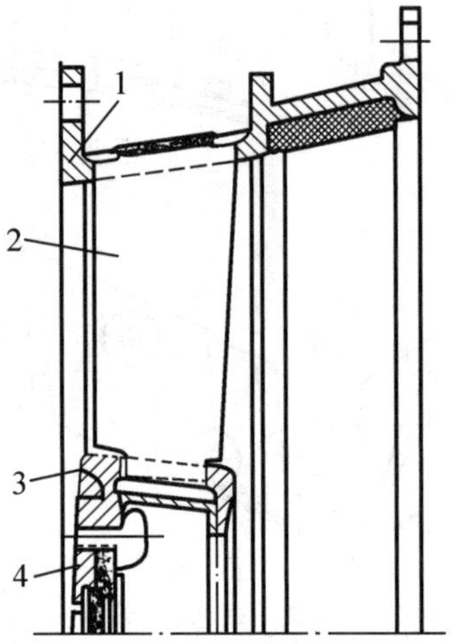

图 4－21　不可拆式第 2 级导向器
1—外环;2—导向叶片;3—内环;4—封严环

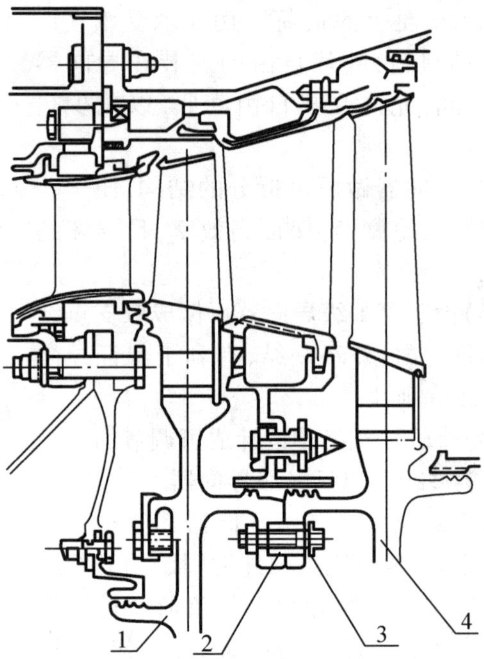

图 4－22　某燃气轮机高压涡轮
1—高压涡轮 1 级轮盘;2—定位衬套;
3—螺栓;4—高压涡轮工作轮盘

4.4　涡轮零件的温度分布及冷却

涡轮是燃气轮机中承受热负荷和机械负荷最大的部件。要保证涡轮在高温条件下可靠地工作,除了采用高档耐热合金和耐热合金钢制造零件外,还必须采用有效的隔热冷却措施。实践证明,对涡轮部件的有效冷却,能确保涡轮工作的可靠和降低高温材料的成本。为了研究有效的冷却技术,必须认真研究涡轮零件的温度分布,以设计有效的冷却系统。

4.4.1　涡轮零件的温度分布

要设计出先进合理的涡轮冷却系统,必须准确了解涡轮主要零件(轮盘、叶片等)的温度分布,这也是对零件进行强度计算、选材和确定重点冷却区域的基础。因此,确定零件在各工况下的温度场是很有意义的工作。了解零件温度场历来有两种方法:计算法和实验法。

由于涡轮通流部分各截面气流温度、速度、压力等分布的不均匀性,材料热传导系数在复杂流态条件下难以确定,特别是影响传热的因素较复杂,通过计算法尚不能得出准确、可靠的结果。尽管计算传热学取得了很大进展,但仍不能满足要求。因此又要借助于实验测量,或采用实际测量和计算相结合的办法获得可靠的温度场数据。实践证明,要在燃气轮机上测量各工况,特别是过渡过程下零件的温度场,在测量技术上仍然存在许多困难,其测量误差较大。但实测结果是有价值和基本可信的。目前常用的测量方法主要有以下几种:

(1)用特殊耐高温胶把热电偶贴在金属壁面上,测量壁温;

(2)利用受热变色的示温涂料测定壁温;

(3)根据叶片工作前后材料硬度变化测定温度;

(4)用光学高温计、激光全息摄影等方法测定温度。

零件的温度分布与燃气的温度和温度分布规律有关,与材料的物理性质、零件的尺寸形状、零件的冷却条件等有关。下面仅介绍工作叶片、涡轮盘的温度分布。

1. 工作叶片的温度分布

不冷却的工作叶片是靠热传导将热量传给涡轮盘的。由于耐热合金导热系数很低,因而在叶片长度的 2/3 的范围内(从叶尖算起)温度是不变的,只有在靠近根部 1/3 处,温度才按接近于立方抛物线的规律变化。叶片根部的温度 $t_{根}$ 与轮盘的冷却方式有关。应当指出,上述叶片的温度分布是在燃气温度沿径向不变的条件下得出的。而实际燃气轮机燃烧室出口的温度分布是根据涡轮工作叶片的需要合理设计燃烧室,并经过反复调试获得的,见第 3 章的图 3-1 所示。LM2500 燃气轮机叶片前缘的温度在 950 ℃ ~1 200 ℃,叶片两端温度略低,温度最高值在 50% ~80% 相对叶高处,这样的温度分布能符合叶片强度的要求。因为叶根处的工作应力最大,而叶尖处叶片的振动应力大,为了保证工作安全、可靠都希望温度低些。

以上所述为燃气轮机在某一稳定工况下,叶片温度沿叶高的分布情况。事实上,在燃气轮机处于过渡过程(如启动、停车、加速、减速等)时,各截面的温度是极不均匀的。启动加速时,叶片表面受加热冲击,表面温度高,中心温度较低,因此表面受压,中心受拉;停车或减速时,正好相反,表面受拉,中心受压。每启动、停车一次叶片内的热应力就交变一次。这种应力作用会造成叶片材料的疲劳。特别是前、后缘处承受高温,存在很大的温度梯度,随着这种拉伸、压缩的反复作用,会引起低频疲劳,甚至发生断裂。

2. 涡轮盘及叶片榫头的温度分布

燃气的热量是由工作叶片榫头传至涡轮盘的。因此,涡轮盘的轮缘温度高,轮心处温度较低。例如某燃气轮机增压涡轮第 1 级轮缘温度为 550 ℃,轮心出温度 300 ℃;第 2 级轮缘处温度为 473 ℃,轮心处温度 300 ℃。由计算和实验得知,当燃气为 820 ℃ ~900 ℃时,采用径向吹风冷却的轮盘,轮缘温度等于 500 ℃ ~660 ℃,轮心处的温度为 200 ℃ ~400 ℃。温度沿半径的变化大致按二次抛物线规律,如图 4-23 所示。

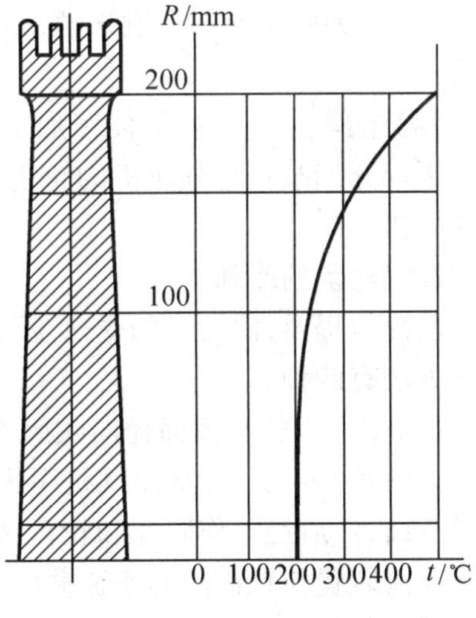

图 4-23　涡轮盘内沿半径的温度变化

轮缘处温度 $t_{轮缘}$ 可由叶片根部截面的温度 $t_{叶根}$ 和榫头中的温度降 Δt 来确定,即

$$t_{轮缘} = t_{叶根} - \Delta t$$

温度降 Δt 的数值大小取决于榫头的结构形式、材料的导热系数以及榫头吹风冷却方案。根据实验测量,枞树形榫头在径向吹风冷却的条件下,榫头中的温度降 Δt 大约为 150 ℃ ~200 ℃。

4.4.2　涡轮部件的冷却

实践证明,光靠冶金技术的进展来满足燃气轮机燃气初温的不断提升的要求是难以做到的，必须利用先进的冷却技术，或利用从压气机引来的空气或从燃烧室二股气流中引来冷却空气来冷却在高温区工作的涡轮工作叶片、导向器叶片、涡轮盘和涡轮机匣等零件。考虑到进一步提高燃气初温会造成可用冷却空气量的大为不足的矛盾，人们又在研究用水或水蒸气来冷却涡轮零件的方案。现阶段由于燃气初温尚不算太高，故主要还是依靠空气介质来进行冷却，这样就可以在现有冶金水平基础上较大幅度地提高燃气初温，从而改善了燃气轮机的性能。这种冷却技术的结构并不十分复杂，运行可靠，耗气量也可以接受，因而得到了普遍的应用。例如，LM2500 燃气轮机采用空气冷却技术，在最大功率为 19 859 kW 时，第 1 级工作叶片的工作温度降至 813 ℃，第 1 级导向器叶片的工作温度由 1 170 ℃降至 738 ℃，效果十分显著。经分析，可把涡轮部件冷却的目的归结为：

(1)提高燃气轮机的燃气初温，以提高燃气轮机的总体性能；

(2)在给定的燃气初温下，使零件的实际工作温度降至允许的范围内，提高零件工作的可靠性；

(3)使零件内温度均匀，以减小零件的热应力，例如，加强叶片前、后缘的冷却可以使叶片前后缘处的热应力大为减小；

(4)尽量使零件和燃气流隔离，减少受热并避免燃气对零件工作表面腐蚀；

(5)由于冷却使零件的温度大幅度下降，可以有条件地使用耐热性能略差的材料来代替昂贵的高档耐高温合金，以降低成本。

设计冷却系统时应注意：

(1)冷却效果要好，因为冷却获得的效益应该显著地超过因使用冷却介质而使燃气轮机性能下降带来的亏损；

(2)合理确定需要冷却的零件中重点冷却的部位，使被冷却的零件内部温度均匀，以避免因冷却造成过大的热应力；

(3)合理确定冷却介质来源，并组织好冷却通路，以避免耗费冷却介质过量和流动损失过大；

(4)结构应尽量简单、便于加工、装配和维修。

下面介绍某些燃气轮机的轮盘、叶片的冷却结构和原理，以及涡轮部件空气冷却系统的总体安排。

1. 涡轮盘的冷却

前面曾提及，涡轮盘的受热主要是工作叶片对轮盘的热传导。目前，涡轮中常用轮盘的冷却方法有两种。

(1)空气沿轮盘侧面径向吹风冷却

如图 4 – 24 所示，从压气机引来的冷却空气经导流装置流向涡轮盘前端面，且径向向外流过盘面，然后经工作叶片和轮盘榫头间隙以及工作轮与导向器间的间隙流至燃气通流中。由于导流装置与轮盘间的通道截面狭窄，所以，冷却空气在该处加速流动，使冷却效果提高。但这种冷却方式中，冷却空气先冷却轮盘中心，随后才冷却轮缘，这无疑加大了轮盘的径向温差，反而会加大了盘中的内应力。况且冷却空气只冷却轮盘的前侧面，而不冷却盘的后侧面，这又造成了轮盘前、后侧面间具有较大温度差，这也会造成辅助的热应力。LM2500 燃气轮机增压涡轮盘的冷却针对上述缺陷，采用了中心开口盘结构。冷却空气冷却第 1 级盘前侧面以后，经盘中心孔沿盘的后侧面进行冷却，可以减少盘的热应力，也减少了轮盘向轴的传热，改善了轴和轴承的工作条件，这是比较合理的结构。

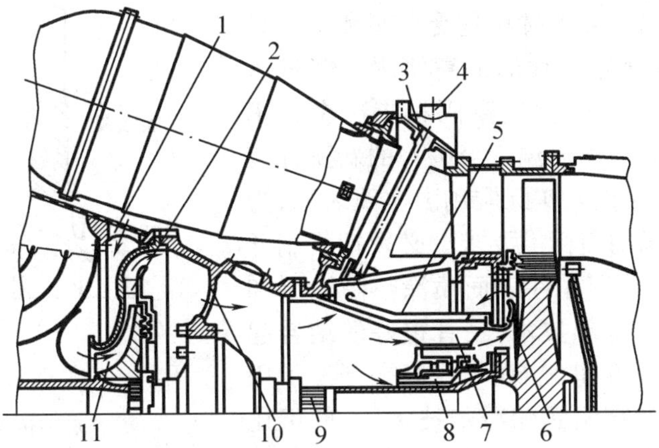

图4－24　涡轮盘侧面径向吹风冷却

1—后承力框架上的窗口；2—扩压器；3—空气导管；4—排气总管；5—隔热屏；6—导流板；7—后轴承机匣的肋条；8—涡轮轴衬套；9—带键槽的涡轮轴定位；10—中轴承机匣支板上的窗口；11—冷却风扇

(2)空气流过叶片根部或榫头的装配间隙吹风冷却

图4－25所示为RB211燃气轮机的第1级轮盘的冷却结构。冷却空气经叶根特制的盒状空腔对轮缘和叶片榫根处进行吹风冷却，气流在流过榫槽缝隙时，起到了隔热、冷却作用。由于采用了中间叶根结构，冷却空气和叶根的接触面积增大，可以把叶根处的热量有效地带走。所以，冷却效果大大优于径向吹风方式。这种冷却方式不但降低了叶片榫头和轮盘榫槽的温度，保证了材料的机械性能，而且还减少了轮缘和轮心间的温差，从而有效地减少了轮盘内部的热应力。

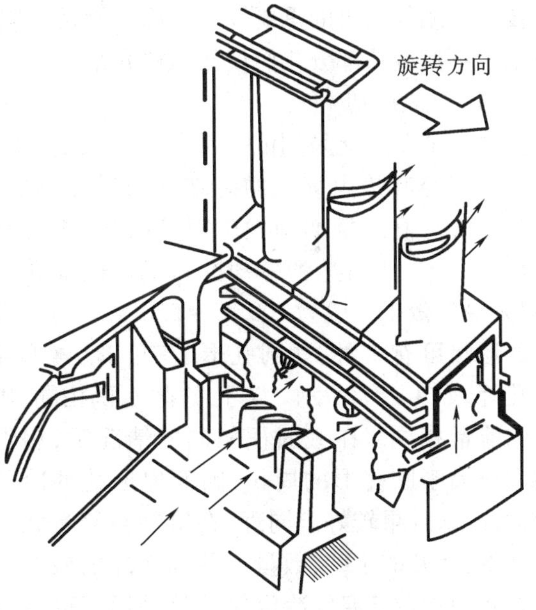

图4－25　RB211燃气轮机高压1级轮盘，叶片的冷却

图4－26给出了实际测得的两台不同燃气轮机轮缘和轮心的温度。在燃气初温相同的条件下，一种为普通叶片，采用径向吹风冷却；另一种为带中间伸根，采用叶片根部吹风冷却的实测轮缘、轮心温度。可以看出，后者轮缘温度比前者约低150 ℃，轮盘可以做的较薄，而且可以采用普通合金钢制造。

实验表明，在冷却空气量相似情况下，采用榫头间隙吹风冷却的涡轮盘，其轮缘的温度比径向吹风时大约低150 ℃。

2. 涡轮叶片的冷却

众所周知，提升燃气初温对燃气轮机的性能有极大影响。但大幅度提升燃气初温，仅依靠冶金技术的技术进步，开发耐高温、抗氧化、高强度、高韧性的高温涡轮金属材料是受限制和很困难的。目前，不冷却的涡轮叶片的最高使用温度只达1 000 ℃～1 050 ℃水平。快速凝固粉末冶全技术的进步可望在近期研制出耐温1 480 ℃的新型铌基耐热合金，但至今未见投入实际实用。实践表明，为了满足提升燃气初温的高标准要求。必须把研制开发高级耐热合金；在热端零件表面喷涂热障涂层和开发先进的高温涡轮冷却技术，三者很好的结合起来才能更加有实效。20世纪60年代以来开发了用空气作为冷却介质的高温涡轮冷却技术，一般可比不冷却的叶片提升燃气初温300 ℃，甚至更高。但随着燃气初温的不断提升，导致了冷却效果的变差和需要的冷却空气量要大幅度增加，但客观上又难以实现冷却空气的大幅增加。因而，人们又提出了用蒸汽介质进行高温涡轮冷却的新方案。最近的研究成果表明。由于很好地解决了叶片基底金属和热障涂层，尤其是利用该燃气轮机闭式循环朗肯循环回路提供的543 ℃/31 MPa的蒸汽对涡轮部件进行有效的冷却，使燃气初温达到1 700 ℃的水平。由此看出冷却技术对燃气轮机的重要性。下面仅就长时期以来运用的空气冷却叶片的结构加以介绍和讨论。蒸汽冷却部分我们仅作简略介绍。

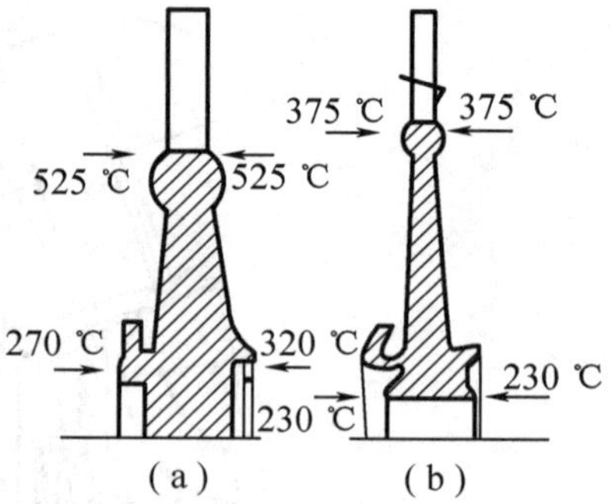

图4－26　采用不同冷却方法的轮盘温度和盘的形状

(a)带普通叶片，采用径向吹风冷却；(b)带中间叶根叶片，采用叶片根部吹风冷却

(1)对流冷却

这是早期广泛采用的一种简单气冷方式。冷却空气流经叶片内壁上的冷却孔通道或缝隙时，冷却空气与叶片壁面间发生对流换热，把叶身上的热量带走，从而达到冷却的目的。因而称对流冷却，冷却效果一般为200 ℃～250 ℃。冷却孔通道的形状可有多种，如圆孔形、三角形、翼形或扁形孔等，如4－27所示。当孔的截面积相同，则通过的流量相同。在截面积相同的情况下，扁形孔的周长大于圆孔形的周长，因而扁形孔的冷却面积大，冷却效果较好。同理，在冷却空气量相同的条件下，孔开的小些，数量多些则冷却的效果也好些。我国首台高温气冷涡轮叶片采用了锻造毛坯三角形孔。三角形孔会造成应力集中，且必须用三角形电极电火花打孔，由于制造困难，现已不用。孔形的选择主要取决于工艺方法。若采用精密铸造气冷工作叶片，一般可采用众多小圆孔方案。若采用锻造气冷叶片，可像斯贝高压涡轮第1级工作叶片的扁孔(原来毛坏上的圆孔，经锻造变成扁孔)对流冷却结构。图4－28所示为斯贝高压涡轮第1级工作叶片的对流冷却结构。从高压压气机后面级引来的冷却空气，经第1级导向器内封严环处的30个预旋喷口(每个喷口内装1个导向叶片)喷入工作叶片根部，而后对榫头和榫槽间隙吹风冷却，也对叶片伸根进行冷却。沿榫槽方向从伸根处两侧的孔进入锻造气冷叶片叶身内扁形的小孔，并沿径向流动，进行对流换热，最后从

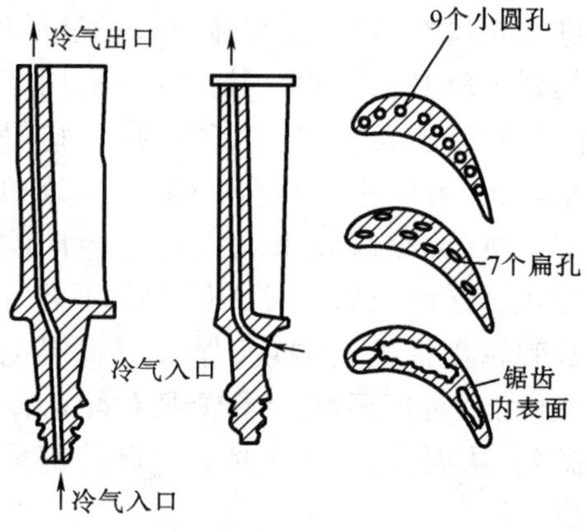

图4－27　各种型孔冷却叶片

叶片顶部排出,与燃气流混合。预旋喷口和燃气轮机轴线成一定角度,使冷却空气顺涡轮盘旋转方向流动。这样可以降低冷却空气的相对总温。经估算,可以降低相对总温约 45 ℃,相应可降低第 1 级工作叶片壁温 20 ℃～30 ℃,提高了冷却效果,并可以使叶盆、叶背的冷却较均匀,减少由于涡轮带动冷却气流而消耗的功。

斯贝第 1 级涡轮工作叶片在研制初期,曾采用 5 个椭圆形的和扁形冷却孔,冷却空气占涡轮总流量的 2%,可使叶身中间截面温度降低 220 ℃。如果不冷却,这种由 N108 制造的工作叶片只能工作 12 min。采用上述对流冷却后,工作寿命则为 10 000 h。为了进一步提高冷却效果,现在的斯贝燃气轮机第 1 级工作叶片采用了 7 扁孔冷却结构。

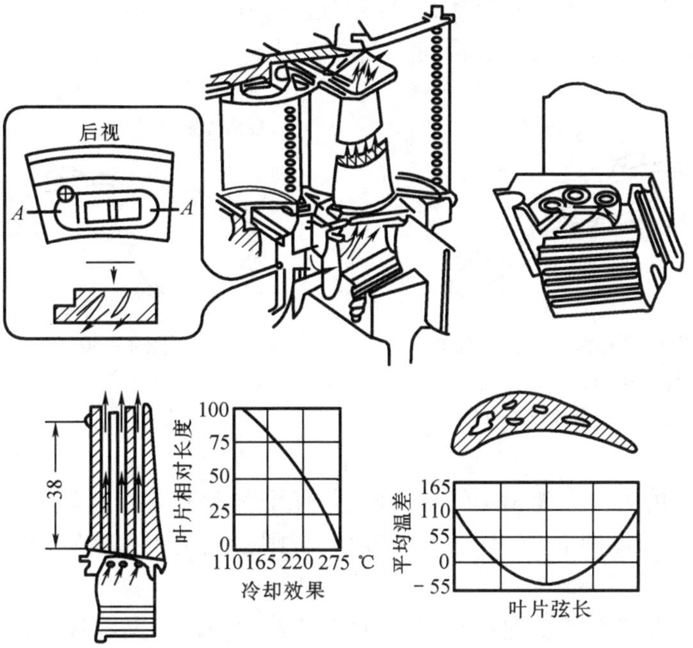

图 4－28　斯贝发动机第 1 级工作叶片的冷却结构

(2)喷射式冷却

这是利用冷却空气形成的一股或多股射流对着被冷却表面喷射,以增大叶片型面与冷却空气之间的换热系数,增强冷却效果。这种喷射式(也称冲击式)冷却方式可以用在涡轮工作叶片上,但更普遍的还是用在导向涡轮器叶片上,如图 4－29 所示。在空心的叶片中装有导流片,在导流片上开有小孔或缝隙,这些小孔或缝隙的射流对准叶片内壁面需要冷却的部位。从小孔和缝隙喷射出的冷却空气,以一定的速度喷到叶片内壁面,并产生冲击冷却,加强了冷却效果。

而后冷却空气沿导流片与叶片内壁面间的间隙中作横向流动,进行对流换热,最后从出气边排入燃气流中。通常让射流喷向温度最高的叶片进口前缘处和后缘处,这种冷却方式时常与对流、气膜冷却方式配合使用。如图 4－28 所示为斯贝第 1 级涡轮导向器的气冷结构。这是采用了喷射和对流的组合冷却方式。从燃烧室引来的二股气流由上、下两端同时进入空心叶片的导流片中,然后分别从导流片前缘的 4 个方形孔空向叶片前缘内壁喷射冷却。从导流叶片喷射出的气流,经过叶片和导流片之间的约 0.5 mm 间隙,对叶身壁面进行对流冷却以后，经叶盆后缘的 11 个斜向小孔，在叶盆后缘形成叶盆尾缘气膜，对叶盆尾缘进行隔热冷却，最后排到燃气之中。消耗的冷却空气约为涡轮燃气总量的 1.4%。

（3）气膜冷却

冷却空气从叶片端部进入叶片内部，而后透过壁面上的小孔流出，在顺着燃气方向的叶片壁处形成一层空气气膜，此气膜把叶片外表面与炽热的燃气隔离开来，从而达到隔热、冷却的目的。如图 4－30 所示。这种冷却方式比单纯用对流或喷射方式要好，一般冷却效果在 400 ℃～600 ℃。但这种冷却方式要求在叶片表面开许多小孔，故制造工艺要求高，尤其这些开孔对叶片强度也有很大消弱。产生气膜的结构多种多样，目前实用中的则多为在叶片的前、后缘处开一排或数排小孔来形成气膜。这种结构制造容易，可以用电解或电火花等工艺方法加工，刚性好，只要控制小孔数量不要过多，则叶片强度足够，而且这些小孔可以开在叶片任何需要冷却的部位，因此，得到了普遍应用。

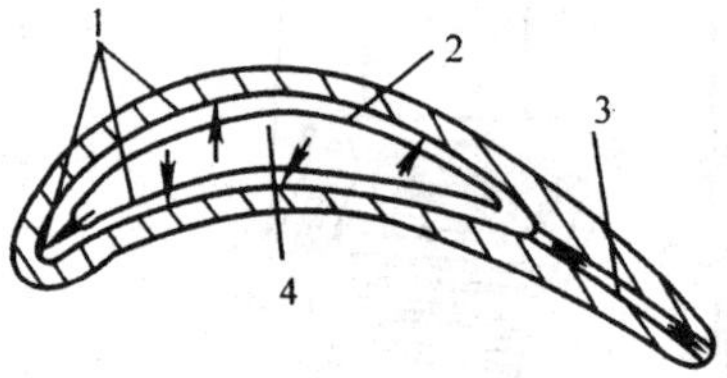

图 4－29　喷射式冷却涡轮叶片的结构

1—喷射冷却；2—导流片；

3—对流冷却；4—径向气流进入内腔

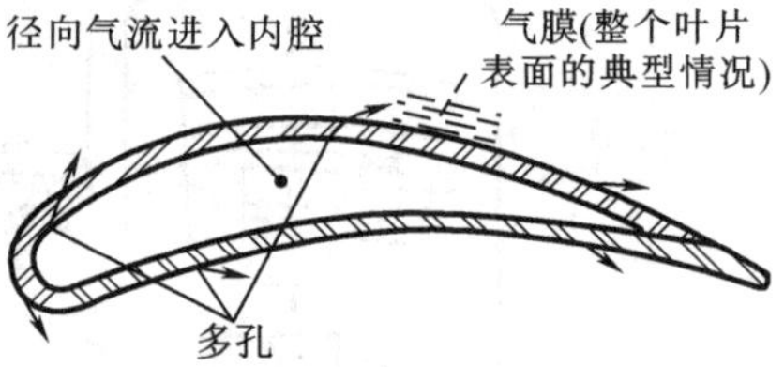

图 4－30　气膜冷却

开孔中心轴线的方向应能满足气膜生成，并保证气膜有效长度较大的要求。开孔的孔径小些虽然对叶片强度削弱小，但也不宜过小，否则会发生小孔堵塞，从而使冷却、隔热失效，通常孔径应大于 0.3 mm。

气膜冷却孔应安排在需要加强冷却，而且对流或喷射冷却又收效不大的地方，如叶片的头部前缘处，叶片尾部后缘处。

图 4－31 所示为 LM2500 增压涡轮转子第 1 级工作叶片的冷却结构。其冷却方式主要由叶片的内部对流和外部气膜两部分组成，但亦有喷射冷却方式在起作用。冷却空气从叶片伸根处的引气孔进入叶片内部，叶片中心区域的对流冷却是通过内部圆孔迷宫通路结构实现的。通向前缘的通路，先是对流，而后是喷射前缘内壁，最后透过前缘小孔在头部前缘处形成隔热冷却气膜进行冷却，所以通向前缘通路实际上是形成了对流－喷射－气膜冷却的综合作用；通向后缘的通路，先是对流而后是在尾缘一排小孔排出，在叶盆和尾缘形成气膜进行隔热冷却，叶片的顶端设有顶盖，其作用是使冷却气流向前、向后排出，顶盖上开有小孔可起到排除气体中杂质的作用。迷宫式对流也增加了对流冷却的效果。

4. 发散冷却（也称多孔壁发散冷却，如图 4－32 所示）

当空心叶片用疏松多孔透气的材料制成，或在空心叶片壁面上采用电火花或电子束、激光打孔等工艺方法加工出大量密布的直径很小的孔时，叶片内腔的冷却空气会透过叶片壁面上无数的微孔和小孔渗出。由于孔径小，气流射流穿透深度浅，因而透过壁面后很快形成紧贴外壁面的冷气层。由于小孔均匀分布，因而冷气层均匀铺开，可以有效地降低燃气对壁面的对流换热，并且不断地将燃气对壁面的辐射热带走。如果在壁面上开斜孔，还可以更好地抑制通过孔壁的对流换热，因此可以获得均匀较低的壁温，并比一般的气膜冷却用气量减小 2/3 ~ 3/4，从而缓解了高温涡轮可用冷却气量不足的矛盾。由于不会出现一般气膜冷却结构那样后段冷却效果降低的弊端，因此发散冷却也称为空气膜冷却。如果减小孔径、增多孔数，理论上可以达到等温壁面，因此有利于降低叶片的热应力，提高叶片的使用寿命。另外，由于在叶片表面形成一层薄薄的紧贴壁面的气膜，因此对主燃气流的干扰小，有利于涡轮效率的提高。由于冷却空气透过多孔壁流动时与壁面充分接触，生成的气膜质量好，故可达到 500 ℃ ~ 800 ℃的冷却效果。从应用情况看，过去被人们视为该种冷却结构的两个难题已逐步得到克服：一是认为加工大量小孔消费工时太多，这个难题已为先进的加工设备和工艺所突破；二是小孔易堵塞，这个缺陷可以采用合适的孔径和燃烧室高效清洁燃烧技术得到弥补。

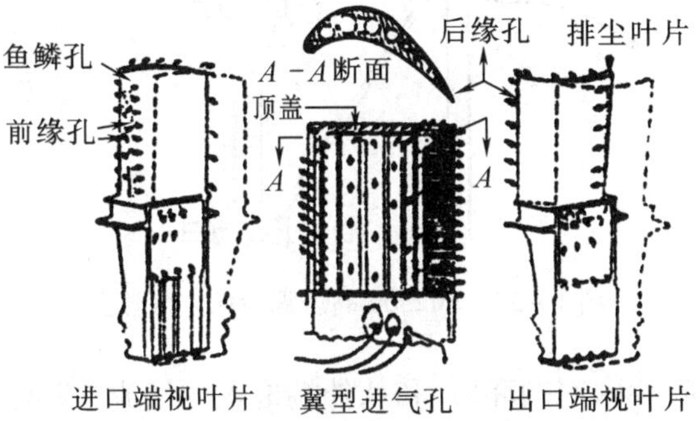

图 4 － 31　LM2500 增压涡轮转子第 1 级工作叶片的冷却结构

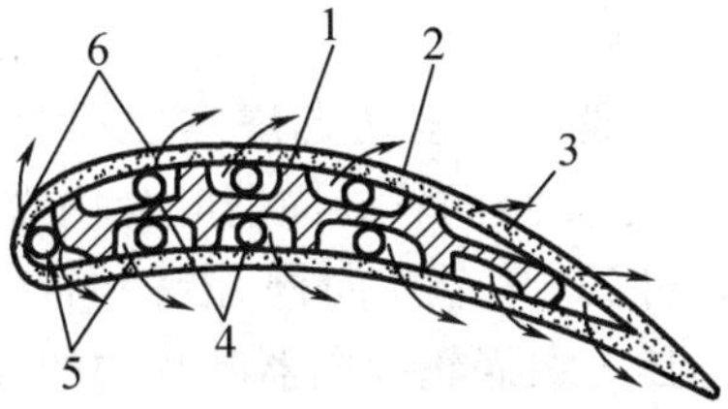

图 4 － 32　发散冷却

1—承力骨架；2—气膜（整个叶片表面的典型情况）；3—多孔丝网；4—径向气流进入内腔；5—定量供气孔；6—发散冷却

3. 涡轮部件的冷却系统

涡轮部件所需要的冷却空气量占燃气轮机总量的 3% ~ 5%。燃气初温越高则所需要的冷却空气量越大。使用过大的冷却空气量会严重影响燃气轮机的性能。

涡轮部件所需的冷却空气由压气机或燃烧室引入，冷却各高温零件后排入主燃气通流中与燃气混合。提供的冷却空气的压力和流量应满足冷却系统的技术要求，它通常取决于冷却系统的阻力、排气反压等。

下面通过几个典型燃气轮机涡轮部件的冷却系统的设计，来说明涡轮冷却系统的工作原理、总体布局和设计中应注意的一些问题。

（1）LM2500 增压涡轮的冷却系统（如图 4 － 33 所示）

从高压压气机末级抽出的冷却空气从内、外两侧进入第 1 级涡轮导向器叶片。外侧一路在冷却涡轮外环和导向器安装环之后，进入导向器叶片；内侧一路在冷却导向器内环之后进入第 1 级导向器叶片，并有一部分空气进入第 1 级工作叶片叶根处做叶根冷却。

从高压压气机抽出的冷却空气，通过第 1 级盘的中心孔后分两路：一路进入第 1 级轮盘的轮缘，对轮缘和工作叶片进行冷却，剩余部分进入第 1 级工作叶片和第 2 级导向器叶片之间的空腔，对第 2 级导向器叶片进行冷却；另一路空气经 1、2 级盘间鼓环上的开孔进入 2 级盘前侧，而后引入第 2 级工作叶片内腔进行冷却。有少部分冷却空气透过封严环，流入到主燃气流中。从第 13 级压气机抽出的空气对涡轮外环进行冷却后，大部分进入第 2 级涡轮导向器叶片进行冷却，其余部分进入主燃气流中。

(2)斯贝燃气轮机的冷却系统

斯贝增压涡轮分高、低压涡轮各两级，高压压气机出口引气分为三股，如图4－34所示。

第一股气流从燃烧室二股气流引出，通过高压1级涡轮导向器叶片扇形定位件后，一路沿径向从外端进入高压1级涡轮导向器叶片内的导管；另一路沿轴向流过涡轮导向器机匣上的20个长方孔，沿径向从外端进入高压2级涡轮导向器叶片内的导管。这两路气流在1、2级导向器叶片内部循环后，从叶片上的小孔流入主燃气流中。

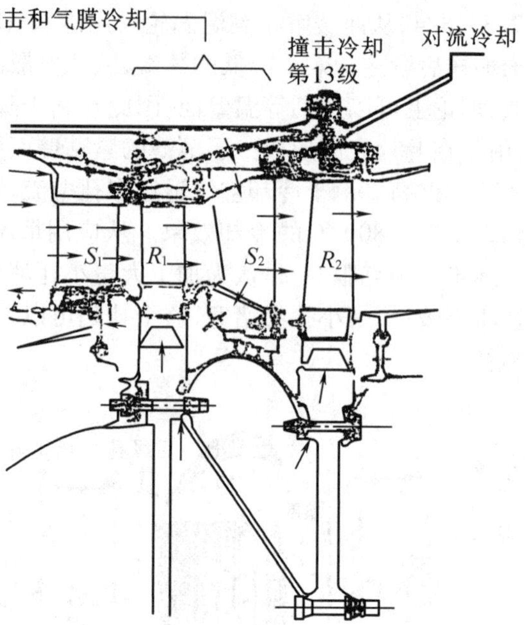

图4－33　IM2500高压涡轮的空气流路

第二股气流也从燃烧室二股气流引出，通过第1级涡轮导向器叶片内端的扇形定位件的30个径向槽，沿径向从内端进入高压1级涡轮导向器叶片内的导管，在叶片内部循环后，和从外端进入的气流一起流入主燃气流中。

第三股气流也从高压涡轮轴承支座和燃烧室隔热屏之间引出，通过高压涡轮轴承支座锥体24个孔进入内腔冷却高压1级涡轮盘前端面和对封严装置增压封严。这股高压冷却空气一部分经安装在高压涡轮空气封严件上的预旋喷咀流出，从高压1级涡轮叶片榫头伸根上的孔进入叶片内部，对高压1级涡轮叶片进行冷却，然后从叶冠上的孔排出，汇入主燃气流；另一部分高压冷却空气经高压1级盘前安装边端面处16个径向槽和隔圈上24个径向孔流入高压1、2级盘之间空腔，冷却这两个盘的表面后，再通过盘安装边处的16个径向槽和高压级间封严，分两路流入主燃气流。经过高压2级涡轮盘定心衬套上16孔的高压冷却空气，沿高压涡轮内空气封严圈流动，通过封严圈上16孔后，一部分冷却高压2级盘后端面经封严装置进入主燃气流；另一部分由低压1级级间封严座上18孔，流至低压1级盘前端面，进行冷却，这一部分高压冷却空气一股通过封严装置进入主燃气流，另一股经低压1级涡轮盘套筒上的10个孔到达低压1、2级盘之间的空腔内，冷却低压1、2级盘表面后，经低压1级盘传动安装边端面的16个径向槽通过两道封严装置进入主燃气流中。

另外，经过高、低压级间三重封严装置节流的高压空气，通过低压涡轮轴上的8个孔流入低压涡轮轴和空气导管间的环形空间，然后经过低压涡轮轴上的12个孔，顺空气折流板，冷却低压2级涡轮盘后端面后排入主燃气流。

由上面两个典型燃气轮机涡轮的冷却系统介绍可知，涡轮部件的空气冷却系统是比较复杂的，必须根据涡轮零件、部件冷却方式的具体要求精心设计，细心的组织气路。冷却空气的压力必须比燃气的要高；冷却空气的气量应满足要求，冷却系统的设计必须首先做抽气节流计算，规划出各关键部位冷却空气的通流面积。而在燃气轮机试制阶段的调试中要测试冷却气路的气动、热工参数，以及涡轮零、部件的壁温，并通过调节气路通流面积的办法，

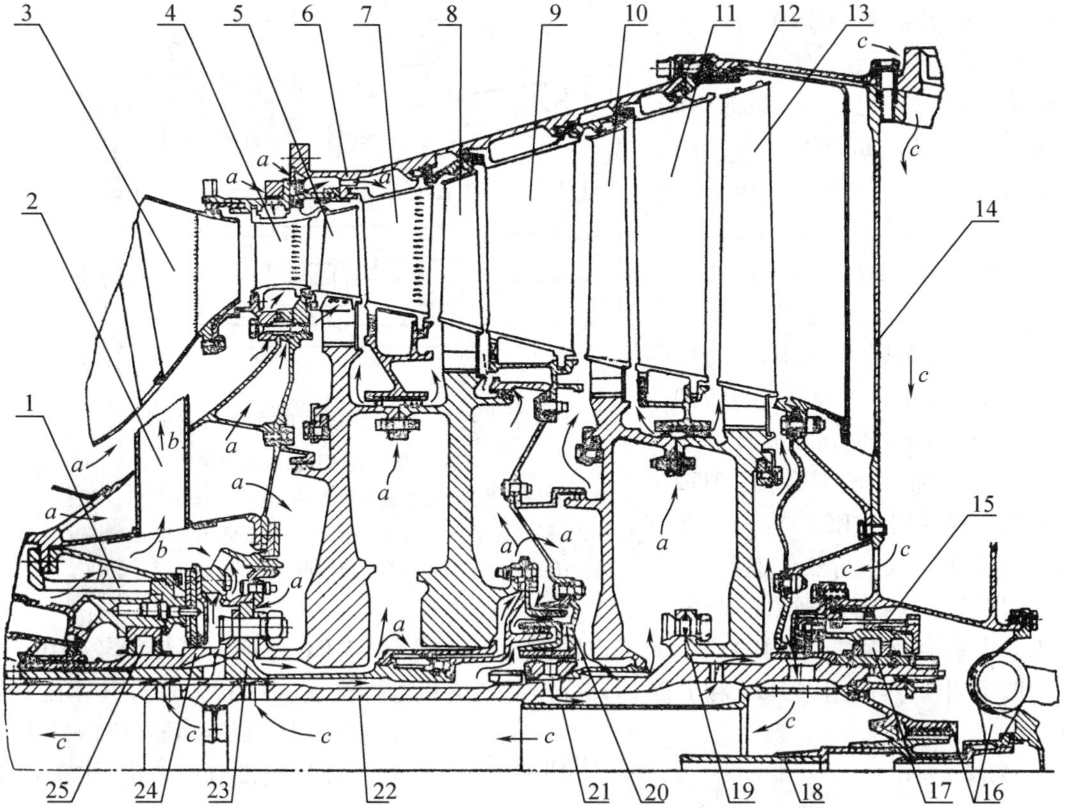

图 4 - 34　斯贝燃气轮机涡轮部件的冷却系统

1—高压涡轮弹性支承;2—低压冷却空气出气管;3—燃气导管;4—高压 1 级导向叶片;5—高压 1 级工作叶片;6—涡轮机匣;7—高压 2 级导向叶片;8—高压 2 级工作叶片;9—低压 1 级导向叶片;10—低压 1 级工作叶片;11—低压 2 级导向叶片;12—低压涡轮轴承机匣;13—低压 2 级工作叶片;14—承力支板;15—低压涡轮弹性支承座;16—低压涡轮故障系统;17—低压涡轮轴承;18—中心滑油管;19—锥形螺栓;20—级间封严装置;21—空气导管;22—低压涡轮轴;23—高压涡轮轴;24—轴承套筒;25—高压涡轮轴承

调整冷却流量使其符合要求,以做到冷却效果满意,又不过分浪费冷却空气。值得一提的是,随着增压比的不断提升,从压气机出口引气,其温度越来越高。因此人们曾考虑把从压气机引出的空气进行预冷处理,使高压头的高温空气冷却下来,而后再供涡轮部件进行冷却。显然,这样会得到更好的冷却效果。再则燃气初温的提高,可供冷却的空气量大为减少。加上增压比的提升压气机提供的冷却空气温度的大幅度提高,使冷却效果变差。这两个因素的叠加作用,空气冷却变得越来越困难。因此,不得不考虑用水、液态金属(如钠、钠钾合金等)和蒸汽代替空气对涡轮进行冷却。由于液体冷却介质的放热系统远大于空气,尤其冷却中还存在相变,因此,可以获得更好的冷却效果。但用液体介质进行冷却,在系统和结构上要更复杂些,特别是密封、介质处理等在技术上会遇到许多困难,因而这方面的进展比较缓慢。

4. 蒸汽冷却高温涡轮简介

(1)高温涡轮系统简介

在“1 700 ℃高温燃气涡轮的概念设计和冷却转子叶片的研制”的文献中介绍了具有

CH_4-O_2 燃烧装置和 1 700 ℃高温燃气涡轮的系统[ACRO - GT 系统]如图 4 -35 所示。此系统由燃烧 CH_4-O_2 的闭式 Brayton 循环部分和利用 Brayton 循环余热的 Rankine 循环部分组成。Brayton 循环由一台低压压气机(LPC),一台高压压气机(HPC),一个燃烧室(COMB)和两台高温燃气涡轮(HT1,HT2)组成,所选 HT1 的进口燃气初温和压力分另为 1 700 ℃和 4.51 MPa。Brayton 循环的工作液是 CH_4 和 O_2 的混合物。HT2 的废气在换热器(RECP)内与来自 HPC 的高压蒸汽进行热传递,然后在热回收锅炉内加热来自冷却器的水。由热回收锅炉(GRBL)产生的蒸汽额定为 543 ℃/31 MPa,并通向高压涡轮(HPT)。将 HPT 的出口蒸汽用作 HT1 和 HT2 冷却介质并最终流进燃烧室(COMB),部分气体在 LPT 内膨胀后流到冷却器(CON),由于 CO_2 在那里没有被液化,使在 CON 内与水分离并作为纯 CO_2,由 CO_2 压缩机(CO_2-C)排出。

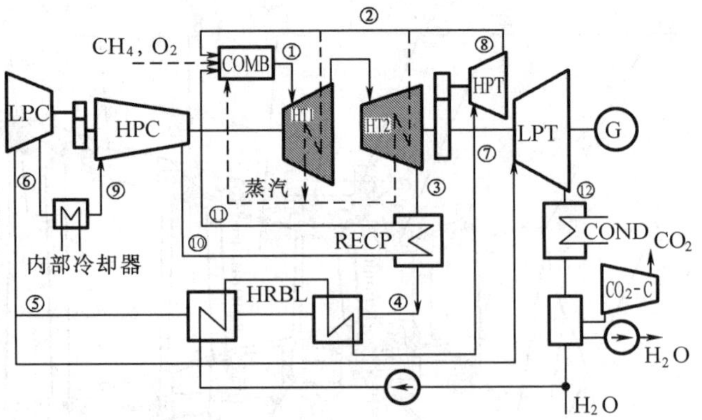

图 4 -35 CO_2 回收发电系统的示意图
(具有蒸汽冷却的高温涡轮)

HT1:高温高压透平;HT2:低温低压透平;HPC:高压压气机;LPC:低压压气机;HPT:高压透平;LPT:低压透平;G:发电机;BOMB:燃烧室;HRBL:蒸汽锅炉;COND:冷凝器;RECP:换热器;CO_2-C:CO_2 压气机

(2)高温涡轮冷却系统

图 4 -36 所示为 HT1 冷却系统的示意图。涡轮转子由三个涡轮盘、两个分离器、后轴和中轴(与 HPC 相连)组成。它们都被螺栓固定在一起。从机匣侧单独供应的蒸汽冷却涡轮导向器叶片。另一方面,冷却转子的蒸汽,由后轴孔供应。后轴和 1、2 级分离器盘有许多径向通道,这些通道可将冷却介质送到转子叶片榫头正下方的环形供应腔内。冷却转子叶片内部的蒸汽在回收腔内聚集,然后流到燃烧室,此冷却蒸汽流也将转子和分离器盘冷却到足够低的温度。最后,少量的蒸汽在盘与盘间隙处作为热燃气封严被消耗。在此种类型的内部冷却中,涡轮的高温零件如导向器叶片和转子叶片是蒸汽的超级加热器,由高温主流燃气传到冷却介质上的热能在燃烧室内被回收。

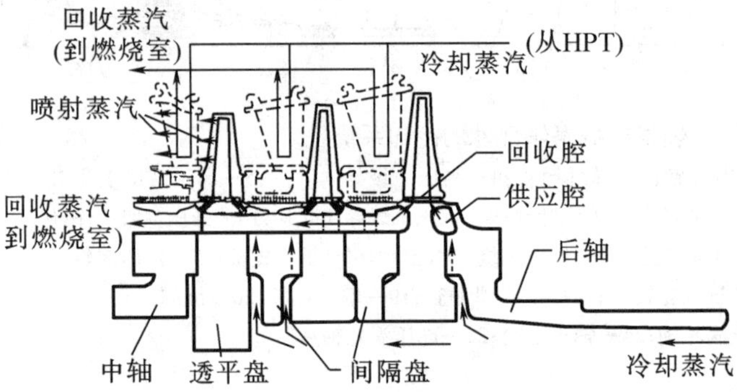

图 4 -36 HT1 冷却系统及其结构

(3)1 级导向器叶片和 1 级工作叶片的冷却结构

1 级导向器叶片和 1 级工作叶片热障涂层(TBC)和基底金属的允许温度分别为 1 300 ℃和 950 ℃。图 4 -37 所示为 1 级导向器叶片和 1 级工作叶片设计的冷却结构。导向器叶片和工作叶片的进气边部分承受来自高温燃气的热侵入,故采用了浴头式气膜冷却方式加以冷却。从图中可以看出,发散式气膜冷却孔设在导向器叶片表面高热负荷位置。弦中位置的内部冷却结构采用了带有断续肋的多路蛇状通路。这些叶片通过精密铸造加工而成，并在导向器叶片通道内安装了插片以便施加冲击冷却。断续肋片的采用（一种强化传热结构）使热传递能力高于连续肋的近 25%，此热传递能力的增加是由肋的表面积增加了大约 2.0 到 2.3 倍引起的。在冷却介质消耗方面，这一新设计比前期相比下降了约 40%，这无疑有助于电厂热效率的提高。

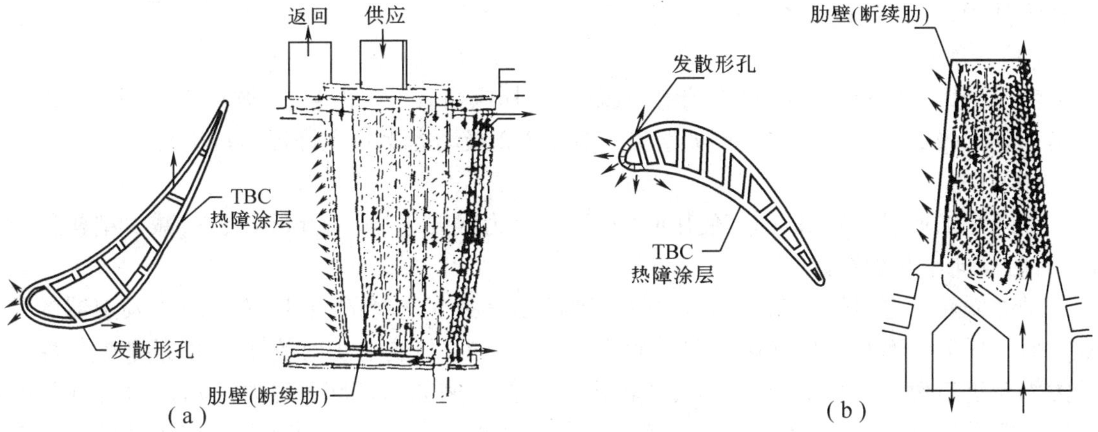

图 4 - 37　1 级导向器叶片和 1 级工作叶片的冷却结构

4.5　动力涡轮的特点及结构

船舶燃气轮机动力涡轮的工作原理和基本结构与增压涡轮基本相同，但其工作条件和设计要求却与增压涡轮有较大区别。因此，在气动设计和参数选择方面以及在结构设计上有一系列的特点。

动力涡轮通过齿轮装置与船舶轴系和螺旋桨连接，总速比一般在 10 左右或更大。在海洋环境和作战条件下，风浪和水下爆炸对动力涡轮结构的可靠性提出了特殊要求。动力涡轮的转速选择要考虑到螺旋桨的推进效率问题。从获得高的推进效率和低的水平噪声来考虑，螺旋桨最好选择较低转速。为了简化齿轮传动装置，提高传动的可靠性，动力涡轮也应采用较低转速。动力涡轮的较低转速设计还会带来低应力和低负荷（多级设计）的好处。降低转速，在圆周速度一定的条件下，排气通流面积就要增大，余速损失可以减小。从涡轮设计点和效率的角度考虑，随着转速的增高，效率先是增加，随后开始下降，因此存在一个最佳转速。从巡航燃气轮机的工况分配来看，最大工况（全功率）使用的时间很短。如果把设计点选在 0.8 ~ 0.9 工况附近，常可以得到较好的效率。统计现有船舶燃气轮机动力涡轮可以看出：功率在 7 355 kW 以下的小功率燃气轮机，其动力涡轮转速一般不大于 10 000 r/min。功率在 7 355 kW 以上的大功率燃气轮机的动力涡轮转速一般是低于 6 000 r/min，而且功率越大，转速越低。

动力涡轮的级数通常设计成 2 级或 3 级。单级或 4 ~ 6 级的情况则是少数。动力涡轮级数选择的诸因素如下。

(1) 支承

船舶动力涡轮的轴承要能承受 40 g ~ 50 g 加速度的冲击。因此，悬臂式转子的质量不能过大,即级数不能太多,否则轴颈要加粗、切线速度增大,止推轴承要加大,滑油供油量也要增加。对于两端支承的结构则允许有较多的级数,例如 LM2500 的动力涡轮为 6 级。

(2)效率与成本

级数增加,级负荷降低,效率会有所提高,变工况性能也会变好。例如 FT4C - 3F 的动力涡轮由原来的 2 级改为 3 级,降低了级焓降,使动力涡轮效率提高到 88%,功率增长 6%,油耗降低 4%。但制造成本也相应增加了。

(3)发展

考虑到燃气轮机可能的功率挖潜,级负荷选择应当有一定的裕度,强度上应当有一定的贮备,因而,级数宁可选多些。例如斯贝 SMIA 的 2 级动力涡轮允许提高输出功率 15%。

(4)用途

如果是加速燃气轮机,则其使用时间短,效率为次要矛盾。为降低成本,减少结构复杂性,有时倾向于减少级数。

动力涡轮的进口燃气温度和压力等参数都不是独立选择的,它取决于燃气发生器的参数。对于用航空燃气轮机舰用化改装的船舶燃气轮机,与航空使用条件相比,船舶燃气轮机动力涡轮进口燃气温度总比航空燃气轮机的要低。例如 LM2500 动力涡轮进口温度只有 764.4 ℃而母型 CF6 - 6 低压涡轮巡航工况进口温度为 782.2 ℃,前者比后者低 20 ℃左右。

动力涡轮各级的焓降数值较低,级平均焓降在 83.7 kJ/kg ~ 105 kJ/kg 左右。LM2500 级平均焓降为 46 kJ/kg,奥林普斯 TM3B 级平均焓降为 199 kJ/kg,属于特例。前者为 6 级设计,后者为 1 级设计。

动力涡轮的通流形式采用等内径的居多,如 FT4、FT9、TF12。等中径的也有采用,如太因、斯贝、ME990。只有 LM2500 为等外径的通流形式。

由于船舶燃气轮机的燃气发生器采用"整体吊装"和"以换代修"的维修、使用方式,动力涡轮则由于工作温度、压力较低,通常设计成长寿命的。另外,也时常把动力涡轮设计成有一定通用性。例如奥林普斯 TM3B 和 FT4 的动力涡轮经适当改变后,分别可用于 RB211 和 FT9,以求得降低成本。所以动力涡轮的设计思想可概括为:长寿命、高效率、低负荷、通用性。其中低负荷与高效率及变工况适应性密切相关,也有助于长寿命的实现。

图 4 - 38 所示为作为加速主机使用的奥林普斯 TM3B 的动力涡轮,其为单级轴流式结构,设计时遵循的原则是:

①具有 10 000 h 以上的寿命;

②可承受强烈冲击负荷而不损坏;

③主轴承可在不需要拆卸的情况下进行检视;

④结构简单,效率高。

燃气从燃气发生器流出,经过动力涡轮进气机匣进入动力涡轮,燃气在这里膨胀做功,最后由排气蜗壳流出。下面结合图 4 - 38 介绍奥林普斯 TM3B 动力涡轮的结构。

4.5.1　动力涡轮进口机匣

动力涡轮进口机匣为不锈钢制件,它由空心支板连成一体的内、外壳体等组成。外壳体包含有一段波纹管段,其作用是保证工作受热时的热膨胀。外壳的前安装边与增压涡轮机匣出口安装边相连,外壳的后安装边与排气蜗壳相连。内壳体的后端有一安装环,用来连接和支承涡轮静子叶片内隔板。

4.5.2　动力涡轮静子和转子

1. 静子

动力涡轮静子由动力涡轮机匣和静子叶片组成。机匣为离心铸造不锈钢制件,可沿水平中分面分开,以便于安装、拆卸,并对静子叶片进行检视。机匣的前端面用螺栓固紧于钢制支承环上,此环通过锥形扇面固定在动力涡轮的重型基座上,机匣的后端用螺钉固定于连接排气蜗壳的波纹形连接组件的外壳安装边上。

56 片静子叶片由镍基合金锻造机械加工制成。叶片的外端装于机匣的"T"形槽中,内端固定于导向器叶片内隔板及进口机匣内壳体后端安装环所形成的圆周槽中。

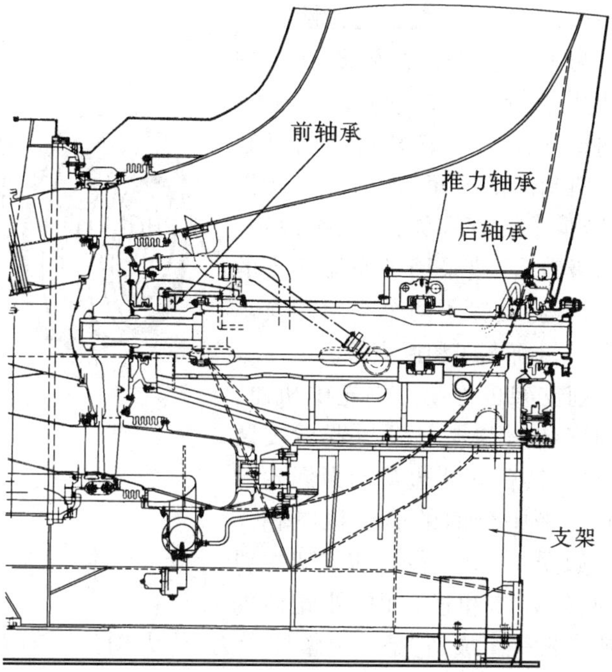

图 4－38　奥林普斯 TM3B 动力涡轮剖面图

2. 转子

动力涡轮的单级转子由工作叶片、轮盘、端轴和主轴等组成。71 片锻造工作叶片以枞树形榫头固定在轮盘上。真空冶炼、锻造的轮盘通过自动调位式联轴器装于端轴上,此联轴器可用于轮盘与端轴的定位、对中,并允许有微小的窜动。端轴用螺栓同主轴连成一体,并由两个滑动轴承支承。在主轴的推力轴承和后滑动轴承之间的轴段上,装有超速机构瓜块,当动力涡轮转速超过设计转速的 10%(即 6 250 r/min)时,离心力使瓜块起作用,触发装在轴承座上的超速安全机构,关闭高压停止阀,停止向燃气发生器供给燃油,使燃气轮机停车。

4.5.3　轴承和轴承座

动力涡轮转子轴由两个白合金滑动轴承支承,承受径向负荷和一个双向作用式的推力轴承承受由轴上凸肩传来的轴向负荷,并传至轴承座的支架。在两个滑动轴承和推力轴承上,均装有热电偶,用来测量轴承的工作温度。

轴承座是钢制件,用以安装前、后滑动轴承、推力轴承及滑油导管等,也作为附件齿轮箱的支座。轴承座的外部有加强肋,整个轴承座用 6 个螺栓固定在基座上。轴承座的盖均可折开,以便对轴承进行检视。润滑使用过的滑油经轴承座内回油槽,由一泄油管流至与主齿轮箱共用的泄油池内。奥林普斯 TM3B 的动力涡轮是大尺寸,高焓降的加速燃气轮机动力涡轮的典型结构。

图 4－39 所示为作为全工况使用的 LM2500 的动力涡轮的立体组件图。该动力涡轮原为 TF39 航空涡扇发动机带动风扇的低压涡轮。在舰有化改装时,动力涡轮进口温度显著

下降,是一种典型的低负荷设计。特点是圆周速度低,级平均焓降低。因而级数达 6 级,目的在于获得较高的效率(设计工况效率达92.5%)和良好的变工况特性。

为了适应高效率要求,在结构上使用了带冠工作叶片。静子机匣内壁采用了具有蜂窝结构可容损材料制成的衬里,加强了封严作用,减少了漏气损失,提高了效率。因为级数多,故采用了两端简支的支承结构,设置了两个专门的支承元件——前支架和后支架。

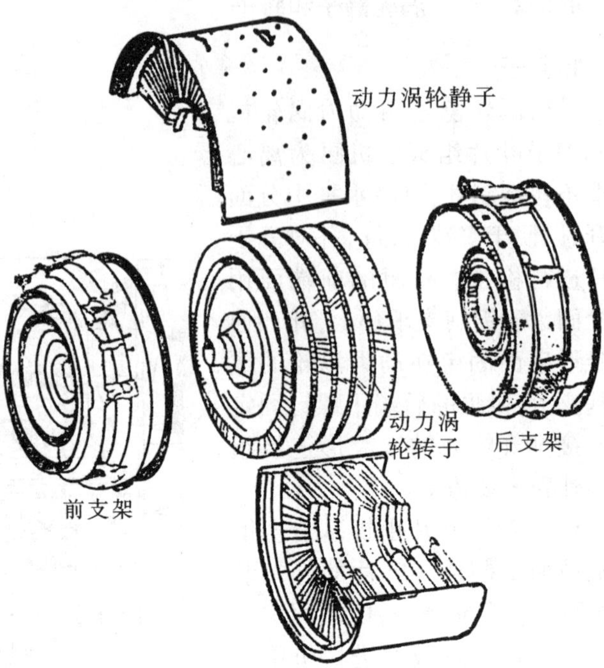

图 4－39　LM2500 动力涡轮立体组件图

前支架也称动力涡轮中机匣,其前安装边与燃气发生器后安装边连接,其后安装边与动力涡轮的具有水平中分面的静子机匣相连接。如图 4－40 所示,前支架主要由内、外壳体和连接内、外壳体的整流支板等组成,它是一个整体承力,传力构件。动力涡轮第 1 级导向器叶片环也固定其内,内壳体处安装前轴承组合件。

后支架也称动力涡轮后机匣,其前安装边与动力涡轮静子机匣相连接,其后安装边与排气蜗壳机连接。后支架也是整体承力、传力构件,如图 4－41 所示,主要由内、外壳体和连接内、外壳体的整流支板等组成。内壳体处安装后轴承组合件。

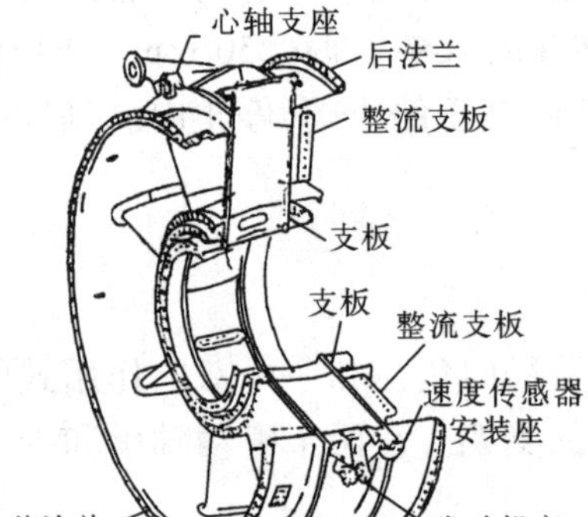

图 4－40　LM2500 动力涡轮前支架

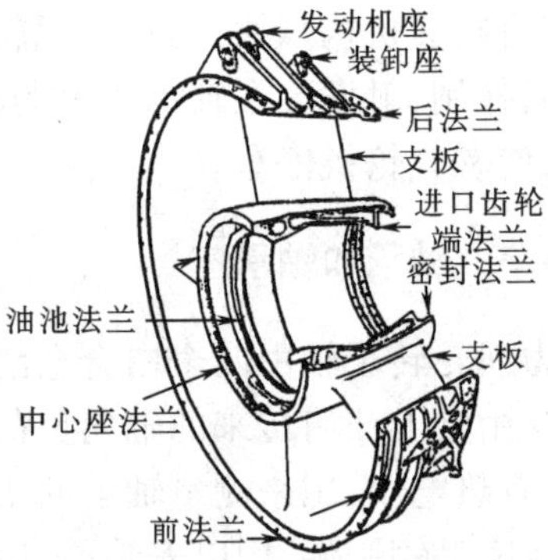

图 4－41　LM2500 动力涡轮后支架

动力涡轮静子为水平剖分式结构,如图 4－42 所示。第 2,3,4,5,6 级导向器叶片环固定在该静子机匣的环槽中。在各级静子叶片环前,机匣的内壁面处以及叶片环内壁面处嵌装蜂窝结构的可容损材料制成的密封装置,以减少动力涡轮工作叶片与机匣内壁之间的径向间隙,以及静子叶片内环壁面与转子之间的密封间隙,以提高涡轮效率。

动力涡轮转子为短螺栓连接的盘鼓混合式结构，如图 4－43 所示。锥形前鼓轴固定在第 3 级轮盘之前，锥形后鼓轴固定在第 6 级之前，使转子支点间距离大大缩短，使结构紧凑，增强了转子的抗弯刚性。这种由短螺栓连接的多级盘鼓式结构简单、质量轻、连接刚性好，装折更换元件方便，布局灵活，结构很新颖。6 级工作叶片全部为带冠叶片结构，抗振性好，效率高。6 级工作叶片由耐腐蚀材料 Rene77 制成。导向器叶片的前 3 级由 Rene77 制成，后 3 级由于工作温度较低改由 Rene41 制成。前 3 级工作叶片表面涂有防腐涂层。

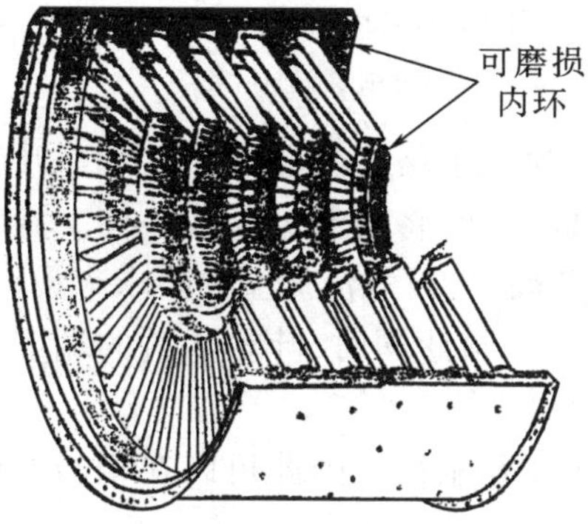

图 4－42　LM2500 动力涡轮静子

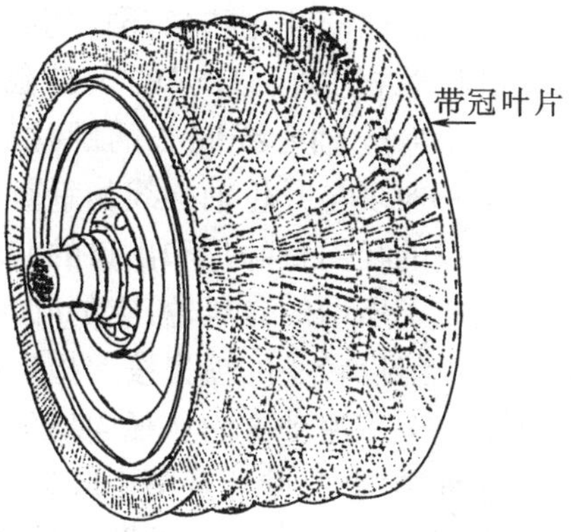

图 4－43　LM2500 动力涡轮转子

4.6　向心式涡轮简介

向心式涡轮具有结构紧凑，制造工艺简单，造价低廉，以及在流量较小的设计条件下，仍可获得较高效率等优点。因此近些年来使用越来越多。如今，不但在中、小功率燃气轮机动力装置上和柴油机的废气涡轮增压器上获得广泛的应用，并且大量地用来作为制冷装置和天然气液化装置的膨胀机。作为回收工质能量与余热的气体膨胀机，它还广泛地用于各种节能的场合。

由于在向心式涡轮中很容易利用可调的导向器叶片来进行流量调节，甚至实现机组的倒车运行工况，目前已成功地用它来作为某些中、小型船舶的主机。由于向心式涡轮具有能以大焓降、高膨胀比工作的特点，适合作燃气轮机的启动机和导弹的辅助动力装置。在超低温工程中向心式涡轮作为膨胀机也有广泛的使用价值。当今在船舶辅助动力装置中，主要作为特种应急发电燃气轮机中的涡轮，应急排水，消防系统中拖动泵的小型燃气轮机的涡轮使用。

图 4－44 所示为向心式涡轮的剖面图。燃气沿径向流入静子，而沿轴向离开转子。

燃气流在相对的长而窄的转子通流中转弯。在轴流式涡轮中，叶片的展弦比（即叶片高度与弦长之比）约在 1～8 之间，而在向心式涡轮中，转子和静子叶片的展弦比通常从 0.1～0.5。

静子进口通常采用环形通道的圆环或螺旋形通道的蜗壳，燃气沿径向有预旋地进入静子，并以 $w_a=0$ 的相对速度进入转子，转子叶片通常是直的径向叶片。在转子的出口处，叶片做成曲线形，以便燃气流转弯，并使气流出口绝对速度很小。由此可知，向心式涡轮主要由机匣、静子(喷嘴)、转子(叶轮)和排气管等组成。

向心式涡轮的静子叶片之间构成使气流膨胀的收敛形通道,静子叶片的剖面可以是翼形,也可以制成简单的平面形状;可以制成与壳体间的嵌装结构,也可以制成与壳体铸造一体化结构。

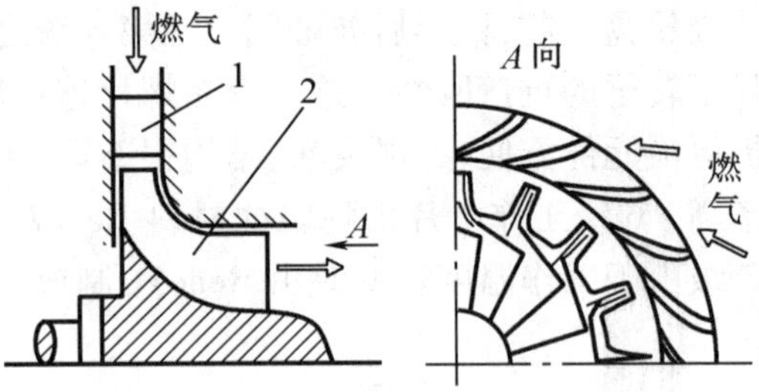

图 4-44　向心式涡轮剖面图
1—喷嘴;2—叶轮

向心式涡轮的叶轮和半开式离心压气机叶轮的形状极其相似,它的入口截面大多是一个与叶轮轴心线同心的圆柱面,其出口截面一般多与叶轮轴心线相垂直,有的也设计成为一个略向外倾的圆锥面。叶轮上的叶片由进口的径向直叶片和出口的旋转导向叶片组成,有时将两部分作成一体。旋转导向器叶片组成了所谓的导风轮,它的叶片的形状应根据叶轮出口气流流型的要求来设计,以保证轮内气流能以较小的损失按照指定的方向流出叶轮。与此同时,叶轮通道的端壁-内外轮廓面迫使气流流动方向从径向均匀、连续地转为轴向。

在这种结构中,叶片及整个叶轮都具有较好的强度和刚性。因此可以在相当高的圆周速度下工作,有的向心涡轮的圆周速高达 540 m/s 左右。

当叶轮外径较小时($D_{外} < 160$ mm),经常利用精密铸造工艺来制造叶轮。当外径较大时,由于受工艺条件和材料强度的限制,这时很难采用整体结构,此时,导风轮仍然采用精密铸造工艺方法制造,而向心涡轮的直叶片的基轮则由锻坯铣制加工出来。然后利用花键或端面齿将这两部分拼合在一起,组合成完整叶轮。

单级向心式涡轮与单级轴流式涡轮相比具有如下优点:

(1)当设计得当时,级的余速损失和叶轮中的流动损失都比较小,因此可以获得较高的效率。这一点在容积流量很小的时候,表现得更为突出。

(2)向心涡轮对于它的叶轮的气动性能要求较低,即使叶片的几何形状制造的不太准确,表面粗糙度较差,涡轮的效率也不会受到太大的影响。这使得我们在制造叶轮时有可能采用比较简单的、高效的工艺方法。此外,在运行中叶轮表面积垢也不会引起效率太大变化。

(3)向心涡轮结构非常简单,当它与离心压气机一起使用时,可以组成非常紧凑的机组结构。

(4)易于利用可调的进口可调导向器叶片来实现涡轮的流量调节和实现倒车。

其缺点是:

(1)径向尺寸大;

(2)容积流量小、焓降大的情况下,工作转速高;

(3)功率受结构因素限制,一般皆在 1 000 kW 以下,超过这个范围一般皆采用轴流式涡轮。

KG2-3 燃气轮机采用了向心涡轮和离心压气机组合,即涡轮是向心式的,其压气机为离心式的,功率为 1 618 kW。为了使转子的结构更加简单,该机将压气机和涡轮的叶轮连成背靠背的悬臂支承结构。与同功率的同轴流式压气机和轴流式涡轮的机组相比,其结构简单,尺寸小,质量轻,但效率比较低。图 4-45 所示为 KG2-3 的剖面图,它是船用发电用全径流式燃气轮机。该机组压气机的导风轮及涡轮的导风轮与叶轮是精密铸造制成的，而工作轮(压气机和涡轮)为锻造机械加工制成。为适应海洋工作条件，压气机导风轮和工作叶轮用高强度耐腐蚀高铬钢制造，涡轮导风轮和工作轮用镍基耐热合金制造，而涡轮喷嘴(导向器)则用钴基耐热合金精密铸造。转子的工作转速为 18 000 r/min，经两级齿轮减速至 3 000 r/min，带动船用发电机发电。

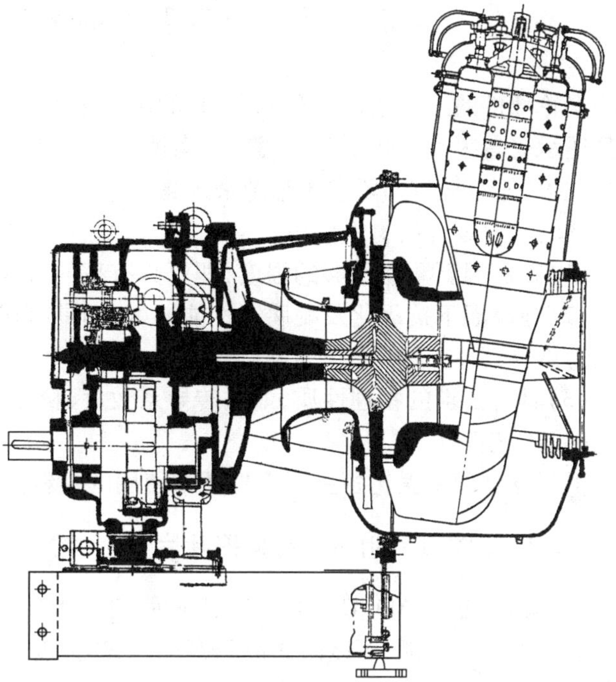

图 4－45　KG2－3 燃气轮机剖面图

图 4－46 所示为 GJ501 型柴油机增压器的结构。增压器利用柴油机排出之废燃气，由废气涡轮拖动压气机，使进入柴油机的空气压力提高，从而有效地提高柴油机的输出功率。该增压器由单级向心式涡轮和离心式压气机组成，中机壳由耐热铸铁经机械加工制成，采用水冷却。压气机壳体为铸造铝合金制件。浮动式滑动轴承采用双支点内支承型式，结构简单、紧凑又便于折装，转子质量轻。抛物线叶型的涡轮叶轮是用耐热合金 GH130 整体精密铸造制件。抛物线叶型的压气机导风轮用 AL－19 铸造铝合金铸制成，压气机叶轮由 AK－6 锻造铝合金铣制。涡轮叶轮和轴之间用热套方式连成一体。2Cr13 喷嘴环和 AL－4 铸造铝合金的压气机扩压器是铣制的。涡轮出口装有直流式扩压管，以提高涡轮效率。增压器额定转速为 37 600 r/min，空气流量为 1.706 kg/s，压比为 3.435，向心涡轮进口温度温度为 575 ℃。

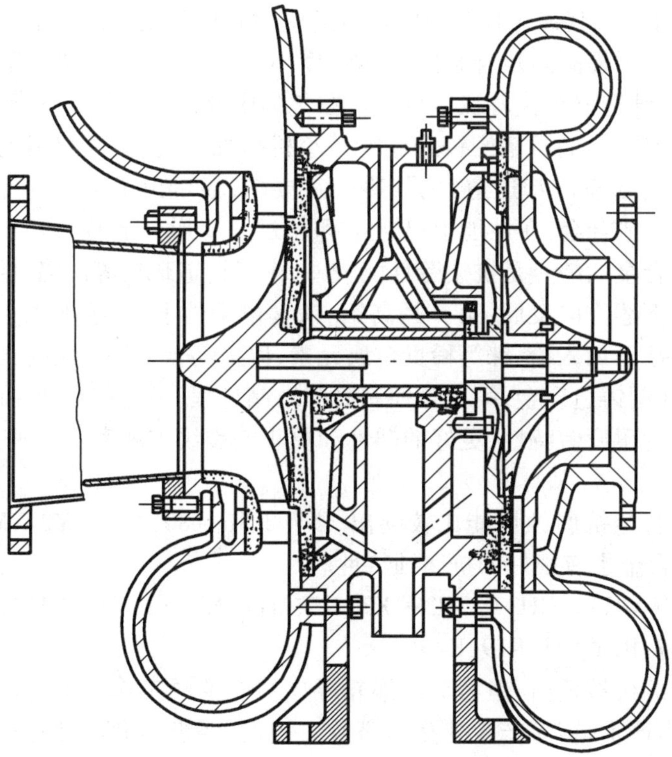

图 4－46　GJ501 型增压器剖面图

4.7　涡轮主要零件的材料及其表面防护

涡轮部件的工作条件十分恶劣，它的主要零件不仅比压气机零件承受更大的机械负荷，而且还承受着很大的热负荷及燃气的腐蚀。随着燃气初温的不断提高，虽然采用了先进的冷却技术，但对材料的要求还是越来越高。

涡轮主要零件的材料要求：

(1)在高温下要有足够的强度，即要具有高的持久强度、蠕变强度和抗疲劳强度；

(2)在高温下抗氧化及耐腐蚀性能要好，即具有优良的热稳定性，这一点对船舶燃气轮机尤为重要；

(3)具有要求的物理性质，如热传导系数大、膨胀线系数小、密度小等；

(4)工艺性好。

下面分别列举涡轮各主要零件通常使用的材料及表面防护的方法。

4.7.1　涡轮工作叶片和导向器叶片

当工作温度在 700 ℃ ~800 ℃以下时，工作叶片可用镍基高温合金 GH32、GH33 等材料。后者由于含有硼，可以防止晶间腐蚀，耐热强度和工作寿命较好。在 800 ℃ ~850 ℃下工作时，工作叶片可使用镍基高温合金 GH37。850 ℃ ~900 ℃时，工作叶片可使用镍基合金 GH49。GH37 具有高的热强度和抗疲劳强度、足够好的塑性，锻造和机械加工性能好。GH39 是我国研制的热强度最高的锻造镍基合金，具有良好的抗疲劳强度，缺口敏感性小。但由于铝、钛等元素含量达到 5% 以上，其强化程度已使合金的塑性降低到变形加工最低要求的边缘，使工艺性变差。因此，为了提高耐热合金的耐热强度，对于工作温度在 900 ℃以上的工作叶片，目前已趋向用精密铸造材料代替锻造材料。在化学成分相似的条件下，铸造合金比变形合金的工作高度约高 50 ℃，而且精密铸造还能减小机械加工量，提高材料的利用率，特别是更容易满足形状复杂(含有冷却通道)的气冷叶片要求，显示出了突出的优越性。我国研制的 K5，M17 等镍基铸造合金，在性能上已赶上和超过了变形合金 GH39，工作温度可使用到 950 ℃左右。铸造合金的缺点是抗疲劳性能较差，由于铸造疏松等缺陷，性能波动较大。铸造镍基合金正朝着下述方向发展：第一是高铝、钛含量条件下，继续加入大量的钨、钼、铌、钽等难熔金属元素，甚至加入铪、铼等稀贵金属元素，以提高合金的高温持久强度和其他性能；第二是发展耐腐蚀型铸造合金；第三是控制凝固结晶过程——所谓定向凝固技术，以提高断裂强度，获得更好的耐疲劳特性、更好的塑性和更小的裂纹扩展率，以进一步提高铸造合金的综合性能。

国外的 IN738 铸造镍基耐热合金抗腐蚀性能比较突出，IN792、Rene80、Mar－M21、Mar－M432。Udimet710 等镍基铸造合金也有很好的抗腐蚀特性。

常用的涡轮工作叶片材料有 GH33、GH37、GH39、K3、K5、M17、K9、K10、K14、IN100、Rene80、ЖC6K、B1900、ЖC6－K17、Rene125、K19、K20。

涡轮导向器叶片不承受巨大的机械负荷，但第 1 级涡轮导向器叶片的工作温度比涡轮工作叶片还要高，且受到的热冲击严重，容易产生热疲劳裂纹。因而，要求导向器叶片材料具有较好的抗热冲击性能，其他要求则与工作叶片相同。由于多采用精密铸造件，故要求材料应具有良好的铸造性能。

常用的导向器叶片材料有:K1、K2、K3、K10、K11、K12、等。用作工作叶片的精铸材料也用于导向器叶片,且可以提高工作温度 50 ℃左右。

K10 是含镍、钼的钴基耐热合金,材质坚硬不易用金属切削刀具加工。这种材料因含钴量大价格昂贵,我国用 K12 代替。

K11 是铁基耐热合金,机械性能比 K10 稍差,但含贵重金属量少,价格便宜。

K1 是镍基耐热合金,耐热强度比 K10 高,同时具有较高的抗氧化性能。

K3 也是镍基耐热合金,工作温度 850 ℃ ~1 000 ℃。

我国研制的导向器叶片材料 TL－1(K8),M17 的性能也很好。

定向凝固技术的应用被认为是涡轮叶片材料的一次变革。定向凝固叶片是使叶片上强度最大的方向与叶片受力最大的方向相一致的一种叶片。因此,它能更好地满足高温、长寿命涡轮的要求。目前已投入使用的定向凝固叶片有定向凝固的柱状晶叶片和定向凝固的单晶叶片;应用效果可观。

叶片表面的防护,早期一般用铝化物涂层形成 Al_2O_3,以阻止氧化向基体合金中扩散,提高叶片表面的抗腐蚀、抗氧化的能力。近些年来使用的热障涂层(TBC)(NiCrAl/$ZrO_2Y_2O_3$)其金属底层为镍、铬、铝钇合金,陶瓷涂层为钇稳定氧化锆陶瓷。这种涂层可使涡轮叶片壁温降低。其原因在于它的导热系数和吸收率低(如 0.4 mm 的 $ZrO_2-12Y_2O_3$ 的导热系数为2.5 W/(m·K),而镍铬合金在 800 K ~1 000 K 下的导热系数为 20 W/(m·K) ~25 W/(m·K),因而在对流换热条件下,它可以发挥热屏障作用;陶瓷涂层的吸收率也比金属低,从而又减少了热辐射。此外,陶瓷涂层能承受热冲击,而不会产生裂纹出现剥落或烧蚀。人们把热障涂层看作是一项过渡性技术。今后为适应更高燃气初温的要求,主要应着重于研究用少量空气冷却,能承受高温,质量轻的陶瓷基或碳化硅基等复合材料来制作涡轮零件。但即使应用陶瓷基结构复合材料,也有喷涂防氧化涂层的必要。

工作叶片榫头与轮盘榫槽相配合的表面,一般涂 Cu－Ni－Ir 陶瓷涂层或镍＋石墨涂层,防止零件间互相胶着,并可起到一定减振作用。

带冠叶片的叶冠摩擦面一般涂碳化钨或碳化铬陶瓷涂层,以抗磨损。

涂层一般采用电子束气相沉积法、等离子喷涂法和爆炸喷涂等工艺实施。

4.7.2　涡轮盘和涡轮轴

涡轮盘主要承受扭矩和离心负荷、热负荷和振动负荷作用。要求材料具有高的强度、良好的塑性、小的线膨胀系数、高的导热性和良好的工艺性及经济性。一般常用的涡轮盘材料有 GH33、GH34、GH36、GH132、GH135 以及国外惯用的 A－286 Incoloy901、waspdloy、Inconel718、Эu415、Эu418、Эu437 等。

近代也采用粉末冶金热等静压技术制造涡轮盘,不仅提高了强度及抗断裂性能,而且大大提高了材料的利用率(利用率可达 40% ~50%,而普通锻造利用率仅为 10% 左右),降低了零件成本。常用的材料有 AF115、Rene95、Asrroloy、IN100、Merl－76、waspaloy 等。

涡轮轴除传递扭矩、轴向力外,还承受转子自身的重力、不平衡惯性力等的作用。但工作温度不高。因此,要求涡轮轴的材料具有较高的强度和抗疲劳性能。常采用的材料有 18CrNiWA、40CrNiMoA、Ineoloy901、Inconel718 等。

为了改善材料的性能,提高材料的利用率和降低成本,也可将热等静压技术应用到轴类零件。

4.7.3 涡轮机匣和导向器内、外环

由于这类零件受高温燃气冲刷，要求这些零件的材料具有较好的耐热性、抗腐蚀性，并要求在高温下变形较小，机匣和导向器的外环多用锻压或滚轧的铁基或镍基高温合金焊接和机械加工制成。常用材料有 GH34、GH132、Incoloy901、Incone718。

上面提到的这些材料的化学成分、机械及物理性质等可从有关的材料手册中查得，此处不再列出。

思 考 题

1. 船舶燃气轮机中，涡轮有哪两种基本类型？

2. 简述涡轮部件的工作条件和设计要求。

3. 船舶燃气机中的叶片、机匣等在选材方面与航空燃气轮机中的叶片、机匣等有何差异？

4. 涡轮工作叶片与压气机工作叶片在哪些方面有区别？

5. 涡轮工作叶片的叶冠有哪些作用？

6. 涡轮转子连接的基本要求是什么？

7. 简述可拆卸涡轮转子中，盘－轴、盘－盘的连接方法。

8. 枞树形榫头有哪些优、缺点？

9. 涡轮静子结构设计有哪些主要技术要求？第 1 级导向器和其后各级导向器在设计上最主要的区别是什么？采用所谓的“挂钩”式导向器结构有何好处？

10. 涡轮部件冷却的目的是什么？简述涡轮盘和涡轮叶片的冷却方法及效果。

11. 为了减少涡轮盘对涡轮轴的传热，通常设计成盘－轴间的“热节流”结构。试绘出简图说明其工作原理。

12. 涡轮部件的冷却对象有哪些？

13. 减少涡轮叶尖间隙有哪些措施？略谈主动间隙控制技术概况。

14. 蒸汽冷却高温涡轮的开发有何意义？

15. 动力涡轮设计有何特点？以奥林普斯 TM3B 单级结构和 LM2500 的多级结构为例，对比各设计特色。

16. 向心涡轮有哪些优缺点？

17. 简述涡轮叶片表面防护涂层发展近况水平。

第 5 章

船舶燃气轮机的其他部件

船舶燃气轮机除了有上面讨论的三大部件：压气机、燃烧室和涡轮而外，为了保证船舶燃气轮机高效、可靠地工作，还应设置一些其他部件。例如为了保证燃气轮机入口进气流场的流动损失小，在压气机进口处设置进气管。为了保证燃气轮机排气顺畅，流动损失小，在结构上能方便地引出动力涡轮轴上发出的轴功率，在动力涡轮的后面应设置完成上述两个功能的排气蜗壳。又如，为了把动力涡轮发出的轴功率传给推进器——螺旋桨，应当设置齿轮减速器和轴系。又如采用复杂循环工作的船舶燃气轮机，回热器、中间冷却器、余热锅炉，甚至汽轮机、冷凝器、水泵、制冷机等也都可以看作是燃气轮机的部件。这一章里，仅就进气管、排气蜗壳、回热器、冷却器等作简要介绍。

5.1 船舶燃气轮机压气机的进气管

船舶燃气轮机的进气管是装于压气机进气管前的吸入空气并具有稳流、稳压、除水、除盐和消声作用的管道，即我们常说的船舶燃气轮机动力装置的进气滤清、清声装置。燃气轮机的空气流量大，为减少流动损失，在燃气轮机进气管道内的速度不能太高，一般为 15 m/s ~30 m/s，故进气管尺寸很大。吸入空气的状态对压气机的工作性能和可靠性影响很大，如吸入的空气含有油污，海水或尘埃，会使压气机叶片积垢，效率下降，甚至工作不稳定（喘振），引起高温下工作的零部件（燃烧室、涡轮）的高温硫化腐蚀，故必须在管道中设置各种分离器和清洗设备。此外，为防止进气管内积雪、结冰或异物脱落，使压气机发生严重故障必须设置防冰设备、应急进气门和防护网。进入压气机和空气流场不均匀会引起压气机效率下降和叶片振动，甚至造成压气机不稳定工作，故必须装有导流叶栅和稳压室。为了降低气流流动噪声，管道内设有消声器。如果燃气发生器或动力涡轮需要从进气管内装卸，还需设置吊运设备。有时燃气轮机外表面需要空气冷却，可用风扇从管道内吸取。如图 5 –1 所示为燃气轮机进气管的示意图。但必须指出，这部分管道是属于燃气轮机动力装置范围的。我们要讨论的则是燃气轮机压气机的进气管，即图 5 –1 中的 9 – 进气管。

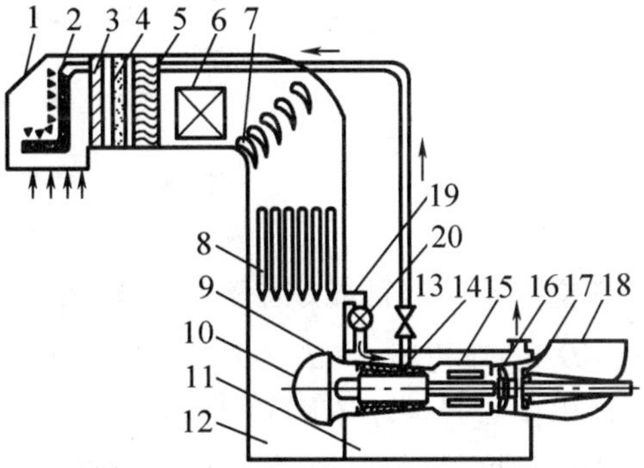

图 5 –1　燃气轮机进气管示意图

1—管道；2—防水喷射管；3—百叶窗式气水分离器；4—滤网式气水分离器；5—惯性式气水分离器；6—应急进气门；7—导流叶栅；8—消声器；9—进气管；10—防护滤网；11—罩壳；12—稳压室；13—调节阀；14—压气机；15—燃烧室；16—增压涡轮；17—动力涡轮；18—排气口；19—冷却空气引气管；20—风扇

虽然它属于压气机的一部分,(通常也不作为一个单独的部件),但它的作用是不容忽视的。即它与船舶燃气轮机动力装置的进气管密切配合,保证压气机进口流场均匀,进气流动损失小,保证压气机进口具有较小的流场畸变,使压气机在任何工况下皆具有合格的喘振格度,从而保证燃气化机稳定可靠工作。

燃气轮机压气机的进气管多采用直流式结构,但个别的也有采用蜗壳结构的。例如,570 K 燃气轮机的压气机进气管就采用了蜗壳结构,如图 5－2 所示。但绝大多数的进气管制成直流式的。第 2 章中的图 2－28 所示即为 LM2500 船舶燃气轮机压气机的直流式进气管。这种结构形式的进气管结构简单、质量轻、刚性好,流动损失小,可以保证压气机进口具有均匀的流场,特别是又便于与船舶燃气轮机动力装置的进气管配合和安排布置防冰系统和压气机通流清洗系统等。因而这种直流式结构的进气管得到了普遍的应用。由图中可见,进气管由内整流罩、外整流罩和进气机匣等组成。

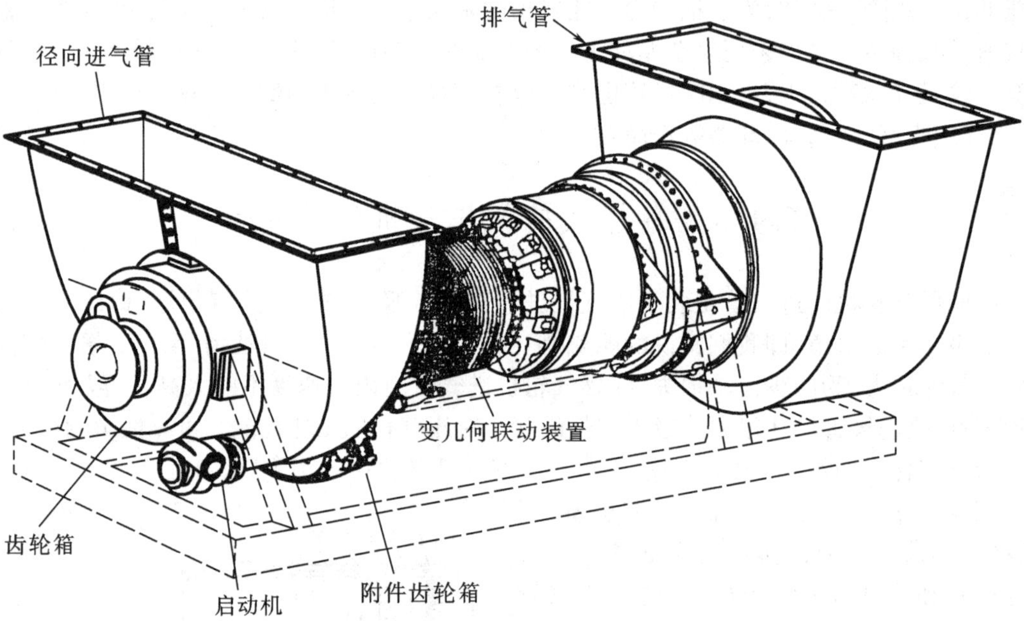

图 5－2　570K 船舶燃气轮机立体图

外整流罩一般都做成略有收敛和喇叭形,内壁型线可以从多种曲线中选取,其中以极距 $d=0.6D_0$ 的双扭线 $r=d\sqrt{\cos 2\theta}$(见图 5－3)最适宜。有时为了加工工艺上的方便,内壁型线也可以由直径大小不同的圆弧线构成,甚至可以采用单圆弧型线。当然,此时进口段流场的不均匀程度将增加,流动损失也会加大。外整流罩可以铸造机械加工或板料焊接制成,有的燃气轮机压气机的进口管还用纤维玻璃钢制成。有不少机组在外整流罩处设置压气机通流清洗系统用的喷水环腔。

内整流罩(也称中心锥体)的型线选择应满足进气管面积场均匀收敛的要求,并应工艺简单。

通常选择近似抛物线的型线。中心锥体一般由金属薄板制成,多为双层结构,以便通以热空气或热滑油,用来防冰。中心锥体一般固定在压气机进气机匣上,但也有的中心锥体是

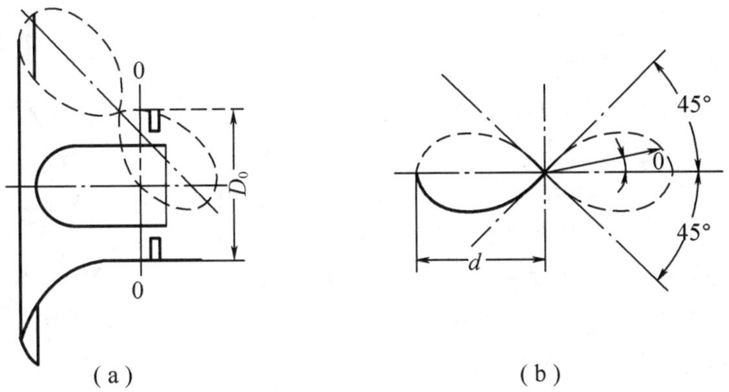

图 5-3　压气机进口管形状、尺寸
(a)进口整流罩与中心锥体;(b)双扭线型线

固定在转子前端,此时它成为了一个转动件。

压气机的进气机匣一般是铸造机械加工制件,由外壳、内壳和整流支板以及进口预旋导流叶片组成。它是一个重要承力件,内壳中心处安装压气机前轴承座和前轴承。

第 2 章的图 2-28 所示为与 LM2500 压气机进口管相连的进气机匣的结构。进口管和进气机匣共同形成压气机进口空气的通流部分。毂部和外壳之间的整流支板为收油池提供了滑油供油和回油的通路。毂部内端支承着压气机转子的前轴承和内整流罩。外壳上支承固定压气机中机匣的前端、进口预旋导向器叶片环、压气机进口温度传感器、进口总压探针以及转换齿轮箱的固定支座,在进气机匣中有回油池、密封压力和通风等空气通路。在进气机匣的底部有一个密封滑油的泄放接头,下部的整流支板中放置径向传动轴,将输入齿轮箱的功率传到固定在机匣底部的转换齿轮箱。

5.2　船舶燃气轮机的排气蜗壳(排气管)

在动力涡轮中膨胀做功后的废燃气应排至大气中。因此在船舶燃气轮机动力装置中设有专门的排气管(也称排气装置)如图 5-4 所示,其主要功能是排气、降温、消音等。燃气轮机的排气量大,为了减少流动损失,管道内的气流速度不能过高,一般不超过 40 m/s ~ 70 m/s,故排气管道尺寸很大,一般装有扩压器,以降低排气速度,使部分动能转换成静压。装设回热器以利用排气余热加热进入燃烧室前的空气,或设置废热锅炉以利用排气余热加热给水生产热水或蒸汽,有的还装有红外抑制系统(喷水、引射降温)以减少燃气的红外辐射。配置消声器以降低气流的流动噪音,由于排气温度很高(一般大于 450 ℃),为了减少对周围环境的影响,须敷设绝热材料。为补偿燃气轮机与排气管道的热胀冷缩的影响,设有膨胀接头。有时可利用排气的高速流动能量抽吸隔热罩内的空气,对燃气轮机外壁进行冷却,并降低机舱和排气温度。

作为燃气轮机的部件之一的排气蜗壳的出口是与燃气轮机动力装置的排气管相连接的,从动力涡轮排出的废燃气最终经动力装置的排气管道后排入大气。因为动力涡轮的输出轴向后伸出,所以排气不允许像航空燃气轮机那样轴向排出,只能把动力涡轮轴向排出的燃气收集起来，减速扩压，转折 90°后排至动力装置的排气道入口。完成把动力涡轮排出的燃气收集、减速扩压，并使之方向转折的装置称为排气蜗壳（也称排气管）。

对船舶燃气轮机排气蜗壳的设计要求是：

（1）应达到预期的扩压要求，气流的流动损失要小。

（2）质量轻，刚性好。动力涡轮和排气蜗壳皆为尺寸、体积很大的大构件，又是承力系统的重要组成部分。因此要强度、刚性好的同时，最好质量轻、尺寸小些，也要求蜗壳在受气体激振动作用时具有良好的抗振特性。

（3）能保证动力涡轮的正常工作。

（4）能与动力装置的排气管道密切配合。

根据气流的流动方式和结构特点，排气蜗壳可分为三种基本结构形式，如图 5－5 所示。

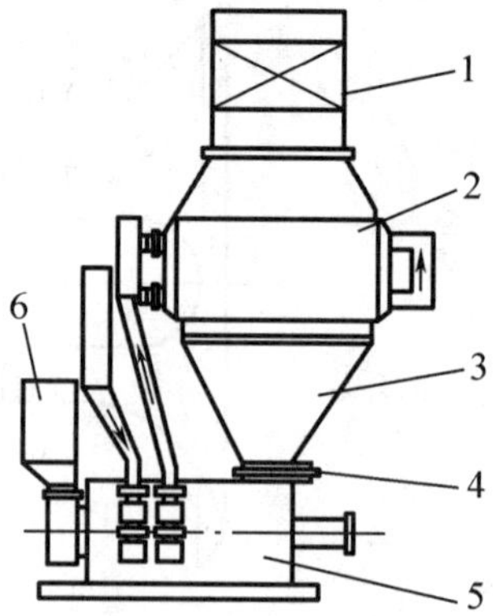

图 5－4 燃气轮机排气管道示意图

1—消音器；2—回热器；3—扩压器；4—膨胀接头；5—燃气轮机；6—进气管

5.2.1 烟斗式（衬管式）排气管（图 5－5（a））

气流主要沿轴线方向比较平缓地逐渐转向和减速扩压。由于其形状类似于烟斗，故称烟斗式排气管。这种蜗壳的特点是结构简单、宽度和高度尺寸都较小，但轴向尺寸长。

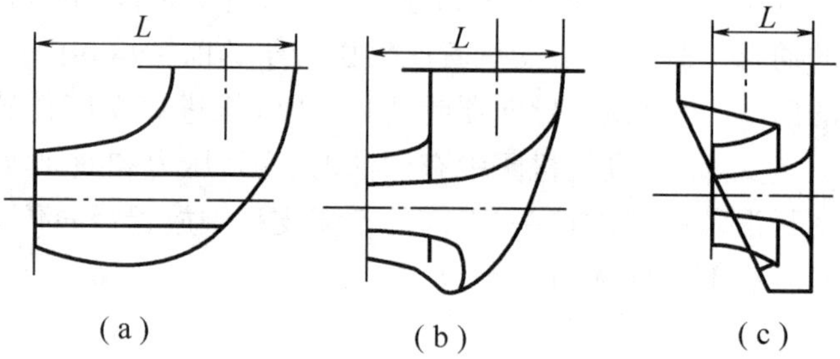

图 5－5 排气管的结构形式

（a）衬管式；（b）蜗壳式；（c）箱形蜗壳式

5.2.2 蜗壳式排气管（图 5－5（b））

气流同时沿轴向和周向逐渐转折，而气流的减速扩压作用一般只存在于进口处较短的扩压器中。这种排气管的轴向尺寸比烟斗式要小，但径向尺寸却很大，结构也比较复杂。

5.2.3 箱形蜗壳式排气管（图 5－5（c））

气流先在轴向－径向扩压器中得到充分的减速扩压，然后再在结构比较简单的箱形蜗壳中转折 90°后流出。由于这种排气管的轴向尺寸小，尽管箱形蜗壳式排气管径向尺寸与蜗壳式相差不多，但工艺性好，尤其可以较有效地缩短机舱的轴向长度，因而在现代船舶燃气轮机中得到广泛的应用。

箱形蜗壳式排气管由下列部分组成，如图 5－6 所示。

1. 环形扩压器 1

它使气流在进入蜗壳前，气流速度最大幅度地降低下来。

2. 蜗壳 2

它收集由扩压器排出的燃气，并使气流方向折转 90°。

3. 过渡段 3

它将燃气引入动力装置的排气管道。

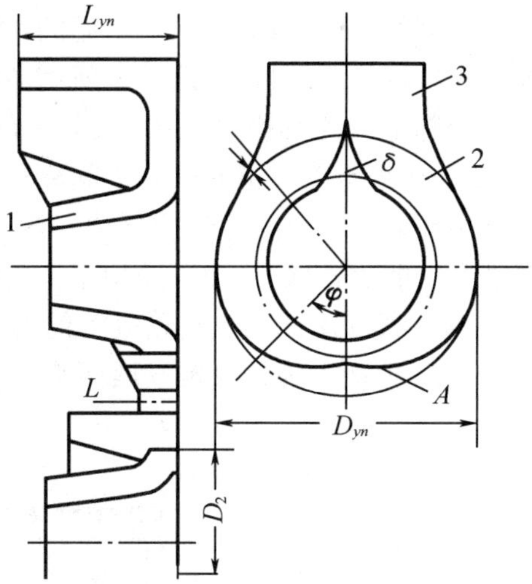

图 5－6　箱形蜗壳式排气管简图

1—环形扩压器；2—蜗壳；3—过渡段

在排气蜗壳中，燃气的流动极其复杂，同时沿周向、径向和轴向作不规则的流动。因而，在确定排气管扩压比 $n=\dfrac{A_o}{A_i}$（其中 A_i 和 A_o 分别代表排气管的进口和环形扩压器出口的面积）和扩压比的分配，以及各组成部分几何尺寸的选择和造型时，要根据具体的技术要求，尽量做得合理。在尺寸和造型完成之后，再作具体的结构设计。在结构设计中要注意蜗壳与动力涡轮以及燃气轮机动力装置排气管的连接形式和结构、动力涡轮输出轴端的引出和动力涡轮轴的支承结构、分开面的选择和装析工艺问题，结构刚性的保证及热补偿等技术问题。

第 4 章的图 4－37 所示为奥林普斯 TM3B 船舶燃气轮机的动力涡轮和排气蜗壳的结构。燃气经动力涡轮膨胀做功后引入排气蜗壳，该排气蜗壳为整体式结构，无水平分开面，是用 6 mm 钢板焊接而成，外壁上设置了加强肋，以增强蜗壳的刚性。排气蜗壳后法兰装有波纹管，以补偿因受热变形产生的偏移，并消减舰上排气装置传给动力涡轮机匣的负荷。排气蜗壳通过下半部的支承安装在动力涡轮的基座上，该支承设计成使排气蜗壳和动力涡轮同心，并允许作径向的膨胀。

5.3　燃气轮机复杂循环中使用的换热器

由燃气轮机循环理论得知，为了保持燃气轮机结构紧凑、操作简单、启动加速性能好等固有优点，燃气轮机传统的发展方向是采用高初参数（高压比，高燃气初温）的简单循环方式。例如最新研制的 MT30、MT50 船舶燃气轮机采用了高初参数简单循环，热效率分别超过了 40% 和 42%，功率分别达到了 36MW 和 50MW。由燃气轮机循环理论也知，采用回热循环，即利用排气蜗壳的排气去加热流出压气机的高压空气，使高压空气在进入燃烧室之前从排气中回收部分热量，以提高整机热效率，节省燃料消耗。实践证明回热循环不但能提高燃气轮机设计点的性能，而且有利于燃气轮机部分负荷工作时性能的改善。回热循环的实现需要增设一个回收热量的换热器－回热器。回热器是一个气－气换热器。回热器的回热度不宜过高，否则会造成回热器尺寸和质量的过分庞大，流体阻力增加，甚至功率输出下降、变工况调节响应变得相当迟缓。日本新一代船用燃气轮机（SMGT）就是近些年来出现的回热循环燃气轮机的代表，它采用了具有强化换热功能的板翅式回热器。

从循环分析中可知，简单循环中，压气机部件消耗了大量压缩功，这通常约占涡轮部件发出膨胀功的 2/3。因此,要提高燃气轮机的比功,就应当从减少压气机的压缩耗功着手。如若在压缩的中途,对业已增压增温的压缩空气进行适度冷却,则可以达到减小压缩耗功,增大燃气轮机比功的目标,这就是所谓的中间冷却循环。中间冷却循环的实现,需要设置一个空气冷却器 - 冷却空气的换热器,中间冷却器是一个液 - 气换热器,由海水或淡水作冷媒,来冷却压缩空气。把回热和中间冷却组合在一起,这样形成了中冷回热循环(ICR)。这种复杂循环兼有了中间冷却循环和回热循环的优点。现代 ICR 循环热效率可达 45% 以上,其变工况性能也较优异,油耗随功率变化曲线不再徒峭(平滑)。美英加联合开发的 WR - 21 就是新一代间冷回热燃气轮机的代表。图 5 - 7 所示为 WR - 21 原理剖面图。它是由航空燃气轮机 RB211 为核心机发展而来的。其有三个技术特点:一是在位于高、低压气机之

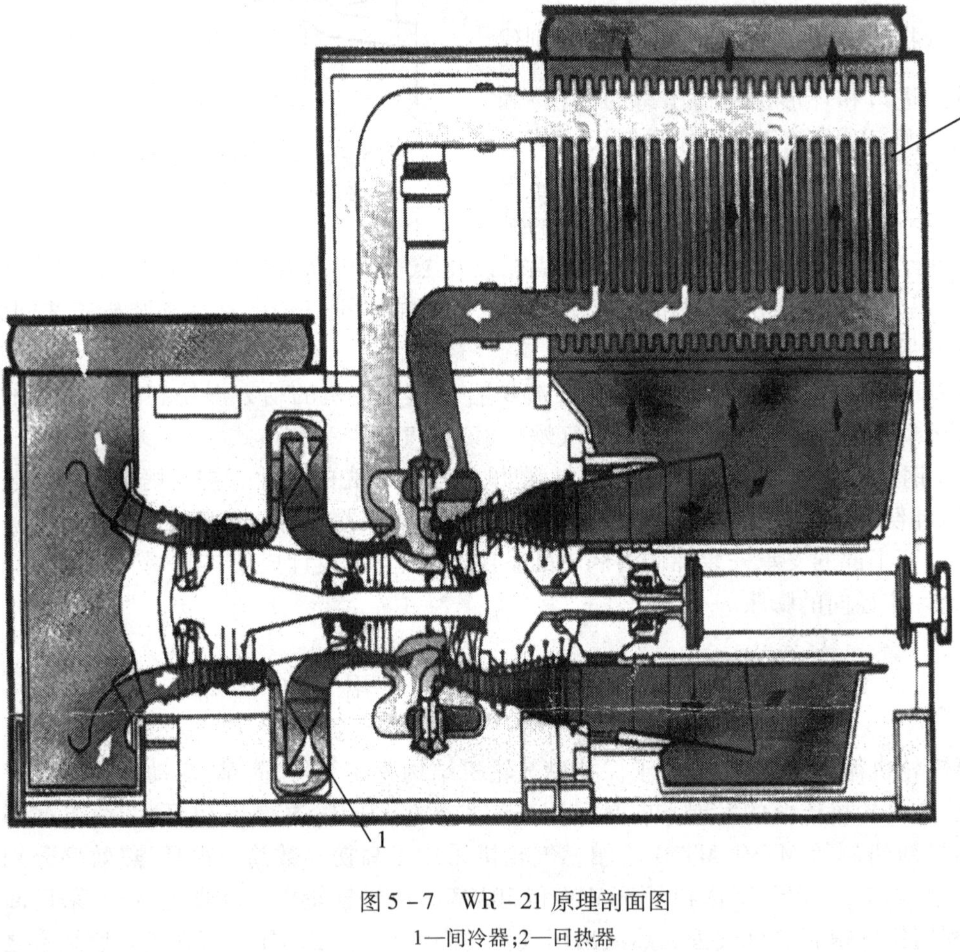

图 5 - 7　WR - 21 原理剖面图
1—间冷器;2—回热器

间加装了一个以海水为冷媒的中间空气冷却器,以冷却进入高压压气机的空气,来减少高压压气机的压气耗功,改进了高压压气机效率并增加约 25% 的输出功率;二是采用回热器回收余热提高整机效率;三是动力涡轮的第 1 级导向器采用了变几何结构,提高了整个运行范围的效率。但这种中冷回热循环需要开发设计性能优异,结构紧凑的中间冷却器和回热器。WR - 21 的问世为复杂循环燃气轮机的重新使用展示了实例。但由于燃气轮机增压比不断提高,排气温度与压气机出口温度的温差也越来越小,这样,就使得采用回热产生的收益变

得不再显著,况且回热还会带来投资增多和维护不便等问题,所以实际上是采用简单循环还是采用 ICR,哪个更好尚无定论。

从循环理论可知,将燃气轮机和汽轮机两种不同热力循环的热机联合在一起工作的动力装置(COGAS)是利用燃气轮机的高温排气(500 ℃左右)送入废热锅炉,加热给水产生蒸汽,推动汽轮机做功。燃气轮机与汽轮机共同带动螺旋桨,总功率比单独由燃气轮机时可增加 30% ~50%,使装置热效率可达 50%以上。但这种 COGAS 装置的实施需要设置汽轮机和使体积较庞大的相变换热器——废热锅炉等。

由此可知,当采用复杂循环时,燃气轮机除需要上面详细讨论过的三大部件、压气机进气管、排气蜗壳外,尚应根据需要配置上如回热器、空气中间冷却器、废热锅炉等换热器。在船舶动力装置中,历来热交换设备占有很大密度,形式很多。按传热方式不同分为表面式、混合式和回转蓄热式三种。在燃气轮机中,混合式换热器不使用。蓄热式换热器虽然结构紧凑,又可获得大的回热度(一般 0.9 ~0.92),但由于漏气和寿命问题难以满足要求,这种回转蓄热式换热器尚没见装舰实用,所以至今实用中的仍为表面式(间壁式)换热器。另外,由于增压比的不断提高,压气机出口气流温度也相应提高,为了改进对涡轮部件的冷却效果,也需要对从压气机抽出的参与涡轮冷却的这部分空气进行冷却。显然要完成这个使命需要一个空气冷却器。再则,工作后的滑油度提升,为保证滑油不致焦化变质具有良好的冷却润滑功能,必须对滑油进气冷却,这需设置滑油冷却器。时常是利用燃油作冷媒来冷却滑油,这就是常见的燃油 - 滑油热交换器。还有就是,为了改善燃油的流动特性(流动特性对燃用重油时更显得重要),尤其是改善燃油的雾化特性,往往需要对燃油适度加温,显然这时需要燃油加温器。本节对服务于燃气轮机的热交换器仅作简略的介绍。

5.3.1　管式换热器

针对燃气轮机中使用的热交换器的要求,(以回热器为代表)即回热度高、压力损失小、结构紧凑、节省材料、不漏气或少漏气,能承受相应的工作温度和压力,耐腐蚀性好,能适应热膨胀而不造成过大的热应力,使用维护方便,制造成本低廉。在回热器的设计中,应注意燃气中的灰分、杂质等会沉积堵塞、腐蚀和损坏管路,特别应注意在启动过程中,当回热器表面温度低于二氧化硫的露点时,会发生结露现象,凝结的硫酸类物质会造成回热器严重的腐蚀问题。在结构设计中还应考虑到维修、检查和元件更换的方便。在材料选取上,应选择耐腐蚀特性好的不锈钢或铜镍合金等,并应考虑到回热器各部位温度的不同,应采用耐温性能不同的材料,以降低成本。

表面式换热器种类繁多,燃气轮机上使用的有管式、板式和翅片式三种。这种表面式换热器中,换热元件为金属管或壁板。传热元件把两种进行热交换的流体隔开,使热量从壁面一侧的流体传到另一侧的流体。其优点是气密性好、导热性好、换热系数大(42 kJ/(m^2·h) ~209 kJ/(m^2·h)),缺点是体积大、结构欠紧凑,回热度为 75% ~80%,耗费的耐热材料多。

管式换热器的圆管、扁平管或其他异形管等作传热元件,管子易清洗、检查或更换。管式换热器由换热管束、管板、外壳、封头、折流板等组成。管口和管板的固定方法有焊接、胀管、套填料函等形式。外壳与管束间应保持气密又允许热膨胀。

图 5 -8 所示为早期某舰用发电机组燃气轮机的二次叉流管式回热器,其回热度 70%,它由 16 000 根有色金属管排列成换热管束。管子的尺寸为 ϕ7.94 mm ×0.51 mm ×1 220 mm 三角形排列，节距为 11.1 mm × 12.7 mm，管束胀套在端面管板上，中间另有支持管板。整个回热器分为八个扇形组，并围绕燃气轮机轴线拼装成一体，外壳由耐腐蚀钢板焊接而成。有 16 个扩压管引导压气机出口气流到回热器前端进口，然后流入 8 个燃烧室。涡轮排气扩压器引燃气至环状回热器内孔，向四周作径向运动，与管束进行换热。

5.3.2 板式换热器

板式换热器是近几十年内得到快速发展和应用的一种高效、紧凑的热交换器，它由一系列相互平行，具有波纹表面的薄金属板相叠而成。主要由传热板片、密封垫圈、压紧装置及其他一些如轴、接管等组成。各传热板片按一定的顺序相叠，即形成板片间的流道。冷、热流体在板片两侧各自流道内流动，通过传热板片进行热交换。

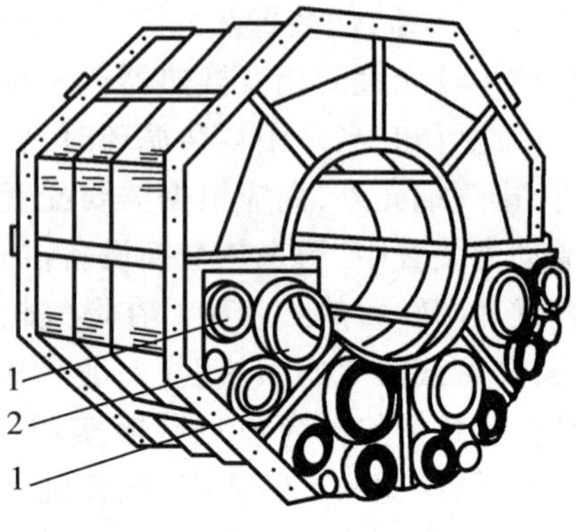

图 5－8 管式回热器立体图
1—空气进口；2—空气出口

板式换热器制造容易，结构紧凑，体积、质量约小于管式换热器 1/2 ～ 1/3，其当量直径约为 3 mm ～ 6 mm，回热度高，价格较便宜。其缺点是刚性差，热应力问题多，清洗困难，容易漏气，对密封件要求高。高压下工作的板式换热器需要设计专门的承力件，并需要板片具有一定的刚性，图 5－9 示出了早期使用的某板式回热器的简图。空气道由皱板焊接后叠成，通道当量直径 7.94 mm，总管用波纹管补偿热膨胀。板翅式换热器的出现替代了板式换热器的使用。

5.3.3 板翅式换热器

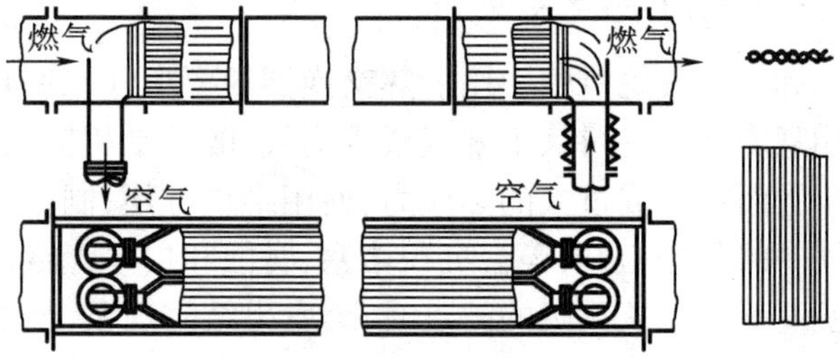

图 5－9 板式回热器

板翅式换热器是一种新型高效、结构轻巧紧凑的换热器。板翅换热器的板束单元如图 5－10 所示，包括翅片、隔板及封条三个元件。它是在平的金属板（称为隔板）上放一波纹状的金属翅片，然后再在其上放一金属板，加上两边的封条密封面就构成了一个基本单元，这个单元就是某种流体的一个通道，将这样的单元以不同的方式叠置起来，加以钎焊就成为了板翅热器的板束。冷、热流体在相邻的板束中流动，通过翅片以及与翅片连成一体的隔板进行热交换。图 5－11 所示为常用的逆流、错流板束。在板束两端配置适当的流体出、入口封头，即可组成板翅式热交换器。

板翅式换热器的特点如下：

（1）传热效率高。由于翅片的特殊结构，使流体在通道中形成强烈的湍动，使传热边界层不断被破坏，从而降低了热阻，提高了传热效率。

（2）结构紧凑。单位体积的传热面积，通常比管式换热器大 5 倍以上，最大可达几十倍。

（3）轻巧而牢固。由于翅片很薄，通常为 0.2 mm ～ 0.3 mm，而结构很紧凑，体积小。

（4）适应性宽。在同一设备中可允许有 2 ～ 9 种介质同时换热，且可以用于气－气、气－液和液－液之间的热交换，也可用于冷凝和蒸发。

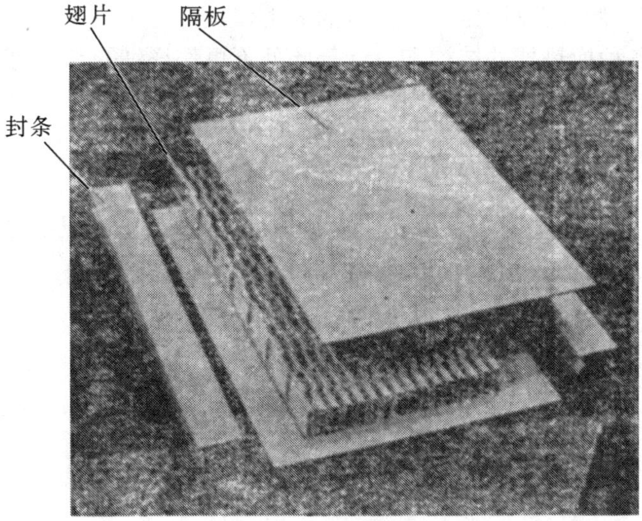

图 5-10　板翅单元

1—隔板;2—翅片;3—封条

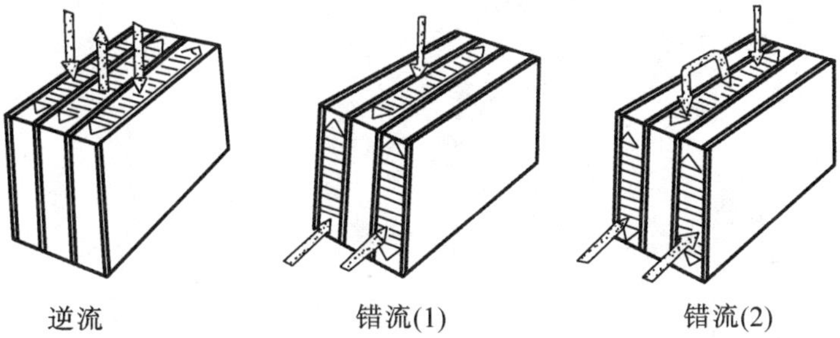

图 5-11　不同流型的板束通道

逆流;错流(1);错流(2)

(5)经济性好。

(6)因流道狭小,因而易于堵塞。结垢后的清洗困难。

5.3.4　中间冷却器和滑油冷却器

中间冷却器是用水(或海水)冷却空气的换热器,水的放热系数约为空气的 20 倍,因而,用水作冷媒可以获得较好的换热效果。通常中间冷却器多采用叉流换热流型,因为水流的压力损失对燃气轮机性能的影响很小,水在管内以 0.5 m/s ~3 m/s 的速度流动,流量由阀门控制,水温控制以不沸腾和少生垢为限,一般被冷却后的空气温度比大气温度高 5 ℃ ~15 ℃ 或比水温高 10 ℃ ~20 ℃。水管的温度和水温接近,水管的材料应能耐水中杂质的腐蚀,通常用有色金属制造。用海水冷却时,宜用铝黄铜;脏水冷却时,可用铜镍合金。通常用在管的外侧加翅片,以增强与气体的换热。

滑油冷却器在燃气轮机中应用最多的是用燃油作冷媒体,其好处是除了使滑油冷却外,还可使燃油得到预热。这种换热器设计的技术关键是防止压力较高的燃油漏入滑油系统中去,采取的措施是使燃油的设计压力小于滑油的工作压力。

废热锅炉,及各种换热器的结构和设计等此处不再作详细介绍。可参阅有关文献资料。

思　考　题

1. 对船舶燃气轮机排气蜗壳设计要求有哪些?有哪几种结构形式?
2. 以 WR－21 为例,简述 ICR 工作过程和特点。

第 6 章

船舶燃气轮机的总体结构

在讨论了船舶燃气轮机各主要部件(压气机、燃烧室、涡轮及其他部件)的结构设计问题之后,本章将讨论船舶燃气轮机总体结构设计方面的问题,这包括燃气轮的受力分析、转子的支承结构、转子的连接结构、转子的支承方案、静子承力系统、间冷-回热燃气轮机结构特点、燃气轮机在船舶上的固定及燃气轮机箱装体、单元体和视情维护等问题。

6.1 船舶燃气轮机的受力分析

燃气轮机承力系统负荷(力和力矩)的大小和方向不仅影响承力系统的结构形式,而且是燃气轮机零件设计时强度校验的依据。因此,在研究讨论燃气轮机总体结构设计问题之前,应首先分析、了解、掌握作用在零件和承力系统上的负荷大小和方向。

燃气轮机工作时,按作用在各零件部件上的负荷性质,负荷可分为三类。

(1)气体力

气体在燃气轮机内流动时,在各截面处有不同的压力和流速。与气流接触的零件、组合件表面将有气体力和气体力矩的作用。

(2)惯性力

由转子零件高速旋转时产生的惯性力,当船舶急转弯、直线加速或应急减速时,燃气轮机零件、组合件上产生的惯性力和惯性力矩作用。

(3)热应力

由于受热不均,或材料不同(线膨胀系数不同)受热膨胀时,受附加约束而产生热应力。

上述这些负荷,有的在零件或组合件内部自身平衡而不外传,如叶片在同转子一块旋转时产生的离心惯性力在转子内部平衡;轮盘内的热应力在盘内平衡。这种作用力是研究叶片、轮盘等强度和刚性问题时所关心的。但有的作用力还要传到相邻的零部件上去,如转子上的轴向力会通过止推轴承传到机匣上去。这种力(或力矩)我们称为外传力(或外传力矩),本节主要讨论零件上外传的气体力和力矩。

6.1.1 气体力及其计算

下面以进气管和涡轮转子为例,介绍零件、部件上气体力的分析和计算。

1. 作用在进气管上气体轴向力的计算

如图6-1(a)所示,进气管进口截面(0-0)处气流的压力为 P_0,轴向速度为 C_0,出口截面(Ⅰ-Ⅰ)处气流的压力为 P_1,轴向速度为 C_1。

根据动量原理知,作用在这一段气流上的合力等于这段气流进、出口动量变化。设通道壁加给气流的作用力为 P',并且令 P'的方向与气流方向相同为正向,则

$$P' - P_1F_1 + P_0F_0 = \frac{G}{g}(C_1 - C_0) \quad (6-1)$$

式中　F_0 及 F_1——进气管进出口截面积；

G——气体的流量；

g——重力加速度。

由上式可得

$$P' = \frac{G}{g}(C_1 - C_0) + P_1F_1 - P_0F_0 \quad (6-2)$$

根据力学上的作用与反作用原理，这段气流必定给气流通道壁面的反作用力 P；其大小与 P' 相等，但方向相反，即 $P = -P'$。

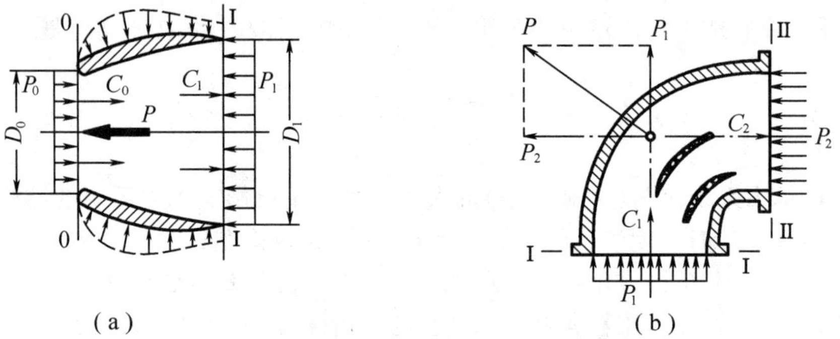

图 6-1　管道上气体力计算简图

(a) 直管；(b) 弯管

$$P = \frac{G}{g}(C_0 - C_1) - P_1F_1 + P_0F_0 \quad (6-3)$$

式中，P 为进气管（直管）所受的气体力。

(6-3)式表明，作用在进气管（直管）上的气体力等于该管进、出口截面气体力的代数和。

同样的分析方法可知，作用于弯管（例如离心压气机的出气弯管）上的总气体力应为进、出口截面上气体力的向量和，总气体力的方向指向弯管的离心力方向，如图 6-1(b) 所示。

对于图 6-1(a) 所示的进气管，如考虑作用在外壁上的大气压力产生的轴向力 P_{0a} 时，整个进气管上的气体力 $P_{进}$ 应为

$$P_{进} = P - P_{0a}$$

若大气压力为 P_a，则作用在升壁面上的轴向力 P_{0a} 为

$$P_{0a} = P_a \frac{\pi}{4}(D_1^2 - D_0^2)$$

2. 涡轮转子上的气体轴向力计算

作用在涡轮转子上的气体力不仅包括作用在叶片上的气体力，而且也包括作用在轮盘前、后两侧各部分气体压力气产生的气体力。为此，应按具体的涡轮转子结构将转子前、后两侧分为若干部分，分别求各部分上的气体力，而后就能求得总的气体力。

图6-2所示为某单级涡轮转子的简图。盘前密封篦齿以上部分气体的压力为 P_a，盘前密封篦齿以下部分的气体压力为 P_b，盘后气体压力为 P_c。按此涡轮结构可分为四部分计算气体轴向力。设气体轴向力的方向仍与气流方向相同为正。

(1)叶片上的气体力 P_1

如已知Ⅰ-Ⅰ截面及Ⅱ-Ⅱ截面的气体参数及几何参数，根据动量原理、反作用原理，可求得

$$P_1 = \frac{G_T}{g}(C_{1a} - C_{2a}) - P_2F_2 + P_1F_1 \qquad (6-6)$$

式中，C_{1a}、C_{2a}、P_1、P_2 和 F_1、F_2 分别为涡轮进、出口截面(Ⅰ-Ⅰ、Ⅱ-Ⅱ)处气流的轴向分速、静压和截面积，G_T 为燃气的流量。

(2)盘前密封篦齿以上部分的气体力 P_2

$$P_2 = \frac{\pi}{4}(D_2^2 - D_3^2)P_a \qquad (6-7)$$

(3)盘前密封篦齿以下部分的气体力 P_3

$$P_3 = \frac{\pi}{4}D_3^2P_b \qquad (6-8)$$

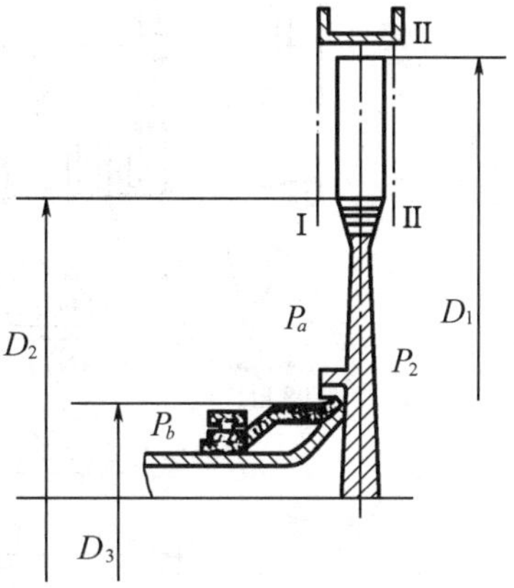

图6-2　涡轮转子上气体轴向力计算简图

(4)盘后端面上的气体力 P_4

$$P_4 = \frac{\pi}{4}D_2^2P_c \qquad (6-9)$$

因此，单级涡轮转子总的轴向力 $P_{涡轮}$ 为

$$P_{涡轮} = P_1 + P_2 + P_3 + P_4 \qquad (6-10)$$

3. 燃气发生器各部件上的轴向力分布及转子轴向力的减小(卸荷)

根据上面介绍的分析和计算方法，可以计算出作用于燃气发生器各部件上的气体轴向力数值的大小和方向。作用在各部件上气体轴向力的代数和，即为燃气发生器上的轴向力。

图6-3示出了某机组燃气发生器上气体轴向力的分布情况。由此可见，在燃气轮机上，作用在压气机和涡轮转子上的轴向力数值都是很大的。该机组压气机转子上承受510 kN轴向力，增压涡轮转子承受226.5 kN轴向力。如果这两个转子都单独通过自己的止推轴承来承受轴向负荷，那么将使止推轴承难以承受。因为，一般单排滚珠止推轴承仅能承受8.9 kN~17.8 kN左右的轴向力。如若承受如此巨大的轴向力，就需要来用多排滚珠止推轴承，使机组结构复杂化，质量增加，尤其是难以保证每个单排滚珠止推轴承均匀受力，实际上多排轴承的结构很少来用。

为了减少该机组转子上作用在止推轴承上的轴向力，采用了如下技术措施：

(1)将从压气机未级经篦齿进入B腔的空气与大气相通，保证使该腔的气体压力降至$(1.27 \sim 1.57) \times 10^{-2}$ Pa，由此使压气机转子的轴向力由510 kN降至284 kN。

(2)从压气机第5级引气到A腔。使压气机的轴向力从284 kN降至249 kN。

(3)由于增压涡轮转子所受的气体轴向力与压气机转子所受的轴向力方面相反，把两个转子通过了联轴器连接起来，则可以抵消大部分轴向力，这时转子上的外传轴向力变为249-226.5=22.5 kN。

上述实例说明了压气机涡轮转子所受轴向力情况。尤其阐明了燃气轮机转子卸荷技术措施的必要性以及采用这种卸荷措施的技术效果。

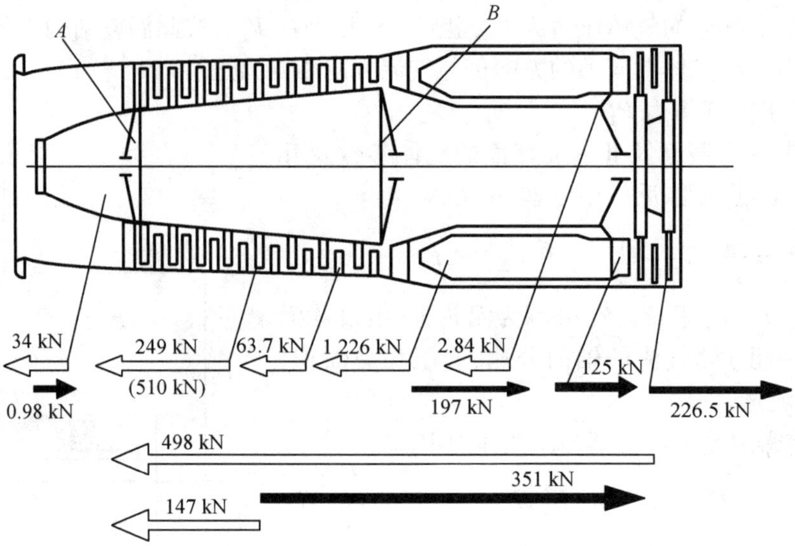

图 6－3　某燃气发生器上的气体轴向力

一般来说，皆以燃气轮机最大工况作为轴向力计算的依据。燃气轮机在其他工况运行时，既不允许轴向力太大，也不允许轴向力太小，以防止滚动体（滚珠）在轴承内、外环间产生滑移造成滑蹭损伤。也不希望轴向力改变方向，以防止止推轴承遭受冲击负荷作用。如果计算时发现轴向力超过了轴承允许的负荷范围，则应当调节压气机转子前后卸荷腔的气体压力，或调整卸荷腔的受压面积，以使整个转子的轴向力低于止推轴承允许承受的负荷。

4. 动力涡轮转子上的轴向力

图 6－4 所示为某机组动力涡轮简图，由于没有压气机转子与动力涡轮转子相连，因此，要靠调整动力涡轮卸荷腔压力的办法来减小动力涡轮转子上的轴向力。

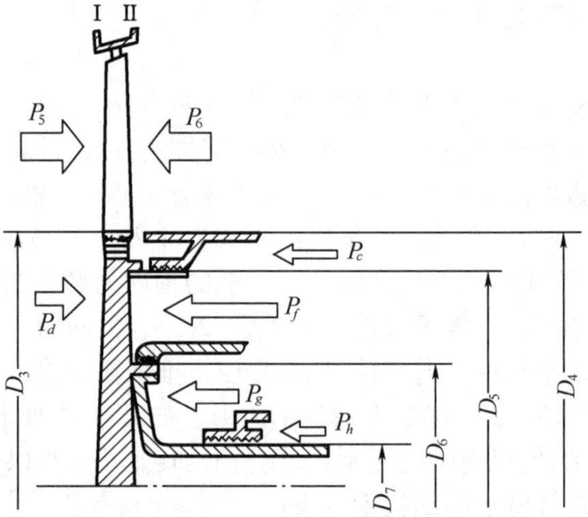

图 6－4　作用于某动力涡轮转子上的轴向力

动力涡轮转子上的轴向力的分析、计算方法与上面介绍的基本相同。由于动力涡轮属低压系统，容积流量大，因而叶片较长（有的大于 300 mm）。用中径处的静压求定作用在叶片上的轴向力会造成较大误差，因此最好分段同用各段处的平均压力求叶片上的轴向力。轮盘前、后压力在不同半径处有较大的差别，通常也可分几段来计算。现将该转子受力计算结果列于表 6－1。

盘后 f 段上的气体压力是可以调节的。此段腔室内由压气机引来的高压空气，其压力为 1.67×10^5 Pa，由于采用了这种在后盘面上引入压气机空气产生向前附加轴向力的卸荷措施，使得动力涡轮转子所承受的轴向力减少至 4.6 kN，低于了止推轴承允许承受的负荷，保证了轴承的可靠工作和使用寿命。

表 6 – 1　动力涡轮转子受力计算结果

轴向力作用处	轴向力/kN
叶片	+37.3
盘前 P_d	+72.6
盘后 e 段 P_e	–19.3
盘后 f 段 P_f	–71.5
盘后 g 段 P_g	–11.8
盘后 g 段 P_h	–2.32

6.1.2　气体力作用于部件的扭矩

气流在燃气轮机通流部分流动时，并不是始终沿轴线流动的。例如，气流在流过压气机导向器叶片或涡轮导向器叶片时，其方向沿周向发生了变化，因而，实际上产生了气流的动量矩的变化。这说明气流在流动时，导向器叶片对气流有力矩的作用。图 6 – 5 所示为涡轮导向器叶栅中气体的流动。根据动量矩原理，可知作用于气流的力矩。

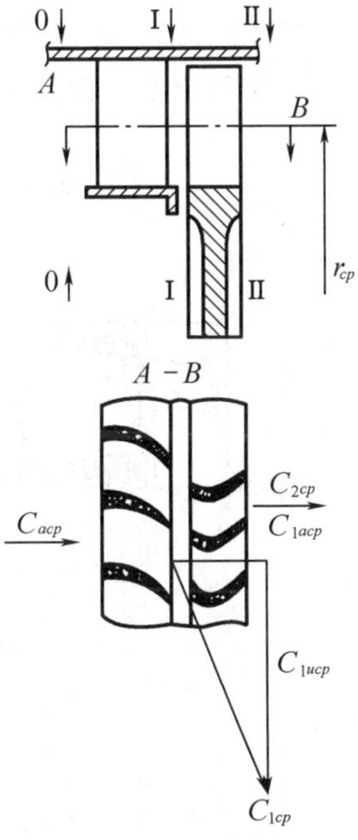

图 6 – 5　涡轮导向器上气体力矩计算简图

$$M'_1 = G_T(C_{1u}\gamma_1 - C_{0u}\gamma_0)$$

式中，C_{1u}、C_{0u}、γ_1、γ_0 为 Ⅰ – Ⅰ，0 – 0 截面周向分速的平均值和平均半径；G_T 为燃气流量。

由于轴向进气，$C_{0u}=0$ 因此，

$$M'_1 = G_T C_{1u}\cdot\gamma_1$$

根据作用与反作用原理，气流对导向器叶片的扭矩为 $M_{涡导} = -M'_1$，即

$$M_{涡导} = -G_T C_{1u}\cdot\gamma_1 \qquad (6-11)$$

同样道理，在涡轮转子叶片上作用于气流的扭矩为

$$M'_2 = G_T(C_{2u}\gamma_2 - C_{1u}\gamma_1)$$

由于出口截面（Ⅱ – Ⅱ）处的气流方向一般设计接近于轴向，可近似地认为 $C_{2u}=V_0$，则

$$M'_2 = -G_T C_{1u}\cdot\gamma_1$$

根据作用与反作用原理，气流加给转子叶片的扭矩 $M_{涡转} = -M'_2$，即

$$M_{涡转} = G_T C_{1u}\cdot\gamma_1 \qquad (6-12)$$

比较（6 – 11）式和（6 – 12）式可得

$$M_{涡转} = -M_{涡导} \qquad (6-13)$$

由（6 – 13）式可知，涡轮导向器叶片与涡轮转子叶片所承受的扭矩大小相等，方向相反。

按上述原理，可以分析作用在轴流式压气机上的扭矩。压气机进口气流可认为是轴向进入的。经各级转子叶片和导向器叶片时，气流方向来回转折，直到压气机出口又变成了轴向或接近轴向方向，即从整台压气机看，进口气流 $C_{1u}=0$，出口气流 $C_{2u}=0$。因此，压气机内气流的动量矩无变化，也就是说，作用于压气机的总扭矩为零。这说明作用于压气机各级导向器叶片的扭矩总和等于作用于压气机各级转子叶片扭矩的总和，但方向相反，即

$$M_{压转}=M_{压导} \tag{6-14}$$

在船舶燃气轮机中，增压涡轮带动压气机转子，如果略去机械损失和传动附件的功率消耗，在稳定工况下，增压涡轮转子发出的扭矩等于压气机转子的反扭矩，即

$$M_{压转}=-M_{涡转} \tag{6-15}$$

比较(6－13)式、(6－14)式、(6－15)式，可得

$$M_{压导}=-M_{涡导} \tag{6-16}$$

从(6－16)式可看出，涡轮机匣的扭矩经燃烧室机匣转至压气机机匣与压气机机匣扭矩相平衡。也就是说，燃气发生器上所承受的总扭矩为零。即燃气发生器中的压气机机匣和涡轮机匣上的扭矩都不传到船体上。

但是，动力涡轮机匣所受到的扭矩没有类似压气机机匣那种反扭矩作用，因此该扭矩将通过动力涡轮机匣传到动力涡轮支承环和机座而传到船体上，而动力涡轮转子发出的扭矩则通过减速器，轴系等传到螺旋浆，使其转化为推动船舶航行的推动力。

作用在船舶燃气轮机主要部件上的扭矩，以某舰用燃气轮机为例，如图 6－6 所示。

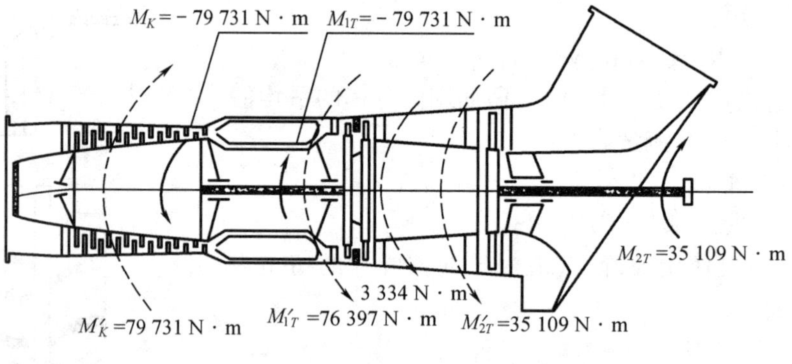

图 6－6　某舰用燃气轮机主要部件上的扭矩

6.2　转子的支承结构

转子上的径向和轴向负荷是通过轴承及其支承构件传递到燃气轮机机匣中的。在船舶燃气轮机燃气发生器中，一般仅使用滚动轴承，而在动力涡轮中滚动轴承和滑动轴承均有应用。

在燃气发生器中只使用滚动轴承的原因，是因为与滑动轴承相比，滚动轴承的摩擦系数很小，在高转速下工作具有可靠的工作特性，轴向尺寸短，尤其是冷却、润滑所需要的滑油量较少。尽管它有径向尺寸和质量较大的缺点，但是在动力涡轮中，使用滑动轴承的主要原因是滑动轴承的承载能力强，工作寿命长，减振和抗冲击性能好。

按轴承的功能可分为径向支持轴承和轴向止推轴承两类。在滚动轴承中，滚棒和滚针

轴承仅能承受径向力，故称为径向支持轴承；而滚珠轴承（珠轴承）则能同时承受径向力和轴向力的作用，故称为径向止推轴承。在滑动轴承中，径向轴承只能承受径向力，推力轴承只承受轴向力。前者为支持轴承，后者为止推轴承。

6.2.1　燃气轮机所用的滚动轴承

由于滚动轴承高速旋转时，在摩擦表面产生了大量的摩擦热，同时，燃气轮机工作时高温部件也向轴承传热，从而使轴承的温度上升。当温度超过一定数值时，轴承材料开始软化，将导致轴承的承载能力大大下降，甚至难以保证燃气轮机的正常工作。因此，需要滑油系统供给大量的滑油，对轴承进行冷却降温，滑油对摩擦表面进行润滑。润滑是为了防止轴承工作表面生锈和发生干摩擦磨损。对于船舶燃气轮机中的滚动轴承（属于高速轴承），滑油系统的最主要任务是供给轴承以足够数量的滑油，带走摩擦表面产生的热量，即起冷却作用。当然润滑也不容忽视。应当注意，滑油的使用引起摩擦系数的增加，过量的滑油供给对减少摩擦是不利的，尤其把整个轴承浸泡在滑油中将产生很大的机械能损失，而且，滑油被搅拌而产生的气体泡沫会使冷却、散热情况恶化。轴承的允许工作温度取决于轴承的材料和滑油的理化特性。由 GCr15 制成的轴承，进行稳定回火处理后，一般可在 200 ℃左右可靠工作；用 GCr15SiMn 制作的轴承，工作温度可达 230 ℃，如工作温度超过 300 ℃，则需要采用耐热硬度较高的钼钢、高速工具钢和钨钒钼钢制作，并使用耐高温抗焦化的合成滑油。

船舶燃气轮机中使用的滚动轴承与航空燃气轮机中使用的滚动轴承类似，属高精度、高速轻载系列的单排滚珠和滚棒轴承，这类轴承都采用使滚珠及滚棒沿圆周均匀分布的青铜或硬铝合金保持架，这样可以消除滚动体之间的摩擦。此外，采用保持架还可以减小滚珠及滚棒的尺寸。

现有使用中的外径 90 mm ~ 120 mm 的滚珠轴承，在 8 000 r/min ~ 12 000 r/min 的转速下，可承受 7.85 kN ~ 9.8 kN 的轴向力，在轴向力较大的情况下，也可以使用双排滚珠轴承。

近些年来，出现了在滚珠轴承后侧再添装一个滚棒轴承，形成一个在支点处采用并列的滚珠、滚棒轴承的结构。这种结构的主要作用如下。

（1）保持转子叶尖与机匣的间隙均匀，提高压气机效率，因为滚珠轴承工作时，可起到万向接头的作用，即转子作自转外还稍有回转运动，在回转过程中，叶尖间隙会出现周向不均匀现象，增加一个滚棒轴承后，可限制这种回转运动。

（2）分担滚珠轴承的负荷，使轴承的寿命和可靠性提高。一般转子止推轴承的工作条件比径向轴承的要恶劣，因为除承受径向力外，同时还要承受轴向力，因而寿命较短，易出故障。在滚珠轴承侧加装一个滚棒轴承分担原轴承的负荷，即让滚珠轴承承受轴向力，滚棒轴承承受径向力，改善了原轴承的工作条件，但在采用这种珠 – 棒并列结构时，在设计中一定要保证滚珠轴承仅承受轴向力，即一定要保证负荷的分担。为此，在有的结构设计中，将滚珠轴承外环外径处与轴承座间留有较大的间隙，不让轴承与轴承座相接触，这样，径向负荷即不会由它承受和传递。有的设计，把滚珠轴承支承于弹性支座中，滚棒轴承支承于刚性支座内这样就能很好地保证滚珠轴承仅承受轴向力作用。

船舶燃气轮机使用的滚动轴承如图 6 – 7 所示，它由轴承内环、外环、滚动体（滚珠或滚棒）和保持架组成。因为是高速轴承，其保持架皆经机械加工制成整体结构。通常保持架以其外圆表面定心在轴承外环内表面上。其好处在于：由于保持架与轴承内环之间有较大间隙，轴承的润滑较好；保持架定心表面的润滑也较好；定心表面的单位压力较小；定心表面的相对速度较小;较冷的外环能较好地传出保持架的热量。

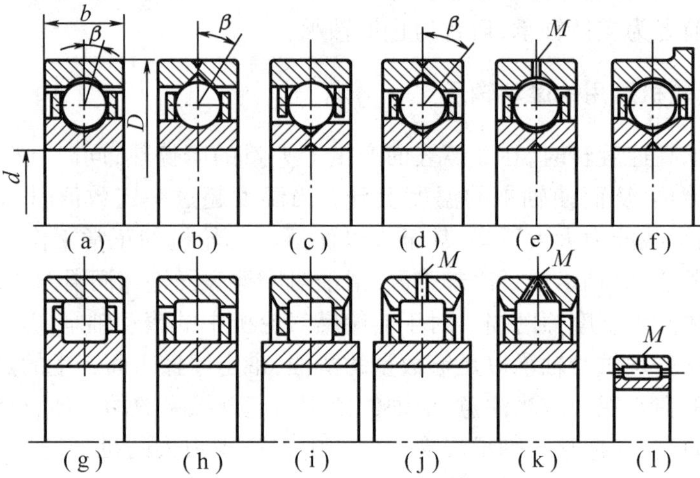

图 6 - 7　燃气轮机用滚动轴承

对于滚棒轴承有时为了减少滚棒处的直径,以降低圆周速度,或在保持滚棒圆周速度不变的条件下,尽可能增大轴的直径,以提高轴的强度和刚性,这时可以取消轴承内环,用轴颈表面充当轴承的内跑道。例如,斯贝低压压气机前轴承就是采用了这种无内环的轴承结构。

单列两点接触式滚珠轴承如图 6 - 7(a)所示,用作径向止推轴承,这种轴承的滚道半径略大于滚珠的半径。在轴向力的作用下轴承中形成的接触角 β 决定轴承的允许载荷。图 6 - 7(b)是外环剖分式轴承,图 6 - 7(c)是内环剖分式轴承。剖分式轴承的滚珠数量多,内环(或外环)滚道深,接触角 β 增大,因此,可以承受大的径向载荷,尤其是可以承受大的轴向载荷。这种轴承称为三点接触式轴承,即指每个滚珠与内环、外环滚道具有三个接触点。图 6 - 7(d)是外环剖分式深滚道轴承,其内环滚道由两个半径组成的特殊型面滚道,这种轴承可以在不增大轴向游隙的情况下增大接触角 β。在这种轴承中,每个滚珠与内、外环有四个点接触,因此,称为四点接触式轴承。这种轴承可承受更大的径向和轴向载荷。为了便于装配,四点接触式轴承有一个环体(内环或外环)可做成剖分形式:外环剖分(图 6 - 7(d))或内环剖分(图 6 - 7(e))。采用剖分式结构的内环或外环就可以使用强度更好的整体保持架。但是,在滚珠滚动的同时,由于滚珠与滚道各相切处的速度不同,滚珠产生滑动,从而增大摩擦并产生热量。为了消除摩擦热,就需要加大滑油供油量,图 6 - 7(f)是外环带有凸边的止推轴承。该凸边用来与机匣间的固定,凸边夹在机匣及其安装边之间。

图 6 - 7(g)、(h)、(i)、(j)、(k)所示为滚棒轴承,它们之间的区别在于引导滚棒的挡边是在内环上如图 6 - 7(g)所示,还是在外环上如图 6 - 7(h)所示,当轴与机匣间有较大的轴向温度位移时,所用轴承的内环宽度大于其外环宽度如图 6 - 7(i)(k)所示。图 6 - 7(e)、(j)、(k)表示的轴承,滑油是经过 M 处直接供到轴承滚道上这种供油方式,滑油的利用最充分。而图 6 - 7 中的其他各轴承则是通过滑油喷嘴喷射供给滑油。这种供油方式得到普遍的采用,即利用喷嘴环或简单喷嘴将 $(2.45 \sim 3.92) \times 10^5$ Pa 的滑油喷至轴承内环工作面处,在离心力作用下,滚动体再将滑油带到外环工作面处。

滚针轴承如图 6 - 7(l)所示,其径向尺寸和质量比滚珠轴承小得多,但是,它的承载能力及高速性能却受到限制，当转速增大时，滚针轴承的承载能力 C（允许载荷）降低。因此，滚针轴承常用在小载荷及低速下，例如附件传动装置等处。

滚动轴承中的摩擦损失可通过当量（对轴径）摩擦系数估算。当量摩擦系数与下列因素有关：轴承的结构和尺寸、滚动表面的加工质量、材料的弹性、轴承上的载荷情况及其各滚动体（滚珠、滚棒）之间的分布特性、转速、工作温度、滑油流量及滑油性能（黏度、油膜强度等）。

低黏度的薄油膜条件下，滚动轴承中的摩擦系数最小。为了防止在干摩擦时工作表面腐蚀和磨损，特别是为了散走摩擦热，滚动轴承必须冷却和润滑。

增大滚珠或滚棒的直径可以减少摩擦系数，但这会增大轴承的尺寸和质量，增加滚珠或滚棒的数量要增大摩擦系数。

滚珠轴承的摩擦系数通常为 $(0.2 \sim 0.4) \times 10^{-2}$。在低温条件下启动燃气轮机时，由于滑油黏度增大，该系数可能增大到 0.8×10^{-2}。

由于滚棒轴承两端面上存在摩擦，滚棒轴承中的摩擦系数比滚珠轴承要大，通常为 $(0.3 \sim 0.67) \times 10^{-2}$。

滚针轴承中的摩擦系数更大，通常为 $(0.8 \sim 2) \times 10^{-2}$，这是由于滚针的滑动及期间相互摩擦的缘故。在轴承的非载荷区，滚针不是滚动，而是滑动。另外，由于滚针的相对长度长，在载荷区由于滚针偏斜，使已经在滚动的滚针也产生滑动。

研究表明，用于燃气轮机转子支承的滑油供给量极大的涡轮滚棒轴承，其功率损失不仅是由于摩擦损失形成，轴承沟槽内的滚动体搅拌滑油产生的流体动力损失占功率消耗更大的比率。因而，涡轮滚棒轴承的功率损失不应当用工程上通用的滚动轴承的计算方法，即不应用当量摩擦系数来计算。因为这种方法不能全面反映这类轴承所出现的情况，应当考虑流体动力的损失。

轴承的工作寿命用试验方法确定，它取决于：作用于轴承上力的大小，方向及特性、转速、所用滑油的种类，尤其取决于轴承各元件的温度。

轴承的温度受下列因素影响：连接零件的热传导、载荷、转速、供油量、供油条件及滑油在轴承中的循环、轴承元件的构造。由于离心力的作用，内环滚道处不能充分充油和冷却润滑。为了使滑油供到内环滚道处，滑油喷嘴应当把滑油喷到保持架与内环之间的间隙处。

6.2.2　燃气轮机滚动轴承轴承座的结构

1. 压气机前支点滚棒轴承的轴承座结构

如图 6－8(a)所示为压气机前支点滚棒轴承的轴承座典型结构。滚棒轴承的外环由卡环固定在轴承套杯（轴承座）内，外环与套杯间有一定间隙。轴承的内环套装在压气机前轴的轴颈处，内环内表面与轴颈间留有一定间隙，用压紧螺帽将内环固定在前轴的轴肩上，并用锁片锁紧。为了防止滑油吸入压气机通流部分，在轴承右侧设置了可靠的滑油密封装置。

2. 压气机后支点滚珠轴承的轴承座结构

如图 6－8(b)所示的为压气机后支点滚珠轴承的轴承座典型结构。滚珠轴承内环固定在压气机后轴上，轴承外环用卡环固定在轴承套杯（轴承座）内。轴承内环套装在压气机后轴轴颈上，并由压紧螺帽压紧在轴肩上，并由锁片锁紧。滑油通过专门设置的喷油嘴对轴承进行冷却、润滑、沉积在轴承下方收油池内的滑油，经回油泵抽吸到滑油箱。为防止滑油渗入压气机后腔（避免滑油消耗量增大和污染压气机通流部分），在轴承前端设置了甩油盘，使外流的大部分滑油经甩油盘甩向斜后方,并落回到吸油池中。在甩油盘前设有篦齿封油装置。由此知,压气机后支点结构设计主要应解决轴承在轴承座和转子轴上的安装固定、滑油供给和回油以及滑油的密封问题。

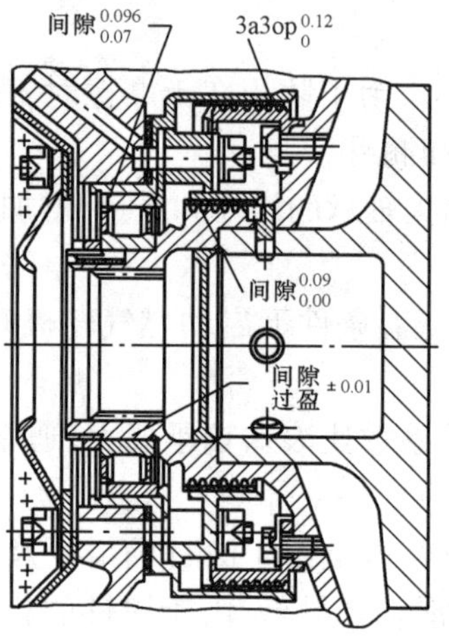

(a)

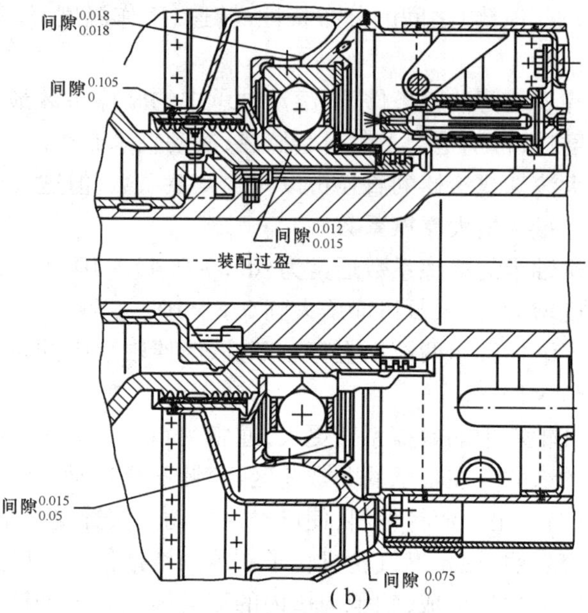

(b)

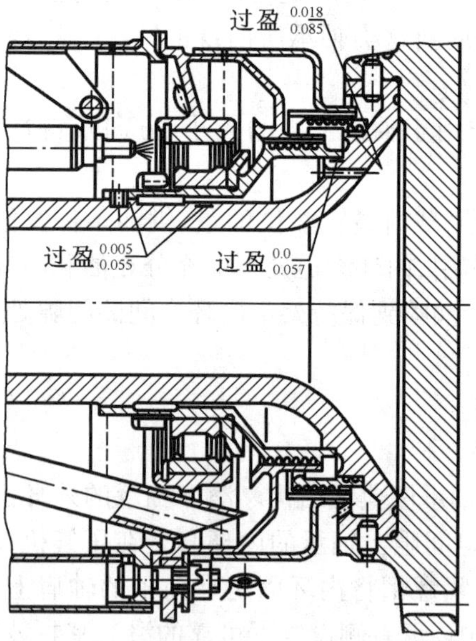

(c)

图 6 – 8　燃气轮机转子的支承

(a)前支点;(b)中支点;(c)涡轮前支点

3. 涡轮前支点滚棒轴承的轴承座结构

涡轮前支点滚棒轴承及轴承座的主要矛盾是受加热的影响较大,除了选择轴承材料时应注意以外,在结构设计上必须采取隔热措施,防止高温零件向轴承大量传热以避免轴承工作恶化。早期的涡轮前支承是在轴承和涡轮之间安装可通气隔热冷却的衬套,如图 6 – 9 所示,以减少高温的涡轮盘和轴向轴承的传热。近代更采用热节流措施,以保证涡轮前支点具有更好的环境条件。第 4 章中的图 4 – 7 即为盘轴连接的热节流结构,其设计思想主要是减少盘对轴的传热热量。图 6 – 10 所示为现代涡轮前支点热节流结构的典型结构。在涡轮盘 10 伸出的长而薄的一段颈部上开有 32 个通冷却空气的大孔 19,长而薄的颈和上面开出的引气大孔减少了涡轮盘向轴和轴承的传热。由于不再采用通气隔热冷却衬套,可以有效地减少轴承的直径,降低轴承的切线速度,有利于在高温区工作轴承寿命的提高。此外,在轴承座的外部还加装了隔热罩 8,以减少高温零件向轴承的热辐射。为了加强冷却及润滑效果,利用两个滑油喷嘴 14、16 从两个方向喷射滑油。

在高温区域工作的轴承密封装置,一方面用来减少滑油消耗量;另一方面应防止热燃

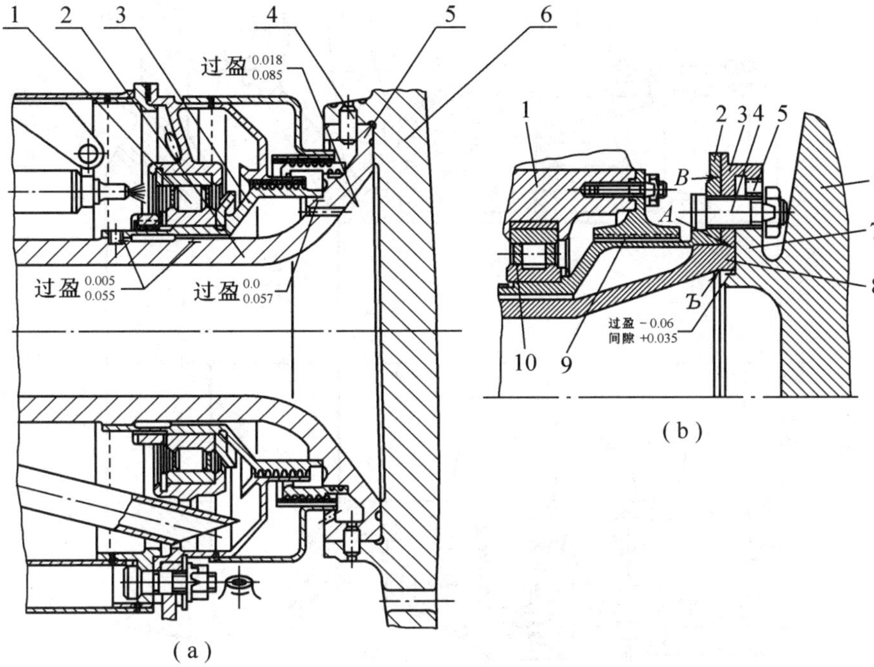

图6-9　早期涡轮前支点隔热冷却结构

1—轴承;2—涡轮轴;3—衬套;4—螺栓;5—轴的安装边;6—套齿;7—轮盘;8—盘的安装边;9—滑动密封装置;10—滚子轴承;*A*、Ъ、*B*—表面

气、热空气进入滑油系统,以防止滑油被加温。该机涡轮前支承的滑油密封采用了石墨封严环端面封严机械。石墨环6的端面在弹簧11的作用下,轴向压紧封严挡环3,达到了密封的目的。工作时,石墨环6的端面与封严挡环产生相对滑动。为了润滑和冷却摩擦表面,利用专门的喷嘴13喷射滑油。由于石墨具有良好的高温稳定性、导热性及润滑性,所以这种装置能在高温、高速、高压差下可靠工作,且利用金属涨圈7紧抵在石墨环的内表面实施了辅助封严。

该支点为只承受径向载荷的滚棒轴承,在装配时,内环、外环分开装配,轴承内环固定在涡轮轴上,外环和滚棒用螺帽2固定在轴承座1上。装配时,将涡轮轴从后面向前插入,然后安装石墨封严装置。

图6-8(c)所示为中、早期涡轮前支点滚棒轴承及其轴承座的典型结构。轴承是固定在隔热衬套,有两道封严装置,具有甩油盘和防辐射罩体。

上面介绍和讨论了船舶燃气轮机燃气发生器滚动轴承的典型应用形式和结构特点。各种轴承皆通过轴承套杯(轴承座)用螺栓或特型螺母等刚性固定在静子机匣上,这是一种最普遍,最基本的支承形式。有时为了减少转子上不平衡力的外传,使转子运转得更加平稳,并使转子在启动过程中平稳地通过一阶和二阶临界转速,又时常采用弹性支承和油膜减振结构。

4. 具有弹性支座的滚动轴承的支承结构

弹性支座或称弹性支承是近些年来较普遍应用的,目的在于控制转子临界转速,增大转

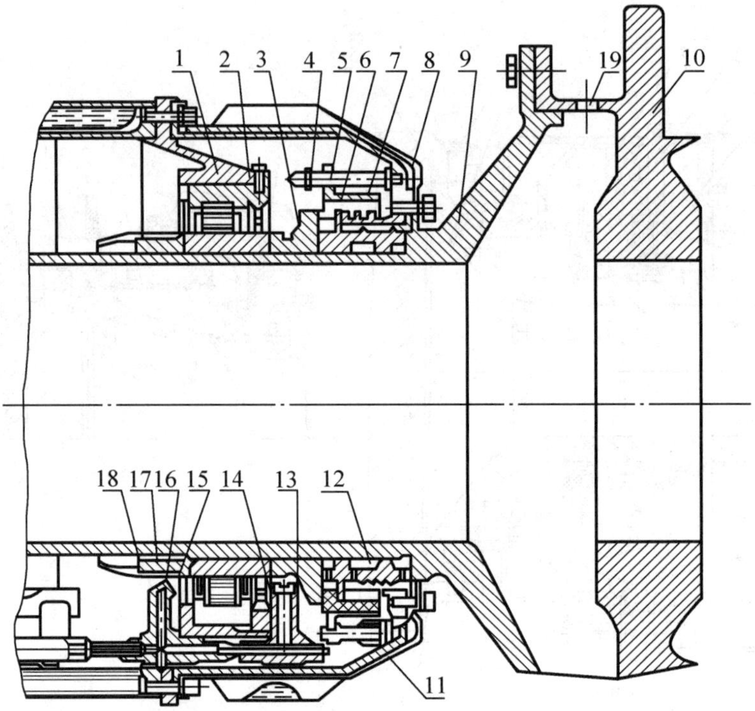

图 6 - 10　某机组涡轮前支点支承结构

1—轴承座；2—螺帽；3—封严挡环；4—石墨座导杆；5—具有内锥面的石墨座；6—石墨环；7—涨圈；8—隔热罩；9—涡轮轴；10—涡轮盘；11—弹簧；12—涨圈座；13—喷嘴；14—喷嘴；15—螺帽；16—喷嘴；17—锁片；18—卡圈；19—冷却空气通道

子的振动阻尼的结构。因为滚动轴承油膜很薄，对转子振动的阻尼很小，配置上弹性支座后，可使轴子运行的平稳性显著改善。图 6 - 11 所示为斯贝低压温涡轮轴弹性支座的结构。

这是一种具有拉杆式弹性支座的滚棒轴承结构，轴承外环 8 坐落在弹性支座 13 中，轴承上的径向负荷经由轴承外环、弹性支座和拉杆传到轴承的座 6 上，限动环 7 限制弹性支座的径向位移量不超过规定值，即当弹性支座径向位移超值时，轴承上的径向负荷经限动环处传至轴承座，弹性支座不起作用。轴承内环 18 开有径向孔，可使滑油沿轴向喷向保持架和滚棒之间，使轴承得到很好冷却、润滑。

图 6 - 12 所示为斯贝低压涡轮轴弹性支座元件结构。它由轴承座 1、弹性拉杆 2 及安装 3 组成，30 根直径为 $\phi 2.6$ mm，长度为 46.6 mm 的弹性拉杆是由 S/SJZ 材料机械加工而成，富有弹性，拉杆的前后端分别钎焊在前安装边和轴承座上，构成拉杆式弹性支座。

限动环与弹性支座的中间支承外缘间形成的限动间隙（0.178 mm ~ 0.203 mm）。该转子的两个临界转速分别是 3 000 r/min 和 6 800 r/min。

除了上述介绍的拉杆式弹性支座，还有鼠笼式结构的弹性支座结构。例如斯贝高压涡轮前支点即是，此处从略，就不作讨论了。

5. 具有油膜减振的滚动轴承支承结构

在有外部阻尼存在情况下，转子通过临界转速时，其挠度为一有限值。但实际情况是空气的阻尼系数值很小，机械阻尼效果也不大。因此促进设计工作者考虑另加阻尼器，其中挤

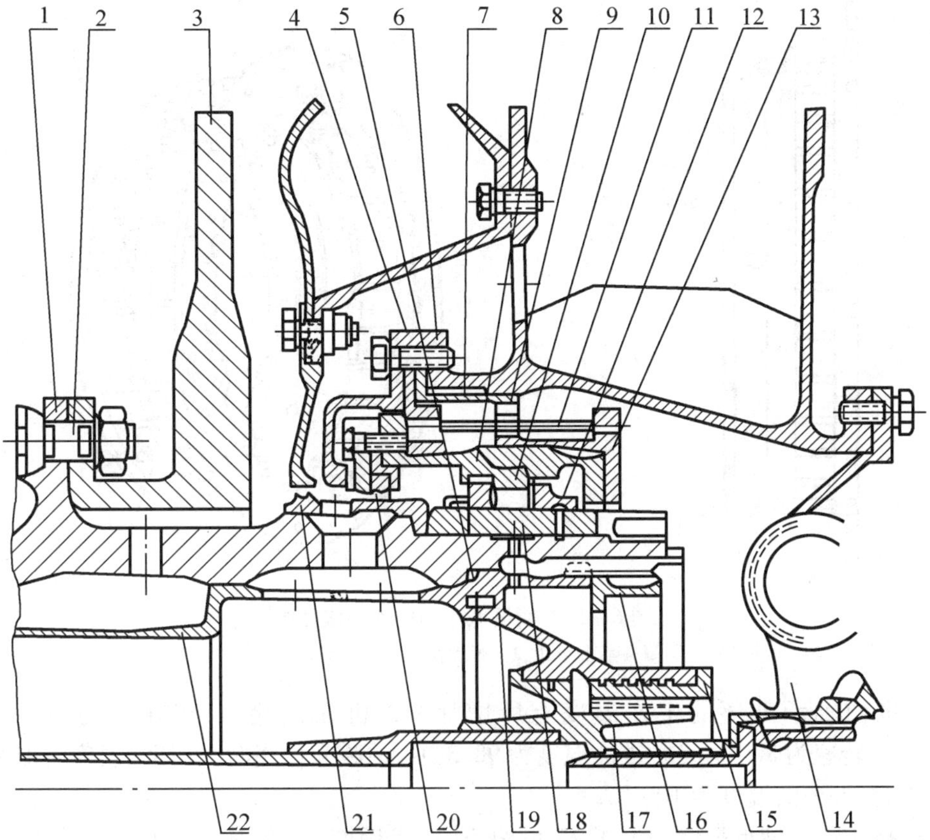

图6－11　斯贝低压涡轮轴弹性支座结构

1—低压涡轮轴；2—锥形螺栓；3—低压2级涡轮盘；4—弹性支座；5—固定销；6—轴承支承座；7—限动环；8—轴承外环；9—间隙0.178～0.203 mm；10—滚棒；11—细圆杆；12—保持架；13—弹性支座；14—钟形曲杆；15—驱动器；16—螺母；17—中心滑油管；18—轴承内环；19—驱动器座；20—封严圈；21—封严套；22—空气导管

压油膜阻尼器的应用，取得了良好效果。油膜阻尼器可以有效地吸收转子的振动能量，使外传振动大大减少，从而得到了广泛的应用。

图6－13所示为某燃气轮机低压压气机前支点滚棒轴承油膜减振支承结构。

由于压气机前、后支点跨距在3 500 mm以上，中间经7个机匣，因为转子两支点的同心度受机匣加工精度和装配精度的影响，不易得到保证。为了保证低压转子的可靠工作，在转子前、后支点采用了油膜减振轴承。从图中可见，压力油从轴承座6通入轴承外环2与套筒5之间的环形空腔4中，形成了挤压油膜。为了防止滑油从油膜（环腔）两端大量外泄，两端设置封严环3封油。由于环腔4中注满了压力滑油，轴承外环不再与轴承座呈刚性接触，而是浮动于套筒的油膜上。当转子受到不平衡力的作用时，轴承外环产生径向位移挤压油膜。由于油膜为弹性介质形成，能阻尼位移，吸收不平衡振动能量，从而使转子外传到机匣的振动负荷大为减少。

根据某航空发动机的专门测试。在它的1号和6号支点采用油膜减振轴承后，发动机在各工况下的外传振幅均显著降低。由于滑油吸收了轴承外环的振动能量，使滑油的温度

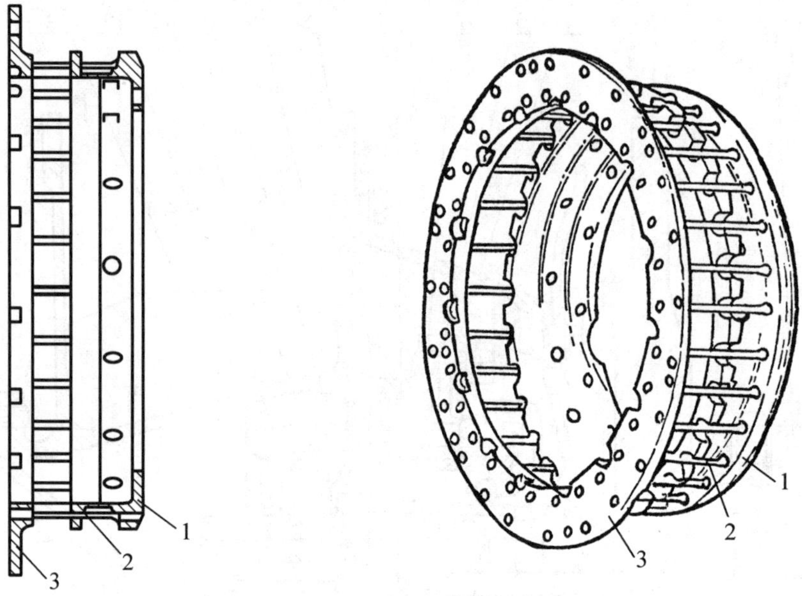

图 6－12　斯贝低压涡轮弹性座体图

1—后安装边；2—弹性拉杆；3—前安装边

提高了，也使轴承外环的工作温度有所增加。该机在试验中，当转子的不平衡量为 490 g · cm，转速为 800 r/min，进油温度为 98.3 ℃，油膜起作用时，外环的温度为 104.4 ℃；不起作用时，外环的温度为 100 ℃。

这种挤压油膜轴承虽然问世于 20 世纪 50 年代后期，60 年代有些应用，但是真正得以推广使用还是在 80 年代发展的燃气轮机上。有的甚至把挤压油膜和弹性支座技术组合起来，以求得到更佳的减振效果，如图 6－14 所示。顺便提及，把普通的刚性支承改装成弹性支座和挤压油膜阻尼减振支座在技术上并不困难。因此有些机组纷纷进行了相应的改装。

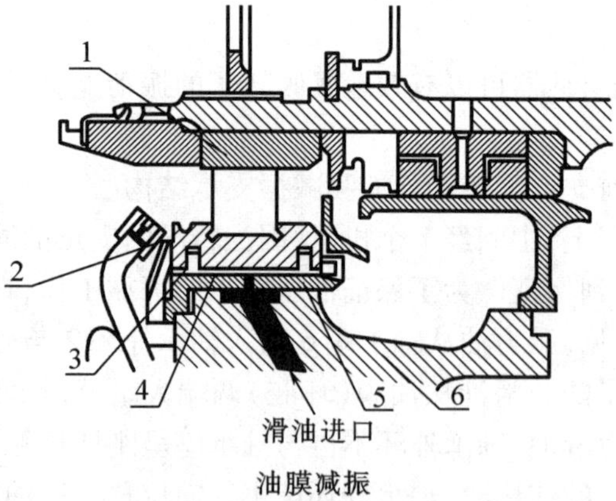

图 6－13　某燃机低压转子前支点滚棒轴承油膜减振结构

1—轴承内环；2—轴承外环；3—封严环；4—环形空腔；5—套筒；6—轴承座

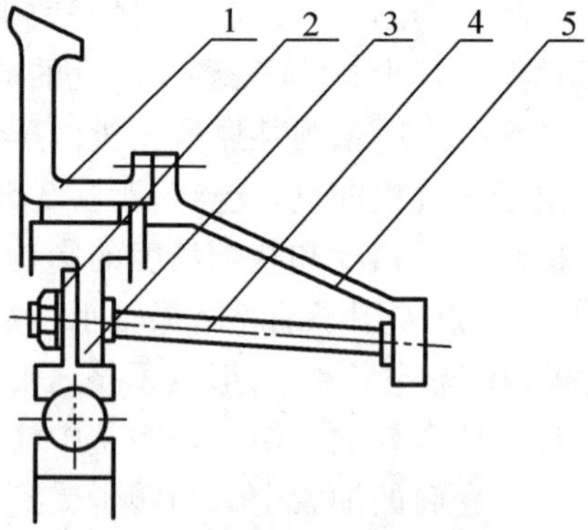

图 6－14　带挤压油膜阻尼器的弹性支承

1—机匣；2—油膜；3—轴承座；4—长螺杆；5—承力锥体

6. 具有双排滚珠轴承的支承结构

单转子上的轴向力超过单排滚珠轴承所能允许的负荷极限时，可采用双排滚珠轴承（尽管不提倡采用这种结构复杂、装备要求高的方案）。图 6－15 所示为某船舶燃气轮机燃气发生器的压气机后支点即双排滚珠支承结构。在这里如何保持两轴承同时受力，且均匀承受负荷，是最重要的问题。

轴承的内、外环的轴向宽度均有一定的加工误差，每个轴承的轴向活动量也不完全相同，致使在负荷作用下两个轴承的端面错移量 δ_1（左错移量）δ_2（右错移量）并不相同，如图 6－16 所示。为了使两个轴承在承受载荷时同时受力，在两个轴承在外环之间和内环之间分别设置可调节尺寸的调整环。选择调整环的尺寸，使轴承在开始承受负荷时，当第一个轴承内、外环错移量达到 δ_1 的同时，第二个轴承内、外环错移量达到 δ_2，即两个轴承同时消除轴向活动游隙，处于同时受力状态，从图中可得出如下几何关系

$$l_1-\delta_1=l_2-\delta_2 \qquad (6-17)$$

根据已经测出的 δ_1、δ_2 数值，可以得到 l_1 和 l_2 的关系，如确定其中的一个尺寸，则可由上式定出另一个尺寸。为了保证能使两个轴承在整个工作过程中均匀受力，除了正确选择调整环尺寸外，还要使两个轴承，轴承间的承力隔圈、调整环等应具有相同的刚性，但应明确，对于双排和多排轴承，要保证所有承力元件的刚性都相同是十分困难的，所以应尽量不采用双排和多排支承结构。

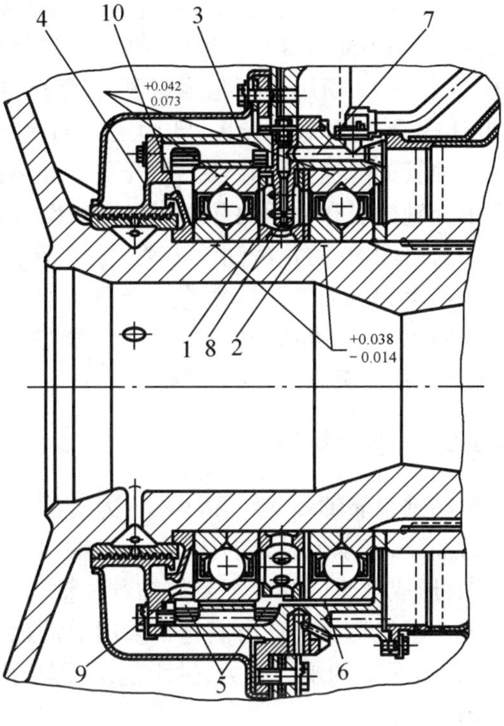

图 6－15　某燃气发生器压气机后支点结构

1—隔圈；2—调整环；3—钢轴承座；4—轴承盖；5—回油槽；6—滑油循环槽；7—将滑油输入喷嘴的通路；8—喷嘴；9—回油孔；10—甩油盘

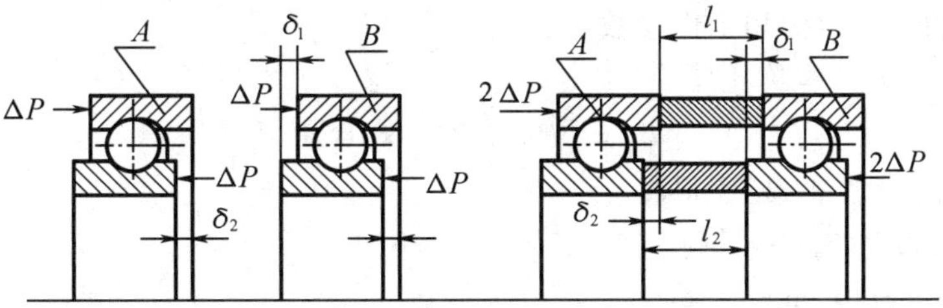

图 6－16　双排滚珠轴承的调整环尺寸选配简图

在图 6－15 所示的双排滚珠轴承结构中，内、外环的隔圈 1 尺寸相同，选用薄的调整环

2 的尺寸,以满足两轴承均匀受力的要求。该轴承的内环是两半开的,借联轴器将两个轴承内环及其中间的隔圈 1、调整环 2 和轴承前的甩油盘 10 一起压紧在压气机轴轴肩上,外环装在具有 90 个纵向槽的钢制轴承座 3 的内表面上,并用轴承盖 4 及螺钉压紧。滑油经油槽 7,由 3 个沿圆周均布的喷嘴 8 喷出,分别对前、后两个轴承进行冷却、润滑,并由槽 5 经分布在轴承座 3 圆周上的 40 个纵向孔引出。从压气机第 5 级后引来压缩空气,来保证篦齿密封装置的封油效果。

7. 中介轴承的支承结构

对于双转子燃气发生器,存在有中介轴承。这种轴承的轴承座随同高压转子旋转,因此,滑油管路不能直接与滑油喷嘴相连,如何使轴承得到良好冷却、润滑,是中介轴承的特殊问题。图 6 - 17 所示为斯贝发动机中介止推轴承支承结构。轴承的内环压装在中介轴 1 上,并用螺母 44 和杯形垫圈 43 固定在轴上,外环压装在高压转子后轴 3 的内圆柱面上,来自中心油管的滑油由中介轴上的开孔 *A* 经内环进入中介轴承进行冷却、润滑。内档油套 42 位于中介轴凸肩和轴承内环之间,挡油套上的小孔引滑油润滑中介轴与低压涡轮轴的螺旋花键。封严圈 40 防止滑油流出来。挡油环 11 防止中介轴承的滑油大量流入高压轴承,同时防止产生大量油气。滑油前封严圈座 41,后封严圈座 38 和封严圈 39 及高压涡轮轴 29 上的封严圈 37 防止滑油漏出,滑油分配器 12 将部分滑油通过高压后轴 3 上和前滑油封严套筒 10 上的孔流至高压止推轴承处。

6.2.3 滑动轴承

滑动轴承靠轴颈旋转和注入压力滑油,使滑油在轴颈工作表面与轴承工作表面之间形成压力油膜,来承受轴颈的作用力,把轴承和轴颈隔开,并使之呈液体摩擦状态。由润滑理论可知,形成油膜的厚度主要与轴颈和轴承间的载荷大小、相对速度、间隙以及滑油的黏度等确定。燃气轮机的动力涡轮常采用滑动轴承。对滑动轴承的基本技术要求是:

(1)有足够的承载能力,轴承能承受转子的质量,工作时产生的各种力,尤其是冲击力的作用;

(2)高速轻载下不发生油膜自激的振荡,工作稳定。在外界冲击和激振力作用下油膜稳定不破坏;

(3)摩擦耗功少,机械效率高;

(4)工作寿命长;

(5)工艺性好。

滑动轴承的主要结构和工作参数有:

(1)平均压力 P_m(也称比压)

$$P_m = [P/(DB)] \times 10^5 \text{ Pa}$$

式中 P——轴承承受的载荷,kN;

D——轴承直径,m;

B——轴承宽度,m。

P_m 值取得高些有利于轴承的稳定工作,燃气轮机动力涡轮用滑动轴承 $P_m = (9.8 - 1.47) \times 10^5$ Pa。

(2)轴承的宽径比 B/D 值取得大些,轴承的承载能力增强。但取得过大时,垫升轴颈所需要的滑油流量减少,油膜温度升高,滑油黏度降低,反而会使轴承的承载能力下降,宽径比

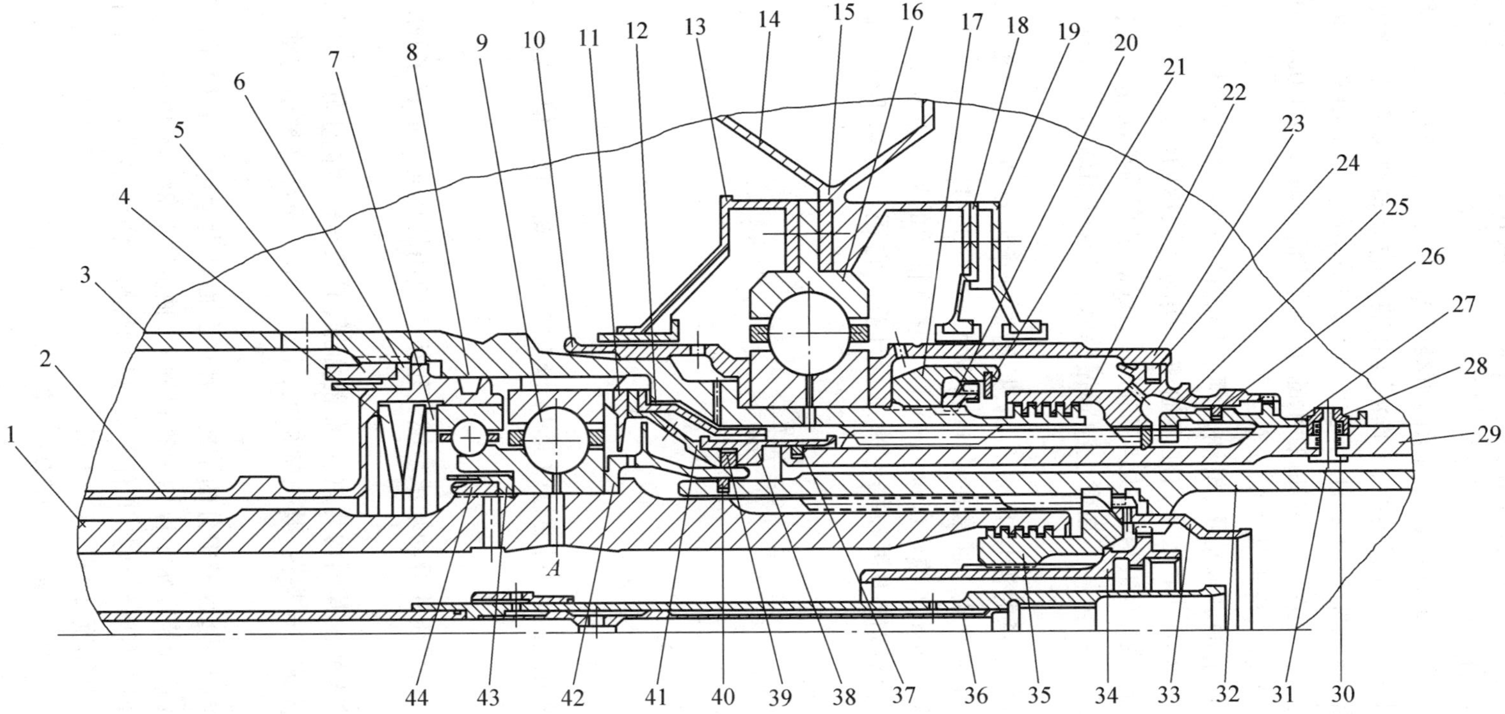

图6-17 斯贝发动机中介止推支承结构

1—中介轴；2—空气导管；3—高压后轴；4—贝氏弹簧；5—花键螺母；6—杯形垫圈；7—调整垫圈；8—封严圈；9—中介轴承；10—前滑油封严套筒；11—挡油环；12—滑油分配器；13—前滑油封严圈；14—轴承座；15—调整垫片；16—高压止推轴承；17—花键螺母；18—中间滑油封严圈；19—后滑油封严圈；20—锯齿形锁紧环；21—锁紧圈；22—高压联轴器；23—后滑油封严套筒；24—封严环;25—调整垫圈；26—封严圈；27—锁紧套筒；28—套环；29—高压涡轮轴；30—弹簧；31—销子；32—低压涡轮轴；33—球形座；34—锁紧套筒；35—低压联轴器；36—中心滑油管；37—封严圈；38—后封严圈座；39—封严圈；40—封严圈；41—前封严圈座；42—内挡油套；43—杯形垫圈；44—花键螺母

大还会使沿轴向的负荷分布不均匀程度加大。另一方面，轴承的工作稳定性随宽径比的减小而明显改善。因此，宽径比有一个合适的范围。目前，一般取 $B/D=0.4\sim1.2$。转速高、轴承直径小、转子挠度大时，取较小值。

(3)轴承的相对间隙 $\varphi=\delta/D$，其中 δ 为轴承的直径间隙，即轴承直径与轴颈之差。它的选取由轴承材料、转速、轴承直径、加工精度、工作温度和轴承的形式等因素综合考虑。从承载能力方面看，间隙小则油膜刚性大，承载能力可以增大。但间隙过小将使滑油量减少，油膜温度升高，影响承载能力，并使摩擦力增加，轴承的相对间隙值一般取为 0.001 ~ 0.002 范围。轴承直径较小，转速较高时，应取较大的 φ 值。

(4)滑油压力。为了使滑油进入轴承，滑油必须有一定的压力。普通圆柱形轴承供油压力一般为 $(0.49\sim0.987)\times10^5$ Pa(表压)；而多油楔和摆动瓦轴承的供油压力为 $(0.98\sim1.47)\times10^5$ Pa(表压)。压力数值的高低将影响油膜的形成。过高的滑油压力将使滑油流量增大，增大了滑油系统泵功率消耗。在发生油膜振荡时，一般可用增加油压的办法予以消除。

(5)温升 Δt。滑油流经轴承时温度升高值 Δt，是衡量轴承发热情况的重要工作参数。Δt 不宜过高，以防止滑油超温变质。通常在设计时，取 $\Delta t=10$ ℃ ~ 15 ℃。

(6)轴承特性数 S，即索马菲尔德数(Sommefeld)。它是轴承的另一重要工作参数。它是一个无因次数。轴承的承载能力可根据它来进行计算。它还与轴承工作的稳定性有关系。

$$S=\frac{P_m\varphi^2}{\eta\omega}$$

式中　P_m——轴承的比压，Pa；

φ——轴承的相对间隙；

η——滑油动力黏度，$\mathrm{N\cdot s/m^2}$；

ω——轴颈旋转角速度，1/s。

当发现轴承处于不稳定工作时，可通过改变 P_m、φ 值等来改变 S 的数值，从而使轴承避开不稳定的工作区。

1. 径向轴承

径向轴承是指承受径向载荷的滑动轴承。燃气轮机中应用的径向轴承有多种形式。

(1)圆柱形轴承

轴承的工作面为圆柱表面。其结构简单、承载能力强，但工作转速高于转子 2 倍的一阶临界转速时，油膜振荡将变成共振振荡，其振幅很大，不能应用。通常这种结构轴承的使用圆周速度低于 50 m/s。

这种轴承做成上、下两半部，水平中分的结构。在中分面处设置定位销，以保证上、下两部分能准确定位，上、下两部分装在轴承座内由螺钉固紧，轴承座为钢制基体，且有足够的强度和刚性，轴承内表面或加工有螺纹或加工有多道燕尾形槽，以浇铸巴氏合金，然后机械加工成圆柱形轴承。巴氏合金厚度 Δ 可按下式确定

$$\Delta=0.005D+1.0\ \mathrm{mm}$$

式中　D——轴承直径，mm；

Δ——巴氏合金厚度，mm。

巴氏合金的厚度适当薄些，可以提高轴承的抗疲劳强度和承载能力，有利于轴承工作寿

命的提高,使用时巴氏合金的厚度往往参考轴承设计母型的厚度值来确定,巴氏合金的工作表面光洁度与轴颈的要求相同,高的光洁度有利于稳定油膜的形成。

由于圆柱形轴承由轴承和轴颈直径相差而形成的油楔很小,不利于稳定油膜的形成。因而在实用中在形成油楔的一侧用刮刀刮掉一部分形成刮油囊,这可以使滑油更有效地进入并形成稳定的油膜。

(2)椭圆轴承

在轴承加工时,在分开面处垫以薄金属片,加工完毕后除去薄金属片即形成椭圆轴承,如图 6-18 所示。首先,轴承的左右处间隙比圆柱形轴承大得多,油膜收缩快,其次,椭圆轴承的上部也有一油楔,它能承受转子向上的作用力。由于这些因素,椭圆轴承比圆柱轴承有较好的抗振性,特别是在垂直方向上的抗振性显著改善,高速稳定性好。但它的承载能力比圆柱轴承要小些。

(3)多油楔轴承

为了提高轴承高速下的稳定性,可增加轴承油楔的数目,制成多油楔轴承。目前使用的有三、四、五油楔轴承,其缺点是承载能力相应下降。图 6-19 示出了一种三油楔轴承。轴直径为 D,而油楔部分圆弧的曲率半径大于 $D/2$,滑油从图中示出的三个轴向沟槽进入,使三个油楔都得到充足的供油,并形成油楔。由于轴承底部是主要承载部位,所以底部油楔角度大,承载面大。

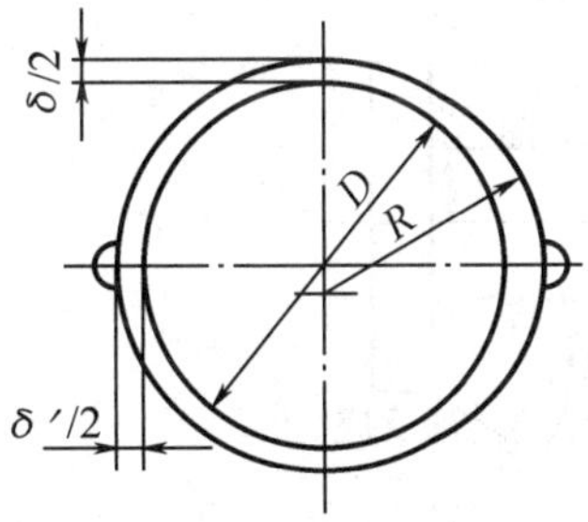

图 6-18　椭圆轴承

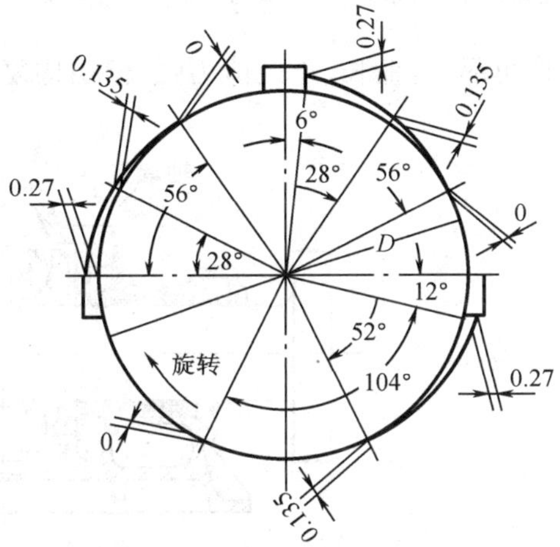

图 6-19　三油楔轴承

(4)摆动瓦轴承和浮动轴承

摆动瓦轴承是在多油楔轴承基础上,把各油楔部分的轴瓦分割开来,分别支承在能活动的支点上,成为能活动的瓦块而形成的。工作时,每个瓦块能摆动而自动调整到最佳位置。轴瓦的块数一般为 3~5 块。图 6-20 所示为摆动瓦轴承的示意图。这种轴承适合于高速轻载场合。但它结构复杂,经向尺寸大,零

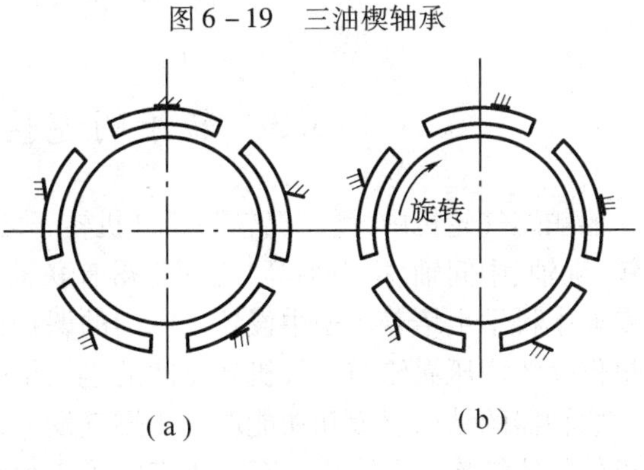

图 6-20　摆动瓦轴承示意图

件数目多,加工困难成本高,滑油耗量大。

浮动轴承是小功率燃气轮机和柴油机增压器中经常使用的一种滑动轴承,这种轴承中有一浮动圆环(如似一个衬套),转子轴颈支承在这个圆环内。工作时圆环旋转,并在圆环与轴颈以及圆环与轴承衬套之间的间隙中形成油膜。由于圆环旋转而使相对速度降低,且存在两层油膜,故轴承的高速稳定性和对振动的阻尼性能都很好,图 6-21 所示为这种轴承的结构。浮动环由青铜机械加工制成,表面镀一层很薄的锡层,衬套厚度一般为 3 mm ~ 4 mm,衬套的中间有数个均布的径向孔,使滑油透过这些孔也流到衬套和轴瓦之间的间隙处。

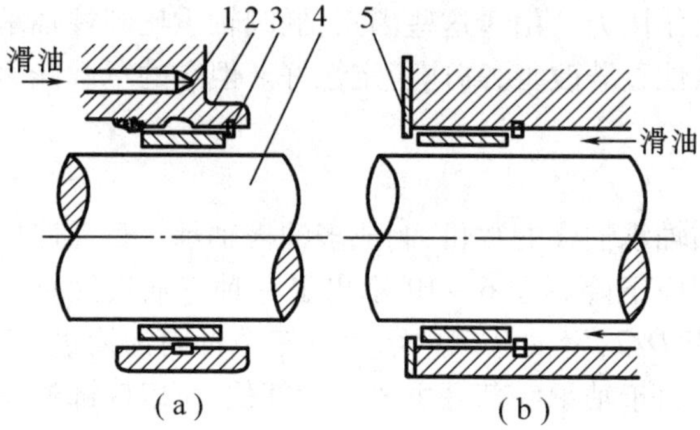

图 6-21　浮动轴承

1—轴承座;2—轴承衬套;3—弹簧卡圈;4—轴颈;5—挡板

2. 推力轴承

目前,船舶上大都采用单环式滑动推力轴承,俗称米歇尔推力轴承。在推力环的两侧各有许多块浇铸巴氏合金的扇形推力块,可相对于背面的支承作倾斜活动,使轴旋转时将润滑油导入楔形油隙中形成油膜、润滑推力面并承载轴向力。将推力块支承在相互搭接的均压块上可使各处负荷均匀化,其承载能力可达 147×10^4 Pa ~ 172×10^4 Pa,故也称均压式推力轴承。如图 6-22 所示为这种轴承的结构简图。这种推力轴承工作可靠、寿命长、承载能力强,但结构复杂、成本高。

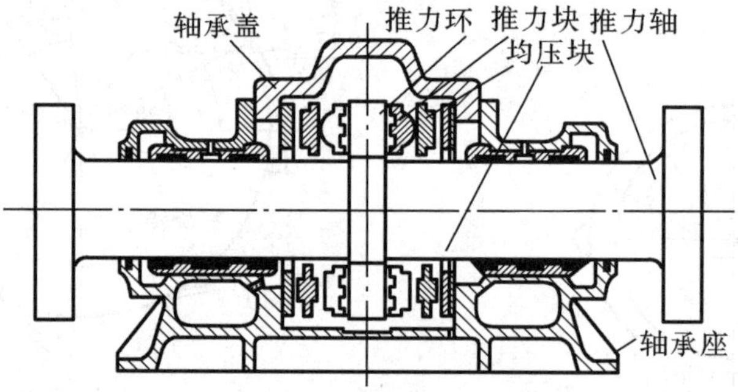

图 6-22　推力轴和推力轴承简图

6.3　转子的连接结构(联轴器)

船舶燃气轮机中,增压涡轮与压气机转子之间,以及动力涡轮转子与船舶轴系(减速齿轮箱、艉轴、中间轴、推力轴等)之间都得有联轴器连接,以传递扭矩和轴向力。由于船舶动力专业本科学生培养计划中设置了专门的课程讨论减速齿轮箱及轴系设计等问题。故我们这里仅介绍增压涡轮与压气机转子间的连接结构问题。

联轴器的结构形式和功能取决于燃气发生器转子的支承总体方案,以及增压涡轮与压气机的具体结构。在采用具有三支点转子支承总体方案时,由于涡轮转子只有一个支持轴承,因此,联轴器不仅要传递扭矩,而且还应成为涡轮转子的一个辅助支承并传递径向力和轴向力。此外,联轴器还应当保证两个转子的轴线由于轴及支承零件的加工、装配误差或变形而造成不同心情况下,仍能正常工作。两转子轴线的倾斜度取决于转子支点间的距离、转子加工精度、机匣及轴的刚性等。而在四支点转子支承总体方案中,由于增压涡轮转子和压气机转子分别具有各自的止推轴承承受轴向力,因而,这种情况下联轴器仅起到传递扭矩的作用。

联轴器按功用可分为:传扭矩联轴器、传扭矩同时传递轴向力的联轴器、传扭矩同时传递轴向力和径向力的联轴器。按结构分为:简单形式的齿槽联轴器和带球形接头的齿槽联轴器。

在联轴器的结构设计中,应满足传递负荷方面的要求。同时应保证转子不同心情况下工作的可靠性和照顾到装配和分解工艺上的方便。

6.3.1　简单齿槽联轴器

在三支点支承总体结构方案的燃气发生器中,当压气机转子和涡轮转子的同心度较高、外负荷较小、支承刚性也较好时,可以采用这种简单齿槽联轴器。

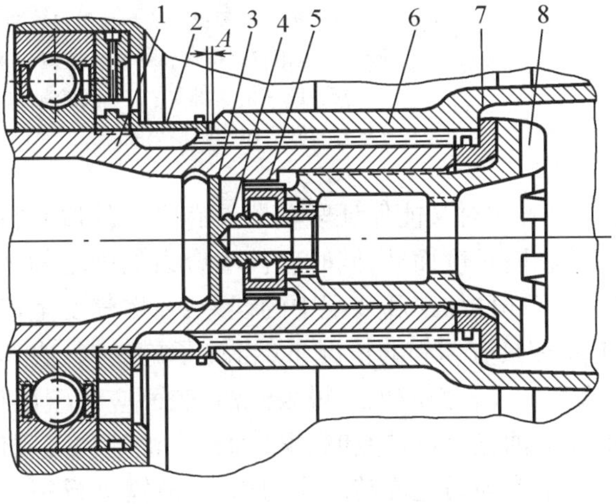

图 6－23　简单齿槽联轴器

1—压气机轴;2—保险衬套;3—弹簧座;4—弹簧;5—保险套齿;6—涡轮轴;7—垫圈;8—大螺钉

图 6－23 所示为某燃气轮机燃气发生器的联轴器就属于这类。扭矩由齿槽传递,轴向力由大螺钉 8 承受。为保证压气机转子和涡轮转子不同心时能自由偏斜、传动自如,传动扭矩的齿槽间应留有较大间隙,同时,在轴向也留有间隙 A($A=0.3$ mm ~ 0.5 mm,可借保险衬套 2 的尺寸调节保证),从传动平衡角度考虑,齿槽间间隙不宜过大,过大不但对齿间啮合不利,而且易使齿受冲击负荷作用。

若想把压气机转子和涡轮转子的连接解除(分解),可以从涡轮轴后端伸入一专门的工具顶开保险齿套 5,随后即可拧开大螺钉 8,使两转子分解脱开。

这种联轴器零件少,简单、加工容易、装拆方便,但传扭因为齿槽间隙大而容易发生冲击。

6.3.2　带有球形接头的齿槽联轴器

某机组燃气发生器联轴器是典型的球形接头齿槽联轴器,其结构如图 6－24 所示。这类联轴器广泛地应用于三支点支承总体结构方案中。

联轴器由主动套齿、从动套齿和球头等组成。涡轮转子的扭矩借齿槽传递,轴向力和径向力通过球头传给压气机轴,然后传到止推轴承。主动套齿和从动套齿皆为渐开线齿,两者啮合并传递扭矩,在啮合齿中间留有间隙,以保证两转子间有一定的不同心度时仍能正常工作,但该间隙不能太大,否则会使传动时齿的冲击负荷过大,对齿的强度不利。为了使啮合

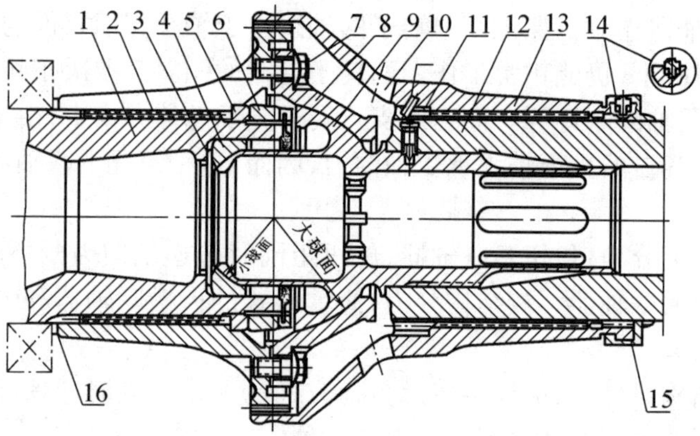

图 6 - 24　带球形接头的齿槽联轴器

1—压气机后轴颈；2—从动套齿；3—调整垫圈；4—球形圈；5—支撑圈；6—螺帽；7—螺钉；8—球头盖；9—球形尾轴；10—供滑油到球形面的孔；11—止动螺钉；12—涡轮轴；13—主动齿套；14—弹簧销；15—止动环；16—调整垫圈

间隙减小，同时又能保证联轴器具有良好的偏心自位功能，联轴器齿槽除采用加大直径、缩短齿的轴向长度而外，同时应使啮合齿的中心和球头的球心能坐落在同一平面内。由于燃气轮机零部件加工和装配中的误差，在燃气发生器中后支点偏斜所造成的最大倾斜角可达 1′84″。在具有偏心的情况下，当转子旋转时，在啮合齿之间及球面之间产生相对滑动，因此，这些工作表面应加工得很光洁，表面应渗碳以提高这些表面的耐磨性能。在工作时，还应加注滑油，进行冷却和润滑（通常靠油池内飞溅供油冷却润滑）。

联轴器为高速旋转工作的构件，故需进行精心的平衡。同时要求每个零件均应具有良好的定中心和周向、轴向定位和可靠的锁紧。

若要使涡轮、压气机转子间的连接分解脱开，则需要拆卸燃烧室外套，拆下火焰筒，打开联轴器装配、分解用手孔，然后伸进手去拆卸联轴器，其具体步骤为：首先脱开套齿啮合。由于止动环的宽齿可以在涡轮轴上齿槽内滑动，将主动齿套 13 沿轴向向后移动，使固定螺钉 7 完全暴露。其次，卸下球头盖 8，拧下固定螺钉 7，把球头盖 8 与从动齿套 2 分开，此时可将涡轮轴连同球头盖、主动套齿一起拉出，安装顺序与上述程序相反。但在安装时，需用从动齿套前端的调整垫 16 调整涡轮转子与涡轮静子之间的轴向间隙，并用调整垫圈 3 调整球形圈 4 与球面间的间隙，以防止由于间隙过大而使向前的轴向力产生过大的冲击负荷。

这种联轴器工作可靠，但结构笨重、复杂、装拆不方便。

6.3.3　四支点支承总体结构方案中的最简单联轴器

对于这种四支点支承总体结构方案，联轴器仅起传扭作用，联轴器变成一个简单齿套。图 6 - 25 所示为这类联轴器的结构。为了防止套齿联轴器 2 轴向移动，在联轴器两端套齿部分的环形凹槽中设置了卡圈 1，为了补偿压气机转子和涡轮转子轴线间的倾斜，在套齿之间留有较大轴向间隔。

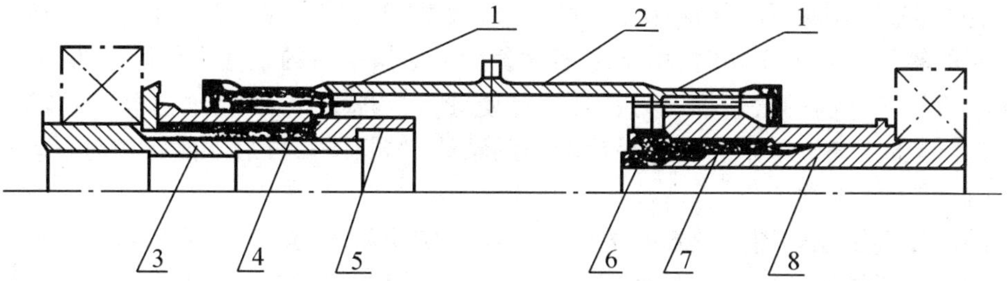

图 6－25　最简单齿槽联轴器

1—卡圈;2—套齿联轴器;3—轴流式压气机后轴;4—从动齿套;5—螺帽;6—螺帽;7—主动套齿;8—涡轮轴

6.3.4　双转子燃气发生器的联轴器

双转子燃气发生器联轴器的基本形式和单转子的相似。由于高压转子和低压转子同心的套装在一起,因而在有些场合下结构要稍许复杂些。双转子燃气发生器的低压轴很长时,有时采用中介轴。中介轴的前端与低压压气机的后轴颈相连,后端则与低压涡轮轴相连,两端皆有联轴器。其结构相同,只是传递轴向力的球面布局方向各异。

图 6－26 所示为斯贝低压压气机转子联轴器的结构。该联轴器具有传递扭矩、轴向力和径向力的功能。扭矩的传递是靠左螺旋套齿传至中介轴 15 的,再由中介轴经同样的螺旋套齿传至压气机轴 2,在中介轴前端用梯形螺纹与球头连成一体。安装在压气机轴后端内

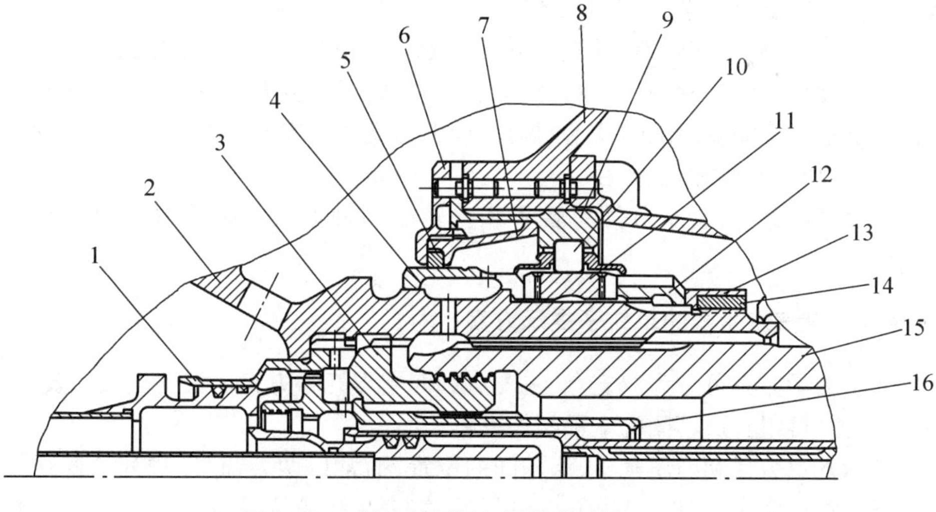

图 6－26　斯贝低压压气机端联轴器

1—球头座;2—低压后轴;3—联轴器球头;4—后滑油封严套;5—滑油封严圈;6—滑油封严座;7—支撑环;8—轴承座;9—轴承外圈;10—低压后轴承;11—轴承内圈;12—螺旋齿轮;13—杯形垫圈;14—螺母;15—中介轴;16—锁紧套筒

径处的球头座 4,其外齿与压气机轴后端的内套齿相配,防止两者有相对转动。装配时,球头 3 与中介轴一起从压气机后端沿套齿插入,当球头外插至压气机轴内套齿的凹槽时,沿周

向转动半个齿,并有锁套16同时插入球头3及球头座4的内套齿中,防止相对转动。锁套用中心油管的密封凸缘挡住,保证相互连接可靠,改变球头旋入中介轴的深度,可调节低压压气机转子的轴向位置。工作时,由于左螺旋套齿传递扭矩时的轴向力使压气机转子向后,并大于压气机转子向前的气体轴向力,因此,可使球头与球头座压紧,消除联轴器的轴向间隙。同时,若低压压气机转子和低压涡轮转子的轴线不同心时,可沿球面有相对滑动进行微量补偿,保证转子能正常工作。

斯贝的高压转子联轴器如图6-17所示。高压转子联轴器22用梯形螺纹与高压压气机后轴3相连。联轴器的内球面与高压涡轮轴29上的螺旋套齿的外球面贴合以传递轴向力,并起"偏心自位"作用。调整垫圈25用来调整联轴器的球面间隙。涡轮的轴向位置是通过改变联轴器在高压压气机轴后端的拧进深度来调整的。

高压联轴器的锁紧是靠预装在涡轮轴前端的锁紧套筒27来实现的。套筒上的外齿插在联轴器后端的47个斜槽里,套筒前端的47个内套齿与涡轮轴上的外套齿啮合,从而使联轴器锁紧于工作位置上。而套筒本身则由弹簧锁紧销锁紧。弹簧锁紧销由销子31、套杯28和弹簧30组成。

在锁紧位置,套杯在弹簧力的作用下进入套筒的孔中。

联轴器和锁紧套筒上均有滑油封严涨圈24和26,防止滑油从高压压气机滚珠轴承腔里漏出。

6.4 转子的支承方案

船舶燃气轮机转子分为燃气发生器转子和动力涡轮转子。燃气发生器转子由压气机转子和增压涡轮转子以及连接、支承零件等组成。动力涡轮转子通过支承和连接零件与船舶传动装置(减速齿轮箱和轴承)相连。转子上承受的各种负荷:气动力、重力、惯性力和惯性力矩等均由支承承受,并经机匣传到机座上,一个转子需要几个支承;支承如何布置等这些都是转子支承方案需要解决的技术问题。转子的支承方案直接影响燃气轮机的结构、装配和分解工艺以及转子动力学特性。

目前,燃气发生器转子分为单转子和双转子两种形式。而动力涡轮只有单转子一种形式。

6.4.1 燃气发生器的单转子支承方案

单转子支承方案可分为双支点、三支点和四支点几种方案。按支点数目及压气机、涡轮的相对位置又可组合成不同的支承结构方案。

为表示支点数目和与压气机、涡轮间的位置,通常以两条前、后排列的横线分别代表压气机转子和涡轮转子,用横线的前、中、后的数字表示相应位置间的支点数目。例如,1-2-0方案表示压气机前有一个支点;压气机后及涡轮前有两个支点;而涡轮后没有任何支点。数字总和3,表示为三支点总体支承方案。

1. 双点支支承方案

双支点支承方案只适用于压气机转子与涡轮转子作刚性连接的场合。当压气机级数较少,且与涡轮转子的间距较小时,可将压气机转子同涡轮转子作成刚性连接的结构,采用双支点支承结构方案。其好处是可以简化结构,特别是可使滑油系统变得更加简单,图6-27

所示为这种转子支承方案。为了保证这种整体式转子具有足够的刚性,转子轴皆作成刚性很大的鼓轴形式,但这会造成后支点轴承轴颈尺寸增大,影响涡轮轴承的可靠工作和寿命。这种整体式转子还会造成转子平衡和装配工艺上的困难。双支点支承方案只能采用 1－1－0 或 1－0－1 两种。在 1－0－1 方案中,后支点置于涡轮后面,支点工作条件恶劣,容易受到燃气的侵蚀,冷却系统的安排也较困难。因而,这种方案实际中很少采用。图 6－27 所示的则为 1－1－0 方案。

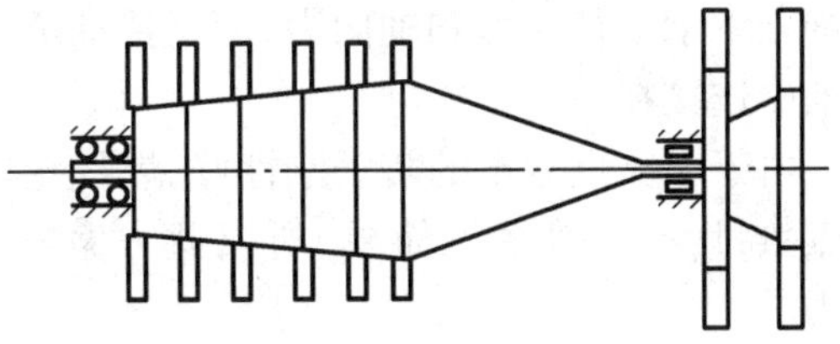

图 6－27　双支点的转子支承方案(1－1－0)

双支点转子支承方案的转子支点间距大,刚性差,鼓轴加工困难,转子的平衡、整机的装配也较困难。因而在船舶燃气轮机中极少使用。但这种方案适合于小型工业燃气轮机及涡轮增压器中转子的支承,也适合于航空靶机中使用的一次性燃气轮机的支承,使其结构紧凑、布局合理。这种双支点方案特别适用于具有回流单管燃烧室和离心压气机的单转子小型工业燃气轮机及涡轮增压器中,并得到较普遍的应用。

2. 四支点支承方案

若转子的轴向尺寸很长,使用三转子支点不足以保证转子的横向刚性,应当采用四支点结构。在四支点支承方案中,压气机和涡轮转子分别有各自的两个支点,且两个转子通常分别配置各自的止推轴承。为了保证轴承的工作正常,转子上不产生附加负荷,两转子不能作刚性连接,而必须采用浮动套齿连接。由于 1－2－1 方案的涡轮后支点的工作条件很差,所以使用中的四支点方案多为 1－3－0 结构(图 6－28),因为联轴器仅起传扭作用,故涡轮转子和压气机转子上各自的止推轴承轴向力数值很大,往往需要使用双排止推轴承,使结构复杂,尺寸、质量加大。这种方案在燃气轮机早期曾有应用,由于它明显的弱点,现今已不使用。

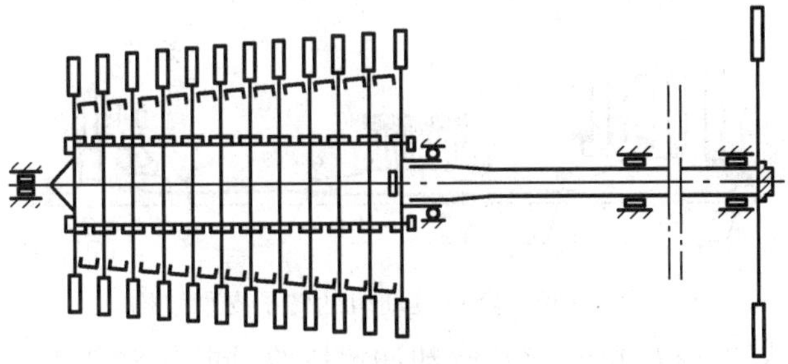

图 6－28　四支点转子支承方案(1－3－0)

3. 三点支承方案

这是单转子燃气发生器广泛采用的一种结构方案。压气机转子和涡轮转子之间不再使用刚性连接,而是用带球头的齿槽联轴器连接。带球头的齿槽联轴器可使两转子在轴向紧密结合在一起,两转子只需要一个止推轴承,而且,在两转子轴线上有稍许偏斜时仍能正常工作。有时也采用简单齿槽联轴器,一般仅用在轴向力很小的小功率燃气轮机上,在三支点支承方案中,1－2－0 方案应用最多,1－1－1 方案也有少量采用。图 6－29 所示为 1－2－0 方案的燃气发生器转子支承结构。压气

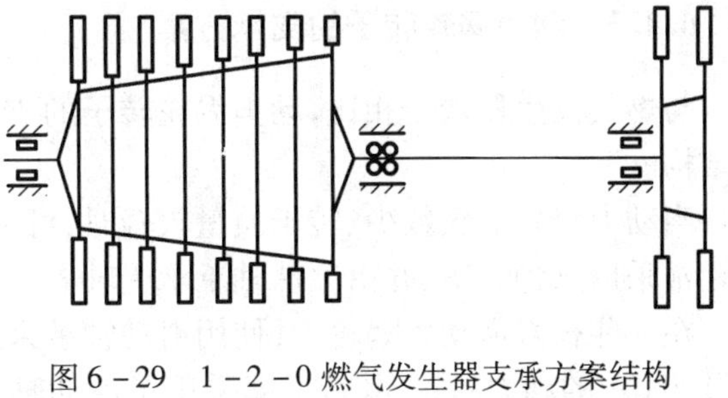

图 6－29　1－2－0 燃气发生器支承方案结构

机前有一支持轴承，压气机后及增压涡轮前有一个双排止推轴承和一个支持轴承。由双排止推轴承承受径向力和轴向力，而支持轴承（滚棒轴承）只承受径向力。两转子用球头齿槽联轴器连接在一起。

由于三支点方案的转子刚性好，燃气轮机承力系统结构简单，止推轴承上的轴向力小，支点数目少，润滑系统简单，所以此方案在现代船舶燃气轮机燃气发生器中得到了广泛应用。

6.4.2　燃气发生器的双转子支承方案

由于双转子支承方案的转子数目多、支承数目也多，因此，结构较复杂。通常为分析方便，可把它分解成两个单独的单转子看待，并利用单转子支承分析方法对双转子中的每个转子的支承进行结构分析。

图 6－30 所示为航空斯贝发动机转子的七点支承结构方案。高压转子可看作 1－2－0 支承结构方案，而低压转子可看作采用 1－2－1 支承结构方案。由于低压转子很长，低压压气机和低压涡轮转子间采用了中介轴连接。这三段轴结构给转子的加工、轴承的装配等带来许多方便。中介轴上的支点通常称为中介支点（中介轴承），采用中介轴承（通常为止推轴承）可以简化支承的承力结构。斯贝低压转子上的中介轴承 4 和高压转子上的止推轴承 5 可共用一套承力构件，将两个转子上的负荷传至机匣上的安装节上，这就简化了承力构件的结构，使结构紧凑、尺寸小、质量轻，且传力路线短。采用中介轴承还可以有效地限制低压转子的挠度，增强低压转子的刚性。但采用中介支点会使支点结构变得更加复杂、冷却润滑困难，同时，对两转子的同心度也提出了较高要求，并使装配变得更加困难。因此，有些新研制的燃气轮机中取消了中介轴承，而宁愿采用加大轴径的办法来增强轴的刚性，减少转子支点的数目。图 6－31 所示为航空奥林普斯 593 双转子的支承方案。

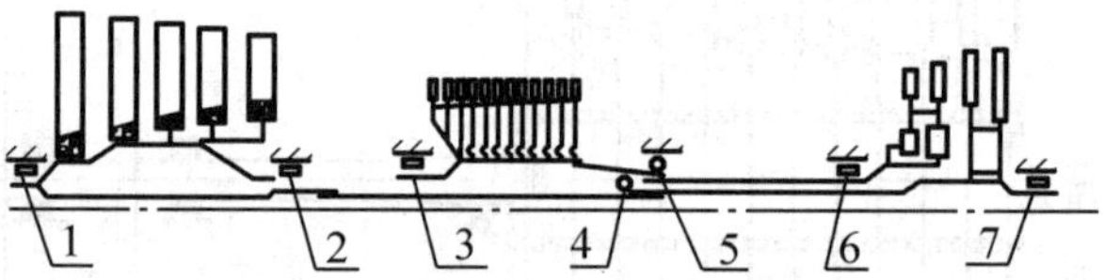

图 6－30　斯贝发动机的转子支承结构

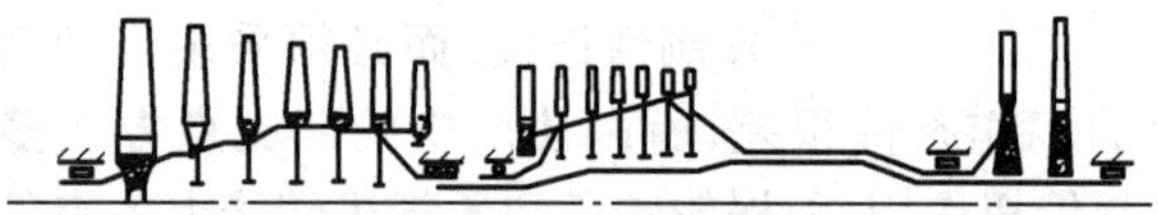
图 6－31　奥林普斯 593 发动机转子的支承结构

高压轴的直径加大了，这不仅加强了高压轴自身的强度和刚性，为采用高压转子的 1－1－0 的两支点结构打下了基础，而且使低压转子可能采用较大直径的结构并采用 1－1－1 三支点结构，从而使整个双转子只用 5 个支点，使工艺、润滑等各方面都得到了简化。

6.4.3　动力涡轮转子的支承方案

与燃气发生器转子相比，动力涡轮转子的支承结构比较简单。因为动力涡轮皆为单转子结构。

当动力涡轮的级数少、转子质量较轻时，可采用前伸悬臂式结构支承。单级和双级动力涡轮常采用这种方案，并由滚珠轴承承受轴向力和径向力。

在一些长寿命动力涡轮中，使用滑动轴承来支承转子。图 6－32 所示为船舶燃气轮机斯贝 SMIA 的动力涡轮，其转子即采用了滑动轴承。因为径向支持滑动轴承仅能承受径向力，所以，在转子轴肩处设置专用的止推滑动轴承，以承受转子上的轴向力，奥林普斯 TM3B 也采用了类似结构。

当动力涡轮的级数很多时，转子的质量变得很重，如再采用前伸悬臂式支承结构，将使轴承负荷急剧增加。此时最好采用两端简支的支承方案，即在动力涡轮转子前、后各设一个支点。例如 LM2500 的动力涡轮为 6 级，该转子即采用了两端简支的方案，如图 6－33 所示。前轴承为滚棒轴承（即 6 号轴承，图中未画出）后轴承为滚珠轴承（7R 号轴承），承受径向力和轴向力。

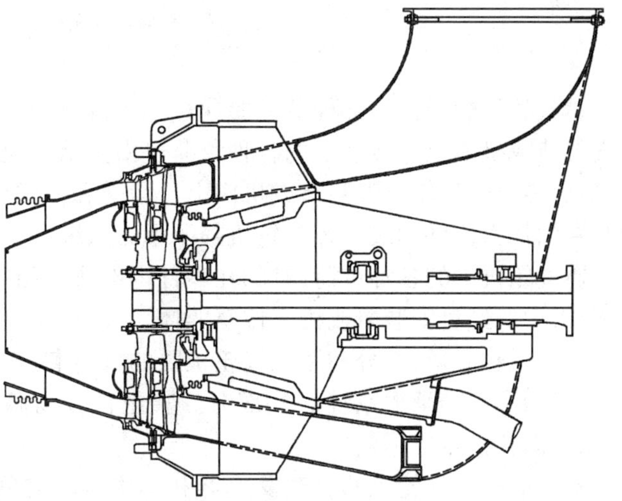

图 6－32　斯贝 SMIA 的动力涡轮

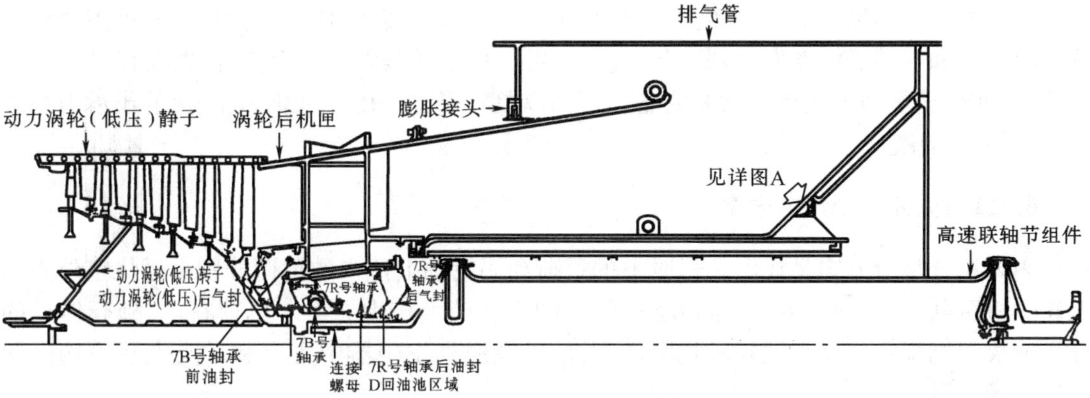

图 6－33　LM2500 动力涡轮和排气蜗壳

从上面的介绍和分析可知：

（1）转子支承方案的设计与各部件的结构形式有关。

（2）为了使结构紧凑、轻巧，应减少支点数目，让联轴器起到传扭、传力、附加支点的作用。

（3）支点的配置方案应保证转子具有足够的横向刚性。

（4）单转子的支承方案中，必须而且只能有一个止推支点，以确定转子的轴向位置。同时，应保证转子与机匣间有相对移动的可能，以补偿因轴的受热而造成的伸长。止推轴承应布置在低温处和刚性大的机匣附近，并应尽可能靠近燃气轮机主安装平面。

（5）支点的布局应考虑到燃气轮机的装配工艺和转子的平衡。

（6）设计双转子支承方案时，应在分别考虑各单转子支承方案基础上，注意两转子间的相互关系，合理安置中介轴承，尽量减少支点数目和承力作用构件数目，使结构简单、可靠、工艺性好。

6.5　静子承力系统

燃气轮机静子上的各种负荷要通过静子机匣和一些专门设置的传力构件传递到燃气轮机安装节或机座上。转子上的各种负荷也由支承并通过一些专门的承力构件传到静子机匣上，最后传至燃气轮机安装节或机座上。承受和传递转子、静子上的各种负荷的这些机匣，以及专门传力构件构成了燃气轮机静子承力系统。

燃气轮机中的各种负荷，有的在零件内部或在相邻零件中抵消，其余的负荷，如轴向力、扭矩、重力等经过安装节或机座传至船体。

为了减轻质量，充分利用燃气轮机匣的材料潜力，通常燃气轮机所有机匣大多用作承力构件，成为了静子承力系统的一部分。甚至在较高温度条件下工作的燃烧室机匣、涡轮机匣、动力涡轮机匣也不例外。

不少船舶燃气轮机的燃气发生器和动力涡轮之间不作刚性连接，而采用波纹管（弹性元件）连接。燃气发生器有自己的安装节或机座。动力涡轮及排气蜗壳则各有独立的基座。因此，燃气轮机静子承力系统的分析应针对燃气发生器和动力涡轮两部分分别讨论。这里仅讨论燃气发生器部分。

通常根据燃气发生器上的传力路线，分类为内外混合传力、内外平行传力和外传力等方案。单转子和双转子燃气发生器的传力基本相同，仅由于设置了中介支点，时常设计专门承力构件，使静子承力系统更复杂和完备。下面以单转子静子传力系统为主，对静子承力系统予以介绍和讨论。

6.5.1　内外混合传力方案

内外混合传力方案是让涡轮机匣上的负荷和涡轮轴上传来的负荷分别由燃烧室外壳和涡轮轴机匣共同来承受和传递至位于压气机的安装节上传力方案。负荷在内、外壳体上的分配取决于燃烧室外壳和涡轮轴机匣的刚性，以及燃气发生器中支点和后支点承力构件的连接支承方案。

图 6 – 34 所示为这种承力、传力系统的布局。前支点上的负荷通过压气机前机匣 1 传至压气机机匣，与作用在该机匣上的负荷一同传至安装节。作用在中支点上的负荷通过由轴承座、撑杆、扩压器机匣内壳和承力支板构成的三角形封闭盒型传力构件及压气机末级整流叶片（兼作承力件）传至安装节。由于该三角形封闭盒型传力构件有较好的强度和刚性，作用在中支点上的径向力、轴向力的承力和传力是很可靠的。作用在后支点上的负荷是通过内、外两条线路传至安装节的。由于燃气初温的逐步提高、燃气轮机流量的增大导至涡轮导向器叶片较长，不便于用导向器这个在高温压条件工作的构件承力和传力，也不便于再使用早期惯用的拉杆和拉杆衬套承力传力。为此设计了位于火焰筒之间二股气流中专门的承力、传力构件 – 支柱框架。利用支柱框架将燃烧室外壳和涡轮轴机匣连成一体。会同中支

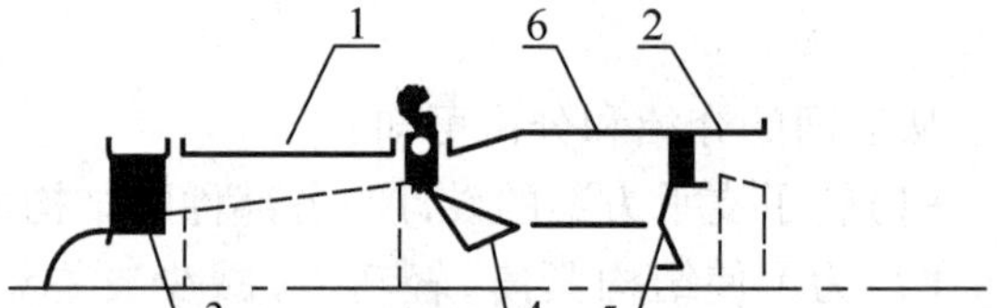

图 6 – 34　内外混合传力方案

1—压气机机匣；2—增压涡轮机匣；3—前支承承力机匣；4—中支点承力框架；5—后支承承力支板；6—燃烧室外壳

点处的三角形封闭盒型结构和压气机末级整流叶片、涡轮轴机匣，以及燃烧室外壳形成一个承力、传力的封闭系统。涡轮静子和涡轮轴承上的负荷通过封闭承力、传力系统的内、外壁传至安装节。由于这种混合承力传力方案刚性好，几乎所有静子构件都充任了承力、传力件，材料潜能发挥得好、结构质量轻，这种承力、传力结构比较合理，应用也较多。

6.5.2　外传力方案（见图 6－35）

多级涡轮的燃气发生器，为了减少涡轮转子的悬臂弯矩，常将涡轮转子的支点放在涡轮后面（后支点），这时，后支点上的负荷只能通过外壳传出，即涡轮转子后支点的负荷经承力件 5 与涡轮静子上的负荷一起通过涡轮机匣 2 和燃烧室外壳传至安装节。这种承力方案刚性较差，需加大外壳的厚度，以增强刚性。且涡轮后支点的承力、传力件穿过高温区，需要采取相应的隔热、冷却措施。对轴承也需要采取有效的隔热、冷却和润滑。这些无疑都增加了结构的复杂性。

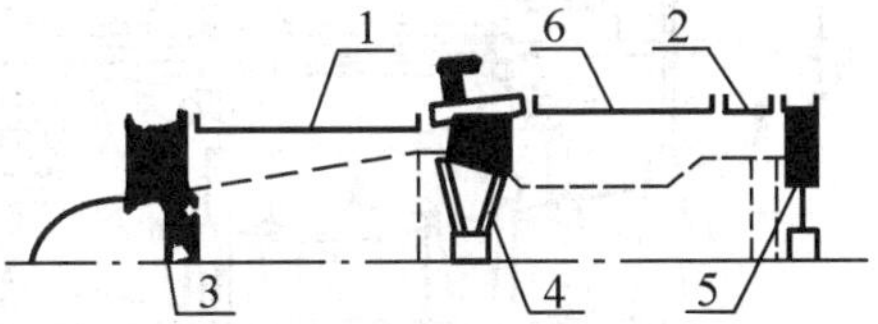

图 6－35　外传力方案图

1—压气机机匣；2—增压涡轮机匣；3—前支承承力构件；4—中支承承力构件；5—后支承承力构件；6—燃烧室外壳

6.5.3　内外平行传力方案（见图 6－36）

对于具有环形燃烧室的燃气发生器，由于在高温的环形燃气匣中通过承力、传力构件比较困难，涡轮支点的负荷可通过涡轮轴机匣传出，而燃烧室机匣（外壳）和涡轮机匣只传递涡轮静子上的负荷，从而形成了内、外平行承力传力的方案。在这种方案中，后支点的承力构件不通过高温区域，且不与外壳相连接，可使后轴承工作条件变好——温度较低。但这种结构使得涡轮外环与轴承座间的同心度不易保证。同时，由于涡轮轴机匣的尺寸较小，刚性不够大，会影响涡轮效率。为保证工作可靠和效率较高，应加强涡轮机匣的刚性。

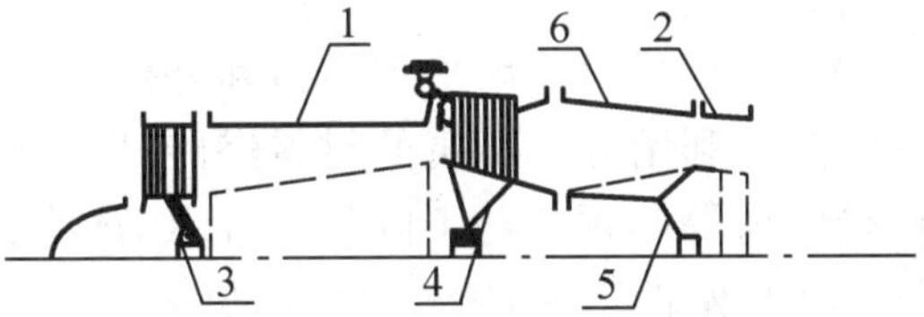

图 6－36　内、外平衡传力方案

1—压气机机匣；2—增压涡轮机匣；3—前支承承力机匣；4—中支承承力机匣；5—后支承承力支板；6—燃烧室外壳

6.5.4　双转子燃气发生器的承力、传力方案

在双转子燃气发生器和静子承力、传力系统中，涡轮前静子部件的承力和传力与单转子燃气发生器的大体相同。一般除中介支点的负荷外，均通过专门的承力、传力构件直接传至发动机外壳。涡轮支点上负荷的传递路线，仍分为内外混合、内外平行和外传力几种方案。图 6－37 所示为斯贝 RB244 燃气发生器图。低压压气机前轴承（1 号轴承）支承在进气机匣内，轴承上的负荷通过导向器叶片传至压气机机匣，2、3 号轴承上的负荷均通过中介机匣的翼形支板传至压气机机匣。高压涡轮转子前支点（6 号轴承）上的负荷通过燃烧室内、外壳体组成的盒形结构传出，形成了内外混合承力、传力方式。该盒型结构的前端由扩散机匣的整流支板与内、外壁焊成一体，后端用位于燃烧室二股气流中的室心撑杆将燃烧室内外壳连成一个整体。低压涡轮后支点（7 号轴承）的径向负荷通过承力支杆传出，属外传力类型。4、5 号轴承上的负荷由压气机后的盒型传力机匣传出。

综上所述，在单转子燃气发生器中，前支点的承力、传力路线变化不大，一般由进气机匣

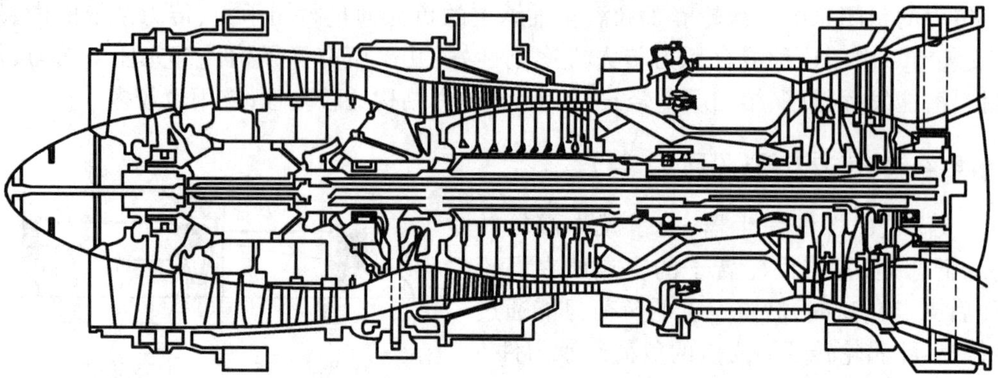

图 6－37　斯贝 RB244 燃气发生器

整流支板或导向器叶片承力、传力。由于后支点的传力路线不同,形成了三种不同的承力、传力方案。内外混合承力能充分利用静子机匣材料潜能,因而质量轻、刚性好,结构紧凑。由于燃烧室、涡轮部件结构形式的不同及转子支承方案的差异,所以在不同的条件下还采用外传力、内外平行传力方案。双转子燃气发生器涡轮前静子部件的传力方式一般与单转子的差别甚微。涡轮转子支承结构的不同,使承力系统有内外混合、平行传力和外传力方案。设计承力系统时,应保证系统具有足够的刚性;应充分利用静子机匣的材料潜能,以减轻承力系统构件的质量;还应注意热构件的热负荷、热应力等问题。对于内外混合承力、传力方案,还要考虑内、外壳体的温度、材料和尺寸形状不同(刚性不一)以及轴向的热补偿问题。

6.6　回热燃气轮机的结构特点

回热燃气轮机要求从压气机流出的压缩空气先注入回热换热器,然后再进入燃烧室。故在结构设计中应采用相应的技术措施,满足上述要求。对于全新设计的回热式燃气轮机,压气机出口管可采用蜗壳式结构,把高压空气由轴向流动转化为径向流动,引至回热换热器的空气进口。压缩空气在回热换热器中由废燃气加热后再注入燃烧室。从结构布局和减少流动损失的角度考虑,把燃烧室布置在垂直压气机轴线方向上是有利的。燃烧室产生的燃气经蜗壳再改变成轴向输入涡轮部件(涡轮与压气机布置在同一线线上),燃气在涡轮中做功。涡轮后的燃气则由蜗壳变成垂直涡轮轴线方向接入回热换热器的燃气入口。

图 6－38 所示为某早期间冷回热燃气轮机的原理结构示意图。高压压气机和低压压气机分别由高压涡轮和低压涡轮带功,有效功率由低压轴端输出。低压压气机有蜗壳进气口和出气口,增压后的空气引入中间冷却器由冷却水冷却后,进入高压压气机继续增压,然后经高压压气机出口蜗壳把高压空气引入回热换热器。在这里,高压空气接受燃气轮机排气余热而加温后引入燃烧室。燃烧室为环管型共 6 个火焰筒,燃烧室轴线与涡轮轴线相垂直。燃气通过蜗壳又变为轴向进入涡轮,涡轮分为高、低压各两级,从低压涡轮排出的燃气由蜗壳引入回热换热器燃气入口,回热换热器是三回路板式结构,中间冷却器是叉流式换热方式,水和空气皆为单流路,冷却水在管内流动,空气则在管束横掠。由此看来:对于间冷回热燃气轮机,破坏了简单循环燃气轮机惯用的直流布局方式,气流(空气流、燃气流)多次转

弯,气流流动损失加大,结构变得非常复杂、庞大,除了使用尺寸、质量较大的回热换热器和中间冷却器外,还要使用许多蜗壳和弯管、管道等。特别是由于流场不均匀,对燃气轮机三大部件(压气机、燃烧室、涡轮)的设计提出了更高的技术要求。

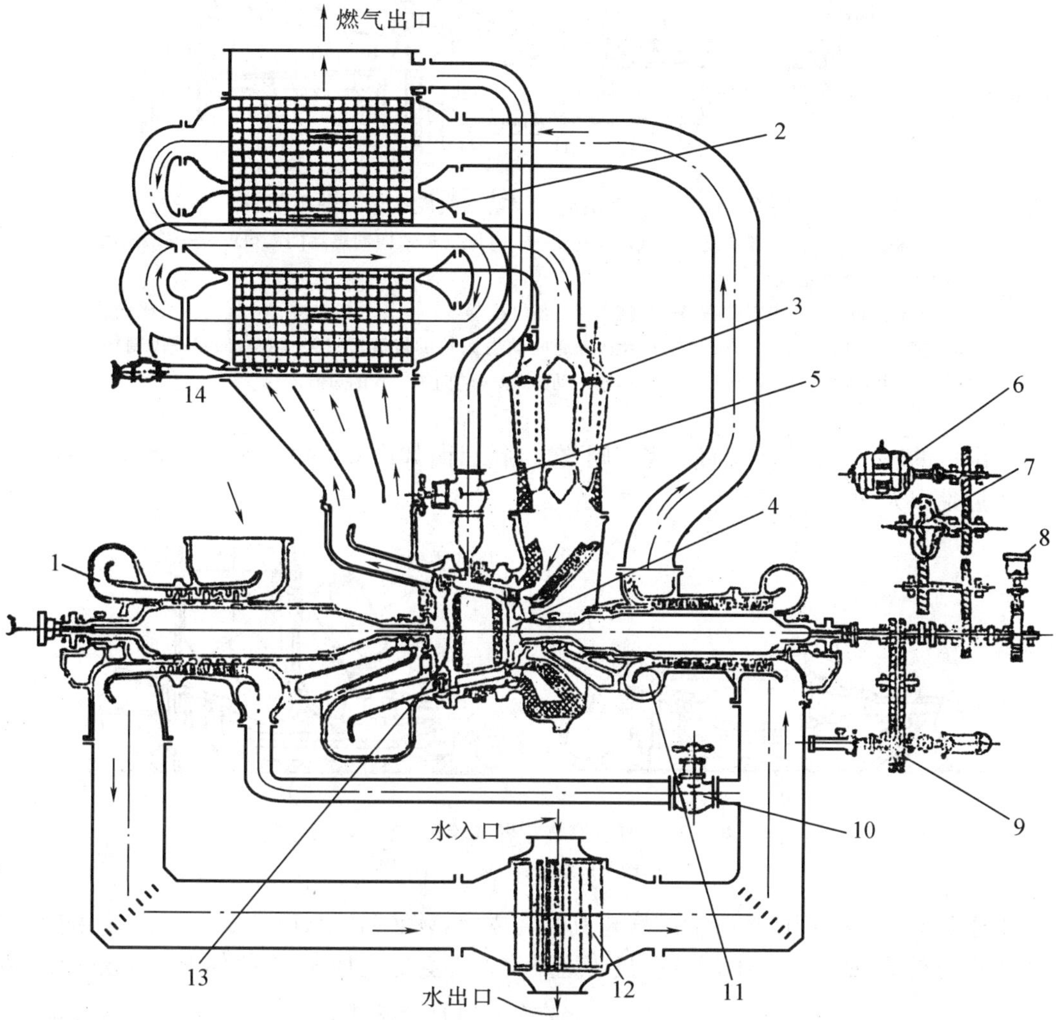

图 6－38　间冷回热燃气轮机原理结构示意图

1—低压压气机;2—回热换热器;3—燃烧室;4—高压涡轮;5—燃气旁通阀;6—启动电机;7—液力耦合器;8—盘车装置;9—附件传动箱;10—防喘振阀;11—高压压气机;12—中间冷却器;13—低压涡轮;14—回热器吹洗装置

图 6－39 所示为某具有回流燃烧室的回热重型燃气轮机。其回热器设置在燃气轮机燃烧室的上方。在燃烧室中作了相应的结构改装,使从压气机出来的压缩空气不是进入燃烧室的头部,而是从 b 口引入回热器,在回热器中受热燃气加热后再从口中引入燃烧室头部。这样的气路改装集中在燃烧室部件,使布局变得较为紧凑。

对简单循环燃气轮机加装回热器,则必须对燃气轮机进行相应的技术改装。对具有直流式燃烧室的燃气轮机,进行回热改装工作包括:把压气机和涡轮间的通流部分隔开,去掉原来的燃烧室外壳,引导压气机出口的空气至回热器;引导回热器出口的气流到燃烧室,把

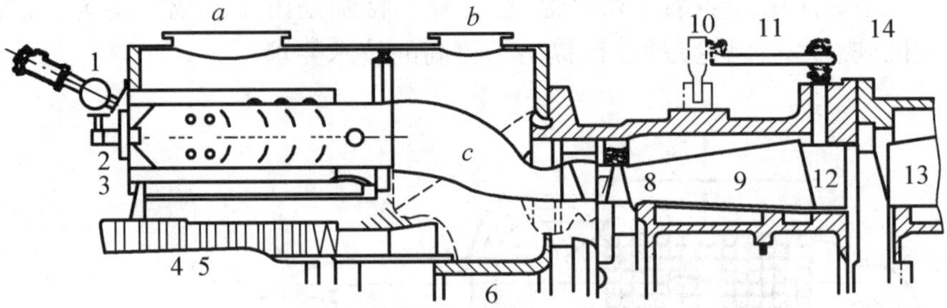

图 6－39　某具有回流燃烧室燃气轮机的回热改装

a——来自回热器进入燃烧室的空气入口；*b*——来自压气机通向回热器的入口；*c*——经回热水器预热后的压缩空气

1—火焰探测器；2—燃料喷嘴；3—燃烧室；4—压气机静叶；5—压气机动叶；6—通向压气机涡轮的过渡段；7—涡轮静叶；8—涡轮动叶；9—通向动力涡轮的过渡段；10—调整环；11—控制杆；12—动力涡轮的可调静叶；13—动力涡轮的动叶；14—通向排气管的过渡段

燃烧室出口的燃气引入涡轮，而燃烧室则要重新设计，如图 6－40 所示。由此知，回热改装的工作量是很大的。

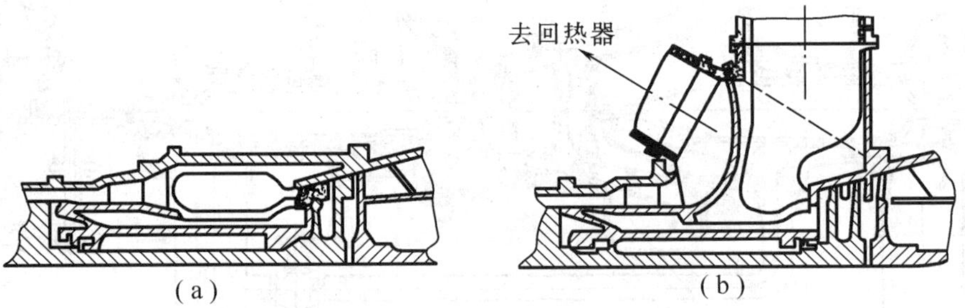

图 6－40　具有直流燃烧室燃气轮机的回热改装简图

(a)改装前结构；(b)改装后结构

对于具有回流分管或环管的燃气轮机改装成回热燃气轮机，改装工作量相对要小些，在技术上也简单些，如图 6－41 所示。只要把燃烧室外套适当加大，在壳体上加装去回热器的

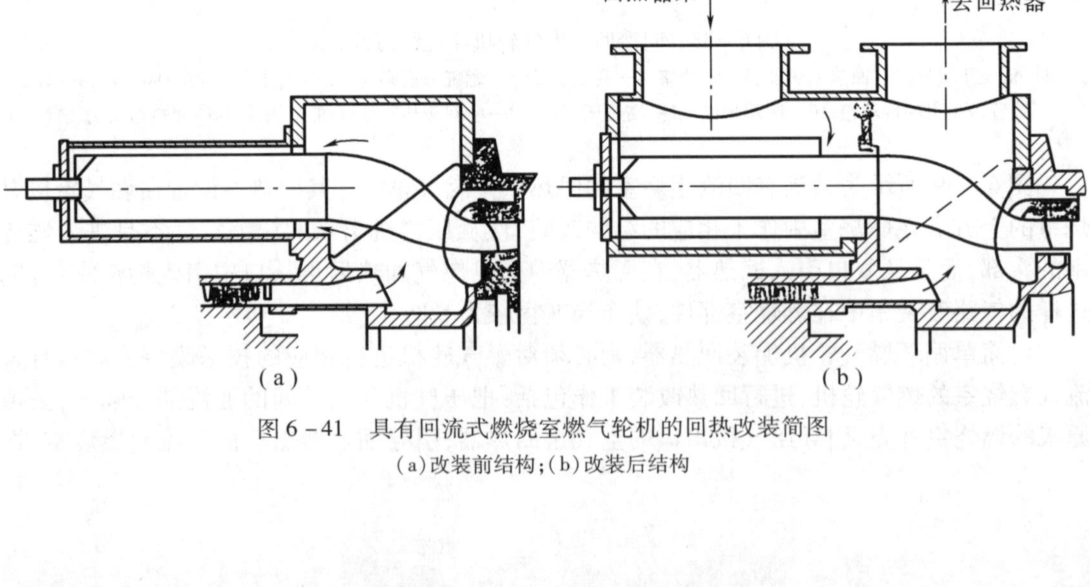

图 6－41　具有回流式燃烧室燃气轮机的回热改装简图

(a)改装前结构；(b)改装后结构

空气出口,和加装与回热器出口对接的空气入口,在燃烧室外套与火焰筒之间加装封气隔板,在火焰筒外加装挡气－导气圆筒,使空气进入火焰筒头部和二次掺混孔。改装工作量不是太大。

回热器的布置取决于燃气轮机功率的大小和回热器的类型。对于大功率燃气轮机,一般比较笨重,应采取较分散的布置;而小功率燃气轮机的回热器,一般较轻巧,应设计成整体式,并采取集中布置方式。

6.7　单元体结构及维修性设计

现代燃气轮机技术先进,但结构越来越复杂,维修费用不断增长,维修人员的工作负担不断加重,统计也表明维修失误又会引起燃气轮机比率很大的故障。为了消除维修造成的故障,必须在设计中尽量减少与消除导致维修故障的隐患。

燃气轮机市场不断扩大,不同用户的维修人员构成不同,技术水平不同,工作条件也不同。例如不同国家维修人员的身体条件不同,工作时的气候条件也不尽相同,对经过适当培训,作适合维修工作并持有维修手册的维修人员,不能在体力等方面提出过高要求。

解决上述问题的办法是在设计中努力改善燃气轮机的维修性,所谓的维修性设计就是在燃气轮机的设计阶段,就考虑到使用产品具有良好的维修性,以便提高产品的可靠性,使用性和经济性。

在燃气轮机维修性设计中进行 HFE(人素工程)分析,即把人的特性和人的能力综合到系统的规划、设计、使用和维修中的一项工程技术。这样可以帮助设计人员确定和了解维修人员情况,不同等级维修工作的环境,从而简化维修工作;减少因维修造成的故障,缩短维修周期。

传统的燃气轮机维修方式是采用定期分级维修。从概率论及可靠性理论出发,根据燃气轮机不同零件发生故障的平均间隔时间确定维修计划,进行舰上小修,基地修理厂定期中修以及到达返修寿命返回制造厂进行大修。

目前,视情维修方式正在逐步完善,并有取代传统的定期维修方式的趋势。采用视情维修的技术基础是建立一整套完备的燃气轮机监测与纪录系统,监测和记录燃气轮机各种参数并把参数输入到计算机数据库与分析系统。经过分析,在显示器屏幕上显示出有关燃气轮机各工作质量评价的信息,说明燃气轮机工作是否良好和有、无故障征兆等。有关管理或技术人员可及时采取适宜的维修技术措施,预防故障发生。无疑这种视情维修方式比传统的定期分级维修可以显示出更大的合理性和先进性,特别是可显著地改善燃气轮机使用中的可靠性。

为了实现燃气轮机视情维修这一目标,除了建立先进的燃气轮机状态监测和记录系统外,燃气轮机还必须采用单元体结构设计思想和其他一些相应的措施。

6.7.1　单元体结构设计

所谓的单元体结构是把一台燃气轮机在结构上分解为若干单元体。而由这些单元体拼合成为一台整体燃气轮机。每个单元体包含燃气轮机的一或两个部件。要求同一单元体在性能和装配尺寸上的规格化,具有互换性,而且单元体之间只有最简单的连接关系。

采用单元体结构设计的燃气轮机给使用和维修带来了极大的方便。通常可以在舰上互换单元体的方法排除个别部件的故障,这就大可不必将整台燃气轮机拆下运到修理厂或制造厂进行返修。这样可以节省大量开支和时间,一般可以将维修周期缩短 2/3。实际上,单元体结构设计的采用,已使燃气轮机的"大修寿命"这个概念变得毫无意义了,取而代之的有意义的变成了各单元之体的大修寿命。由此可见,燃气轮机各单元体的大修寿命可以不一致。只要配合视情维修,适时的更换需要换掉的单元体,则燃气轮机可以突破大修寿命而可靠运行。

在总体设计时,必须周密考虑和安排,保证能在舰上使用条件下单独更换每一个单元体。单元体的转动部件事先应严格地进行静、动平衡,保证在更换单元体或单元体的某个零件时,不会破坏单元体转动件的平衡,以致影响整台燃气轮机的平衡特性,整台燃气轮机的性能。各单元体之间的连接(指传动方面的连接)多采用圆弧端面齿联轴器,以保证再装配时转子间的对中和平衡。

如 FT9 船舶燃气轮机,为了便于在舰上能视情维修,燃气轮机采用了单元体结构设计。整机分成了 11 个单元体,包括 5 个预先平衡好的转子和静子单元体、4 个结构机匣单元体和两个齿轮箱单元体:进气机匣、低压压气机、压气机中机匣、燃气发生器齿轮箱、燃气发生器附件、高压压气机、燃烧室、高压涡轮、涡轮中间机匣、动力涡轮、动力涡轮齿轮箱及附件,如图 6-42 所示。

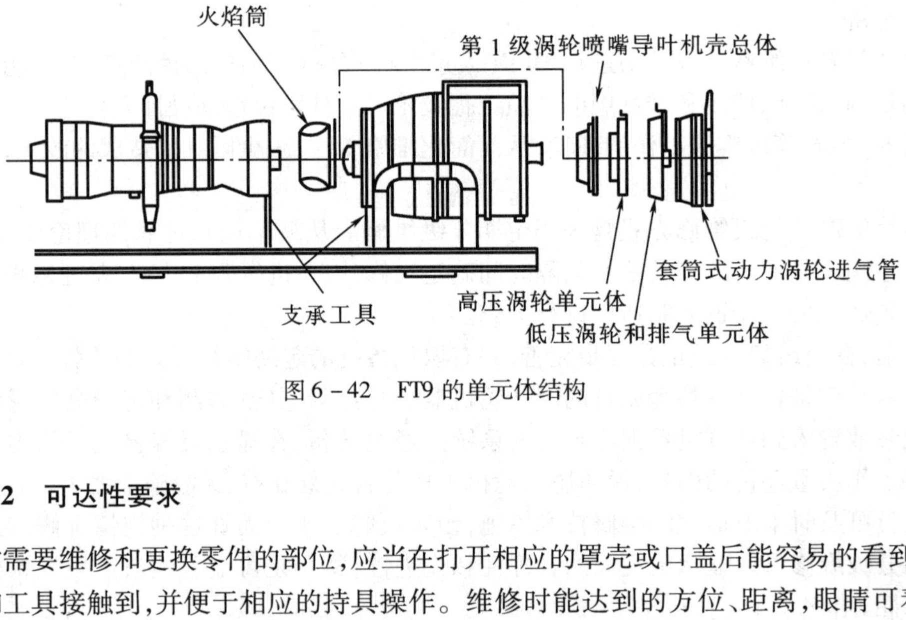

图 6-42　FT9 的单元体结构

6.7.2　可达性要求

经常需要维修和更换零件的部位,应当在打开相应的罩壳或口盖后能容易的看到,并且能用手和工具接触到,并便于相应的持具操作。维修时能达到的方位、距离,眼睛可看见的视线范围,人体与维修空间协调等视为可达性。通过计算机模拟可以预测在不同工作位置和姿势下维修人员力量的大小,各种姿势下举、抓、拉、推物体的数据,评估身体可达性和进行体力分析等,从而发现结构设计中不利于维修保养的情况。通常这些经常需要维护保养或进行零件更换的部分,在设计时应集中安排,以减少罩壳和口盖等的数目。

6.7.3　便于检测

实际使用经验证明,判断故障的时间占总维修时间的 80% 以上。因此,设置各种测试点,采用集中检测台、检测车,利用计算机实现检测自动化,已成为燃气轮机使用、维修的重要内容。采用孔探仪(一种由光学原理制造的用来检查机器内部零件状况的仪器)经燃气轮机机匣预先设置的探视孔,可以检查燃气轮机内部零件,如叶片、轮盘、火焰筒、喷嘴等的故障、损坏、积炭等情况。也可以采用移动 X 光或射线探伤仪对燃气轮机进行穿透或无损检查,以便在舰上及早发现燃烧室火焰筒,高压涡轮叶片上的裂纹。

6.7.4　便于快速更换故障零部件

经常需要拆卸检查的部件、附件,如电机、燃油泵等可采用快卸式卡环与燃气轮机连接。提高零件和组合件的标准化程度,便于准备备件与及时更换。例如各种电子与电气设备的插件、接头等应尽量标准化,以便维修。

6.8　燃气轮机在船舶上的固定

船舶燃气轮机在船舶上的固定有各种形式。但对固定结构的要求都是一致的:

(1)应牢固、稳定、振动小和耐冲击;

(2)应满足受热膨胀不受阻碍;

(3)固定点应靠近燃气轮机主安装节,以便传力路线短,并获得很好的连接刚性;

(4)能保证燃气轮机工作时轴心位置不变;

(5)功率输出轴法兰膨胀位移量应小。

6.8.1　某航空舰改燃气轮机的固定

这是一种充分利用原机型主安装节的简易固定方式,有两种方案。

1. 三支点固定方案

在压气机前机匣、压气机后机匣和动力涡轮支承环处各设一支点,如图 6－43 所示,这种固定方案在压气机前机匣支点处的支点是一个活动的辅助支点,除支承燃气轮机部分质量外,且允许燃气轮机作轴向热膨胀。因在压气机后机匣处的支点为原航机的主安装节,故此固定点为燃气发生器的主承力、传力支点。在这里固定点也作成可径向和轴向膨胀的结构。而动力涡轮处的固定点是船舶燃气轮机主支承固定点。在这里制备了很强的支承环,其上布置有左、右两个可作径向滑动的支撑和纵向滑块。两径向滑动支撑的连线和纵向滑块所在平面的交点即为燃气轮机的支撑死点。这种三支点固定方案对于燃气轮机轴向尺寸较长,又要保证能承受 15 g 的加速度冲击,减少燃气轮机变形是合适的方案。但若安装不当会造成支点受力不均情况。

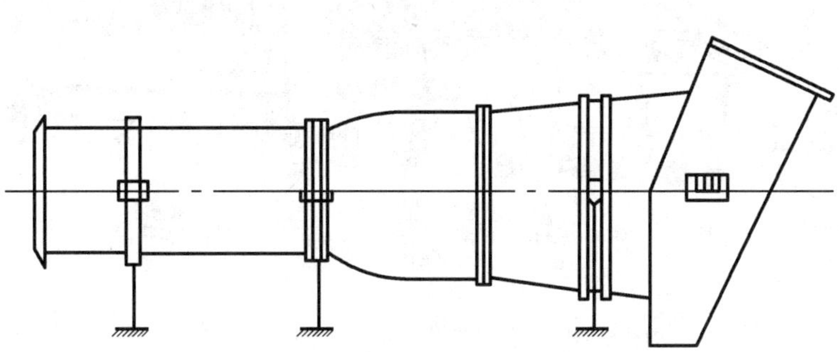

图 6－43　某机的三支点固定方案

2. 两支点固定方案

仅在压气机前机处设一固定点,且容许燃气轮机作轴向和径向膨胀。连同在动力涡轮支撑处的主固定点,构成了有两支点的固定方案,如图 6 - 44 所示。这种固定方案的优点是布置简单、调整容易,不会产生固定调整不当的不均匀受力的情况,其缺点是两固定点间跨距大,与三支点方案比燃气轮机传力方式有所不同,变形较大,故燃烧室机匣的壁厚应适当增加。

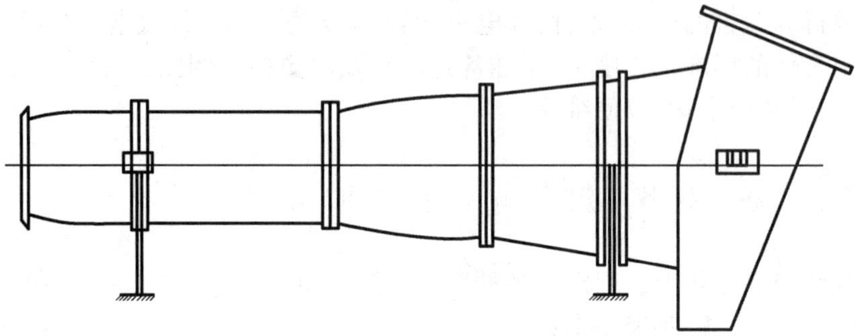

图 6 - 44　某机的两支点固定方案

排气蜗壳受重力和气动力作用。排气蜗壳通过两侧的搭抓固定在基座上,排气蜗壳的前端通过内、外环与动力涡轮支承环滑配合套装在一起。热膨胀时,以基座为死点向前、向后移动而不影响燃气发生器的正常工作。

6.8.2　奥林普斯 TM3B 的固定

英国生产的如奥林普斯 TM3B,太因等船舶燃气轮机。它们在舰上的固定的特点是燃气发生器与动力涡轮之间不作刚性连接,而是用允许相互变形的波纹管挠性地连接在一起。因此与上面介绍的固定方案不同。

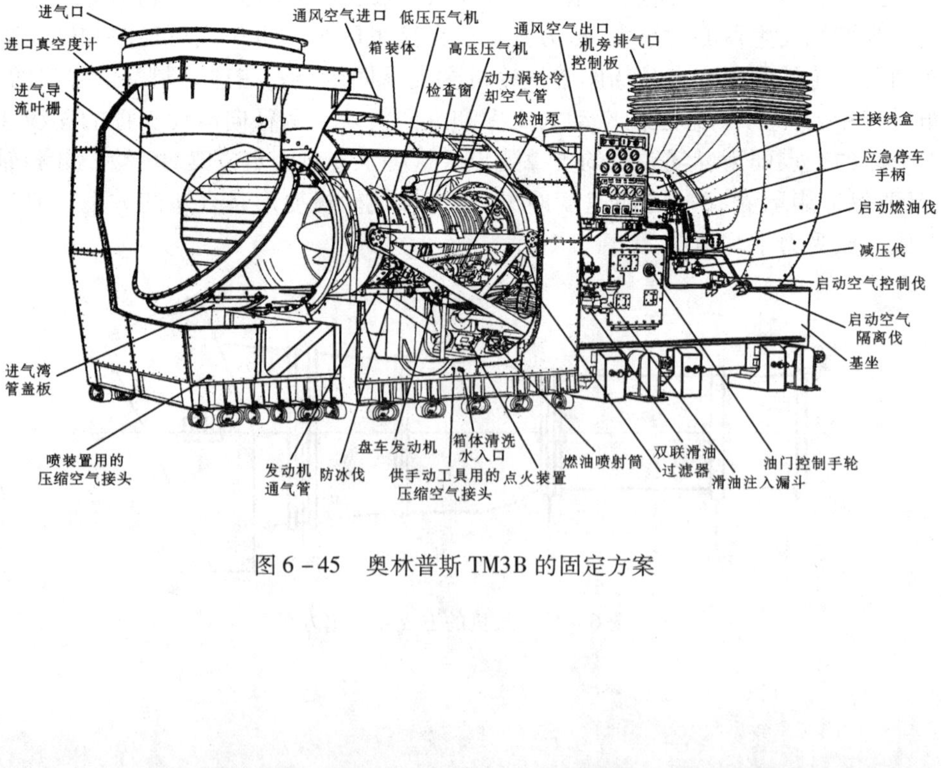

图 6 - 45　奥林普斯 TM3B 的固定方案

图 6－45 所示为奥林普斯 TM3B 燃气发生器和动力涡轮的固定方案。动力涡轮前端用螺栓固紧在一个钢制的支撑环上，此支承环通过一扇形件固定在重型机座上的刚性很强扣门式机架上。在此机架的左、右两侧伸出一个带有加强结构的大型三角架，三角架由直径 ϕ150 mm 的粗钢管焊接而成。三角架与机架用球头连接，球头在三角架上，球座在机架上，燃气发生器在压气机进口机匣和压气机出口机匣处的辅助支点，主节点分别固定在前、后安装环上。这两个安装环通过固定在其上短轴与三角架连接。在机架中部在横向伸出一个三角架，用以支撑钢制支承环。由此可知，其燃气发生器是通过三角架连接在动力涡轮的重型机座上的，燃气发生器与动力涡轮之间仅用挠性的波纹管连接，以便热补偿。这种连接固定方式不但避免了外界直接对燃气发生器的冲击作用（使燃器发生器经受的冲击低于动力涡轮），而且使更换燃气发生器的工作（一般动力涡轮设计成长寿命的，而燃气发生器不可能是长寿命的。因此到寿命的燃气发生器必须更换）变得比较简便易行，而且不需要精确的对中和定位。

6.8.3　斯贝燃气轮机在舰上的固定

图 6－46 所示为斯贝燃气轮机的固定方案。其与奥林普斯 TM3B 的固定方式不同，其燃气发生器不是悬臂的支承在动力涡轮伸出的三角架上，而是采用了前、后两个专用支架来单独支撑的。燃气轮机的主支撑设在动力涡轮处，并且是热膨胀的死点。燃气发生器的前支点允许燃气轮机作轴向热膨胀，而燃气发生器后支点仅允许燃气轮机径向膨胀。

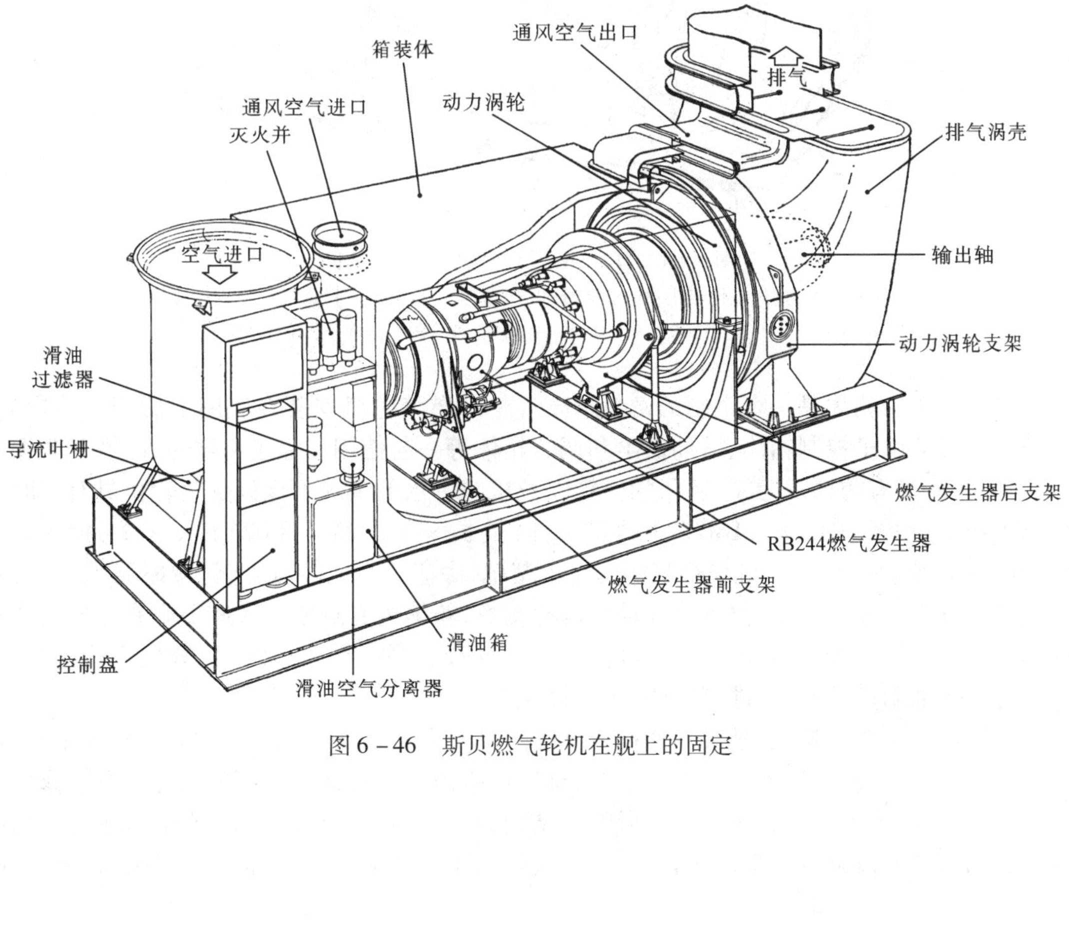

图 6－46　斯贝燃气轮机在舰上的固定

6.9　燃气轮机箱装体

为了使燃气轮机使用方便，又易于实现自动化和遥控，充分发挥其战术性能，目前使用中的船舶燃气轮机几乎全部都采用了组装化应用模式。即将燃气发生器、动力涡轮、进气室、排气蜗壳、燃气轮机附件、电气设备等组装在一个带有防振底座的箱体里，构成一个完整的箱装体（也称燃气轮机模件）。燃气轮机模件在制造厂装配调试好，然后可方便地装舰使用，这样可大大减少燃气轮机在舰上使用前装配工作量，并能很好地保证模件工作的可靠性。箱装体结构有利于隔热、隔音和防振，内部有照明、加热、灭火、通风等设备，大大改善了操机和维护人员的机舱工作条件。

燃气轮机箱装体的设计，将在"船舶动力装置"课程中详细讨论。这里仅就其结构问题作粗略介绍。图 6-47 所示为 LM2500 燃气轮机模件立体图。

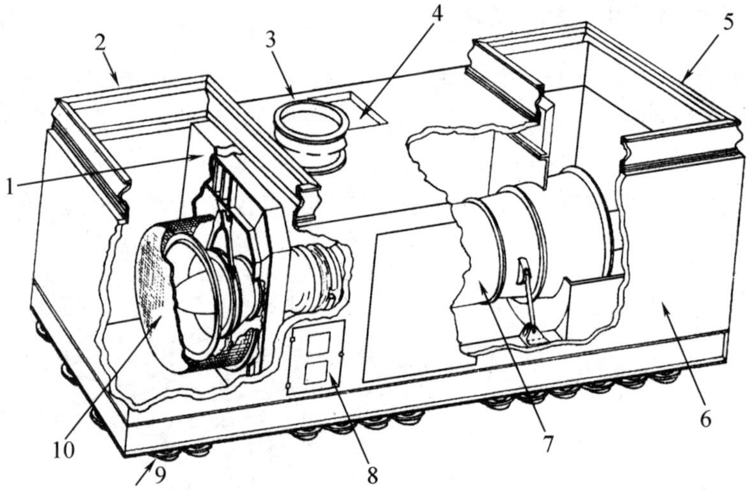

图 6-47　LM2500 燃气轮机模件立体图

1—隔壁；2—进气挠性接头；3—通风冷却空气的挠性接头；4—捡修口；5—排气挠性接头；6—箱体；7—LM2500 燃气轮机；8—检修门；9—抗冲击支承；10—进气滤网

燃气轮机装箱体是一个钢制的密封罩壳。整台燃气轮机安装在底座上后用箱体罩起，和单独装箱的电子控制箱体、滑油供给和调节箱体等一起使用。除了有隔热、隔音和防振功能而外，有的尚有防原子污染、防化学污染以及机舱进水的情况下保证燃气轮机具有短时期可靠工作的功能、作用等。LM2500 的箱装体，其长 × 宽 × 高 = 8 076 mm × 2 640 mm × 2 400 mm。底座是燃气轮机和箱装体的支承基础，底座设有抗冲击支座（减振器）。在底座上装有燃气发生器支撑、蜗壳支撑和动力涡轮支撑，箱体内有隔壁。底座上开有密封的贯穿孔，以安装气管、燃油管、滑油管、控制电缆、测试导线、水管、动力电缆、二氧化碳输送管等。此外还有燃油附件、滑油附件、各种接头和插座等。

箱装体容纳燃气轮机、进气室和排气管的一部分并与动力装置的进、排气装置相连接。这种连接如空气进口、通风冷却空气进口、排气口应使用挠性接头。箱体上还开有捡修口和天窗等，箱体板为带夹层和填料的多层隔音结构，从箱体传出气动和机械噪声很低（在箱体外操机和维护人员可自由交谈，而不致受燃气轮机工作的影响），箱体内还有照明、灭火、电源、手动工具、电源等。

对于装箱体的设计还应注意下面两个问题。

1. 箱装体与基座的减振

为了减少舰体变形和舰船受冲击时对燃气轮机和箱装体的影响，在燃气轮机或箱体的下面装有抗冲击支座（减振器），例如 LM2500 的箱装体下装有 32 个减振器，减振器由标准弹簧支承与叠簧组合而成，并附有挠性衬套。

2. 燃气轮机与箱体的连接

上面已指出，燃气轮机的主固定点一般在动力涡轮部位，这里是燃气轮机的死点。当燃气轮机工作时，因受热会发生向进气口端方向的膨胀。这就要求燃气轮机与箱装体进气隔板之间的连接结构能适应这种膨胀。但燃气轮机与隔板间的密封也是要保证的。因此必须在此处的连接应兼顾适应膨胀和密封两个功能。为此，采用了图 6 - 48 所示的连接结构，这是一种盘式橡胶垫片式的连接。当燃气轮机工作时，因受热膨胀使与其连接的燃气轮机法兰 1 向右端移动。由于橡胶垫片为弹性元件，故可以保证进口密封的情况下轴向移动，满足了上述技术要求。但在使用中要经常检查橡胶垫片是否发生老化和龟裂等损坏，以确保工作时的可靠性。

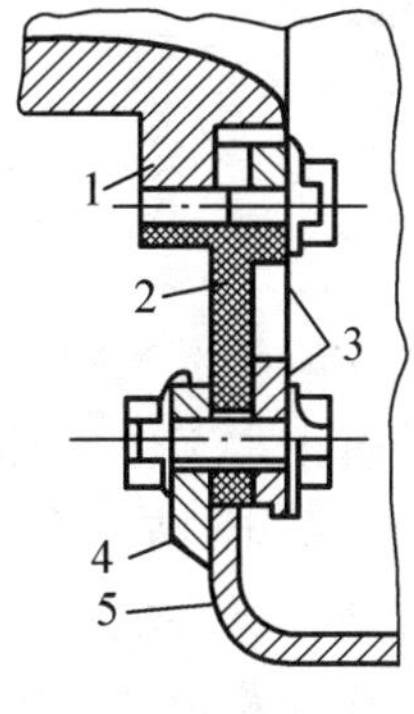

图 6 - 48　燃气轮机与装箱体进气装置处的连接结构

1—燃气轮机法兰；2—橡胶垫片；3—弹簧环；4—箱体法兰；5—箱体

此外，连接装箱体与燃气轮机的各种管路也应当采取相应的热补偿措施，以防止热膨胀造成的管路损坏。

思　考　题

1. 对动力涡轮而言，为减少转子上作用在止推轴承上的轴向力，应采取何种卸荷方式？

2. 燃气轮机上应用的轴承有哪些基本类型，都用在何场合？滚珠止推轴承的内环或外环为什么要做成可分开的结构？

3. 燃气发生器压气机前支点、后支点，及涡轮前支点支承结构各有何特点？

4. 燃气发生器转子的联轴器有哪几种，用在何处？

5. 如何用符号表示燃气发生器转子的支承方案？简述 1 - 2 - 0 三支点支承方案特点。

6. 燃气发生器静子承力系统有哪些典型方案？

7. 回热燃气轮机结构上有何特点？

8. 何谓单元体结构及维修性设计？

第 7 章

燃气轮机附属系统和设备

在船舶燃气轮机中，不仅要有压气机、燃烧室、涡轮等主要部件，而且还要有许多保证燃气轮机正常工作的各种附属系统和设备。如滑油及滑油密封系统、启动系统、燃油系统、空气冷却系统、防冰系统、防喘系统、燃气轮机工况操纵系统、漏油系统、附件传动装置、电气设备、保安及灭火系统、通流清洗系统、盘车装置和压气机进气管前的进气滤清装置等。这些系统和设备包括了许多附件，如燃油泵、燃油自动调节器、滑油泵、油滤、调节活门、油汽分离器、油箱、喷油嘴、燃滑油热交换器、启动机等等附件，其中有一些附件是通过传动装置与燃气轮机主轴连接得到动力进行工作的。实践证明，这些附属系统和设备，包括这些附件工作的正常和可靠与否，会直接影响燃气轮机正常的运行、性能的发挥、工作寿命和可靠性，因此它们受到越来越多的关注。

本章将通过一些典型实例，来说明部分附属系统和设备的组成和工作原理，以及它们在燃气轮机工作中的作用，应当如何安置以及设计的原则等。

应当指出，像通流清洗、进气滤清、盘车装置等内容应当安排在“船舶燃气轮机动力装置”课程中详细讨论，故我们在这里，对这些内容仅作粗略的介绍，其目的是通过这些介绍，使读者了解船舶燃气轮机在海洋条件下工作的特点。

7.1 滑油系统及滑油密封装置

7.1.1 概述

燃气轮机的滑油系统由滑油箱、滑油泵（供油泵和回油泵）、滑油散热器、滑油滤、压差活门、油气分离器离心通风器、磁性捡屑器、滑油喷嘴和导管等组成。

滑油系统的功用如下：

（1）为轴承、齿轮和花键等传动元件工作表面提供适量的滑油进行冷却、润滑，以保证这些传动元件工作正常。

众所周知，这些传动元件在工作时，工作表面产生的摩擦热，以及接受周围高温零件传来的热量，使它们的温度大幅度的提升，要保持它们在正常温度下工作，就必须供油冷却。

（2）这些传动元件的工作表面处（滚动轴承的跑道处，齿轮、花键的啮合处）应避免干摩擦而必须供给滑油形成液体油膜，况且这些工作表面也应当有油膜保护，以防锈蚀。

（3）还有时常把滑油系统的压力滑油用作某些液压装置（如液压作动筒、液力马达等）的动力工质。

（4）工作后的滑油具有较高的温度，可以作为燃气轮机防冰系统的热源。在采用滑油－燃油热交换器的情况下，滑油被冷却，保证系统中滑油温度在规定的数值范围内。同时滑油对燃油有一定的加温作用,对使燃油保证要求的流动性、挥发性等很有好处。燃气轮机工作时,瞬间的滑油中断都会造成极严重的后果,可以说没有滑油系统的保证,燃气轮机是不能正常、可靠工作的。对滑油系统的要求如下:

(1)在各种工况下,滑油系统都应正常工作,以保证供给数量充裕、清洁和压力、温度、黏度等皆符合要求的滑油;

(2)滑油消耗量要小;

(3)在低温条件下,滑油系统能为燃气轮机迅速可靠启动提供保证;

(4)各种滑动附件,特别是要求经常进行调整、清洗的调压活门、油滤,磁性检屑器等附件应设置在便于接近的地方,以便于维护操作;

(5)系统和附件结构应简单,尺寸小、质量轻,工作可靠寿命长。

滑油密封装置的功用是保证燃气轮机转子的轴承、齿轮、花健等传动元件的润滑、冷却具备有良好的工作环境。把滑油系统与燃气轮机通流和大气隔开,以形成一个封闭的滑油系统,这样可以减少高温燃气和空气的混入,减少了对滑油的加温和形成油气混合气。特别是可以减少滑油的消耗量。下面分别讨论燃气轮机的滑油系统和滑油密封装置。

7.1.2　滑油系统

所谓燃气轮机滑油系统就是保证燃气轮机各轴承和传动元件润滑,冷却的滑油供油和回油系统。船舶燃气轮机的滑油系统通常设计成两个独立的系统:燃气发生器部分的滑油系统,也称前滑油系统;动力涡轮及动力装置的主传动装置的减速箱部分的滑油系统,也称后滑油系统。

如果燃气轮机燃气发生器和动力涡轮及减速齿轮箱皆来用滚动轴承,那么这种情况前、后滑油系统合并成一个整体式滑油系统是合理、简捷的,尤其油料品种单一,为油品的使用和管理也带来了方便。例如 LM2500 就采用了这种合二而一的滑油系统。但仍有前、后滑油系统独立工作的设计。原因是燃气发生器使用滚动轴承,而后动力涡轮及减速齿轮箱仍使用滑动轴承。前、后冷却润滑的要求各异,分开设计显然更加合理。

在这里我们仅介绍前滑油系统,尽管后滑油系统也有其特点,但在了解和掌握了前滑油系统的情况下,参阅有关资料不难了解和掌握后滑油系统。

1. 滑油系统的滑油循环量和滑油消耗量

单位时间内供给燃气轮机的滑油量,称为燃气轮机滑油系统的滑油循环量。它的大小在一定程度上决定了滑油系统的各重要参数和布局、方案。滑油循环量的大小主要是根据必须带走的热量来确定的。还要考虑操纵调节、加温等对滑油系统的补充要求。由滑油带走的热量包括轴承、齿轮、花键等传动元件工作表面的摩擦热和相邻高温零件传到轴承、齿轮、花键等传动元件上的热量。它们不仅随燃气轮机工况和外界环境条件而变化,而且与燃气轮机零部件的结构形式密切相关。所以,很难用解析的方法,精确计算出滑油系统的循环量,一般根据统计数据和原准机的经验作参考初定,而在燃气轮机系统调试过程中修正,终定。在燃气发生器部分,每个轴承所需要的滑油量取决于它在燃气发生器的部位、载荷和轴承的 Dn 值(其中 D 为轴承内环内径,n 为转子的最大转速)。低温区工作的前轴承的供油量通常为 1 ~ 2,高温区的中、后轴承的供油量通常一般约占前滑油系统循环量的 20% ~ 50%。后滑油系统的循环量可根据滑动轴承、减速器润滑、冷却计算(液体润滑流体力学计算、摩擦副传热平衡计算等)估计,并由燃气轮机调试过程中修正。通常滑油供油泵的出口压力在(1.961～6.86)×10^4 Pa。单位时间内燃气轮机滑油系统消耗的滑油数量为滑油消耗量。损耗主要包括滑油蒸气经密封装置渗漏到燃气轮机通流中的,及随通气管逸出到外界大气中的滑油。燃气轮机的滑油系统是一个封闭的系统,因而滑油消耗量不大,例如LM2500燃气轮机的最大滑油消耗量仅为0.9 kg/h;平均滑油消耗量仅为0.091 kg/h。这个数值比内燃机要小很多。

2. 斯贝燃气发生器的滑油系统

图7－1所示为斯贝燃气轮机燃气发生器滑油系统图。

斯贝燃气发生器的滑油系统为带有专门滑油箱和散热器的反向循环式滑油系统。该滑油系统的特点是散热器安置在进油路线上。不仅有燃油－滑油散热器,而且还有空气－滑油散热器。通常把散热器放在回油路上称为正向循环。而像斯贝这样把散热器放在进油路上的设计称为反向循环。这种安排的好处是工作后的滑油直接流回滑油箱,便于油气更好的分离,减少了系统中滑油产生泡沫的数量。

供给各轴承、传动元件的滑油量由系统的调压活门和滑油喷嘴孔径来决定,调压活门的一端作用着进油压力,另一端作用着回油压力和弹簧力。当燃气轮机转速超过某特定转速后,活门打开,多余的滑油经活门回到滑油泵进口,从而保证了高转速时,注入各轴承、齿轮等工作表面的滑动压力和流量的恒定。

低压压气机转子前轴承设有专门的回油泵,而且还设置了一个进油泵(限流泵),它们都由低压转子带动。由于在启动时,高压转子先投入运转,静止的前轴承进油泵阻止向前轴承供油,以防止在前轴承回油泵尚未工作,该处封油空气压力尚未建立起来时,滑油进入前轴承,发生大量漏油现象。

在系统中设有压差活门,使供油压力与轴承腔压力之差为常数,即供油压力高于内齿轮箱回油压力,多余的滑油经活门回到滑油箱。在各种工况下,虽然轴承腔压力不断改变,但由于喷嘴前后压差恒定,于是供油量不变。

在滑油温度低于20 ℃时,由于滑油黏度的增大,供给燃气轮机的滑油量显著下降,与压差活门连通的低压压差开关,通过警告灯指示最小滑油压差。在正常情况下,最小滑油压差发生在慢车工况。

滑油箱安置位置高于主滑油泵,因此在燃气轮机处于静止状态时,油箱中的滑油会在重力作用下沿供油管道和泵间隙流到高速齿轮箱内,即发生静态漏油,使油箱变空。为防止这一现象发生,将高速齿轮箱回油泵与其他几级回油泵分开,并由石墨封严装置和封严圈对泵的主动轴及从动轴封严,高速齿轮箱回油由单独油管送回油箱。

系统采取逐级过滤,以保证滑油的清洁。滑油由供油泵打出后,首先经过高压油滤,该油滤可过滤直径0.076 mm的污物,然后滑油在喷嘴前经螺纹油滤,该油滤可过滤直径0.76 mm的污物,以防止由于喷嘴堵塞而发生供油中断事故。在各回油路上装有磁性检屑器,它可将回油中的铁屑微粒吸附其上,定期检查可以判断燃气轮机机件磨损程度和部位,作为机件损坏前的报警,也防止铁屑微粒连续在系统中循环。

为了降低滑油消耗量和满足系统密封的要求,根据转速、温度、封严直径和封严压力的不同,系统采用了篦齿封严、浮动环封严、液压封严、橡胶圈封严和石墨环机械封严等封严装置。

进入轴承腔的封严空气,除前轴承腔和低压涡轮轴承腔由回油泵抽走外,其余各腔的空气由回油泵抽回一部分,大部分则由通气管送往高速齿轮箱。回油泵抽回的油和气,在油箱中的油器分离器上进行分离，分离出来的空气通过管道经辅助齿轮箱到高速齿轮箱，通过离心通风器，将混在空气中的油珠分离出来，留在齿轮箱中，空气则排出。

在燃气轮机、恒速传动装置、喷口滑油系统中均采用了滑油散热器，因为在某些工况，只采用燃油作为冷却介质，不能带走滑油的全部热量，造成滑油温度的逐渐升高，因此用空气作为滑油的第二冷却介质，热滑油首先经过空气冷却的散热器，然后再经过燃油冷却的散热器，以保证滑油系统的散热要求。滑油的温度极限为：

(1) 滑油入口温度 135 ℃（连续），155 ℃（5 min）；

(2) 滑油回油温度 210 ℃。

3. 斯贝滑油系统主要附件

(1) 滑油箱

油箱是不锈钢板冲压焊接件，前部有带刻度的油标，设有注油接头，采用压力注油。

滑油经油箱底部带喇叭状管口的拱形管，通过油箱外部的油滤的供油接头和连接管由主滑油泵供油级抽出。

回油泵将工作后含有大量气泡的高温滑油送回油箱。为了避免空气随滑油继续循环，需将空气从滑油中分离出来。为此，油箱上半部设有油气分离器。该分离器受空间限制分为三层盘，每层盘水平倾斜 5°～10°。回油总管在分离器的上方，该管下半部沿周向间隔开有三排（每排 4 个）长孔。这样就把抽回来的滑油分成三股，分别流向油气分离器的三层盘，当滑油在盘上流动时，油气泡破裂，滑油坠入箱底，含有少量油雾的空气升到油箱顶部。

在油箱上部和下部各装有一个球形活门，两活门壳体之间用管子连接。在正常工作情况下，油箱顶部的球形活门打开，这时处在油箱顶部的油气经箱顶的通气管进入上球活门壳体，然后排到辅助齿轮箱内，而油箱下部的球开活门是关闭的。

(2) 主滑油泵

主滑油泵的功用是向燃气轮机的轴承、齿轮和花健输送滑油，并将冷却润滑后的滑油抽回油箱。主滑油泵如图 7－2 所示，是由一级供油泵和五级回油泵组成。这些泵均装在一个壳体内，用螺桩固定在高速齿轮箱后面最低部位的安装座上，由高速齿轮箱输出轴传动。

齿轮 13 和齿轮 26 通过轴上的花键分别与四个回油泵主动齿轮的内花键啮合。齿轮 20 的内花键同时与齿轮 26 的外花键尾段啮合，因此，当高速齿轮箱输出轴带动齿轮 13 时，同时带转回油泵主动齿轮 18，20，22，24 及供油泵主动齿轮 26。

装在铜衬套的 6 个从动齿轮 1，2，3，4，5 和 9 都装在光轴 7 上，并与其相对应的主动齿轮啮合。光轴是空心的，两端内孔互不相通，其安装位置由定位销 6 确定，润滑用的滑油由供油级出口进入壳体上的油路孔，经心轴一端进到空心光轴内。滑油经轴上的一排孔直接对从动齿轮衬套与光轴的结合而进行润滑，经轴上另一排孔连通各齿轮壳体的内孔对主动齿轮轴与壳体结合面进行润滑。高速齿轮箱回油泵出口的滑油通过壳体上的孔润滑主、从动轴的受磨表面。为了使润滑效果良好，泵后采用小孔节流以提高滑油压力，为了防止静态漏油，从动轴采用橡胶封严圈封严，主动轴采用石墨机械封严装置封严。

齿轮式泵的径向间隙：0.089 mm～0.127 mm。

端面间隙：0.051 mm～0.089 mm。

齿轮材料：S/2NC。

壳体材料：铸铝合金。

在滑油泵壳体上装有安全活门组件，它由活门座 31、活门 30、弹簧 35 和活门座盖 34 组

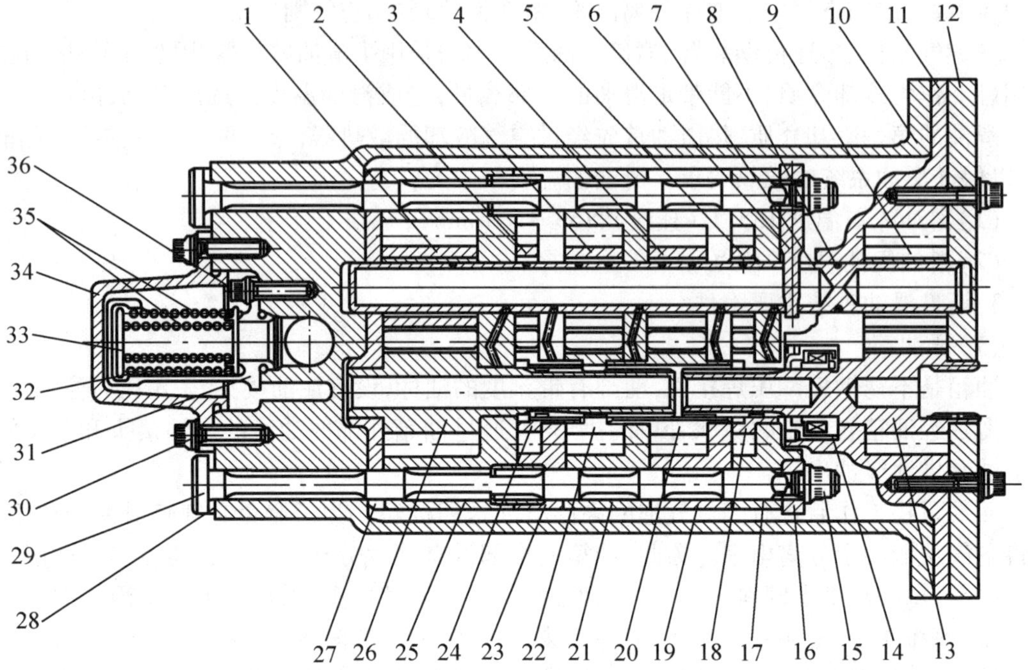

图 7-2　斯贝主滑油泵剖面图

1—增压泵从动齿轮；2—高压涡轮轴承回油泵从动齿轮 3—止推轴承回油泵从动齿轮；4—内齿轮箱回油泵从动齿轮；5—低压涡轮轴承回油泵从动齿轮；6—从动轴定位销；7—滑油泵从动齿轮；8—封严圈；9—高速齿轮箱回油泵从动齿轮；10—滑油泵壳体；11—高速齿轮箱回油泵壳体；12—盖板；13—高速齿轮箱回油泵从动齿轮；14—石墨密封装置；15—螺母；16—止动垫圈；17—低压涡轮轴承回油泵壳体；18—低压涡轮轴承回油泵主动齿轮；19—内齿轮箱回油泵壳体；20—内齿轮箱回油泵主动齿轮；21—止推轴承回油泵壳体；22—止推轴承回油泵主动齿轮；23—高压涡轮轴承回油泵壳体；24—高压涡轮轴承回油泵主动齿轮；25—增压泵壳体；26—增压泵主动齿轮轴；27—增压泵进油端板；28—金属-橡胶封严圈；29—台阶螺钉；30—螺钉；31—高压安全活门座；32—开口环；33—活门；34—活门盖；35—弹簧；36—螺钉

成。通过开口环 32 将活门和弹簧压到活门座内，活门座和座盖用螺钉固定在滑油泵壳体上，结合面处采用封严圈封严。

滑油系统的压差活门组件如图 7-3 所示，安装在油泵壳体下方的活门组件孔内，由活门座 4、活门 5、弹簧 7、调整垫 2、活塞 6 和活塞导向器 1 组成。其感受滑油供油压力和内齿轮箱回油压力之间的压差，压差值超过调定值时，活门打开，防止油压过高。

(3)高压油滤

如图 7-4 所示，其安装在供油路上，用来过滤滑油中的杂质和脏物，保证滑油清洁。

滑油沿滤网外表面进入，大于 80 μm 的杂质被阻留在滤网外面，过网后的滑油从滤网内部向上通过接头流到供油管路。如果杂质过多而将油滤孔部堵塞，那么滤网外部压力将逐渐升高。当压差达到 3.47×10^{5} N/cm^{2} 时，油滤上部的旁通活门 9 即打开，滑油将不经油滤网直接从旁通活门流到供油管路，保证系统供油。

高压油滤用螺栓固定在燃油冷却的滑油散热器壳体上。油滤壳体由铝合金铸造而成，由蒙乃尔合金网丝和硬铝框架组成的滤网组合件安装在壳体内，网丝截面呈梯形，其中一个

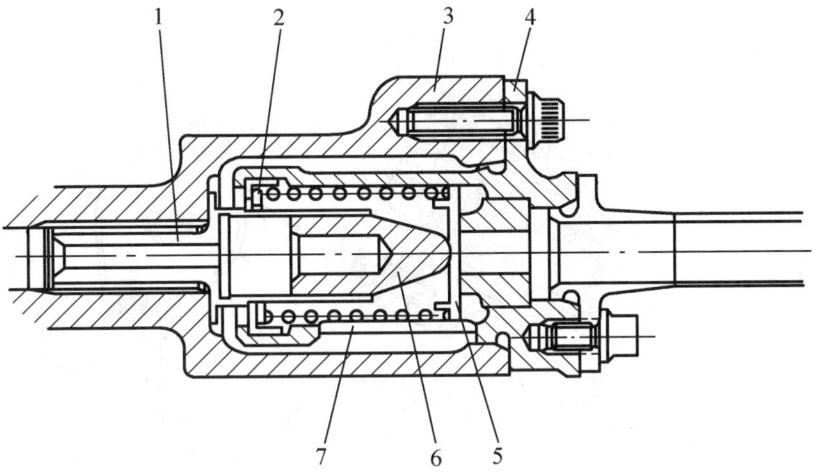

图 7－3　压差活门剖面图

1—活塞导向器;2—调整垫;3—主滑油泵壳体;4—活门座;5—活门;6—活塞,7—弹簧

侧面上每隔 2.794 mm 有一个 0.076 mm 高的锥形凸起,该凸起保证了每圈网丝之间的距离和应有的刚性。网丝的梯形截面和锥形凸起构成了扩散形通道,使得通过滤网的一些杂质不至于卡在通道内。在油滤盖上装有放油活门。

(4)空气冷却的滑油散热器

空气冷却的滑油散热器是由铝合金板料组焊而成,壳体内装有四根波纹扁管,扁管内和扁管之间都焊有波纹板。高温滑油从扁管中流过,冷却空气由扁管外波纹板之间通过,带走滑油热量。

(5)燃油冷却的滑油散热器

其是利用燃油来冷却滑油的换热器,同时使燃油加温防止结冰。在散热器中分为主燃油路和加力燃油两路,图 7－5 所示为燃油冷却的滑油散热器结构图。

散热元件由隔板和许多铝合金管焊接而成,在管外通滑油,管内通燃油。管上压有凹坑使流过的燃油产生涡流以加强热交换能力和增加换热面积。

散热元件 6 和 11 用于发动机滑油的散热,元件 5 用于喷口滑油的散热,元件 8 和 10 用于恒速传动装置滑油的散热。

散热器是蜂窝形的,许多层叠的小管子和横向交错的隔板安装在铝合金壳体中。速度清除油滤由骨架和衬在里面的滤网组成。加力燃油从里到外流到加力燃油系统,主燃油直接从油滤里面(不过滤)流出,同时把附着在速度清除油滤上的污物冲走,带到低压燃油滤去。

在燃油冷却的滑油散热器中,装有一个滑油压力保持活门,以保持散热器内的滑油压力高于燃油压力,从而避免燃油从内部渗漏到滑油中去,引起滑油的污染。燃油冷却的滑油散热器中还装有滑油旁通活门三个,当通过的滑油压降过大时,一部分滑油通过旁通活门直接到滑油出口,以便滑油流过散热元件时,不产生过大的压降。在进口壳体上装有放油活门 4,当取样或清洗换热器时,可以放出散热器中的燃油。

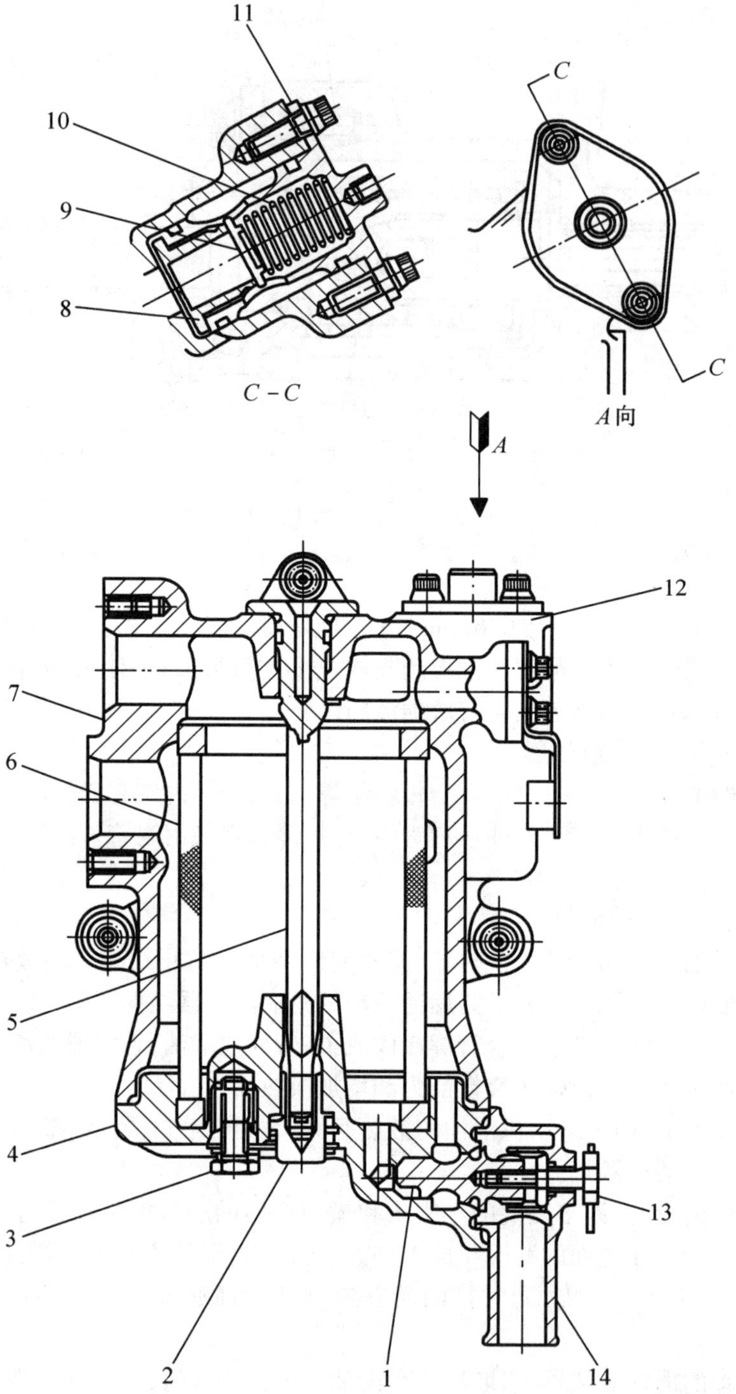

图 7－4　高压滑油滤剖面图

1—滑油漏油活门；2—螺母；3—螺钉；4—滑油滤盖；5—滑油滤中心螺栓；6—滑油滤网；7—滑油滤壳体；8—滑油滤旁通活门套；9—滑油滤旁通活门；10—活门弹簧；11—活门座；12—活门组件；13—漏油活门螺栓；14—漏油活门壳体

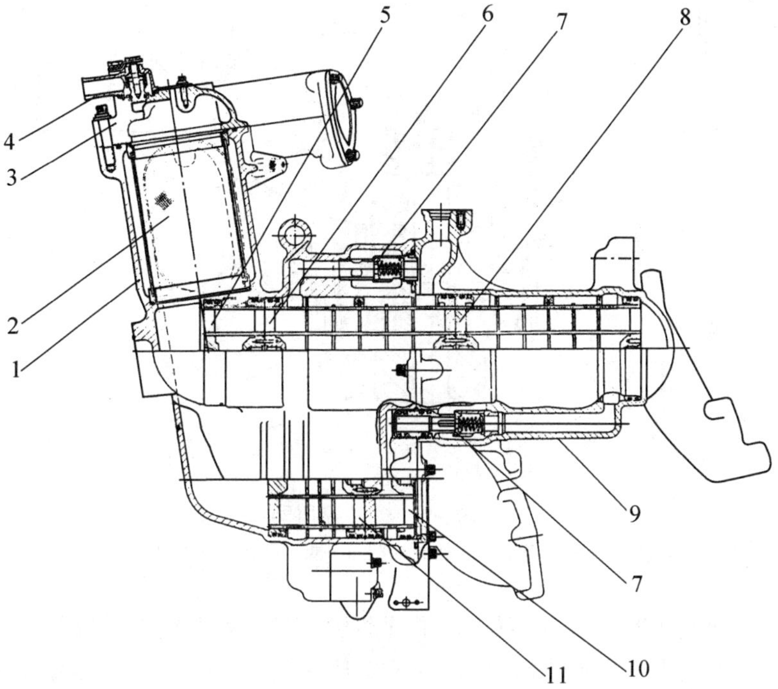

图7－5　燃油冷却的滑油散热器

1—中壳体;2—速度清除油滤;3—燃油进口壳体;4—放油活门;5—喷口滑油散热元件;6—发动机滑油散热元件(主燃油冷却);7—旁通活门;8—恒装滑油散热元件(主燃油冷却);9—燃油出口壳体;10—恒装滑油散热元件(加力燃油冷却);11—发动机滑油散热元件(加力燃油冷却)

(6)磁性捡屑器

在系统的回油路中,装有四个磁性捡屑器,如图7－6所示。滑油流过捡屑器时,其中混杂的金属微粒被吸附在磁性塞上,这样就可以及时发现轴承、齿轮、花键等零件的故障情况,保证滑油清洁和发动机工作安全。

磁性捡屑器由磁性塞、壳体、密封活门、塔形弹簧等组成,磁性塞末端带有滚花手柄,它插在圆柱形壳体内,用两道橡胶圈封严,壳体通过螺钉固定在安装座上。燃气轮机工作时,随时都可以取下磁性塞。磁性塞抽出后,活门靠弹簧自动关闭,防止滑油漏出。

4. 斯贝滑油系统工作(如图7－1所示)

供油泵从油箱抽出滑油后,送入供油管。泵的理论供油量与转速成正比,但由于泵的漏失,实际供油量是随泵的间隙以及压力、温度而变化的,在油泵出口处,设有高压安全活门,用以限制供油压力,防止在启动时,由于滑油黏度很高,泵后管路和附件系统流阻很大,使泵出口压力剧增而造成泵或其他机件损坏。

滑油输送到空气冷却的滑油散热器,热滑油与空气进行热交换,然后通过导管输送到燃油冷却的滑油散热器,滑油与主燃油和加力燃油进行热交换。这样,燃气轮机传给滑油的热量,除空气带走部分外,其余全被燃油带走。一定的工况下,滑油的温度为一定值。这里装有旁通活门,当散热器内滑油通道发生堵塞压差达到时,滑油可不从散热器内流过,而通过

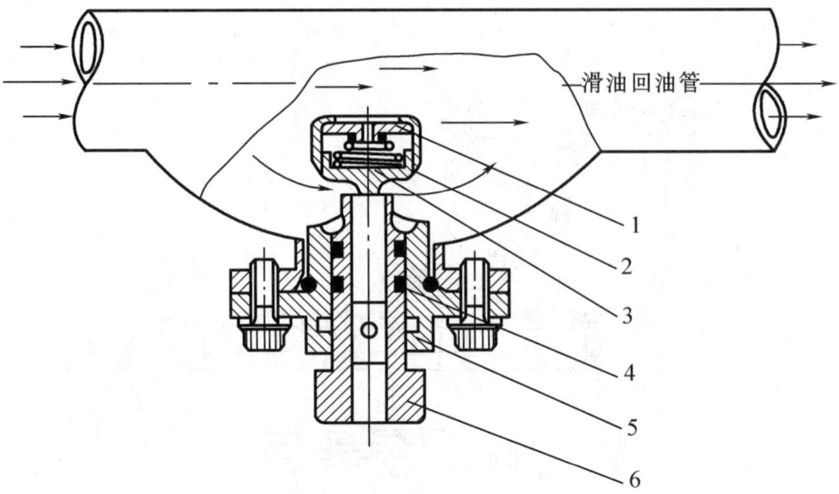

图 7－6　磁性捡屑器

1—弹簧底座;2—塔形弹簧;3—密封活门;4—封严圈;5—磁性壳体;6—弹性塞

旁通活门直接流到散热器出口,从而防止了管路压力过高和滑油中断故障的发生。

从燃油冷却器出来的滑油,经过压差为的定压活门,该活门可将散热器内的滑油压力超过散热器管道内的最大燃油压力。这样即使散热器内管道破裂,只能是滑油进入燃油管道,而燃油不会流到滑油内,从而避免了滑油被污染和因滑油中掺入燃油而引起的燃气轮机失火。燃气轮机刚启动时,压力较低,活门关闭,滑油由四个旁通孔流入供油管道,防止启动时滑油暂时中断现象。

滑油经散热器通过导管到达高压油滤。如同散热器一样,滤网被过多的污物堵住,滤网外面和里面的压差达到时,滑油直接从旁通活门流到油滤出口。过滤后的滑油,通过导管输送到固定在低压压气机机匣安装边上的三通接头 A,然后滑油分两路:一路由导管送到低速齿轮箱下面的接头 B,滑油从这里输送到低速齿轮箱,并同时通过转接管将滑油从一条穿过中介机匣空心支板的油管送到内齿轮箱,另外由导管将滑油送往固定在高速齿轮箱后面的接头 C,滑油从该接头一端,并通过一节流器进入高速齿轮箱的内通道,润滑高速齿轮箱的轴承和齿轮;另一路由导管送往辅助齿轮箱,滑油通过辅助齿轮箱的内油道送往喷嘴、润滑轴承和齿轮。

从接头 C 通过导管将滑油送到装在主滑油泵上的压差活门,活门座内作用有弹簧和感受内齿轮箱回油压力的小活塞,该活门在原航机上起到高空活门作用,同时由接头 C 通过另一导管将滑油输送到转接座 D,然后分成两路:一路通过导管对高压涡轮轴承进行润滑;另一路滑油通过导管和低压涡轮轴承支座整流支板内的转接管到中心滑油管和低压涡轮轴承喷嘴。滑油通过螺旋油滤后由喷嘴喷出,并经轴承内圈上的径向孔时低压涡轮轴承进行润滑。

到中心滑油管的滑油,通过螺旋油滤后,在离心力作用下,从中心滑油管中段、中介轴、锁紧套筒及球形联轴器的径向孔甩出,润滑中介轴承、高压止推轴承和联轴器花键。

通过位于中心滑动油管中段前内的螺纹油滤后,经中介轴承前面的一个径向孔,来润滑低压压气机后轴承,经后面的一个孔将滑油供到高压压气机前轴承。

中心滑油管中的滑油,通过螺纹油滤和前轴承滑油泵体内的油孔到前轴承限流泵。由泵出来的滑油到喷嘴,经轴承内圈径向孔对低压压气机前轴承进行润滑。润滑后的滑油流到泵壳体底部收油池内。滑油经金属网油滤由回油泵抽走,通过中心滑油管和套筒之间的间隙,送到低压压气机后轴承进行补充润滑。

内齿轮箱的收油池,收集润滑过低压压气机后轴承、高压压气机前轴承、内齿轮箱轴承和齿轮的滑油,内齿轮箱回油泵通过中介机匣支板内输油管和外导管将收油池的滑油抽出。泵前有一支路通压差活门活塞座和压差开关。

低压涡轮轴承回油泵通过低压涡轮轴承支座整流支板内的输油管和外导管抽回低压涡轮轴承腔的滑油。

高压止推轴承腔滑油通过扩散机匣支板内的输油管和外导管到底部收油池,然后由止推轴承加油泵通过外导抽回。

内齿轮箱、高压涡轮轴承、低压涡轮轴承、止推轴承四个回油泵抽回的滑油用一根回油管送回油箱。

高速齿轮箱回油泵抽回高速齿轮箱的滑油通过单独导管送回油箱。

辅助齿轮箱由它自己的回油泵将滑油送回油箱。

汇集到油箱回油总管的热滑油,流过油箱的分离器。分离后的油气通过导管,经压差为 $0.205\,8\times10^5$ N/cm^2 的油箱压力活门可以使油箱压力大于供油泵的最小许用压力,从而保证了供油泵的正常工作。

高压止推轴承腔、高压涡轮轴承腔和高压止推轴承收油池的油气,由导管送到高速齿轮箱。

低速齿轮箱的油气通过套在传动轴外的导管到内齿轮箱,同内齿轮箱的油气一起通过套在高速齿轮箱传动轴外面的导管到高速齿轮箱。

高速齿轮箱的油气,由安装在齿轮箱顶部的离心通风器分离,滑油落回齿轮箱,空气则通过空心轴与外导管排入大气。

7.1.3　滑油密封装置

为了确保燃气轮机转子的轴承,齿轮和花键等传动元件滑油冷却、润滑的可靠性,除了必须对它们供给充足、符合要求的滑油外,滑油系统必须与燃气轮机通流部分和外界大气隔离开来,以减少滑油的过量消耗,特别是要杜绝高压热空气进入滑油系统。因此,燃气轮机转子和静子之间应有气流的密封,同时,在轴承处也应当设置滑油密封装置。通常,这种密封装置分为两类:接触式和非接触式密封装置。

1. 接触式密封装置

在轴上装有钢衬套 1,衬套上开出两道凹槽,在凹槽中装涨圈 2,如图 7 - 7 所示。涨圈与衬套槽之间有一小的轴向间隙,衬套上的涨圈槽的侧壁渗氮或渗碳,由涨圈的本身的弹性力压紧在衬套 3 内,保证在工作时涨圈不转动或只有轻微的游动。涨圈靠压差的作用压紧在衬套涨圈槽的侧面上。衬套涨圈槽的侧面要求加工准确,表面光洁保证涨圈密合,且槽侧表面应具有良好耐磨性能。涨圈可用含铬的铸铁制造,表面镀铬,也可以用含锡的可锻青铜制造。前者可在 100 m/s,后者可在 60 m/s ~ 80 m/s 的切线速度下工作。为了保证工作的可靠,涨圈数选择为 2 ~ 3 道,并应使开口错开,涨圈只适合于小压差封严场合下使用。这种密封装置封严效果好,但结构复杂、工艺性差,且不适合大直径、高转速情况。

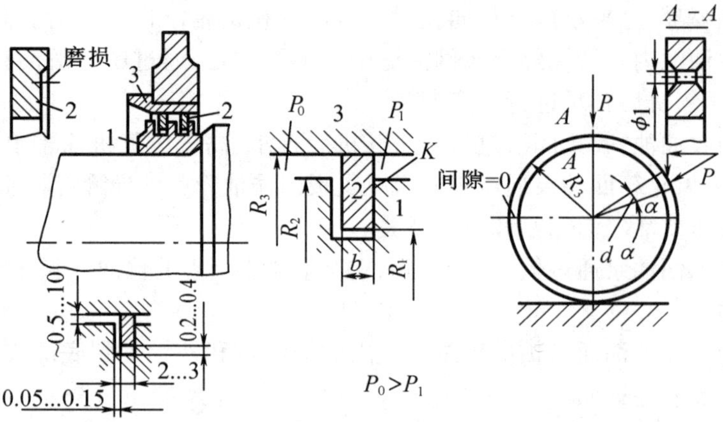

图 7 – 7　接触涨圈式密封装置

1,3—衬套;2—涨圈

高压差端面石墨密封装置如图 7 – 8 所示。这也属于接触式密封一类。为避免高压、高温空气漏入轴承腔,使进入滑油的热负荷维持在允许水平内,在轴承腔处采用了端面石墨密封。密封件为耐温性能很好的石墨环件,工作时石墨环件不转动,靠弹簧和压力差与封严环的端面压紧而起密封作用。这种高压差端面石墨密封装置能在压差为 10×10^{9} Pa、510 ℃、134 m/s 下正常工作且适宜在大直径下使用,且石墨环磨损不严重。

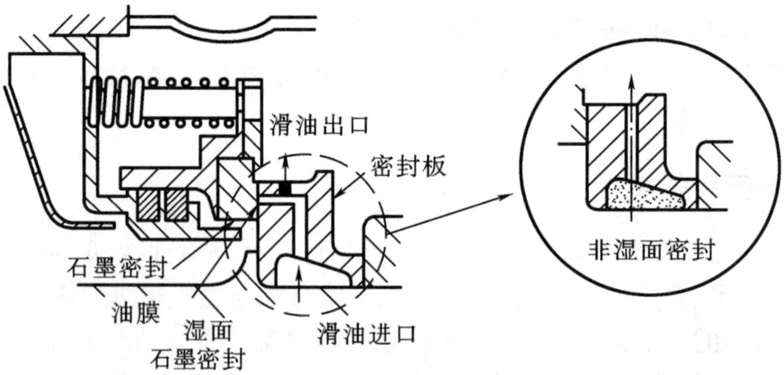

图 7 – 8　高压差端面石墨密封装置

2. 非接触式密封装置

非接触式密封装置靠轴外表面或衬套内表面的小间隙阻止滑油流出。由于结构简单,衬套与轴间不发生摩擦而得到普遍应用。

非接触式密封有两种形式:篦齿迷宫式和螺旋式。前者不仅用于滑油密封而且也用于气流的封严,其结构形式多种多样,在压气机一章的有关章节已作介绍,此处不重复。

螺旋式密封装置是靠刻在轴上或机匣衬套内的多线螺纹来密封的。螺线的方向选为:当轴旋转时,滑油沿螺旋方向流回轴承。

图 7 – 9 所示为螺旋密封螺旋槽的结构形式。螺旋槽的形状应使滑油运动顺畅,又无应

力集中现象。一般皆做成半圆形或矩形的槽,槽的宽 1.5 mm,深约 1.0 mm。密封的效果与螺旋线的条数、径向间隙、螺旋角度和螺距装置的轴向尺寸长、螺距等有关。螺旋线条数多,径向尺寸小,螺旋角小,轴向尺寸长,螺距大,则封油效果好。如果螺线旋的条数太多,使加工困难,故一般不超过 4 条。

非接触式密封的优点是结构简单,加工容易,适合于高转速转子的密封。但在低速条件下,密封效果不佳,容易发生泄漏。

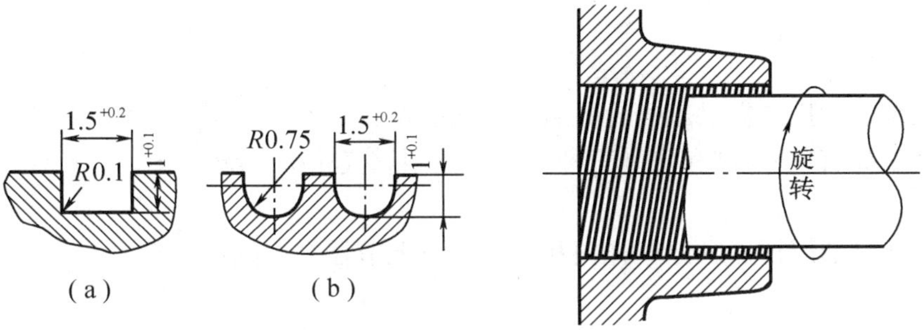

图 7－9　螺旋密封

(a)矩形螺旋槽;(b)圆弧形螺旋槽

随着燃气轮机压比的增大,特别是在涡轮端轴承的油封,在采用非接触密封的条件下,通常都把气封和油封很好地组合起来。往往在两者之间引入高压空气,阻隔热燃气漏入轴承座,避免轴承工作恶化,再则通气后使油封两端压差减小,使油封更加可靠。

7.1.4　先进燃气轮机的滑油系统和滑油密封装置

为了保证燃气轮机安全可靠地工作,一些新设计的燃气轮机采用了先进的滑油系统和封严装置。这类滑油系统具有下述特点。

1. 不在增压油路中设置调压活门

在增压油路中不设调压活门,而仅安装防止冬天启动燃气轮机时油压过大的限压活门。由于没有调压活门,因而供油压力即供油量是随燃气轮机转速的加大而增加的。

2. 备有完善的监测系统

滑油系统备有较全面和完善的监测系统:仪表板上的滑油压力、温度、油箱储油量等,指示仪表、最低滑油压力指示灯及回油滤堵塞指示灯为一类;另一类是维护用的,包括目视油量指示器、进油和回油滤堵塞指示器、回油路和油箱中的磁性捡屑器(也称磁堵)等。此外,维护人员还定期取样进行滑油光谱分析。第三类是试验和排故障用的,采用两套指示油量和油滤堵塞的装置为操机人员及时发现问题,避免人为过失,以便尽快采取技术措施保证燃气轮机正常工作。有了这些监测装置,不仅能保证滑油系统正常工作,而且能监测燃气轮机传动部件,及早发现故障。

3. 在回油总管中装细油滤

在滑油系统回油总管中装细油滤,其过滤度高于进油系统中细油滤的过滤度。由于润滑后的滑油以较清洁状态返回油箱,油箱就成为了净化油箱。在这种情况下,回油总管油滤保证流向轴承、齿轮、花键等处的滑油具有充分的清洁度。且其均带有旁路安全活门。

4. 采用滑油－燃油热交换器

在滑油系统中，热滑油首先加温伺服用高压燃油，再流入到燃油－滑油散热器中进行冷却，以防止用于调节机构与作动筒的高压燃油在管道中冻结。

5. 在滑油密封装置中采用刷封，见第2章中图2－27所示，此处不再赘述。

7.2　燃油系统

7.2.1　概述

燃油系统的功用是提供燃气轮机启动、加速、减速，以及所有稳定工况工作所需要的燃油。它通过手控、自动控制和限制三种方式来控制燃气轮机工况。

1. 手控

操机员通过油门杆操纵停车开关和燃油流量调节器来控制燃气轮机。

2. 自控

为了满足燃气轮机在所有工况所需要的燃油流量，采用了多种自动调节装置。例如当保持油门杆位置不变，而通过燃气轮机的空气流量变化时，燃油流量调节器自动调节供油量，保持燃气轮机转速不变。当燃气轮机加速时，燃油流量调节器自动调节供油的增长率，保证加速迅速、不超温、不喘振；当减速时，燃油流量调节器自动调节供油量的递减率，保证减速迅速，不贫油熄火。在启动时，通过启动放油活门自动放出部分燃油，防止超温。

3. 限制

外界条件发生变化时，为保持高压转子转速不变，将会引起低压转子、燃气初温等发生变化，甚至超过允许值，故采用限制器限制低压转子转速、涡轮后燃气温度、压气机出口压力、温度，使它们不超过允许值，确保燃气轮机工作安全。

燃油系统可按功用分为主燃油系统、启动燃油系统和漏油系统。后两个系统我们这里不介绍，主燃油系统也只作简介。

通常主燃油系统分为供油和调节两大部分。主燃油系统由燃油箱、燃油滤、低压燃油泵、燃油加温器（兼作滑油冷却器用）、高压燃油泵、燃油流量调节器、燃油分配器、燃油总管、燃油喷嘴和多种限制器等组成。一般又以高压燃油泵为界把主燃油系统分为低压和高压两部分。

主燃油系统低压部分的作用是向高压燃油泵输送一定压力、温度和流量的燃油。这部分除油箱、油滤、燃油加温器等元件外，最主要的元件是低压燃油泵。一般采用离心泵充当低压燃油泵，对它的要求是能在尺寸小的条件下，提供大的燃油流量，抗污染能力强、工作可靠、寿命长、供油无脉动。需要低压燃油泵向高压燃油泵供油的主要目的是为了防止气蚀现象的发生。所谓气蚀现象就是在燃油泵进口燃油压力过低的情况下，泵中的燃油充填不良，油压低于该温度下饱和蒸汽压，燃油沸腾，同时溶于燃油中的气体也会析出，造成大量气泡。含有气泡的燃油进入到泵高压区时，气泡受压破裂。当气泡被挤破时，燃油会以很高的压力冲向气泡中心，造成局部高温、高压，从而使泵元件受到浸蚀破坏。同时，会产生燃油的倒流，压力脉动，供油量下降和泵工作的不稳定。因而发生气蚀现象时，泵的正常工作遭到了破坏，这是不能允许的。由于采用了低压燃油泵，有效地提高了高压燃油泵的进口的燃油压力，改善了高压泵的充填状况，因而可以有效地避免气蚀在高压燃油泵处的发生。

燃油滤通常采用毛毡式、金属丝网式和波纹纸式的油滤。其作用是防止燃油中的外来夹杂物进入燃油系统的增压和调节部分、燃油总管和喷嘴部分。以工作后的滑油为热媒的燃油加温器的作用,则是防止燃油结冰和增加燃油的流动性和挥发性。

燃油系统高压部分则完成主燃油系统的基本功能,即定量调节控制供给燃烧室所需的供油量,适应燃气轮机各种使用工况的技术要求。通常高压燃油泵有两种形式:变行程的柱塞油泵和恒量供油的齿轮式泵。柱塞式泵中柱塞的行程由斜盘的倾斜角确定,斜盘与伺服活塞(燃油自动调节器中的执行元件)机械连接,伺服活塞的位移改变了斜盘的倾斜角度。在伺服活塞的一端作用着弹簧力和伺服力,另一端作用着油泵出口油压。伺服活塞两端的力差使活塞移动,相应地改变了斜盘的倾斜角度也就改变了柱塞行程和供油量。齿轮式泵,其供油量与转速成正比,调节齿轮泵供油量的方法是由分油活门控制泵出口的分流量,使一部分燃油流到泵的入口,其余部分才进入燃油总管和喷嘴,该分油活门是感受系统内调节装置两侧的压差,并根据工况需要开启或关闭回油活门的开度来调节回油量。

通常由燃油自动调节器、高压燃油泵、油门开关、燃油分配器及其他限制器等集合而成,构成一套所谓的燃油附件系统来调节、控制燃油喷嘴的供应量。

燃油自动调节器是用来完成燃气轮机调节任务的一套自动装置,例如,调节燃气轮机转速的自动装置称为转速调节器;调节燃气轮机加、减速过程的自动装置称为加速、减速调节器等,调节器通常由敏感元件、放大元件和执行元件三部分组成。

燃气轮机和调节器构成了调节系统。这个调节系统的基本任务是:当外界条件改变给燃气轮机带来任何干扰,或者当舰船航行需要改变燃气轮机工况时,通过该调节系统使燃气轮机以一定的准确度自动保持给定的工况或按预先给定的规律改变工况。关于“自动调节原理和调节器”方面的详细讨论,将在专门的课程中进行,此处不予介绍。

根据船舶燃气轮机工作特点和运行要求,通常对自动调节系统的基本要求是:

(1)应能保证系统稳定工作;

(2)保证燃气轮机安全可靠工作;

(3)调节品质符合要求;

(4)调节器结构简单,质量轻、体积小;

(5)操纵、控制、简易。

7.2.2　斯贝主燃油系统

斯贝主燃油系统由 RLB－4 低压燃油泵、HZS－1 燃油冷却的滑油散热器、燃油冷却的空气散热器、RL－3 低压燃油滤、RZB－1 高压燃油泵、RT－18 燃油流量调节器、RST－2 低压轴转速控制器、RGK－1 高压停车开关,以及 78001－04000 燃油流量传感器和喷嘴等组成。

由油箱来的燃油进入低压燃油泵,经油泵增压后进入燃油冷却的滑油散热器,在散热器中分为两路,一路经过速度清除油滤过滤后到加力燃油系统。另一路由速度清除油滤流到燃油冷却的空气散热器,再经低压燃油滤到高压燃油泵,增压后输送到燃油流量调节器,调节器调节燃气轮机的燃油流量,并把燃油分别供给主油路和副油路。

供往副油路的燃油直接通过高压燃油停车开关,到副油路总管,经副喷嘴喷入燃烧室。

通过主油路的燃油经低压轴转速控制器、停车开关和流量计传感器进入主燃油总管通过主喷嘴喷入燃烧室。

斯贝主燃油控制系统的主要附件如下。

1. RLB－4 低压燃油泵

离心式低压油泵提高来自油箱的燃油的压力，防止高压油泵产生气蚀现象。如图 7－10 所示为的低压燃油泵的结构。壳体 1 为铸铝制件，内装有两个石墨轴承 2，用来支承叶轮轴 4。

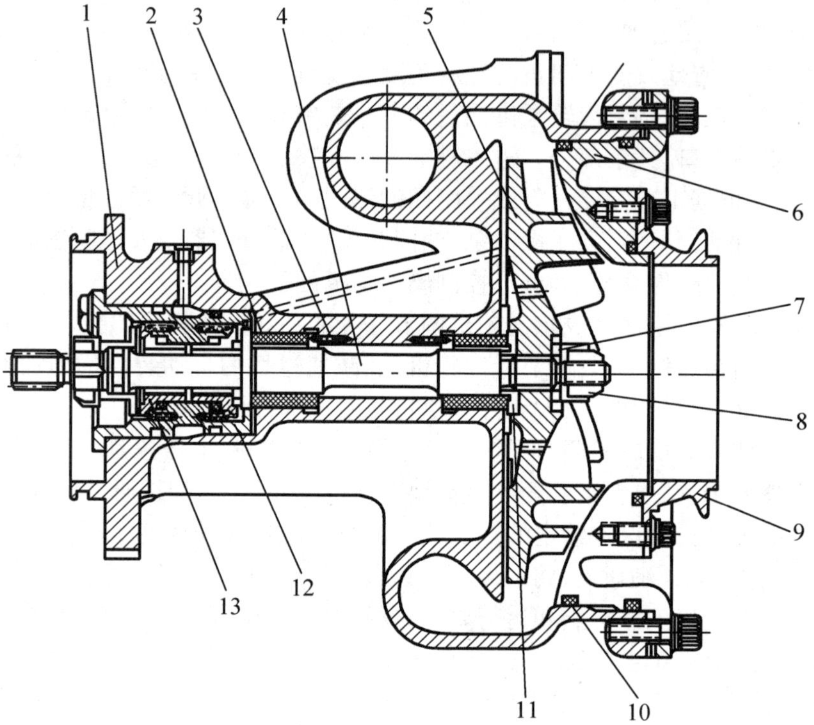

图 7－10　RLB－4　低压燃油泵结构图

1—壳体；2—石墨轴承；3—销；4—轴；5—叶轮；6—进口壳体；7—垫圈；8—螺帽；9—转接安装边；10—封严圈；11—调整垫圈；12—密封衬套；13—密封装置

石墨轴承用销子固定，防止转动。钢叶轮 5 有八个后弯式叶片，叶轮通过花键由钢轴 4 传动。石墨轴承由燃油进行润滑。

2. RL－3 低压燃油滤

低压燃油滤把从空气散热器流来的燃油进行过滤后输入高压油泵。如图 7－11 所示为低压燃油滤的结构。它由一个可更换的纸制滤芯 4、壳体 3、止动器 2 等组成。在壳体盖上装有放油活门 5，可放出油滤中的燃油。壳体上装有一个压差开关，用于油滤阻塞报警。由燃油冷却器空气散热器来的燃油进入壳体内的过滤元件的外部，经过滤后，从过滤元件内部经出口接头流出。

3. REB－1 高压燃油泵（如图 7－12 所示）

REB－1 高压燃油泵是变行程的柱塞泵，它将燃油增压后送入燃油流量调节器和其他伺服油路，它由转子 15、分油盘 18、柱塞 11、保持架 10、斜盘 29、随动活塞 24、安全活门 23 和

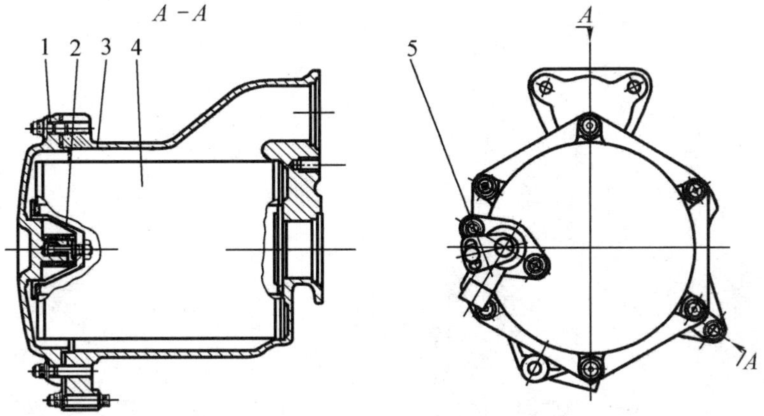

图 7－11　RL－3 低压燃油滤结构图
1—盖;2—止动器;3—壳体;4—滤芯;5—放油活门

壳体 14 等组成。

转子是钢制件,开有 7 个柱塞孔,孔内镶有石墨衬套 16。转子的两端支承在石墨轴承 7 和 17 上,端面顶在有进、出油孔的分油盘 18 上,分油盘为钢件,与转子端面相接触的表面粘有石墨衬垫,为油泵转子提供良好的支承并提高了端面的耐磨能力。

7 个空心的钢制柱塞,每个柱塞内有一柱塞弹簧,转子旋转时,在斜盘作用下柱塞作往复运动。油泵每转一转柱塞排出等于其通过容积的燃油量。柱塞的一端是球头,球头上的滚配一个摇头 12,摇头的凹球面镀银,头部支承面上粘有石墨衬垫,柱塞弹簧使摇头在转子旋转时始终同斜盘接触。

随动活塞 24 通过一连杆与斜盘凸耳相连,斜盘支承在泵体两侧的耳轴上,摆动角度在 0°～15°之间,最大斜盘角由可调止动钉 13 调定。燃油流量调节器前的燃油压力作用在活塞左边,低压轴转速控制器的燃油压力和弹簧力作用在活塞右边。当通过燃油流量调节器和低压轴转速控制器的燃油压降发生变化时,随动活塞就移动,达到一个新的平衡位置,这样就改变了供油量。

4. RT－18 燃油流量调节器(如图 7－13 所示)

它的功用是:当油门杆位置不变时,根据外界条件的变化,自动调节供油量,保持高压转子转速不变;当油门杆改变时,根据高压转子转速,高压压气机进、出口压力,按加速(或减速)供油曲线改变供油量,保证燃气轮机从一个转速安全迅速地加速(或减速)到油门杆位置相应的转速。此外,还限制和不超过限制值,以保证燃气轮机安全工作。

其包括如下环节(仅指出功用和组成,而不详细讨论结构)。

(1)转速控制器

转速控制器根据油门杆位置,确定燃油的有效通流面积,保证燃油轮机所需要的转速。转速控制器由离心飞重 21、调节器套筒 18、变计量油孔套筒 15、油门控制机构等构成。

(2)压差控制器

压差控制器感受变计量油孔前后的油压差,调节高压燃油泵的流量,以保证变计量油孔前后油压差与高压转子转速的平方成正比,它由离心飞量 29 和压差活门 27 以及活门套筒 28 等组成。

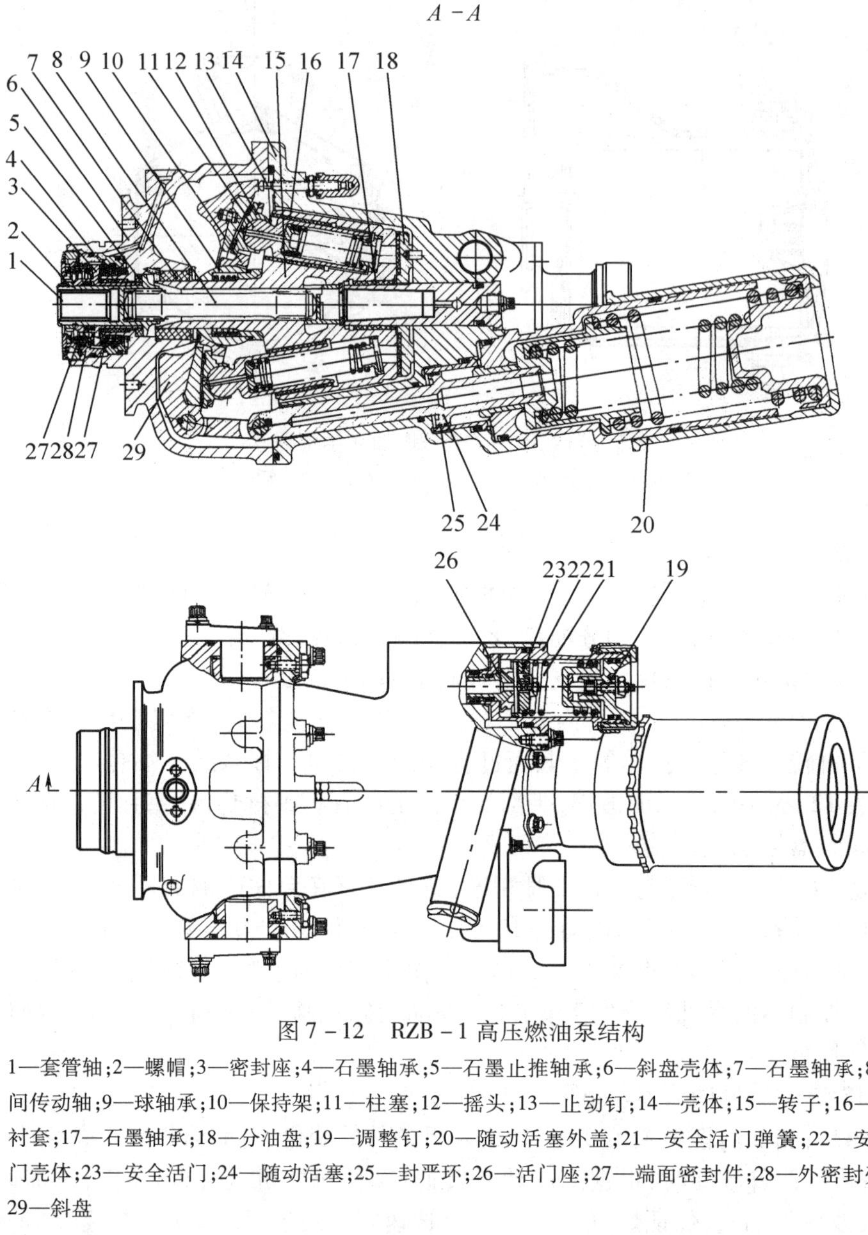

图 7 - 12　RZB - 1 高压燃油泵结构

1—套管轴;2—螺帽;3—密封座;4—石墨轴承;5—石墨止推轴承;6—斜盘壳体;7—石墨轴承;8—中间传动轴;9—球轴承;10—保持架;11—柱塞;12—摇头;13—止动钉;14—壳体;15—转子;16—石墨衬套;17—石墨轴承;18—分油盘;19—调整钉;20—随动活塞外盖;21—安全活门弹簧;22—安全活门壳体;23—安全活门;24—随动活塞;25—封严环;26—活门座;27—端面密封件;28—外密封壳体;29—斜盘

(3)膜盒组件和杠杆系统

膜盒组件的功用是按照高压压气机进口压力和出口压力与燃气轮机需油量的对应关系,调节变计量油孔套筒位置,从而调节供油量。膜盒组件通过膜盒杠杆 1 使平衡套筒和变计量油孔套筒作往复运动。

(4)空气分压器

空气分压器的作用是使 $P_3/P_{3分压}$ 随 P_3 的增加而增加,使膜盒组件按一定函数关系改变计量油孔开度。保证供油特性,满足燃气轮机加、减速与稳定工作要求,同时不引起压气机喘振。空气分压器由文氏管前的一个节流嘴和文氏管 19 组成。

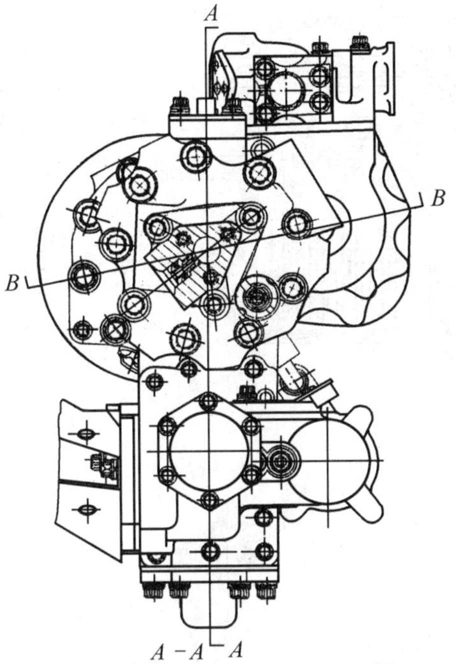
A
B
B
A

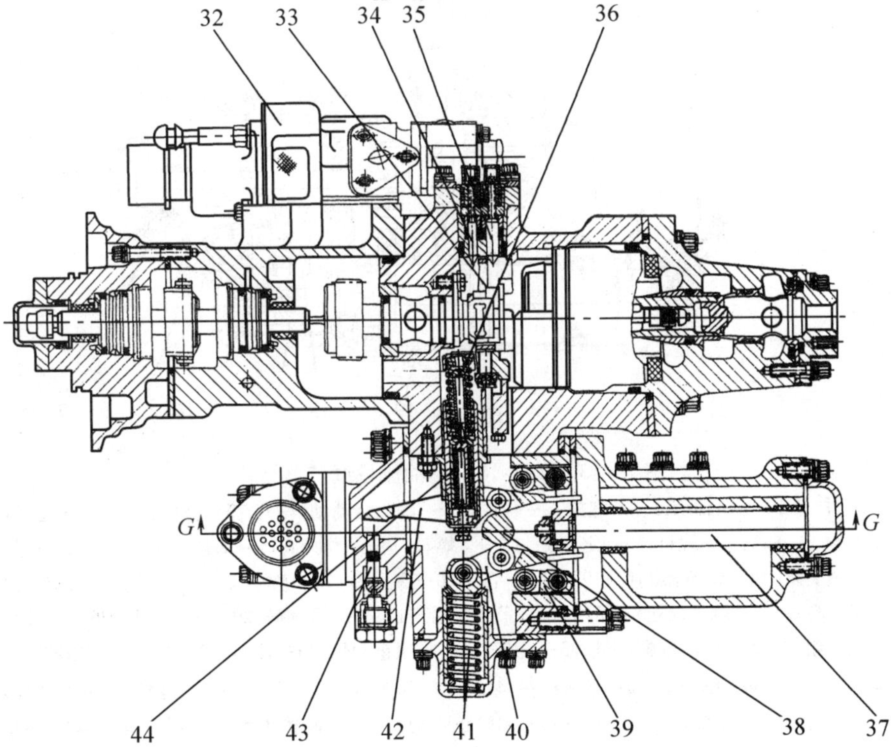
A－A
32
33
34
35
36
G
G
44
43
42
41
40
39
38
37

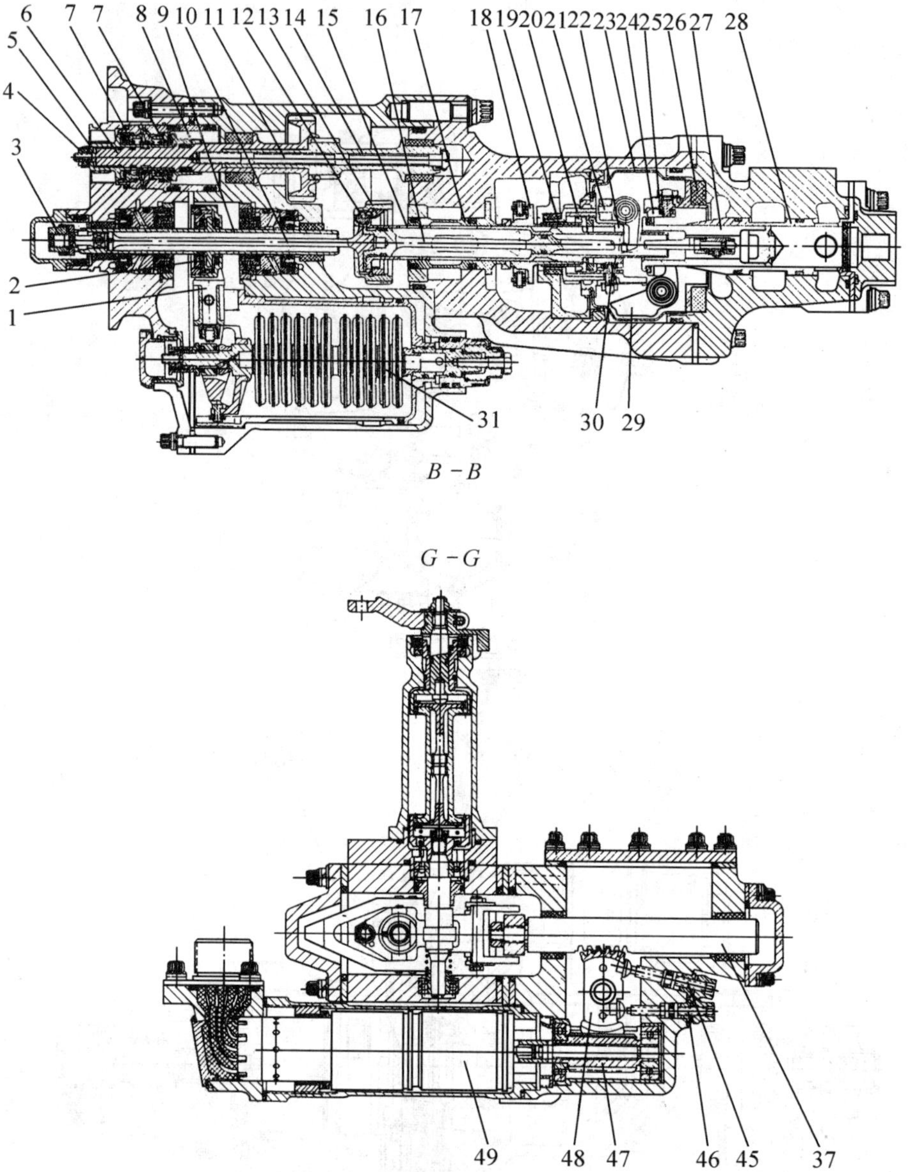

图 7 - 13　RT - 18　燃油流量调节器结构

1—膜盒杠杆 2—石墨轴承；3，4—螺帽；5—联轴器；6—输入传动轴；7—石墨封严件；8—输入轴套；9—平衡套筒；10—轴；11—螺钉；12—定位销；13—圆螺母；14—传动轴；15—变计量油孔套筒；16—轴；17—计量套筒；18—调节器套筒；19—缓冲活塞；20—飞重座；21—离心飞重；22—推力环；23—罩；24—推力环；25—球轴承；26—石墨轴承；27—压差活门；28—活门套筒；29—离心飞重；30—球轴承；31—膜盒组件；32—P_3 限制器组件；33—托架；34—减速止动钉；35—控制弹簧；36—控制弹簧；37—齿条；38—凸轮；39—随动架；40—平衡杠杆；41—平衡弹簧；42—杠杆；43—慢车螺钉；44—温度补偿器；45—最大修正（最大调整）止动钉；46—无修正止动钉（不可调整止动钉）；47—蜗杆；48—蜗轮；49—作动器

(5)限制器(如图 7－14 所示)

限制器由波纹管 6,弹簧加载活门 15,杠杆 13,平衡弹簧 7 和基准再调装置等组成。

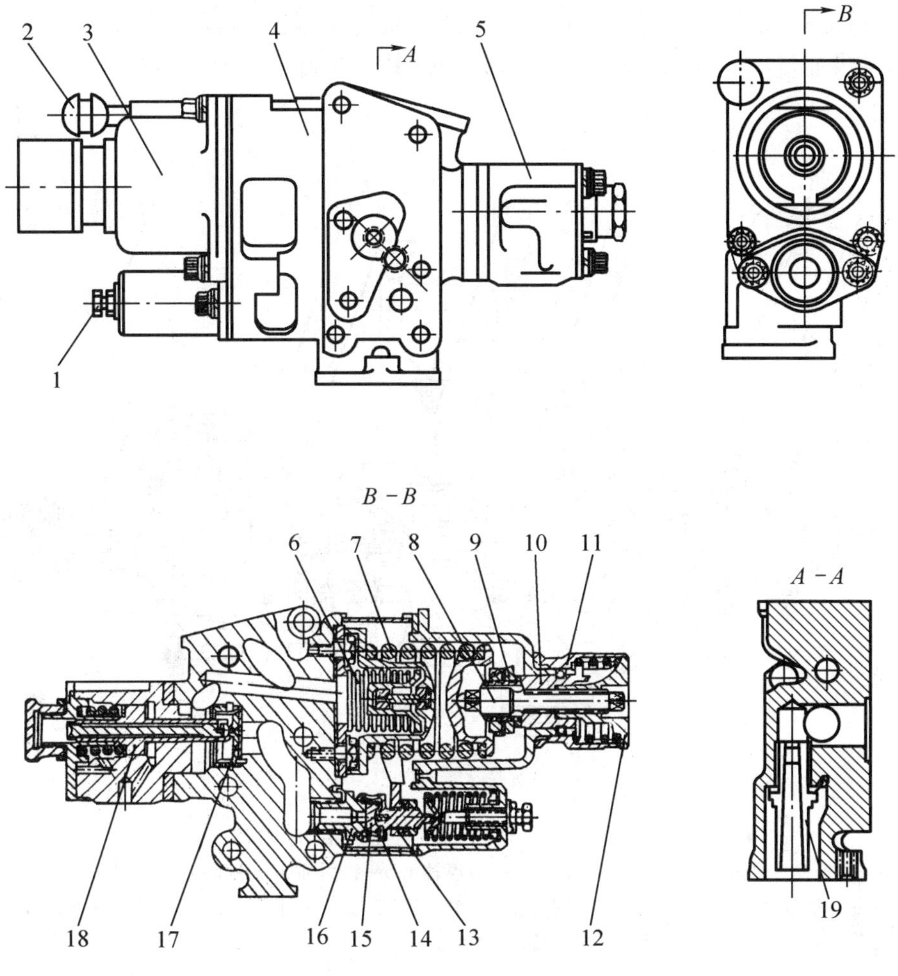

图 7－14　P_3 限制器结构

1—调整螺钉;2—工具螺钉;3—弹簧壳体;4—限制器壳体;5—活塞壳体;6—波纹管;7—平衡弹簧;8—再调螺钉;9—止动板;10—调整钉外套;11—锁套;12—螺堵;13—杠杆;14—锥形弹簧;15—活门;16—放气嘴;17—节流孔板;18—附面层控制再调活塞;19—文氏管

(6)温度控制器

温度控制器能自动调节供油量,使温度不超过允许值。

(7)输入传动、密封件和齿轮传动系统

由高速齿轮箱传动燃油流量调节器的输入联轴器 5(如图 7－13 所示),联轴器的花键与输入传动轴 6 相配合,并用螺帽 4 固定。一个大齿轮同输入轴做成一体,一个同传动轴 14 做成一体的较小齿轮用螺钉 11 连到传动轴 6 上,大齿轮通过两头各带一个齿轮的控制器传动轴增速传动控制器转子,转子的转速为输入轴转速的 1.65 倍。

较小齿轮通过中间传动轴减速传动变计量油孔套筒 15,套筒转速为输入转速的 0.177 倍。

5. RST－2 低压轴转速控制器

它是一个离心飞重式控制器，如图 7－15 所示。主要由离心飞重 6，计量活门 9，平衡弹簧 13 和基础再调装置等组成。当低压转子转速大到最大允许值时，飞重轴向力使计量活门右移，关小进油孔，使燃油流过低压轴控制器的压差增大，高压泵随动活塞两端压差增大，使高压燃油泵供油量减少，从而控制低压轴转速，使其不超过限制值。

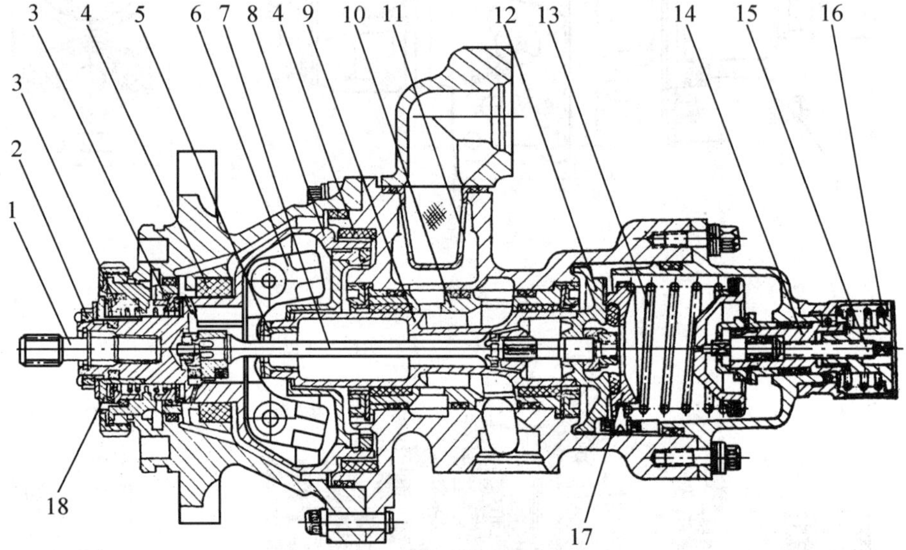

图 7－15　低压轴转速控制器结构

1—花键轴；2—螺帽；3—石墨端面密封件；4—石墨轴承 5—推力环；6—飞重；7—传动轴；8—飞重壳体；9—计量活门；10—活门衬套；11—网状油滤；12—阻尼活塞；13—平衡弹簧；14—再调柱塞；15—调整螺钉；16—堵塞；17—平衡弹簧座；18—密封保持架

6. RTK－1 高压燃油停车开关（如图 7－16 所示）

RTK－1 高压燃油停车开关用来接通和切断通到燃油喷嘴的高压燃油。其为一柱塞式开关，由壳体 1、齿轮轴 2、柱塞 3、和单向活门 4 等组成。

油门操纵杆通过连杆和凸轮箱带动齿轮轴转动，齿轮轴通过柱塞 3 上的齿条操纵柱塞往复运动，使停车开关处于打开或关闭状态。

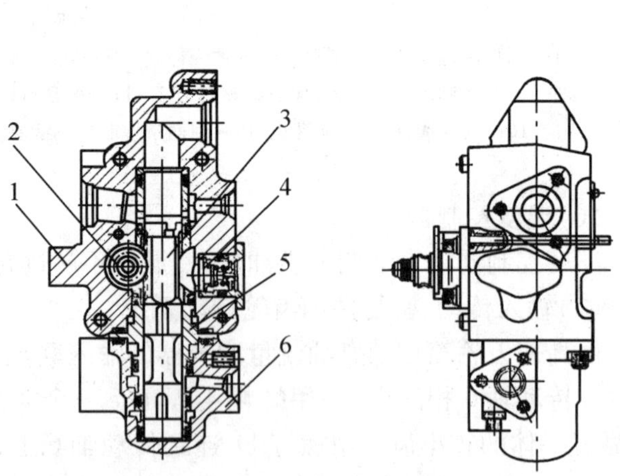

图 7－16　高压燃油停车开关结构图

1—壳体；2—齿轮轴；3—柱塞；4—单向活门；5—柱塞衬套；6—盖

停车开关处于打开位置时，从主、副油路来的燃油分别经停车开关的主、副油路到主、副燃油总管。其中主油路燃油进入停车开关壳体后，另有一旁通至高压燃油泵随动活塞右室，它不受停车开关控制。在停车开关打开时，主、副油路，主、副燃油总管，随动活塞右室的回油或漏油均被切断。

停车开关处于关闭位置时，主、副供油路来的燃油，随动活塞右室的燃油均通过单向活门回到低压燃油滤出口接头，主燃油总管中剩余的燃油通过柱塞中心孔和副燃油总管的剩余燃油一起经下腔流往漏油系统。

7. 启动放油电磁活门

它安装在燃油流量调节器上，其线圈与启动控制继电器的线圈并联，经过继电器的触点与电源相接。活门的进油口与燃油流量调节器的高压燃油副油路出口相通，活门的出油口通向低压燃油泵进口。在启动过程的开始和结束，放油活门与启动控制继电器同时被接通和切断，使得燃气轮机启动期间，从燃油流量调节器供给副油路的燃油被活门放掉一部分，以避免燃烧室富油。

7.2.3　斯贝燃油系统的工作（从略）

(1) 启动过程中的供油调节；

(2) 加速过程的调节；

(3) 减速过程的调节；

(4) 稳定工作时供油量的调节。

7.3　附件传动装置

7.3.1　概述

在燃气轮机上，有许多需要由燃气轮机转子拖动的附属系统和设备的附件，如滑油泵、燃油泵、燃油流量自动调节器、油气分离器、离心通风器等等。而另一些附属系统和设备中的附件又来带动燃气轮机转子转动，如启动机、盘车装置等。为了实现燃气轮机转子和这些附件间的传动，需要设置专门的传动装置——附件传动装置。

附属系统和设备中的附件一般都装在附件传动装置的相应安装座上，附件传动装置的内部装有若干组圆柱齿轮、圆锥齿轮等。只要燃气轮机投入工作，这些传动装置就能把燃气轮机上的功率传至各附件，即可使附属系统和设备中的附件投入工作。同样，启动机、盘车装置等附件工作时，通过传动装置也可拖动燃气轮机使其转动起来。附件传动装置在设计时，应保证：

(1) 应满足各种附件对转速、转向，传动功率，安装位置和密封等技术要求。例如电机不允许滑油侵入，回油泵应装在最低位置处等。

(2) 应便于附件的维护、调整、安装、更换。希望附件集中安置在一个或几个传动机匣内，有利于传动装置机构的简化，附件装折，润滑也较方便。

(3) 外廓尺寸要小，应尽量利用燃气轮机周围的有限空间。通常将附件传动装置布置在燃气轮机直径最小的地方或前机匣上方等。

(4) 附件应靠近服务对象，以缩短管路，提高工作灵敏程度和可靠性。

(5) 附件应尽量远离高温区。

由于燃气轮机形式的多样性，设计者设计意图各异，因此传动方案也是多种多样的。但在单转子燃气发生器上，通常附件传动机匣集中设置在压气机进气机匣处，并由压气机前轴驱动。而双转子燃气发生器则多采用集中和分散相结合的原则，主要附件由高压转子轴驱动，低压转子只驱动少量附件。

7.3.2　斯贝燃气轮机传动装置简介

下面以斯贝燃气轮机为例介绍附件传动装置结构。燃气轮机附件传动装置分别由高压压气机和低压压气机传动，将功率传给燃气轮机上的各附件，如图 7－17 所示。包括：内齿轮箱、低速齿轮箱和辅助齿轮箱。

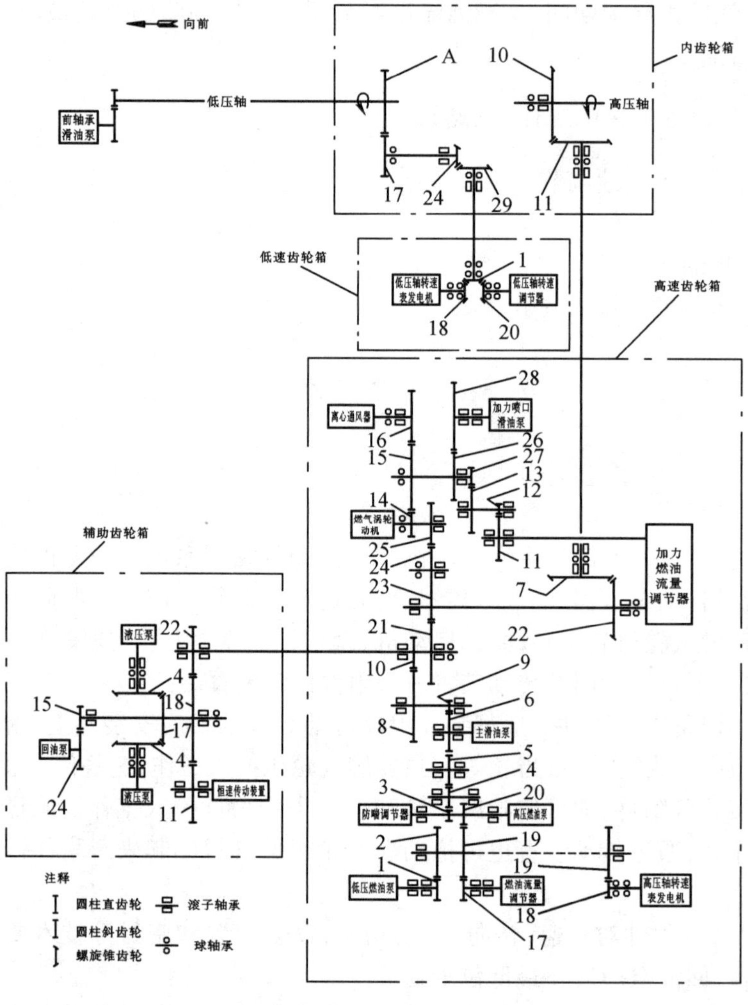

图 7－17　斯贝燃气轮机附件传动装置示意图

1. 内齿轮箱

内齿轮箱位于中介机匣的中心部分，用螺栓定位并固紧在中介机匣轮毂的前安装边上，它将高压压气机的功率传给位于中介机匣下侧的高速齿轮箱，将低压压气机的功率传给位于中介机匣左侧偏下的低速齿轮箱。内齿轮箱包括下述部分：

①低压压气机后轴承支座；

②高压压气机前轴承支座；

③高压压气机进口导流叶片驱动环组件；

④传动高速齿轮箱的组件；

⑤传动低速齿轮箱的组件。

(1)传动高速齿轮箱的组件

高压压气机通过齿轮箱和主动螺旋锥齿轮带动螺旋从动齿轮，把功率经传动杆传给高速齿轮箱。启动时，经螺旋锥齿轮由齿轮轴带动高压压气机。

(2)传动低速齿轮箱的组件

低压压气机后轴轴尾上的主动圆柱斜齿轮带动圆柱斜齿轮，经主动螺旋锥齿轮轴带动从动螺旋齿轮轴，最后由传动杆将低压压气机的功率传给低速齿轮箱。

2. 低速齿轮箱

低速齿轮箱位于压气机中介机匣左侧偏下，由低压压气机经过内齿轮箱来带动，将功率传递给安装在它上面的低压轴转速表发电机和低压轴转速控制器，如图 7－18 所示。

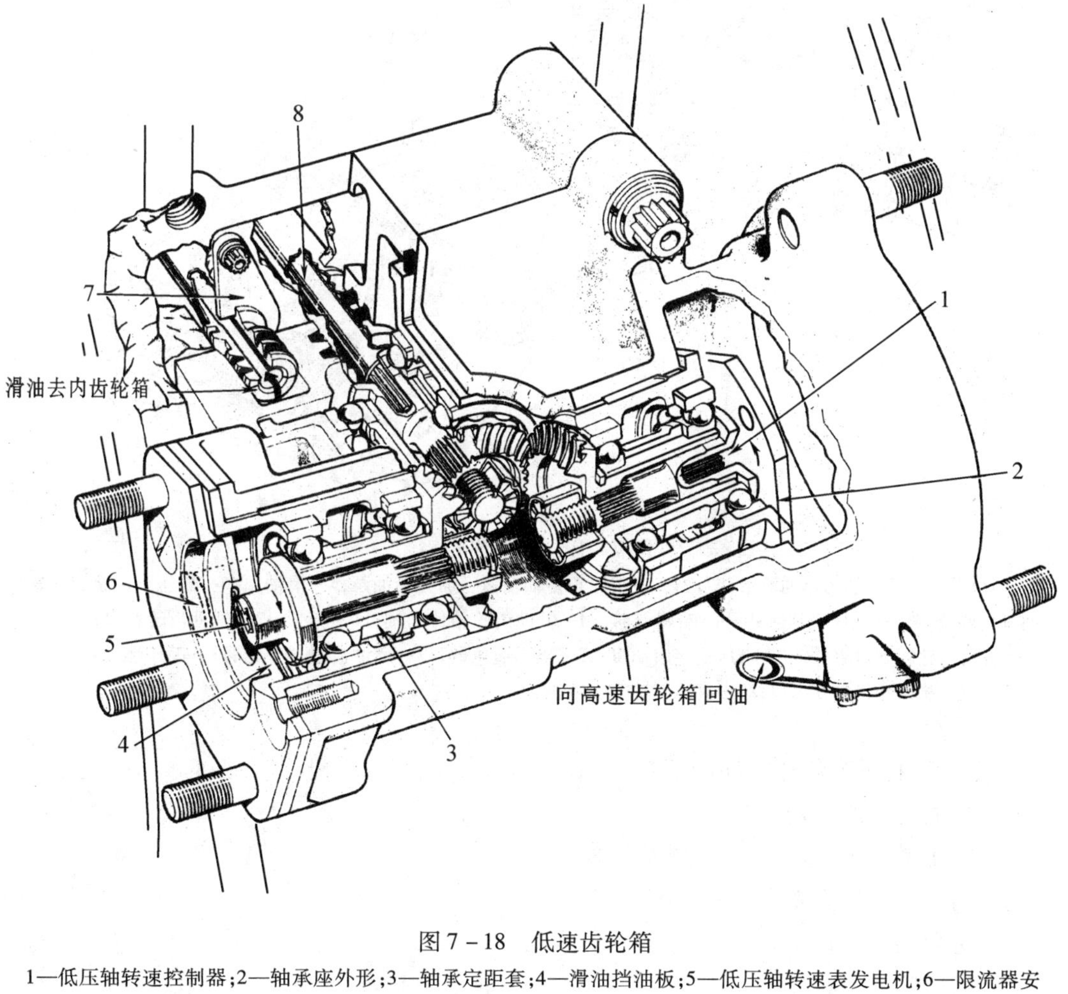

图 7－18　低速齿轮箱

1—低压轴转速控制器；2—轴承座外形；3—轴承定距套；4—滑油挡油板；5—低压轴转速表发电机；6—限流器安装位置；7—保持板；8—由内齿轮箱带动的传动轴

3. 高速齿轮箱

高速齿轮箱位于中介机匣右下方，由高压压气机经内齿轮箱来带动，它将功率传递给安装在它上面的各种附件，并将一部分功率传递给辅助齿轮箱，如图 7－19 所示。

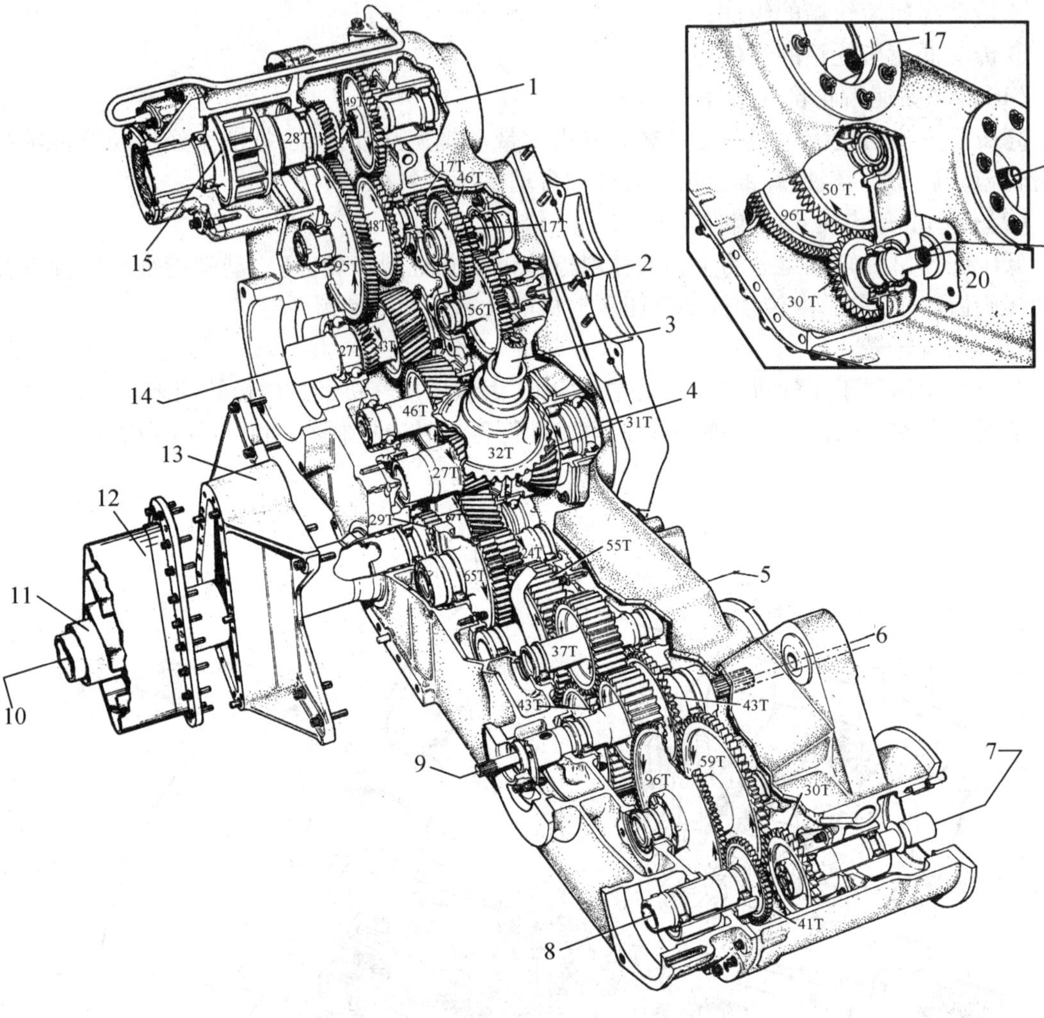

图 7－19　高速齿轮箱

1—喷口滑油泵；2—加力燃油流量调节器；3—齿轮箱传动轴；4—加力燃油泵；5—滑油泵；6—高压燃油泵；7—燃油流量调节器；8—低压燃油泵；9—防喘调节器；10—辅助齿轮箱传动轴；11—套管；12—辅助齿轮箱支撑组件；13—辅助齿轮箱支撑组件转接座；14—接启动机；15—离心通风器；17—燃油流量调节器；18—高压燃油泵；19—转速表发电机滑油供油孔出口；20—高压转速表发电机

安装在它上面的各种附件如下：

(1) 燃油流量调节器；

(2) 低压燃油泵；

(3) 高压轴转速表发电机；

(4) 防喘调节器；

(5) 高压燃油泵；

(6) 启动机；

(7)滑油泵;

(8)离心通风机;

(9)加力燃油流量调节器;

(10)辅助齿轮箱;

(11)加力喷口滑油泵。

关于齿轮箱壳体结构、齿轮传动、润滑与封严等问题此处从略。

4. 辅助齿轮箱

辅助齿轮箱位于低压压气机进气机匣下方,由高压压气机经内齿轮箱和高速齿轮箱带动,它将功率传给安装在它上面的各种原飞机附件。

7.3.3　附件传动装置设计通常规则

附件传动装置的机匣通常由铝合金铸造机械加工制成。为保证传动机构具有较高的机械效率,一般都采用滚动轴承和良好的润滑系统。轴承外环一般装在可以从机匣中拆下的轴承衬套中。传动齿轮可以单独制成,也可以与传动轴制成一体。轴与齿轮的连接和传动,可以借助于径向销钉、键、齿槽(花键)来实施。当转轴及轴承装于机匣中时,应保证在轴向和径向方向上的固定,又要不妨碍工作时轴相对于机匣的变形。

齿轮在轴承上的安装可以是悬臂式的支承形式,也可以装在两点间呈简支支承,伞齿轮啮合处的间隙需要进行调整,以保证其工作的可靠性。因此,在具有伞齿轮的附件传动中,应当安置调整齿间啮合间隙的调整垫片。传动机构中各元件(轴承、齿轮、花键等)通常用喷溅润滑方式来润滑冷却。对于负荷较大的齿轮,有时也用喷油嘴方式进行润滑和冷却。

通常,利用两端带齿槽(花键)的小轴将扭矩由附件传动中心传动到需要动力的附件。为了补偿与小轴两端相连的齿轮轴心的不同心度,小轴的齿槽与相配的内齿槽之间均应采用活动(有间隙)的配合,有时还需要将小轴的齿槽沿长度方向做成球形,以减小因不同心而造成的干涉。为了减少传给小轴的扭矩,使其质量轻、尺寸小,小轴工作转速应选得高些。一般,将内齿轮箱(即通常称为中心齿轮箱)的第一对齿轮的传动比选在1~1.5之间,并且把轴设计成富有弹性的结构,当扭矩较大时,传动小轴可产生较大的弹性变形。

附件在附件传动机匣上的安装一般使用螺栓、螺桩或专门的快卸卡环。前者传统、工作可靠,但装拆附件较困难,而快卸卡环的采用则可使附件的装拆工作进行得快速、准确、容易,因而这种快卸卡环得到了很普遍的应用。图7-20所示为快卸卡环的结构示意图,利用机匣的连接座和附件上的连接座以及把两者能迅速连成一体的快卸卡环,使附件快速、可靠地连接在传动机匣上。由于快卸卡环结构的应用,可以达到快速装拆,检查更换附件的目的。

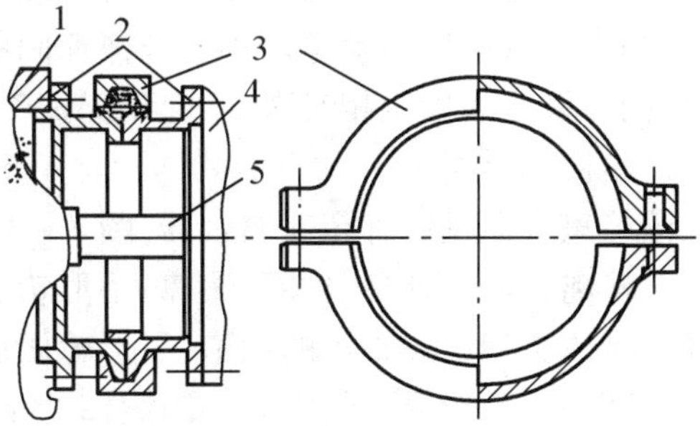

图7-20　快卸卡环

1—机匣;2—转接座;3—快卸卡环;4—附件;5—传动轴

在发电机(或电动机)及其他电气附件的传动中,必须采用可靠的封严装置,以防止传动机构中的滑油漏入电气附件中,常采用的封严装置有涨圈、橡胶O形圈、皮碗封严等。有时为增强封严效果,也引用高压空气。

7.3.4　二速传动

在燃气轮机发展的早期和中期，曾广泛地使用过电启动机。当启动完成之后，使启动机能切换作为发电机使用。为了满足启动－发电工作时的不同传动比需要，在安装启动－发电机附件的传动机匣处都装有二速传动装置。它由棘轮离合器、滚棒离合器和摩擦离合器组成，装在一个共同的壳体内，如图 7－21 所示。

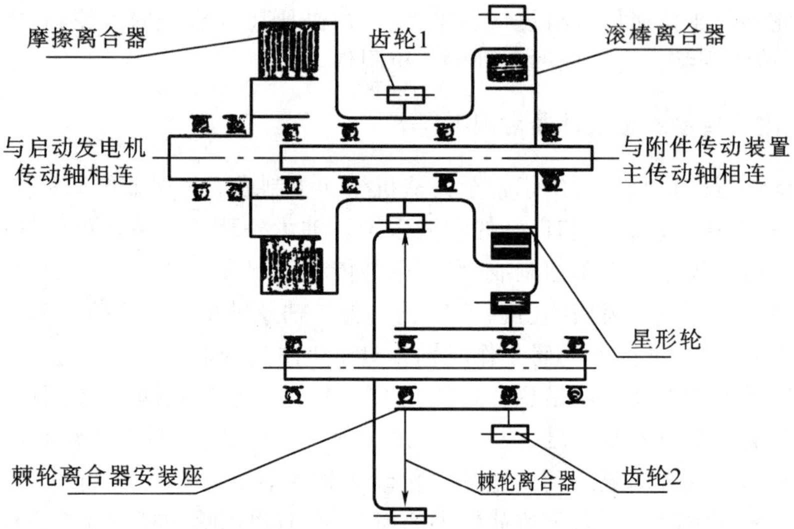

图 7－21　二速传动装置原理示意图

1. 摩擦离合器

摩擦离合器是利用摩擦副之间的摩擦力传递扭矩的离合器。它由一组铜摩擦片和一组钢摩擦片、内齿、外齿和压紧弹簧等组成，如图 7－22 所示。钢制摩擦片上有内套齿与内齿轮的外齿槽啮合，铜制摩擦片有外套齿与外齿轮上的内套齿啮合。铜制摩擦片与钢摩擦片相间地安装在内、外齿之间，并用一组弹簧压紧，在摩擦片间添加石墨油膏，起润滑作用。工作时，当内或外齿轮传动扭矩小于摩擦片间的摩擦力矩时，内、外齿轮一起转动。当扭矩过大时，两摩擦线间发生相对滑动，起到保护作用（不过载）。

2. 滚棒离合器

滚棒离合器是一种超速离合器，图 7－23 为其工作原理图。

滚棒离合器由外环、护圈、滚棒、星形轮、卡圈，和前、后盖板等组成（图 7－24）。外环的内径处做成类似滚棒轴承的滚道，星形轮做成有八段特型斜面组成的八角形，八个滚棒分别装在外环与八角形星形轮之间。当滚棒处于斜面最低点时，与外环脱离接触，用铆钉将前、后盖板连接到护圈的径向槽中，卡圈总是驱使护圈带动滚棒进入接触状态。当星形轮转速大于外环转速时，星形轮斜面迫使凸起接触滚棒，使滚棒卡在外环和星形轮之间，此时星形轮带动外环一起转动，当外环转速大于星形轮转速时，滚棒在外环的带动下落入星形轮斜面的下端浅槽中，与外环和星形轮脱离接触。外环与星形轮间处于脱开状态。

3. 棘轮离合器

棘轮离合器也是一种超速离合器，它由棘轮、离合子以及安装离合子的安装座等组成，

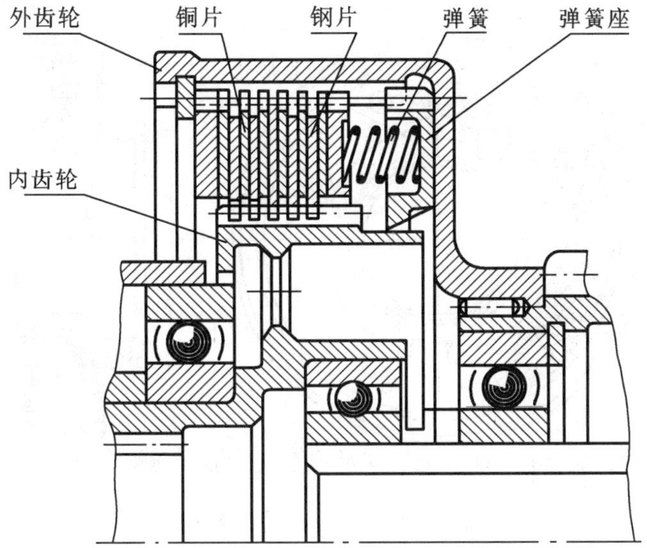

图 7－22　摩擦离合器

如图 7－25 所示。离合子在弹簧力的作用下使前端张开,卡在棘轮内表面的锯齿上。离合子的重心靠近后端,当工作时离心力将使离合子前端内收。所以,棘轮离合器是用来保证燃气轮机启动过程中,启动机与燃气轮机之间的传动关联的。当转速达到燃气轮机自持转速时,启动机断电后,棘轮转速大于安装座转速,离合子处于脱离啮合状态,离合器处于脱开状态,棘轮与安装座以各自的转速运转,互不干涉。

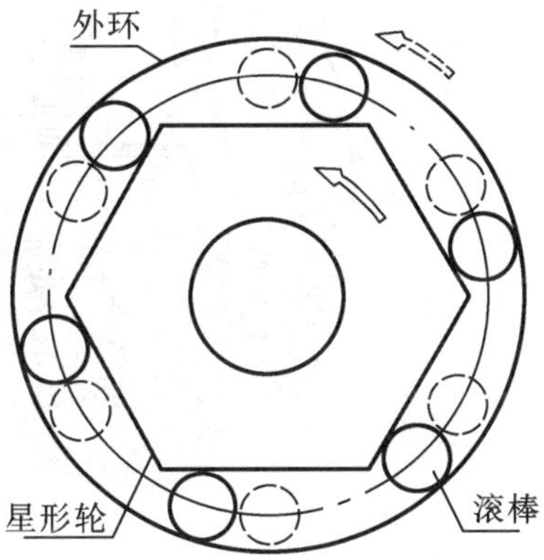

图 7－23　滚棒离合器工作原理图

4. 二速传动装置的工作过程(如图 7－21 所示)

启动燃气轮机时,启动电机投入工作,通过摩擦离合器带动齿轮 1,使棘轮离合器的棘轮转动,棘轮离合器合闸,通过离合子使安装座,即齿轮 2 啮合,达到了减速传动的目的,带动附件传动装置主传动轴,使各附件投入工作。此时,滚棒离合器外环与星形轮分别以各自的转速转动,星形轮的转速低于外环的转速。因此滚棒离合器处于离闸状态,即启动燃气轮机时,启动电机通过摩擦离合器经齿轮 1 和齿轮 2 减速驱动燃气轮机转子。

燃气轮机启动完成后,切断供给启动电机的电源,启动机不再工作,有停转的趋势。但燃气轮机转子却通过主传动轴带动星形轮,使滚棒离合器的星形轮转速大于外环的转速,滚棒离合器自动合闸。此时,星形轮与齿轮对 1 以同一转速旋转,棘轮(即外环)被齿轮对 1 带动,其转速比齿轮对 1 低。因此,棘轮离合器的外环转速低于内环转速,棘轮离合器处于离闸状态,齿轮对 2 与齿轮对 1 以不同的转速转动。也就是说在启动电机处于发电状态时,燃气轮机转子通过附件传动主传动轴通过滚棒离合器、摩擦离合器直接驱动发电机工作。

现代大多采用空气涡轮启动机和燃气涡轮启动机,代替早、中期的电启动机。尤其船舶

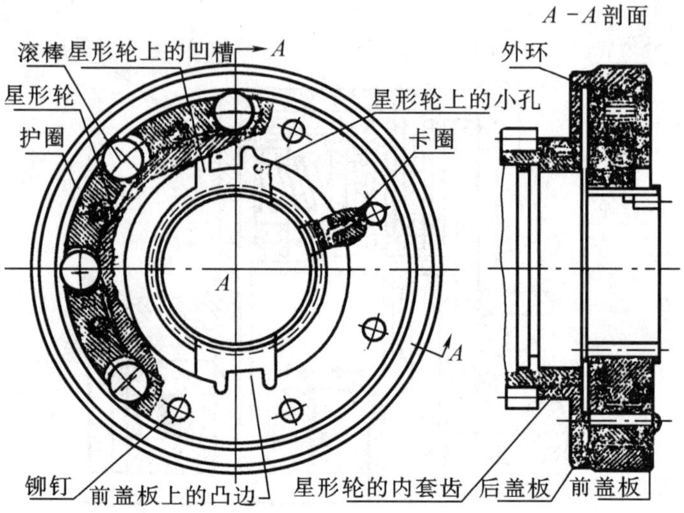

图 7－24　滚棒离合器结构图

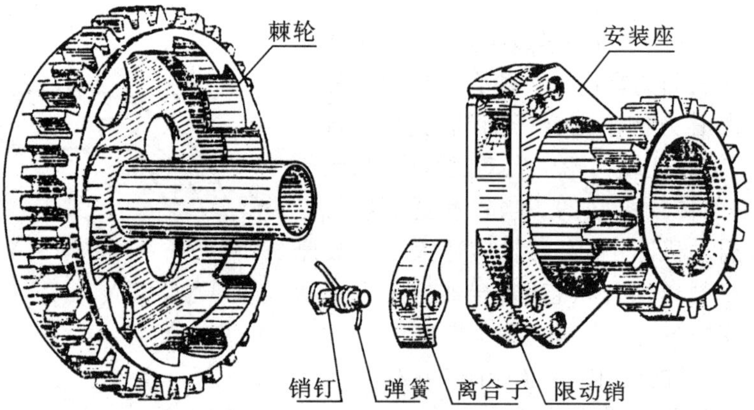

图 7－25　棘轮离合器

上设有专门的发电设备。因此，具有二速传动电启动－发电系统已很少使用。对于具有空气涡轮启动机或燃气涡轮启动机而言，只要采用较简单的减速齿轮传动装置并配备超速离合器就可满足传动上的要求。这种传动装置要简单得多，此处不再赘述。

附件传动装置中的传动元件，除工作负荷较大的传动轴使用 18GrNiWA 或 40CrNiMoA 等合金钢外，一般齿轮和轴承零件皆用渗碳钢 12CrNi3A 或 12CrNi4A，尤其是后者，其机械性能和热处理性能皆较好，得到广泛应用。由于传动装置中的齿轮负荷不大，相啮合的一对齿轮可采用相同的材料制造。传动装置几乎全部处在滑油浸润、润滑中，因此，除啮合及配合表面外，一般钢制表面进行发兰处理。在负荷不大的情况下轴承衬套也可以采用硬铝制造，而传动机匣皆用铸造铝合金制造。

7.4 启动系统

7.4.1 概述

燃气轮机不能独立地投入工作,而需要用外界能源来帮助启动,经过一个人为安排的启动过程才能使燃气轮机进入稳定的工作状态(工况)。通常,把提供能量拖动燃气轮机旋转的机械称为启动机,使燃气轮机从静止状态启动加速到慢车工况的过程称为启动过程。完成启动过程的各工作部分,如启动机,启动燃油供给系统,点火系统,自动控制装置在内的整套装置、系统称为燃气轮机启动系统。启动系统包括:

(1)启动机。用来拖动燃气轮机转子,使其加速到一定转速。从而使进入燃气轮机燃烧室的空气具有一定的温度和压力,保证在燃烧室内形成混合气,可靠点燃和稳定燃烧,形成的热燃气具有足够的能量,推动涡轮发出需要的功率,拖动转子加速到慢车工况。

(2)启动点火系统。适时地在燃烧室内提供点火火炬,与供油、供气系统配合,点火后形成稳定的工作燃气。

(3)启动燃油系统。适时、适量地供入启动燃油到燃烧室头部,形成可燃混合气。

(4)自动控制装置。使启动系统的各元件适时地投入和退出工作,保证启动过程按事先拟定的技术程序进行,保证启动过程的自动化。

对启动系统提出如下要求:

(1)应保证以最短的时间完成燃气轮机启动过程,尺寸小,质量要轻。

(2)在燃气轮机工作的任何环境条件下,均应可靠地启动。

(3)结构简单、可靠,且维护、使用方便。

(4)应具有独立启动能力,并能利用船上的现成能源。

7.4.2 燃气轮机启动过程简介

启动时,首先由启动机带动燃气轮机转子加速旋转,加速到一定转速后,启动点火系统开始工作,即点火电嘴点火,启动燃油系统喷油雾化,在燃烧室内形成启动火苗。当燃气轮机转子加速到 n_1 时,主燃油喷嘴开始供油,并被启动火苗点燃,形成稳定的燃烧火焰,涡轮也开始输出功率。此后,燃气轮机转子在启动机和涡轮的共同带动下加速。转子的转速提高后,流入燃气轮机的空气流量加大,空气经压气机压缩后的压力也不断提高,因此燃烧后燃气能量不断增大,使涡轮能发出更大功率,转子继续加速。当转子转速达 n_2 时,涡轮发出的扭矩已大大超过转子的阻力矩。此时,断开启动机并中断启动燃油供给、点火系统,燃气轮机仅靠涡轮带动加速。最后,当涡轮发出的扭矩等于转子阻力矩时,即达到了慢车工况,启动过程结束。

7.4.3 启动机

在燃气轮机中,现代通常采用的启动机有:电启动机、燃气涡轮启动机、空气涡轮启动机(或火药涡轮启动机)。

1. 电启动机

一般采用直流电动机作为电启动机。通过减速器和棘轮离合器与燃气轮机转子连接。

启动时，由舰上电瓶向启动机供给 24 V 直流电，启动机作为电动机使用。拖动燃气轮机转子旋转；当完成启动过程后，断开电源，启动机由棘轮离合器自动地与燃气轮机转子脱开。当燃气轮机正常工作时，启动机即变为了多余的死质量。为此，航空燃机曾广泛使用启动－发电机系统。启动时，启动机作为直流启动电动机使用，启动后则作为直流发电机使用，即由燃气轮机带动直流电机（启动机）发电作为电源使用。这种启动－发电机需要一套较为复杂的二速传动力装置配合工作。尽管系统较为复杂，却提高了设备的利用率，消除了死质量，通常还可以用电压切换的办法（由 24 V 转为 48 V）提高启动机功率 40% ~60% 。

电启动机的主要优点是：使用、维护方便，结构简单，尺寸小，便于启动自动化。缺点是：启动扭矩不够大（最大扭矩为 440 N · m），因此，不适用于大、中型燃气轮机的启动；而且需要比其自身重好多倍的笨重电源设备；尤其启动功率对外界大气温度和电压变化比较敏感。

2. 燃气涡轮启动机

这是一种结构复杂的独立式启动机。实际上，它是一台完整的小型涡轮轴式燃气轮机，通常的结构是由单级离心式压气机、回流式燃烧室、单级轴流涡轮组成燃气发生器，配以发出轴功率的自由涡轮。作为启动机使用则还应当配上减速器、离合器等。该启动机具有自己的燃油系统、滑油系统、启动系统等。

斯贝燃气轮机采用的 DQ－23 燃气涡轮启动机属自由涡轮式，如图 7－26 所示。其输出功率为 58.82 kW，质量为 30.4 kg，燃气发生器转速为 65 000 r/min，自由涡轮转速为 62 885 r/min，启动时，首先通过启动机的启动系统，使 DQ－23 的电启动拖带动启动机的转子并供入燃油，点燃并驱动燃气发生器涡轮工作。工作时，自由涡轮通过减速器带动斯贝燃气轮机转子转动。当启动机输出转速达 5 700 r/min 时，启动机停止工作，整个启动时间约 30 s。

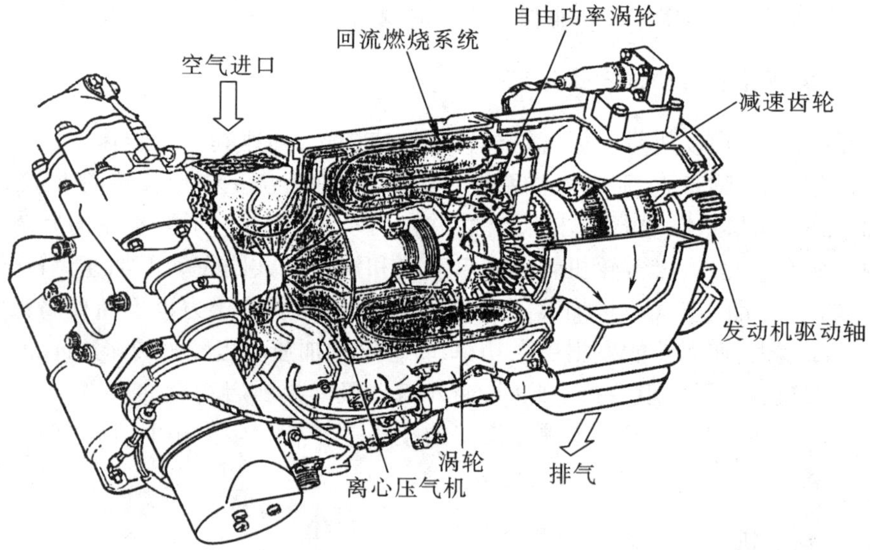

图 7－26　燃气涡轮启动机

燃气涡轮启动机的启动功率大，可达 74.5 kW ~ 149 kW，质量轻，可以独立多次使用，缺点是结构复杂，且工作后变为死质量。

3. 空气涡轮启动机

储气瓶引来的压缩空气(压力为(2.49 ~ 3.92) × 10^5 Pa)驱动空气涡轮,通过减速器带动燃气轮机转子。这种启动机结构简单,使用方便,但需要外来气源,如图 7 – 27 所示。

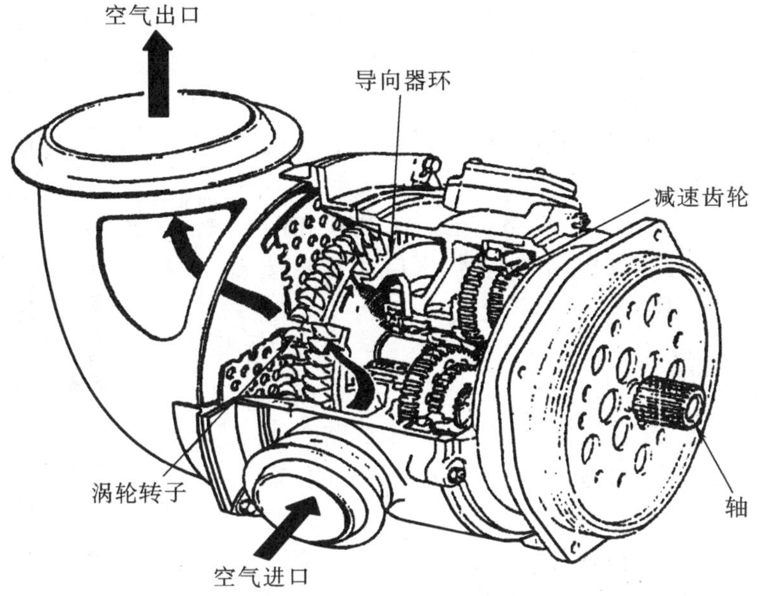

图 7 – 27　空气涡轮启动机

1—涡轮转子;2—导向器;3—减速器;4—启动机输出轴

进入的压缩空气经导向器导入冲动式空气涡轮发出功率,经减速器和超速离合器把功率传给输出轴。超速离合器能保证启动期间的可靠接合。当启动结束时能保证超速脱开。

4. 火药启动机

火药启动机也属于无压缩机的涡轮启动机,它是利用固体装药由电触发雷管点燃后,在短时间内产生高温(约 900 ℃)、高压(约 78.4 × 10^5 Pa)的燃气来驱动冲击式涡轮发出功率,再经减速器和离合器等带动燃气轮机转子。由于火药燃烧时能在很短时间内释放大量的能量,所以这种启动机的输出功率很大,最高的可达 745 kW,一般可达 224 kW ~ 298 kW,其结构质量轻,启动时间短,主要用于航空发动机应急启动场合,船用燃气轮机通常不使用。其缺点是固体装药较贵;装药保存不好时易碎裂,从而会造成不良燃烧出现故障;连续启动次数受药装数量的限制。

7.4.4　启动点火系统

启动点火系统的作用是配合启动燃油供给系统,或间接点燃点火器(预烧式小型点火燃烧室),由点火器生成的点火炬点燃主燃烧室,或用直接点火器直接点燃主燃烧室,形成稳定的工作燃气。高能点火电嘴(与高能点火电路配合)的出现,使直接点燃主燃烧室的点火方式成为了现代燃气轮机点火普遍采用的形式。高能点火系统包括高能点火线圈、输出导线和高能点火电嘴。

启动点火系统中的元件,特别是点火电嘴是处在灼热恶劣环境条件下工作的,同时,燃油燃烧使电嘴的绝缘体表面积炭,积炭会造成点火可靠性变坏。为了确保在任何使用条件下都能可靠地点火启动,对点火系统提出如下技术要求:

(1)电嘴要有足够的点火能量;

(2)应能与启动系统其他元件很好配合,使点火能适时进行,并便于使点火启动过程程序自动化;

(3)点火元件应具有足够的强度和耐热性能;

(4)电嘴积炭应不影响点火工作;

(5)保证要求的气密性,对无线电通讯设备的干扰要小,结构应简单,寿命长。

斯贝启动点火系统含一个双路高能点火装置和两个高能点火电嘴,并有启动控制继电器、再启动延时继电器和两个定时继电器。

1. 高能点火装置

高能点火装置其电路如图 7-28 所示。每个点火装置包括两个相同而又相互独立的线路,每个线路贮能 12 J,安装在同一箱体内。为防止燃气轮机高温影响,箱内通以燃油冷却。

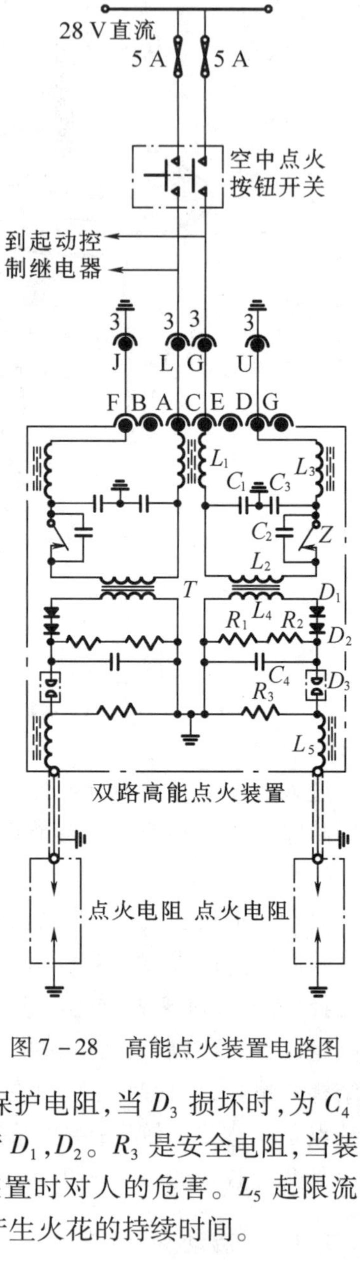

图 7-28　高能点火装置电路图

L_1,C_1 和 L_3,C_3 及 Z 组成振荡器,Z 前后的滤波网络,以隔离振荡信号对其他电路的影响,L_2,C_2 和 Z 组成振荡器,Z 处于常闭位置,它受 L_2 的控制。当接通电源时,电流通过 L_1,L_2,Z,L_3 构成回路。同时,由于 L_2 通电产生磁力,将触点 Z 断开。Z 断开,则电流通路被切断 L_2 电磁力消失,Z 又闭合,L_2 又产生电磁力,Z 又断开,如此形成振荡。C_2 为 Z 断开时产生的反向电势提供放电电路。

在 Z 快速闭合和切断过程中,在 L_2 产生较高的反电势,此电势通过升压变压器 T 在 L_4 中感应产生一个高电压,此电压经二极管 D_1,D_2 整流,给储能电容 C_4 充电。当 C_4 两边电压被充至 2 kV 时,达到了放电管 D_3 的击穿电压,放电管被击穿,通过 L_5 向点火嘴放电,R_1,R_2 是保护电阻,当 D_3 损坏时,为 C_4 提供放电通路,避免 C_4 充压过高,毁坏 C_4,变压器 T 和整流管 D_1,D_2。R_3 是安全电阻,当装置不工作时,L_5 中的储存能量通过 R_3 泄放掉,避免在分解装置时对人的危害。L_5 起限流作用,它影响点火时 C_4 储能泄放时间,从而控制了点火电嘴产生火花的持续时间。

2. 点火电嘴

两个高能点火电嘴如图 7-29 所示,分别装在 4 号 8 号火焰筒上,从高能点火装置经过点火电缆来的 2 kV 高压,通过电嘴外端触点、中央电极到发火端的钨电极,再通过半导体层放电到达接地电嘴体。电嘴的外端带有锁紧套齿和锁紧键槽,并有安装高压电缆组件用的螺纹。

放电电压　(2 000 ± 100) V

释放能量　不小于 2.5 J

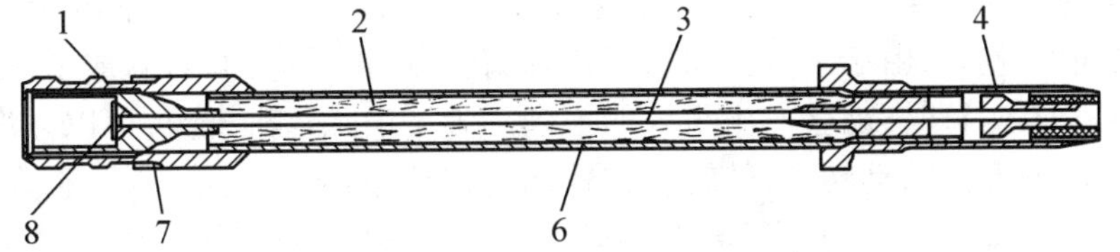

图 7－29　点火电嘴

1—锁紧套筒;2—绝缘体;3—中心电极;4—壳体;5—半导体层;6—外套丝;7—锁紧花健;8—触点

火花频率　75～80 个火花/分(点火装置输入电压为 24 V 时)

工作寿命　1 200 次,每次 30 s

连接点火装置和两个电嘴的是两根点火电缆组件,电缆组件内部是点火电缆。该电缆中由 ϕ0.31 mm 的 37 股镀镍铜导线,外包耐压 2 kV 以上的聚四氟乙烯绝缘层组成,电缆的两端焊在接触装置的触头上。电缆外面套有刚性金属导管和挠性金属导管,目的是为了屏蔽。

7.4.5　典型启动系统工作

燃气涡轮启动机安装在燃气轮机的高速齿轮箱处。启动机的启动由电源保证。工作时,启动机的动力涡轮通过减速齿轮箱、离合器和输出轴带动燃气轮机高压转子旋转。当拖动燃气轮机到预期转速时,转速切断开关切断至启动机的电源,并关闭启动机燃油系统电磁活门,启动机结束工作,启动扭矩立即消除,离合器断开,启动机输出轴随燃气轮机自由旋转。

高能点火系统从外部接头引入低压电流,并把高压电流从高能点火器送到点火电嘴。

当启动电路接通后,高能点火系统工作,使密封放电器在高压下击穿,然后电容器通过放电器在点火电嘴上放电。

两个表面放电电嘴直接点燃主燃烧室内的油气混合气。

燃气涡轮启动机启动工作后,扭矩借与高速齿轮箱内的启动齿轮啮合的花键联轴器传到高速齿轮箱,带动燃气轮机高压转子旋转,并由气动力带动低压转子转动。当低压转子开始转动,且 $N_2>15\%$ 后,油门杆移置到慢车位置,燃气轮机“停车开关”打开,开始向燃烧室供油,火焰筒(4 号、8 号)内的电嘴点燃油气混合气,并通过联焰管将火焰传播到其他火焰筒,燃气轮机开始工作。此时,燃油的供给量由燃气轮机转速和低压燃油泵出口压力决定。

整个启动系统是由自动控制电路操纵的,当达到启动机断开转速或者电路内 60 s 时间继电器的时间周期结束时,则自动控制电路切断启动电源,点火系统的电源切断,并停止向启动机供油。

7.5　盘 车 装 置

由航空改装设计的船舶燃气轮机其结构轻巧,停机后的冷却也较迅速。盘车主要采用水清洗通流和其他防护性维修来保养。对于工业燃气轮机改装的船舶燃气轮机,由于具有了像汽轮机形式的厚大机匣(通常称汽缸),转子也比较笨重,从而使得停车后燃气轮机的冷却需要很长的时间。在停车后的冷却过程中机匣内热气上升,冷气下沉,这使转子上部、下部受热存在很大差异,由于下部热膨胀不均匀,转子产生了弯曲,若造成了过量永久变形,当燃气轮机再投入运行时,就会产生很大的振动。为了消除这种现象,可以像汽轮机机组一样,停车后盘车,即慢速转动转子,使转子在较均匀温度下冷却下来,避免了转子产生变形。这种停车后使转子慢速旋转的过程称为盘车,所以盘车是船舶燃气轮机不同于航空燃气轮机的一个特有过程。它的目的是为重型燃气轮机机组停车后转子能均匀地冷却,避免转子变形;对于轻型燃气轮机盘车则主要是为了清洗和防护性维修保养。完成盘车工作的机械系统称为盘车装置。盘车装置一般采用电动机——动力齿轮系统。图 7 – 30 所示为盘车装置的结构简图。

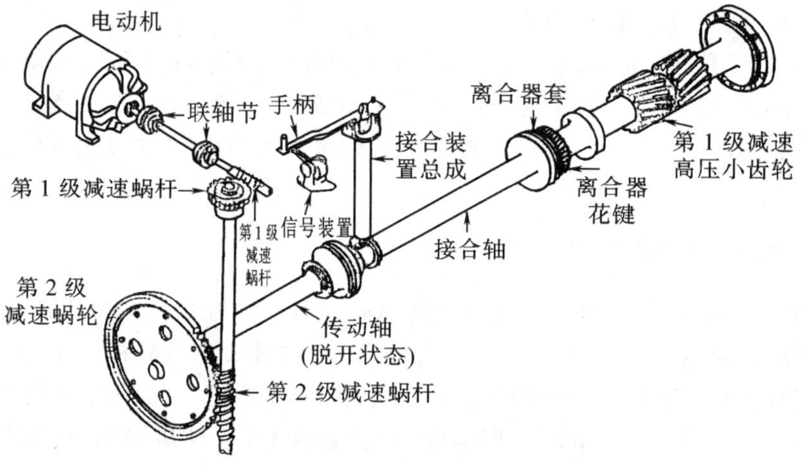

图 7 – 30　盘车装置

该盘车装置由功率为 0. 14 kW,转速为 1 000 r/min 的电动机拖动,齿轮系统的传动比为 283: 1。这样可以使转子每分钟转动 4 转。

有的船舶燃汽轮机则利用启动系统传动链进行盘车。例如 LM2500 船舶燃气轮机上,空气涡轮启动机或液压马达启动机均有完成盘车工作的功能。这简化了结构,一兼多能,是一个好的技术措施。

对于辅助船舶小型汽轮机,为了判断投入运行前机组的状态或进行防护性维修作业,也需要盘车。此时,可采用人力手动盘车,人力盘车一般方法是:人力板动一个传动比很大的杠杆,再通过一棘爪来带动转子上的棘轮使转子转动。

7.6　船舶燃气轮机通流部分的清洗装置

船舶燃气轮机在船舶和海洋环境条件下运行、使用的实践表明,尽管采用先进的燃气轮机进气滤清装置,使进入燃气轮机的空气中含盐浓度达到了工程上允许的程度,但不能排除海洋环境条件大气对燃气轮机的污染。通常随着运行时间的增长,燃气轮机发出的功率将下降;油耗和排气温度将增加;压气机的喘振边界线也会向右下方移动,从而使压气机性能恶化。发生这种现象的原因是燃气轮机工作时,吸入了大量的海洋性空气中含有结晶状盐粒和海水雾滴,它们会逐渐地沉积在燃气轮机的通流部分上,特别是沉积在压气机叶片表面上,改变了燃气轮机的通流,从而造成了燃气轮机性能的恶化。非旦如此,由于沉积物又有一定的腐蚀性,致使通流表面造成腐蚀破坏。在燃气轮机冷端,如压气机处会造成低温腐蚀,而在热端部件如燃烧室和涡轮会发生硫化腐蚀。因此,必须对燃气轮机通流部分定期进行清洗。也就是说,在海洋环境下运行、使用的燃气轮机通流结垢(盐的沉积)是不可避免的,为此通流部分的定期清洗也是必须进行的。所谓燃气轮机通流部分的清洗,就是在不移动或分解燃气轮机零部件的情况下,把清洗剂喷入燃气轮机通流部分,通过清洗剂的物理化学作用,去除掉通流表面的积垢,使燃气轮机性能得到恢复,并防止沉积物对通流元件表面的腐蚀。顺便提及,油气、沙尘和其他微小颗粒状杂质由空气携带进入燃气轮机通流部分,同样也会造成燃气轮机的污染。因而在陆上使用的燃气轮机对其通流部分也应定期清洗。

按所使用的清洗剂的不同,清洗的方法有两种。

7.6.1　利用溶剂性清洗剂清洗

如利用蒸馏水、煤油、某些混合清洗剂等进行清洗。这些清洗剂的主要作用是把盐垢以及其他积垢溶解后清除掉。用这类清洗剂清洗那种污染尚不太严重的积垢,只要定期进行就能保证燃气轮机在海上工作的正常和可靠,性能不降低。但必须指出,只能用蒸馏水而不能用普通淡水清洗。因为普通淡水中含有 150×10^{-6} 的硫化镁,它的存在将导致燃气轮机高温端零部件发生硫化腐蚀,所以通常水清洗的水质标准为:

(1) pH 值为 6.5 ~ 7.2;

(2) 含盐浓度≤5×10^{-6}。

水清洗的具体方法也因不同机型而有所不同,但一般的原则和步骤略同。

图 7－13 所示为奥林普斯 TM3B 压气机的清洗装置,它由计量水箱、手摇泵、喷射环、阀门以及管路等组成。

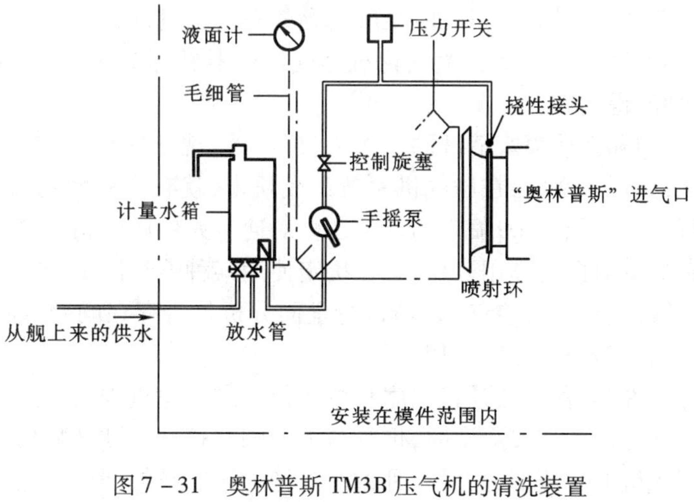

图 7－31　奥林普斯 TM3B 压气机的清洗装置

27.27 L 容积的计量水箱由舰艇供水系统的蒸馏水管注满,水箱固定在进气罩壳的外壳上,水箱的水位可由安装在进气罩上的液面计指示。利用回转式手摇泵,将水箱中的水抽出,经过一个过滤器,输送到压气机进气道上的喷射环中。喷射环由圆管弯成圆环状,在环状圆管沿圆周开有大量小孔,蒸馏水从小孔中喷出。当压气机用盘车马达带动低速运转时,蒸馏水被吸入压气机通流部分,可进行清洗叶片和机匣壁面以及转子壁面上的污垢,输水管路中装有控制旋塞,并引出一个压力表头,指示清洗是否仍在进行中。清洗过后的水由增压涡轮后侧下部的排水管排除。每次清洗喷入 10 L 蒸馏水,喷射完成后停车,隔 10 min 后用启动马达冷吹,以吹干积水。

当叶片表面有油污时,可以在清洗蒸馏水中加清洗剂(如煤油或家用洗涤剂,也可以用纯煤油)进行清洗,但洗完 10 min 后,必须用蒸馏水再清洗一次,以便把洗涤剂或煤油冲洗掉。

冬季时温度较低,为了防止水洗时结冰,可在蒸馏水中加入一定比例的甲醇,以降低蒸馏水的冰点。

清洗剂清洗压气机后,溶液中有大量的盐垢杂质,特别是在压气机积垢严重的情况下,清洗下来带有大量盐垢的清洗剂大部分由增压涡轮后侧下部的排水管和燃烧室下部的漏油管流出燃气轮机。但也有相当部分随气流夹带到燃烧室和涡轮叶片表面上,并在此沉积。当燃气轮机运行使用时,将在这里发生硫化腐蚀。为了尽量消除高温零件发生硫化腐蚀,就应当避免在涡轮叶片上盐垢沉积。为此,要采用两级清洗方法:第 1 级由压气机进口的清洗喷嘴环喷入清洗剂,对压气机进行清洗;第 2 级清洗剂通过燃油系统的副油路,经喷油嘴对燃烧室和涡轮叶片进行清洗。经两次清洗可以较好的解决高温端工作表面盐垢的沉积问题,对避免硫化腐蚀的发生有益。

7.6.2　利用剥蚀性清洗剂清洗

如用碎核桃壳、杏核、小麦及某些硫化物等各种软磨料进行清洗。目前,应用最广泛的剥蚀性清洗剂是活性炭,所以有时也称喷炭清洗法。这种方法是在燃气轮机运行状态下,用一定技术措施把软磨料引入压气机通流部分入口,靠软磨料对污垢的摩擦和冲刷来剥落沉积层,把通流表面的积垢去掉,并在燃烧室内烧掉。这种方法可以去掉较硬的、较厚的、单用水清洗不能奏效的严重污染场合。例如:某舰的燃气轮机主机,由于压气机严重污染其性能恶化,曾用水洗但仍不见效。后来在燃气轮机燃气发生器转速为 5 000 r/min 条件下,用喷炭法清洗,使主机性能得到恢复。

目前,已有用定期和视情喷炭清洗的办法来代替水清洗并取得了较好的效果。喷炭清洗也存在一些问题,如喷入炭粒,在压气机中被磨成粉末,就有可能使粉末堵塞某些冷却孔或可能在通流某些地方沉积下来;喷入的炭粒还会对通流元件产生腐蚀,特别是对叶片的防腐涂层或镀层会有严重的损伤作用。所以,在决定使用某种喷炭清洗措施之前,必须对燃气轮机的所有空气通道(包括冷却空气通道)进行全面分析是否存在问题,经过试验、鉴定、检验确认是安全、可靠和有效时,才能使用。

喷炭方法也有多种:一种方法是把软磨料放入位于燃气轮机进气管上方的漏斗中,漏斗底部有管道通向进气管。在需要清洗时,把管道上的阀门打开,软磨料靠自重及压气机进口的抽吸作用进入压气机的通流部分;另一种方法是把上述提及的漏斗做成密闭的,并通入压气机出口的高压空气,打开管道阀门和漏斗下部的阀门,软磨料被迅速地吹入压气机通流部分中,再者可以利用引射原理,用压缩空气引射软磨料吸入压气机通流部分。

用剥蚀性清洗剂对燃气轮机进行清洗,应当在燃气轮机低工况下进行。清洗结束后,使燃气轮机在高工况下运行数分钟，以使在燃气轮机中积存的清洗剂全部烧掉。

7.7　船舶燃气轮机进气滤清装置

船舶燃气轮机以空气为工质，尤其是大功率燃气轮机的空气流量很大，有的高达 150 kg/s 以上。在海洋环境条件下，空气中含有结晶状的盐颗粒和海水雾滴，还含有油污、沙尘等杂质。这些杂质不但会造成燃气轮机低温部件的污染，而且由于盐分（NaCl）的进入，尤其石油基液体燃料中又含有一定量的硫、钒（海军用燃油中，含硫量 1.3% ~1.5%，含钒 $2\times10^{-6}\sim5\times10^{-6}$），加上燃气轮机热端零件又在高温条件下工作，在这样的不良条件下燃气轮机的热端零部件会发生严重影响燃气轮机性能和可靠性的硫化腐蚀现象。硫化腐蚀的机理很复杂，至今仍在进一步探讨中，但避免发生硫化腐蚀的技术措施已十分明确。硫化腐蚀是在高温条件下，盐和硫与燃气中的氧一起生成一种硫酸钠（$NaSO_4$）的凝聚态物质，沉积在热端零件表面上（例如涡轮叶片表面），它与涡轮叶片材料中的铬、镍基体元素起化学作用生成硫化物，从而使热端零件材料被不断腐蚀、剥落，造成表面和基体损伤。很明显，这种腐蚀会使涡轮叶片的气动外形发生变化，从而引起涡轮工作和性能的恶化。另一方面，零件基体的严重损伤又会造成热端零件强度的大幅度下降，这又影响了热端零部件的可靠性和寿命。所以，硫化腐蚀危及燃气轮机在海洋环境条件下的运行和使用，是必须认真解决的技术关键之一。

近 60 年以来，各国对燃气轮机在海上使用出现的硫化腐蚀问题都做了大量的研究、探讨，总结出了行之有效的预防硫化腐蚀的方法——一种综合性方法。一方面采用冶金学方面的技术和成就，提高热端零件结构材料的耐腐蚀性能，或在热端零件表面覆盖专门的防蚀涂层，保护基体材料不受或少受浸蚀；另一方面则是设法减少硫化腐蚀产生的条件。如利用燃料处理系统降低燃料中的硫、钒含量。但实验分析表明，硫、钒的含量对硫化腐蚀速度的影响并不是决定性因素。高温条件虽然影响至深，但提高燃气初温是燃气轮机的技术发展方向，舍弃或避开高温是困难的，所以可以利用先进的冷却技术使燃气轮机热端零件的温度降低一些。通过大量的实验研究和理论分析认为，降低进入燃气轮机通流部分中空气的含盐浓度是减少、避免硫化腐蚀最致关重要的关键。只要控制进入燃气轮机通流部分中空气的含盐浓度小于 0.01×10^{-6}，则可以有效地避免硫化腐蚀的发生。因此，为保证燃气轮机在海洋环境条件下运行、使用，要保证性能和可靠性要求，必须设置进气滤清装置。顺便指明，在陆地上使用的工业燃气轮机，由于烟雾、沙尘等的存在，也存在低温污染和硫化腐蚀问题。因而，陆用燃气轮机的进气滤清也同样重要。

在船舶燃气轮机动力装置中，进气装置所使用的进气滤清装置通常有两种形式：叶片惯性过滤器和织网过滤器。

7.7.1　叶片惯性过滤器（水分离器）

这是目前使用较多的一种水分离器，由多排形成弯曲通道的平行叶片组成，如图 7－32 所示。从图中可见，含有 NaCl 雾滴的海洋空气进入叶片通道后，要拐几个弯后流出。

由于雾滴的质量比空气的质量大很多。因而，流动惯性大，结果使雾滴脱离气流而碰到叶片上，水顺着叶片流向下部，从集水槽汇聚并被引出。这种过滤器的优点是对于直径为 5 μm 以上较大的雾滴、水滴，在气流速度为 10 m/s ~15 m/s 时，有很高的分离效率；其缺点

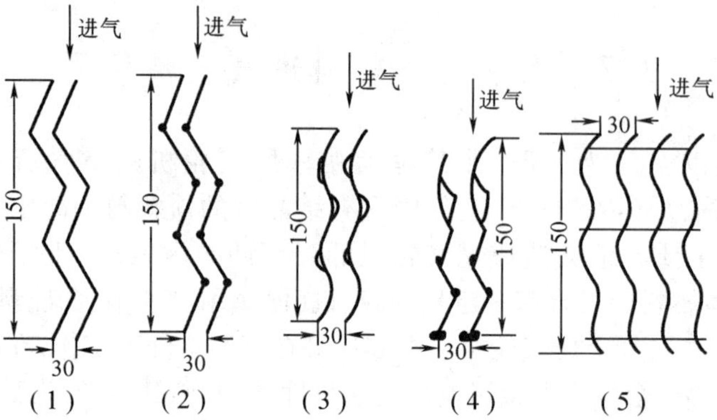

图 7－32　惯性水分离器结构形式

是流体阻力较大,对 5 μm 以下的雾滴、水滴的分离效果较差。

7.7.2　织网过滤器

这种过滤器是用铜镍合金、钛、铝或塑料、聚丙烯丝纺织的网格叠合而成的。网子的计算几何透过度为 97%,即整个网子所占面积只有 3%,97%是可透过的面积。把丝网层层叠合后装入金属框架中就形成了织网过滤器,根据使用要求,其叠合厚度可在 100 mm～300 mm之间,压力损失约为 12 mm～7.5 mm 水柱(1 mmH_2O＝9.8 Pa),这种过滤器在较低的气流速度 3 m/s～6 m/s 时,对 5 μm 以上的雾滴、水滴的分离是很有效的,分离效率可达 99%,但超过此速度范围时,分离效率会很快降低,且阻力增大。由于这种分离器适合于低速下使用,所以,对一定空气流量,必须有较大的进气面积。这是这种滤器的一个突出的不足。

织网分离器的工作原理是:细微的盐水雾滴和盐的晶体颗粒夹杂在气流中,当气流通过织网时,气流扰动增加,一部分水滴直接附着在网丝上,另一部分水滴则聚合成较大水滴,也附着在网丝上。这样,在网丝上的小水滴逐渐聚合成大水滴,由于丝网是湿的,可以使气流中的部分盐雾、油污、烟尘等也附着在织网上,因此,织网起部分滤尘作用,就织网的过滤机理而言,其实有惯性撞击、扩散、静电、吸附、浸润、凝聚、接触和阻留等机制在同时起作用。

在使用织网过滤器时,要特别注意保持网垫与金属框架之间的气密性,若气密性不好(存在漏气),则会使滤器过滤效率变得很低。另外,应注意对丝网进行定期清洗,除掉上面积存的盐分,否则积盐脱落会被气流带走。再则积盐过多还会造成很大气流阻力,这对过滤效率也有影响。对于 5 μm 以下更小的雾滴,可以采用静电法分离。但静电吸收器布置困难,特别是海洋喷溅条件下,工作易失效,因此实际上很少采用这种静电装置。

实船应用的空气滤清器实际上是把上面介绍的两种滤器(惯性和织网)的组合,如图 7－33 所示为某护卫舰上的三级进气滤清装置。第 1 级的翼形薄片式分离器,由 2 mm 厚的铝板挤压而成,它是按惯性原理工作的。当带有海水雾滴的空气以一定的速度流过翼形分离器时,在离心惯性力作用下,水滴被抛到翼形叶片上,由小挡板挡住,流至下部,经排水槽至水管中流走。这级分离器对于大于 10 μm 的水滴的捕集效果较好。第 2 级为尼龙丝网过滤器,过滤器由两层钢丝网做骨架,将散放的尼龙丝固定住,钢丝网为方格形,每个方格为

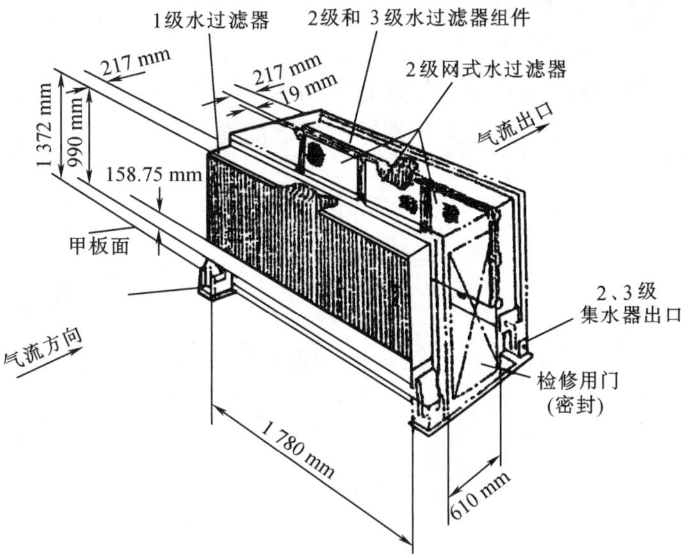

图 7-33　三级过滤器

10 mm×10 mm，尼龙丝垫的厚度为 10 mm。为了增大进气面积，减少阻力，过滤器制成波纹板形，尼龙丝不规则铺放，使小于 10 μm 的水滴凝聚成大水滴，由过滤器下部流出。第 3 级的作用是把经过过滤的剩余水分分离出来并作为空气导向器。第 3 级与第 1 级的结构形式完全相同。三级构成模件，模件宽 1 780 mm，高 990 mm，沿空气流动方向约为 610 mm，第 1 级厚度与第 3 级相同，为 217 mm。第 1 级与第 2 级之间约有 10 mm 间隙。第 2 级厚度为 30 mm。第 2 级、第 3 级之间无间隙。这种组合式滤器除盐除水效果好。试验结果表明，当空气速度小于 9 m/s 时，过滤器后用肉眼看不到水雾。测试结果表明，滤过空气的含盐量小于 0.01×10^{-6}。目前，推荐空气过流速度为 8.5 m/s，因为当高于 9 m/s 时捕集效率下降，损失较大。英 42 驱逐舰上两台太因和奥林普斯燃气轮机共用三块模件，进气流动损失约 100 mm 水柱。

除此而外，燃气轮机尚有防水系统、火警预报系统、灭火系统、通风冷却系统状态操纵系统、电气系统等附属系统，此处就不一一列举和介绍了。

思　考　题

1. 滑油系统有哪些部分组成？滑油系统有何功用？滑油系统有哪些主要附件？

2. 油汽分离器和离心通风器有哪些区别？

3. 滑油密封装置有何作用？涨圈式接触密封装置和端面石墨密封有何优、缺点？非接触式螺旋密封设计时应注意哪些方面？先进滑油系统及滑油密封装置有哪些设计特点？

4. 燃油系统的低压和高压部分其各自功能是什么？高压燃油泵有哪两种类型，分别如何调节供油量？

5. 简述附件传动装置功用和设计时应注意的问题。

6. 简述二速传动机构的功用、组成和工作原理。

7. 简述燃气轮机启动过程,启动机类型和特点。
8. 启动点火系统主要类型及特点。
9. 盘车装置有何功用?
10. 船舶燃气轮机通流部分清洗装置有何功用?
11. 采用进气滤清装置有何意义? 常用的三级滤清器是如何工作的?

第 8 章

航空发动机及其舰用化改装问题

8.1 概　　述

在第1章中我们就提到，舰用燃气轮机是用航空发动机改型设计，还是重新设计，这两条技术发展道路之间经历了40多年的争论、实践又几经反复，终于得出了明确的结论：应当走航空发动机舰用化改装的道路。概括起来，这一发展途径有下述好处。

8.1.1 研制周期短

航空发动机的舰用化改装设计的周期一般为2～4年，而船舶专门型的研制周期一般约5～7年，这是因为舰用化改装可以充分地利用航空发动机现成的科研成果、实验条件和生产设施。以FT9船舶燃气轮机为例，普拉特－惠特尼公司认为，如果从头进行设计研制的话，需要4～5年的时间，而要利用JT9D航空发动机舰用化改装，则仅需2～3年的时间。

8.1.2 耗费的研制经费少

研制船舶型专用机组的投资费用通常是航空发动机舰用化改装投资费用的几倍，甚至十几倍。以FT9船舶燃气轮机为例，若从头全新设计研制，需要投资7.5亿美元，而利用航空发动机JT9D舰用化改装，则仅需要2亿美元的费用。

8.1.3 航空发动机舰用化改装的船舶燃气轮机能够满足舰艇的战术技术要求

随着科学技术不断的进步，航空发动机技术得到了很大的发展，尤其是1982年美国国防部组织陆海空军、国防高级计划署、国家航空航天局和工业界协调的IHPTET计划更促进了航空发动机的快速发展，见表8－1、表8－2。根据IHPET计划的预研工作进展情况，预计在2015～2020年将有可能实现推重比为15～20的战斗机用涡轮风扇发动。在第五代军用发动机设计制造中，计划采取变革性技术途径，综合运用发动机气动热力学、材料和结构设计方面突破性的成就，来大大提高燃气初温、简化结构、减轻质量，以实现预定目标。

表8－1　IHPTET计划目标及效益

发动机	目　标	效　　益
战斗机	推重比提高100% 耗油率降低50% 低信号特征 成本降低35%	马赫数大于3持续飞行能力 用于超单垂直和短程起落飞机 航程/巡航时间/有效载荷比F14提高100% 提高生存能力

表 8－1（续）

发动机	目　标	效　益
直升机	功率重量比提高 120% 耗油率降低 40%	航程/有效载荷比 CH7 提高 100%
巡航导弹	单位推力提高 100% 成本降低 60% 耗油率降低 40% 零件数量减少	空中发射的导弹有洲际航程 高速飞行
民用机	耗油率降低 30% 成本降低 35% 零件数量减少	增加航程和有效载荷 延长寿命 降低寿命期费用 改善维修性

表 8－2　IHPTET 计划中各部件进度

技术领域	第一阶段	第二阶段	第三阶段
压气机	金属基复合材料；后掠空气动力学；704 ℃铝化钛；空心叶片	耐 816 ℃铝化钛和金属基复合材料；刷式封严；纤维增强型金属基复合材料；环形转子；三维黏性计算流体力学设计	耐 982 ℃铝化钛和金属基复合材料；全复合材料设计；壳式转子
燃烧室	双圆顶/双壁衬套；发汗冷却加力燃烧室衬套；耐 1 204 ℃陶瓷	创新圆顶方案，陶瓷基复合材料加力燃烧室衬套；耐 1 538 ℃陶瓷材料；整体式加力燃烧室和喷口	可变几何形状流场结构；一体化设计；非金属衬套；钛金属基复合材料壳体
涡轮	高效冷却；耐 1 010 ℃涡轮盘超级合金；陶瓷叶片；外部气封；耐 1 149 ℃防热瓷层	改善的冷却效果；三维黏性计算流体力学设计；耐 1 093 ℃金属间化合物，纤维增强性非金属涡轮盘；耐 1 370 ℃无冷却	耐 1 338 ℃冷却金属；耐 1 371 ℃金属间化合物；耐 1 649 ℃无冷却非金属；空气泄漏量减少 50%，轻型静力结构
排气喷管	俯仰推力转向；复合材料衬套；选择冷却；耐 －4 ℃ ～1 538 ℃结构	俯仰偏航推力转向，铝化钛金属基复合材料；减少冷却；耐 1 538 ℃陶瓷基复合材料	全方向推力转向；全复合材料无冷却设计；耐 982 ℃铝化钛金属基复合材料，耐 1 538 ℃陶瓷基复合材料碳－碳

由此可知，航空发动机技术的发展势头强劲，且有很大的潜力可挖掘。长寿命、低油耗、大功率的航空发动机不断涌现，其技术也相继成熟并批量生产和长期使用，这些都为舰用化改装创造了良好的基础。同时，几十年来航空发动机舰用化改装技术水平的不断提高（如改装设计积累了越来越多的成功经验，防腐蚀技术，抗冲击、通流清洗、进气滤清等基本技术都更加成熟可靠），使航空燃气轮机的舰用化改装可以很好地满足现代舰艇对燃气轮机动力的各项要求。

人们普遍认为，航空发动机的舰用化改装从时间上看是快捷的；从经费上看是节约的；

从技术上看是成熟和切实可行的，所以西方工业国家几乎无例外地采用由航空发动机改型的轻型燃气轮机为舰艇动力。各航空发动机制造公司也几乎无例外地将成熟的航空发动机改装设计成为工业和船舶燃气轮机，使人们普遍认为航空燃气轮机的发展促进了整个燃气轮机工业的迅速发展。

另外，在第 1 章中我们也提及了航空技术向重型燃气轮机转移，促进了重型燃气轮机迅猛发展，其实以美国 Garrett 公司研制的 ME990 为代表的也充分地利用了现成航空发动机先进技术，进行船舶专用型燃气轮机设计。其压气机和高温部件均用航空发动机的相应部件，这种研制也是很成功的，表明了船舶燃气轮机的发展开创另一种新的、有成效的可能途径——以局部移植航空技术代替整机改装的模式，这一点也由重型燃气轮机的迅猛发展得到了证明。

由上述船舶燃气轮机的发展途径看出，其发展的基础是航空发动机技术的舰用化（改装）技术。因此，本章首先简要介绍航空发动机，而后再针对舰用化改装问题进行必要的介绍和讨论。

8.2　航空发动机简介

8.2.1　航空发动机的分类及其应用

所谓的航空发动机就是在参数、材料、结构和运行性能等方面能满足飞行器（飞机、飞航式导弹等）飞行技术要求的发动机。航空发动机按其组成和工作原理可分为两大类：直接反作用式的和间接反作用式的。

直接反作用式的发动机直接将工质加速来产生反作用推力。属于这一类的航空发动机有涡轮喷气发动机、涡轮风扇发动机和冲压喷气发动机。还有火箭发动机也隶属这一类，但它自带推进剂（包括燃烧剂和氧化剂），不依赖外界空气，主要用于航天器和导弹。

间接反作用式的发动机只将燃料的化学能部分转化成有效功率，以轴功率形式输出，推力则要靠专门的推进器产生。推进器有飞机的螺旋桨和直升机的旋翼。属于这类的发动机有活塞式发动机、涡轮螺旋桨发动机和涡轮轴发动机。还有以燃料电池或太阳能驱动的航空电动机；涡轮桨扇发动机也属于这一类。

航空发动机又可分为活塞式发动机和空气喷气发动机两大类。空气喷气发动机可分为带压气机的燃气涡轮发动机和不带压气机的冲压喷气发动机（依靠高 M 数飞行的速度冲压，从而可以省去专门的压气机）。燃气涡轮发动机是目前应用最广泛的航空发动机，其包括涡轮喷气发动机、涡轮螺旋桨发动机、涡轮风扇发动机、涡轮轴发动机和涡轮桨扇发动机。

1. 涡轮喷气发动机

图 8 - 1 所示为涡轮喷气发动机示意图。它主要由进气口、压气机、燃烧室、涡轮和尾喷管组成。由压气机、燃烧室和驱动压气机的涡轮这三个部件组成了燃气发生器。它不断输出一定压力和温度的燃气。这股燃气直接在尾喷管中膨胀，使燃气的热能和压力势能转变为燃气的高速气流的动能而产生反作用推力，推动飞机飞行。按其压气机形式涡轮喷气发动机分为轴流式的和离心式的；按其转子数目分为单转子的和双转子的；按其有无加力燃烧室分为带加力燃烧室的和不带加力燃烧室的。图 8 - 2 所示为具有双转子、带加力燃烧室涡轮喷气发动机——涡喷 7 航空发动机的结构面剖图。涡喷 7 发动机是歼 7 飞机的动力，每

架飞机装一台。它由低压、高压各三级共 6 级的双转子轴流压气机,10 个火焰筒的环管燃烧室,高、低压各一级的反动式涡轮,离心喷油嘴和 V 形稳定器的加力燃烧室,收敛形喷口面积可无级调节的尾喷管五大部分组成。该发动机转子和支承结构独具特色,压气机第 1 级采用了跨音级设计,从而获得了当时比较高的推力/重量比 =5.0。涡轮喷气发动机因排气速度高,所以推进效率低、耗油率高、噪声大,曾应用于各种飞行器上。

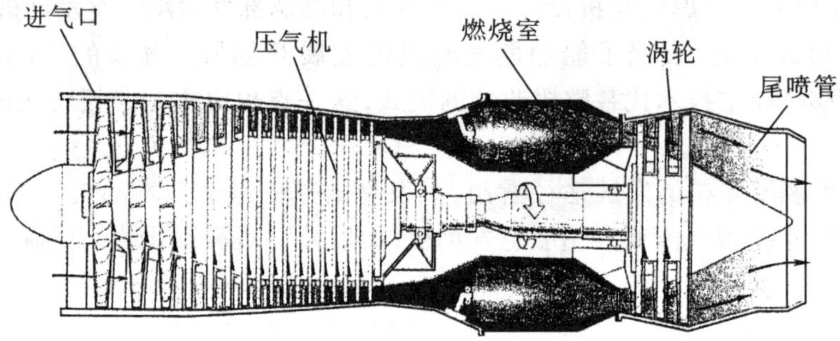

图 8-1　涡轮喷气发动机示意图

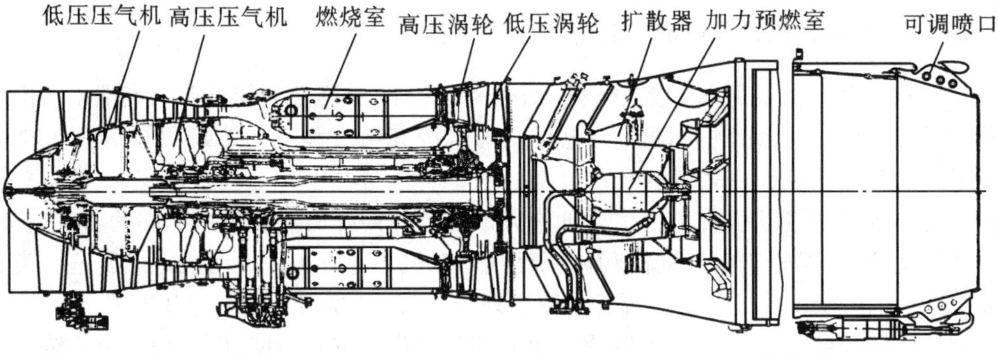

图 8-2　涡喷 7 发动机

2. 涡轮风扇发动机

如图 8-3 所示为具有小涵道比 $m=\dfrac{\text{外涵道的空气流量}}{\text{内涵道的空气流量}}\leqslant 1.0$ 的涡轮风扇发动机的示意图。燃气发生器出口的燃气在低压涡轮中进一步膨胀做功,用于带动外涵风扇,使外涵道出口的气流的速度增大。从低压涡轮流出的燃气其热能和压力势能在尾喷管中继续膨胀转变为高速排气的动能。内、外涵两股气流可分别排出,也可混合后一起排出,在燃气发生器

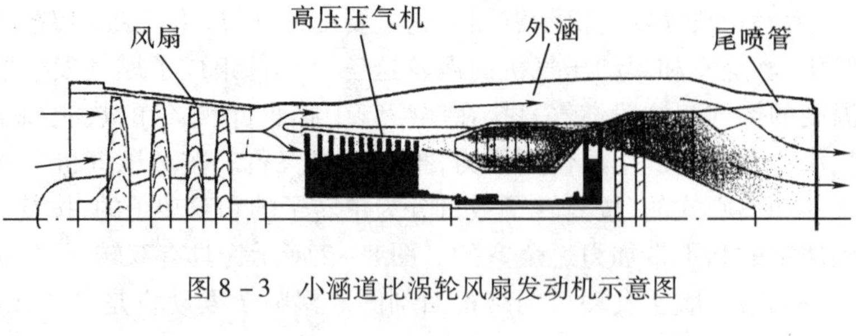

图 8-3　小涵道比涡轮风扇发动机示意图

相同情况下，涡轮风扇发动机的空气流量大，排气速度相对涡喷发动机而言要低，所以推进效率高、耗油率低、噪声低。不加力的涡轮风扇发动机是高亚音速旅客机和运输机的理想动力。带加力的小涵道比涡轮风扇发动机适合做超音速军用飞机的动力。如图 8－4 所示的即为用于战斗机的带加力燃烧室的小涵道比涡轮风扇发动机。

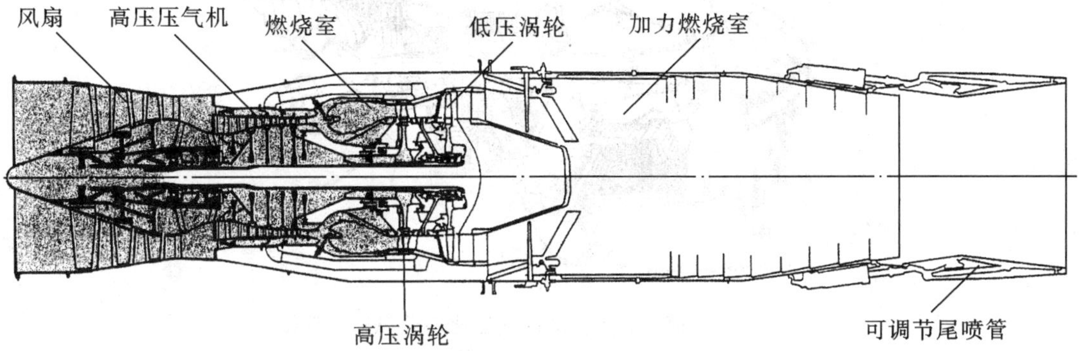

图 8－4　用于战斗机的带加力燃烧室的涡轮风扇发动机

如图 8－5 所示为具有大涵道比 $m>4.0$ 的涡轮风扇发动机的示意图。其采用了三转子的套轴结构；风扇、中压压气机和高压压气机，分别由低压涡轮、中压涡轮和高压涡轮拖动，可以满足大推力、低油耗、低噪声、低污染飞机动力的高标准要求。图 8－6 所示为大涵道比涡轮风扇发动机典型结构。这种发动机适用于大型战略远程运输机和各种新型客机，尤其是巨型客机。

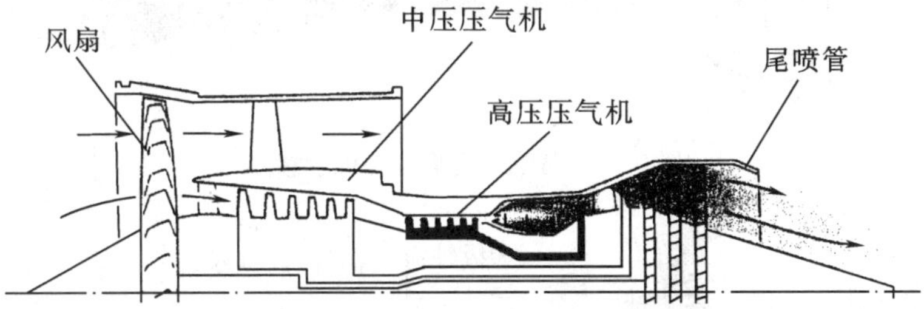

图 8－5　具有大涵道比涡轮风扇发动机示意图

3. 涡轮螺旋桨发动机

把燃气发生器出口的燃气热能和压力势能大部分转变为动力涡轮的轴功率来驱动空气螺旋桨。由于空气螺旋桨在低转速下工作，动力涡轮与螺旋桨之间设有减速器。从动力涡轮排出的燃气中余下的能量在喷管中转化为气流的动能产生约占整机 10% 当量功率的反作用推力。图 8－7 所示为涡轮螺旋桨发动机的示意图。动力涡轮通过减速器与螺旋桨连接传递轴功率，而燃气在喷管中的膨胀仅产生少量的反作用推力。与活塞式发动机相比，它具有质量轻，振动小的优点；与涡轮喷气发动机和涡轮风扇发动机相比，涡轮螺旋桨发动机具有耗油率低、起飞推力大的优点，但受螺旋桨的限制，飞行速度受限。因此，在大型远程运输机上，涡轮螺旋桨发动机已被涡轮风扇发动机所取代。但在中、小型运输机和通用飞机上仍有广泛用途。图 8－8 所示为涡桨 6 定轴式涡轮螺桨发动机的结构剖面图。它是运 7 飞

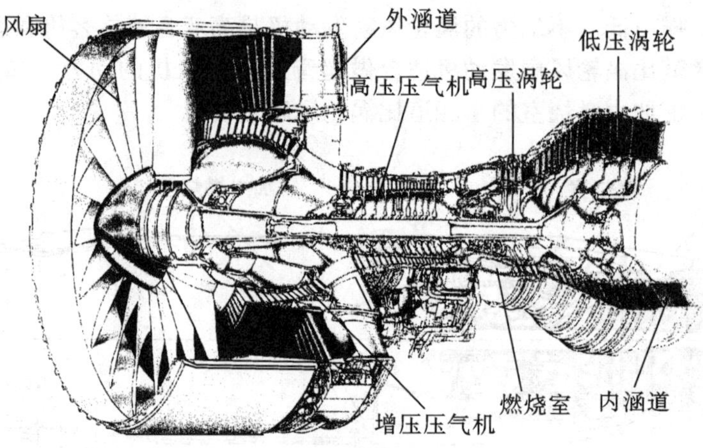

图 8－6　涵道比为 5.0 的高涵道比涡轮风扇发动机

机的动力。它由单转子轴流压气机、环形燃烧室、3 级反动式涡轮、减速器和收敛形固定面积喷管等组成。20 世纪 70 年代后，世界上很少有这类发动机的新机型出现。

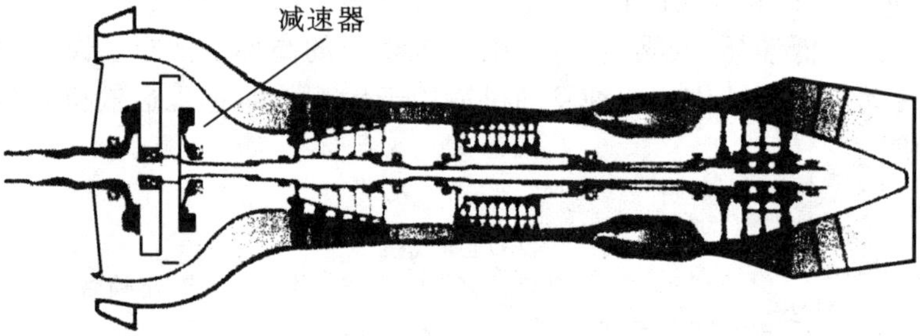

图 8－7　涡轮螺旋桨发动机示意图

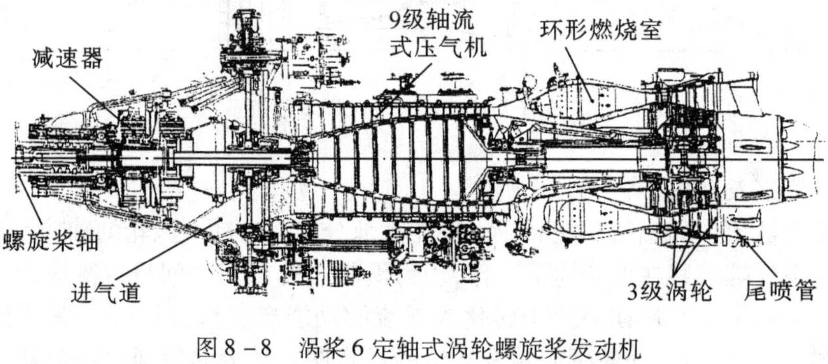

图 8－8　涡桨 6 定轴式涡轮螺旋桨发动机

4. 涡轮轴发动机（如图 8－9 所示为涡轮轴发动机的示意图）

工作原理和结构与涡轮螺桨发动机基本相同。只是燃气发生器出口的燃气热能和压力势能几乎全部为动力涡轮吸收，即由喷管产生的反作用推力很小。动力涡轮通过机内和机外减速器驱动直升机的旋翼。也可直接做地面动力。

图 8－10 所示为 MTR390 涡轮轴发动机的结构立体剖开图。其具有两级串列离心式压气机、回流式燃烧室、燃气发生器涡轮 1 级，动力涡轮 2 级。功率输出轴在减速器的前方。作为直升机的动力，涡轮轴发动机有广泛的用途。

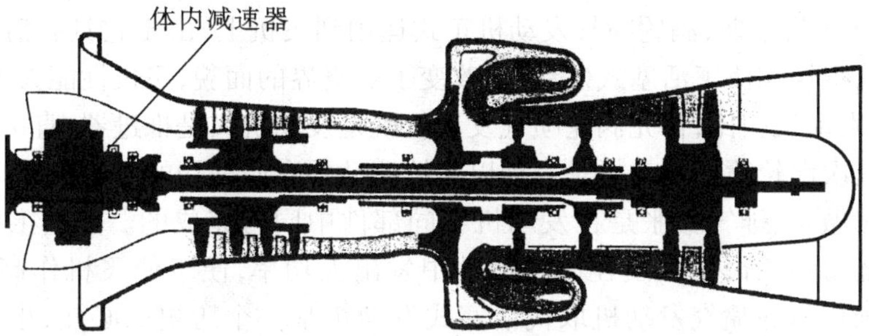

图 8－9　涡轮轴发动机示意图

此外，还有桨扇发动机、垂直/短距起落等发动机等，由于与船舶燃气轮机关系不密切这里就不予介绍了。

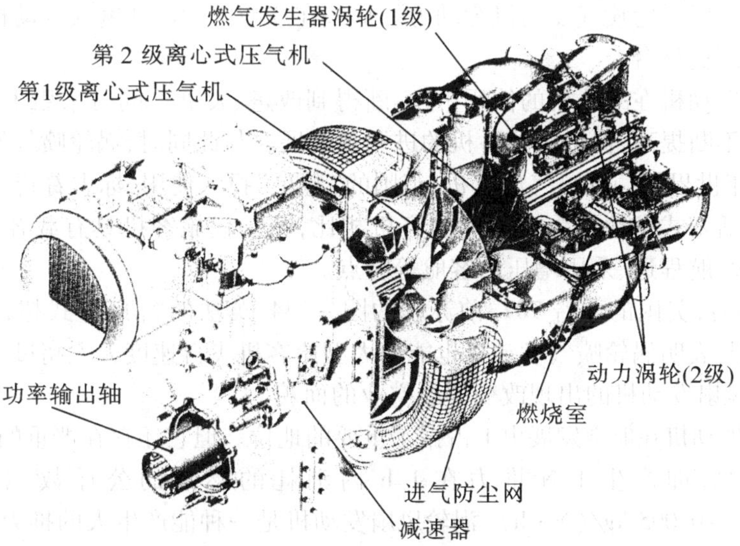

图 8－10　MTR390 涡轮轴发动机

8.2.2　航空发动机发展综述

1. 航空发动机发展的回顾

二战中，各种飞机皆使用活塞式发动机。这种发动机只输出功率，因此需空气螺旋桨作为推进器，发动机带动螺旋桨，螺旋桨产生推进飞机的拉力。这种由活塞式发动机与空气螺旋桨组成的飞机动力装置，在二战中得到了很大发展，最大功率达 3 500 kW，耗油率约 0.28 kg/(kW·h)，发动机功率质量比为 1.47 kW/kg，成为歼击机、轰炸机、运输机等的动力，在战争中起到了重大作用。但这种动力装置却限制了飞机飞行速度的进一步提高。其原因是：首先继续提高飞行速度，飞机需要更大的推进功率，而这种动力装置不能予以满足；

其次是当飞行速度增大时，螺旋桨叶叶尖处的相对速度大为提高，流动损失提高，使螺旋桨效率大幅度降低。这种采用活塞式发动机的飞机最高飞行速度在600 km/h ~ 700 km/h，达到音速和超音速是不可能的。

(1)涡轮喷气发动机的出现，使飞机性能大大提高

20 世纪 40 年代末期，涡轮喷气发动机正式运用到飞机上，由于它具有活塞式发动机无法比拟的优点，很快淘汰了活塞式发动机，改变了航空界的面貌，飞机性能大大提高。

与活塞式发动机相比，首先涡轮喷气发动机既是发动机又是推进器，直接产生推进飞机前进的推力；其次涡轮喷气发动机是一种以连续流动的介质做功的叶轮机械。吸气压缩、混合气燃烧、膨胀做功、排气膨胀是在发动机不同部件中同时完成的。尤其工质的流量比较大，因而做功能力强。再则工质在高速流动中发出大功率，便于使飞机作高速飞行（近声速、超音速），所以涡轮喷气发动机取代活塞式发动机是一个历史的必然，也使飞机的飞行速度超过声速成为可能。

20 世纪 40 年代后期，英、美、苏等国，先后研制成功了第一代实用型涡轮喷气发动机，并发展了多种以涡轮喷气发动机为动力的实用型喷气式战斗机，50 年代初期的抗美援朝战争中，年青的中国人民志愿军的空军米格 15 喷气式战斗机与美国侵略军的 F－86 喷气式战斗机展开过英勇的空中搏斗，这也是世界上首次出现的喷气式战斗机的空战。从此以后，新研制的战斗机均以涡轮喷气发动机为动力。那些在二战中的以活塞式发动机为动力的战斗机纷纷退出了历史舞台。

涡轮喷气发动机在战斗机的使用中，不断得到改进、发展。同时采用了各种先进技术，使发动机性能不断提高，促进了战斗机的进一步发展。与此同时，涡轮喷气发动机也用于旅客机上，1952 年世界第一种喷气旅客机，英国的“慧星”投入使用，标志着新一代旅客机的诞生。与以航空活塞式发动机为动力的旅客机相比，新一代旅客机具有载客量大、飞行速度高、飞行高度大、航程远、采用增压的客舱等特点。

1958 年前后，美国的波音 707，前苏联的图－144，英法的“协和”式超音速旅客机先后投入试飞、使用，表明涡轮喷气发动机也能使大型旅客机飞行速度大大超过音速。

(2)涡轮风扇发动机的出现改变了航空业的面貌

涡轮喷气发动机在航空发展史上占据了重要的地位。但它还存在严重的缺点，即经济性较差（耗油率高，即产生 1 N 推力在 1 h 内消耗的燃油的公斤数）耗油率一般为 0.8 kg/(N·h) ~ 0.095 kg/(N·h)。涡轮风扇发动机是一种能产生大的推力，而排气速度低的发动机，与喷气发动机相比，它的经济性有较大的改善，耗油率降低 1/3。因此，当第一种涡轮风扇发动机在 1960 年问世后，很快就被各种新型旅客机所选用。如波音 707 飞机，把原来的涡轮喷气发动机“JT3C”，换上了涡轮风扇发动机——JT3D，使发动机推力加大（起飞推力增加 50%，巡航推力增加 27%），耗油率降低（巡航耗油率降低 13%），大大改进了波音 707 的性能：

(1)起飞滑跑距离减小 24.4%；

(2)最大航程增加 27.6%；

(3)爬升率提高 110%；

(4)最大巡航速度提高 8.2%。

20 世纪 60 年代研制的旅客机大多采用了这种低涵道比（涵道比 $m=\dfrac{\text{外涵道空气流量}}{\text{内涵道空气流量}}$）

$m = 1.5 \sim 2.5$ 的涡轮风扇发动机。由于涡轮风扇发动机有内、外两个涵道，发动机外径较大，因此，当时认为这种发动机除可用于旅客机外，还可以用于轰炸机，但不适用于战斗机。

20 世纪 60 年代中，美国要发展用于 70 年代比当时最先进的战斗机 F4 等性能还要好的所谓"空中优势战斗机"，这种战斗机强调要具有高的机动性，为此，要求飞机的推力/重量比大于 1.0，这就要求发动机具有高的推重比(8.0 级)、低的巡航耗油率。显然涡轮喷气发动机不能满足这些要求，于是利用涡轮风扇发动机耗油率低的特点，采用大量先进技术，发展了直径较小，推力较大(11 000 N)，推重比在 8.0 左右带加力燃烧室的涡轮风扇发动机，并先后装备在 F15、F16 战斗机上，F15 战斗机于 1974 年成为美国空军的装备投入服役，现在仍是世界上最先进的战斗机之一。美国的 F4"鬼怪"式战斗机由涡轮喷气发动机 J79 改装为涡轮风扇发动机斯贝 MK202(注意斯贝 MK202 并不是最先进的涡轮风扇发动机，其推重比仅 5.03)，从而使其推力提高了 30%，巡航耗油率降低了 20%，推重比由 4.7 提高到 5.03，发动机进口直径由 0.992 m 减少至 0.826 m，发动机长度由 5.301 m 减少至 5.205 m，飞机最大飞行 M 数由 2.2 提高到 2.4；最大航程增加了 54%；加速至 M = 2.0 的时间减少了 1/3；爬升到 12 000 m 高度的时间减少了 20%。在此之后，新研制的战斗机均采用了带加力燃烧室的涡轮风扇发动机，例如美国的 F/A18、F117、欧洲的"狂风"、法国的"幻影"、原苏联的米格 29、苏 - 27 等。

(3) 宽体、大型、远程飞机要求发展高涵道比涡轮风扇发动机

20 世纪 60 年代初期，美国空军提出发展战略远程大型运输机的计划，要求这种飞机能一次运载包括直升机、大型坦克、吉普车、大型桥梁组件等在内的军事装备，航程 10 000 km 以上。典型的装载为：350 名全副武装的士兵，或 6 架 AH - 64 武装直升飞机，或 16 辆载重卡车等。为此要研制一种宽机身，起飞总质量在 350 t 左右的大型飞机，其载油量约为 150 t，有效载荷 120 t。为满足这种飞机的要求，需要研制推力约为 20 000 N，耗油率比小涵道比涡轮风扇发动机低 1/3 的大型发动机。显然，对于这些要求，采用小涵道比涡轮风扇发动机改进衍生的办法是无法满足了，只能采取发展一种全新的发动机来达到。于是在广泛应用各种先进技术的基础上，采用"三高"的循环参数：高涵道比(5 ~ 8)，高的总压比(25 左右)，高燃气初温(1 600 K ~ 1 650 K)，称之为高涵道比涡轮风扇发动机。这类新一代涡轮风扇发动机有 TF39、JT9D、CF6、RB211。由于有了这种发动机，才使美国空军的战略远程运输机 C - 5A 于 1970 年装备部队。当年参加研制这种飞机的投标商有美国的三大著名的飞机制造商：波音、洛克希德、道格拉斯公司。在美国空军选中洛克希德方案后，这三家公司均以参与投标方案为基础，研制出新一代宽体机身(每排 10 个座位，以往的为 6 座)能乘坐 350 ~ 450 乘客，航行 10 000 km 的大型客机：波音 747、DC - 10、L1011。用于这三型飞机的发动机就是上面提到的高涵道比涡轮风扇发动机。如果没有这样的发动机，C - 5A、波音 747、DC - 10、L1011 等飞机就不能出现。

随后，在 20 世纪 70 年代后期、80 年代中期，除对 JT9D 等发动机进行不断改进提高性能外，又发展了各种推力挡次的发动机，以满足新的、各种型号旅客机的要求，以及用于对老式客机的改造工程，如用高涵道比的涡轮风扇发动机 CFM - 56 取代原用的 JT3D 小涵道比涡轮风扇发动机后性能得到改善，由这一实例中可看出高涵道比涡轮风扇发动机的突出特点。

参数	JT3D	CFM56 - 2
涵道比	1.4	6.0
总压比	16	31.3
燃气初温	1 158 kN	1 588 K

推力　84.5 kN　89 kN

从而使有效载荷增加 40%；

航程增加 20%；

燃油节约(以航程 5 560 km 计)20%。

(4)20 世纪 90 年代新型客机要求发展性能更好的发动机

1990 年波音公司提出用 5 年时间发展一种新型的能飞行任何航线的双发大型客机波音 777,这种客机运载 350 名乘客飞行 7 500 km ~ 10 000 km,要求所用的发动机不仅推力大(37 000 N ~ 45 400 N),而且要有极高的可靠性,在飞行中不会出现停车事件。这是对航空发动机业的又一严峻考验,世界著名的三家航空发动机公司迎接了这一挑战。经过精心设计,进行了各种试验,包括以往发动机研制中从未进行过的苛刻、严峻的试验,分别用 4 年多的时间研制出了当代推力最大的高涵道比涡轮风扇发动机 GE90、PW4084、湍达 800。由于波音飞机及时地获得了所需的发动机,波音 777 按原定计划于 1995 年 6 月投入营运,取得了难以置信的巨大成功。

波音 777 投入使用后,空中客车及波音公司又先后提出要发展运载 900 余人(全经济舱布局的)的四发巨型客机,它要求发动机具有推力介于波音 777 与波音 747 所用发动机的推力之间,但直接使用成本要比后者低 10%,现已有二型候选发动机正在研制中。

1998 年 2 月,普·惠公司公布了齿轮传动风扇的新型高涵道比涡轮风扇发动机 PW8000 的研制计划,这将是发动机发展的又一大举措。由于在风扇与低压压气机间装了一种新型减速器,使风扇、低压压气机均处于最优转速下工作,可使发动机中压气机,涡轮总级数减少 40%,叶片数减少 50%,该减速器传动 2 386 kW 功率,输入转数 9 160 r/min、减速比 3∶1,质量仅为 640 kg,即每马力仅 0.98 kg。外径仅 0.457 m,传动效率高达 99.5%,这是在减速器的发展中取得的重大突破,估计会很快在高涵道比涡轮风扇发动机中得到推广。

(5)新一代战斗机要求发展推重比为 10 一级的发动机

1997 年 9 月 7 日,美国研制的 F22“猛禽”战斗机首飞成功。开始了新一代战斗机(被称为第四代战斗机)的试飞阶段,这标志着战斗机的更新换代将成为现实。第三代战斗机是 1974 年进入空军服役的,F22 于 2004 年后装备空军使用。两者相隔 30 年,两者研制周期分别为 6 年和 20 年,研制经费分别为 18.5 亿美元和 200 亿美元,可见研制新一代战斗机工作的艰巨性。

F15 和 F22 分别使用 F100 和 F119 发动机分属第三、第四代,发动机中压气机、涡轮总级数前者为 17,后者仅为 11,发动机零件总数,后者比前者少 40%,不加力最大推力后者比前者大 47%,巡航耗油率后者比前者低 11%,后者的可靠性,维修性比前者好。

以上从战斗机和旅客机发展事例来看,说明发动机在飞机发展中所起到的重大作用,也说明了人类在航空领域的每一次重大进展,无不与航空发动机技术的突破和进步密切相关。而发动机每一次突破,又是采用了当时科学研究,工业生产中与航空发动机有关领域所取得的成果而获得的。随着科学技术突飞猛进的发展,航空发动机也将得到更大的发展。

2. 军用航空发动机的发展

(1)军用航空发动机发展

半个多世纪以来,航空涡轮发动机在技术方面已取得巨大的进步。服役中的战斗机发动机推重比从 2 提高到 7 ~ 8;不加力耗油率从 1.0 kg/(daN·h) ~ 1.2 kg/(daN·h)下降到 0.6 kg/(daN·h) ~ 0.7 kg/daN·h,正在研制中的发动机推重比达 9 ~ 10,耗油率进一步下降 8% ~10%，将在 21 世纪投入使用。在性能提高的同时，发动机可靠性和耐久性也有很大改善，热端零件寿命为 2 000 个循环左右。

战斗机发动机一直处于航空发动机技术的前沿，见表 8－3。就现役而言，自 1973 年美国普·惠公司研制出首台推重比 8 一级的 F100 发动机以来，相继又有美国通用电气公司的 F404 和 F110，西欧三国联合研制的 RB－199，法国的 M53 和前苏联的 PД－33 及 АЛ－31ф 投入使用。它们已成为现役一线战斗机的主要动力，除 M53 的单转子涡轮风扇发动机其推重比只有 6.2 外，其余皆为双转子或三转子涡轮风扇发动机，推重比为 7.0 ~8.0。预计，推重比 15 ~20 一级的发动机将于 2015 ~2020 年间研制成功。

表 8－3　四代喷气战斗机典型机型

美国飞机及发动机	前苏联飞机及发动机	备　注
F86(40 年代末)	米格－15(PД－45)	第一代(退役)
F104(50 年代末)	米格－21(P11－Φ300)	第二代(服役)
F4(60 年代初)	米格－23(АЛ－21Φ)	第二代(服役)
F15(F100、F110) F16(F100、F110)	苏－27(АЛ－31Φ) 米格－29(PД－33)	第三代(服役)
F22(CF119)	米格飞机(АЛ－41Φ)	第四代(在研)

(2)第三代战斗机及所用发动机

典型第三代战斗机及所用发动机，见表 8－4。

表 8－4　第三代战斗机及所用发动机表

机　型	用　途	生产年份及架次	动　力	国家
F15	双发歼击机	1974.11 交付使用	F100－PW－100	美国
F16	单发歼击机	1984.7 交付使用	F100－PW－200 F100－PW－229 F110－GE－100 F110－GE－129 F100－PW－220	美国
F/A18	舰载歼敌攻击机	1980.5 交付海军 1992.1 装备海军 1 050 架	F404－GE－400 F414－GE－400	美　国
苏－27	双发歼击机	1984 年服役	АЛ－31Φ	前苏联
米格－29	双发歼击机	1983 年服役	PД－33	前苏联
米格－31	双发歼击机	20 世纪 80 年代初期		前苏联
苏－33 苏－35	双发歼击机	20 世纪 90 年代	АЛ－31Φ 改型	前苏联
狂风 Ternado	双发歼击机	1978 年 7 月服役	RB199	欧洲
幻影 2000	双发歼击机	1983 年服役	M53	法国

第三代战斗机用发动机特点：

起初的性能指标选取的偏高。在工艺过程中使用了大量新技术、新材料和新结构，缺少相应的可靠性、耐久性验证，致使在使用中出现了大量可靠性问题，甚至影响了飞机的飞行，使第三代发动机的研制、改型时间较长。在 30 年的使用过程中出现了大量的改进型号，同时也使航空发动机的设计标准和方法有了质的变化。

(3)第四代战斗机及所用发动机

从 20 世纪 80 年代中期起，发达国家开始为 90 年代战斗机研制新一代发动机，但技术发展和验证以及系统的论证工作开始的则更早。美国对 90 年代战斗机的要求如下：

①具有超音速巡航能力。以前的战斗机都以开加力状态实现持续超音速巡航的。90 年代战斗机则要求以不加力状态达到 M = 1.5 左右的巡航速度。这样既可以加大飞机的作战半径，提高突防能力，又可以大大减少超音速时红外辐射，提高生存力。为达到此目标，要求发动机在 M = 1.5 左右的不加力状态推力比现役发动机提高 60%，这就需要大幅度提高燃气初温。

②为飞机提供短距离和非常规机动能力。为达到此目的，除提高发动机推重比从而提高飞机的推重比外，主要依靠矢量推进技术(包括二元和轴对称矢量推力喷口为飞机提供直接力控制，从而保证飞机具有非常规机动能力和短距离起落能力。此外，根据 2000 年的可靠性和维修性计划，对发动机的适用性、可靠性、耐久性和维修性等也提出了更高的要求，最终使寿命期费用降低 25%。

③具有隐身能力。发动机的红外和雷达反射信号特征要尽可能小。对发动机而言，则要尽量少用加力状态，采用 8 字形进气道以避开风扇旋转金属的外反射。另外，二元喷口也有助于减少这两种信号特征。

④加力推重比提高 20%，零件数量减少 40% ~ 60%，可靠性提高一倍，耐久性提高二倍，寿命期费用降低 25% ~ 30%。

一些发达国家在 20 世纪 90 年代初就开始研制新的一代发动机，并在 90 年代中后期定型，见表 8 - 5。它们是美国普·惠公司的 F119，英国等西欧四国联合研制的 EJ200 和法国的 M88。前两种发动机推重比为 9 ~ 10，M88 推重比为 8.8。据了解，俄罗斯也有研制水平相当的 АЛ - 41Ф 发动机的计划。但由于缺乏资金，进度会往后拖。

表 8 - 5　90 年代战斗机发动机主要参数和用途

性能参数	F119	EJ200	M88 - 2	АЛ - 41Ф
不加力推力/daN	9 790	6 000	5 000	
加力耗油率/(kg/(daN · h))	2.40	1.73	1.80	
不加力耗油率/(kg/(daN · h))	0.62	0.79	0.89	
推重比	>10	~10	8.8	~10
总增压比	26	26	25	
燃气初温/K	1 977	1 803	1 850	1 743 ~ 1 841
涵道比	0.2 ~ 0.3	0.4	0.3 ~ 0.5	
用途	F22	EF2000	阵风	米格战斗机

美国空军第四代战斗机的主要代表是先进的战略战斗机 F22(猛禽)，其飞机是由洛克

希德、波音公司联合设计研制的。动力装置由普·惠公司研制的 F119－PW－100 涡轮风扇发动机，1997 年 9 月 7 日首飞。

1983 年 5 月由英国、法国、德国、意大利、西班牙五国提出了为下一代空军的装备计划，联合设计生产欧洲先进的战斗机 EF2000。1985 年 7 月法国由于奉行军用航空独立的政策，为确保 1983 年启动的“阵风”飞机研制计划而宣布退出，1992 年 6 月德国由于经费问题也宣布退出，同年 8 月复入，但降低研制费用 30%，飞机和发动机性能略有下降。

在俄罗斯也同时进行了第四代战斗机的研制，据称 MFI 大型多用途战术战斗机的起飞推重比达到 1.25，各项飞机性能指标不低于 F22，其发动机为 АЛ－41Ф 涡轮风扇发动机。

第五代发动机发展请见前面提及的(IHPTET 计划)

3. 大涵道比风扇发动机的发展

由于世界航空运输量增长迅猛，20 世纪八九十年代约为每年递增 6%～10%，今后 20 年每年预计增长 5%，世界运输市场需要大量客机，因此干线客机发展十分迅猛，竞争十分剧烈，其中大型干线飞机在航空运输中占有统治地位，而其所用的发动机全部是大涵道比涡轮风扇发动机。因此，大涵道比涡轮风扇发动机的可靠性、经济性和全寿命使用成本直接影响飞机的市场竞争力。因此两大飞机公司(波音、空中客车)，三大发动机公司(普·惠、通用电气 GE、罗·罗及三家国际合作公司:CFMI、IAE、宝马)纷纷推出各种档次的飞机及发动机，而且均采用了最新、最好的技术，以求得在市场上有一定的份额，这是竞争促进技术发展的实例。

当今世界上的民用航空市场，美国波音公司和欧洲空中客车公司的产品占有率在 90% 以上，波音公司的主要产品有：四发的 B717，B707，B747－400 和双发的 B737－300，400，500，700，800，B757－200，B767－300，B777 等飞机，空中客车公司的产品有 A302，A310，A320，A319，A321，A318，A330 等除 A340 是四发动机以外，其余的都是三发动机。

1990 年初波音公司提出竞争计划，计划在 1995 年 6 月推出大型双发客机 B777 投入航线使用，以此来与对手的 A340 和 MD－11 展开竞争。

根据飞机的需要，发动机按推力的大小可分为特小推力发动机(69 kN～80 kN)，小推力发动机(90 kN～150 kN)、中等推力发动机(170 kN～190 kN)、大推力发动机(230 kN～260 kN)、更大推力发动机(310 kN～328 kN)，也更强调可靠性、适应性、维护性及环保要求，表 8－6 为现役几种典型发动机。

表 8－6　几种典型民用飞机及其发动机

推　　力	发动机类型	飞机名称
特小推力发动机(69 kN～80 kN)	BR710，BR715，PW6000	A317
小推力发动机(90 kN～150 kN)	CFM56(11 000 kg) V2500(12 900 kg)	B737，A319，A321，A320，A340，MD90
中等推力发动机(170 kN～190 kN)	RB211－525E4(17 800 kg) PW2037(17 800 kg)	B757
大推力发动机(230 kN～260 kN)	PW4000(25 000 kg) CF56－80C2(26 200 kg) RB211－524G/H(28 500 kg) CF6－80E1(30 000 kg)	B747，B767，MD11
超大推力发动机(310 kN～320 kN)	PW4168(30 900 kg) TRENT700(30 700 kg)	A300

4. 现代涡轮轴发动机的发展

(1)概述

40多年来,国外已研制了约21个涡轴发动机系列(前苏联除外)。20世纪50年代投入使用的产品属第一代,60年代投入使用的属第二代,见表8-7,70年代末80年代初,投入使用的属于第三代,90年代发展的涡轮轴发动机为第四代。

表8-7 第一、二代涡轮轴发动机典型机型

公司名称	型号	超飞功率/kW	起飞耗油率kg/(kW·h)	总压比	功率重量比kW/kg	燃气加温/K	飞机
GE(美)	T58-GE-10	1 027	0.383	8.4	6.46	1 255	
TM(法)	阿都斯特Ⅱ	404	0.464	5.2	3.63	1 023	
艾利逊(美)	T63-700	309	0.401	7.2	4.32	1 083	A109MK 休斯500MG
TM(法)	ArriellcⅡC	526	0.354	7.88	4.43	1 330	SA365N 海豚 SA365N 黑豹
依索托夫(前苏联)	TV2-117A	1 102	0.374	6.6	3.34	1 123	米8、米4

第一、二代涡轮轴发动机技术特点:

①发动机的调节控制是液压机械式的,不能适应现代军用直升机驾驶的控制要求;

②均未采用进气净化技术措施,吸入的砂石打坏发动机和影响发动机性能,降低使用寿命。

③动力装置未对军用直升飞机的红外抑制要求备有措施,排气温度均在500 ℃以上,对直升机生存能力有较大影响。

(2)第三代涡轮轴发动机(见表8-8)

表8-8 第三代涡轮轴发动机典型机型

公司名称	型号	超飞功率/kW	起飞耗油率kg/(kW·h)	总压比	功率重量比kW/kg	燃气加温/K	飞机
RR公司(英)	RR-1004	1 648	0.299	12	4.63	1 263	A129猫
TM公司(法)	TM333	740	0.313	11	5.3	1 370	SA365M 黑豹
RR公司和TM公司	RTM322	1 566	0.262	15	7.35		YH-60AAA H64A
GE公司(美)	T700	1 266	0.286	15	6.54		UH-60A AH64A
前苏联	TV3-117	1 470	0.319	9.4	5.16	1 890	米-24、米-17 卡32、卡-27

20 世纪 70 年代末、80 年代初，各国争相研制性能更好的军用直升飞机，急需要与这匹配性能更好的涡轮轴发动机，在当时依靠第二代改造提升性能会遇到更多困难，因此有关国家不得不开展第三代涡轮轴发动机研制工作，目前这一代发动机正处于生产和使用高潮期，其特点如下。

①通过改进气动设计和材料，大大提高循环参数。例如法国 TM 公司的第三代发动机 TM319 与其第一代阿都斯特相比，单级离心压气机压比从 3.8 提高到 8.1；不冷却涡轮的工作温度从 1 123 K 提高到 1 303 K，从而使功率重量比和燃料消耗率分别改进 72% 和 40%。

②开始在一些功率较大的发动机上采用气冷涡轮叶片，如美国的 T700 和英法合作研制的 RTM322，使涡轮前温度提高到 1 373 ~ 1 600 K。

③简化结构、减少零件数量，减轻了质量，提高了可靠性和维修性。

④采用单元体设计，便于维护修理。第三代涡轮轴发动机无例外地采用了单元体结构和状态监控技术，从而可以实施视情维修。

⑤逐步完成从液压机械式控制向全权数字式电子控制的过渡，大大提高了控制变量数、精度和可靠性，减轻了驾驶员的操作负荷。

⑥寿命期费用比第二代机大大减少。

(3) 第四代涡轮轴发动机的发展

为了满足 2000 年前后新发展的军用直升机性能不断提高的要求，国外有关国家的一些发动机公司已瞄准下一代直升机的动力市场，准备开发第四代涡轮轴发动机，见表 8-9。

表 8-9　第四代涡轮轴发动机表

公司名称	型号	超飞功率 /kW	起飞耗油率 kg/(kW·h)	总压比	功率重量比 kW/kg	燃气加温 /K	直升机
艾利逊和加雷特（美）	T800 - LHT	919(1 250)			6.76(9.19)		
MTU(德) TM(法) RR(英)	MTR390	950(1 293)	0.274	14	5.49(7.47)	1 423	GATHP AH-2/H AP
通用与普惠(美)	T800 - APW	894(1 217)	0.288		6.62(9.00)		

第四代涡轮轴发动机的技术特点是：

①多采用双级离心式压气机，较第三代以前的涡轮轴发动机轴流－离心组合相比，离心压气机可缩短跨距，从而提高转子的临界转速，改善转子动力学特性（工作转速内无轴弯曲临界转速），而且减少了零件数量，并且有耐腐蚀和抗外物损伤的能力；

②采用浮壁式回流环形燃烧室，增强了燃烧室的可靠性和寿命；

③采用可拆卸的整体式粒子分离器，既解决了进气净化问题，也提高了动力装置的生存能力，而且维修性上也更加合理；

④采用全权数字式电子控制系统同时，还采用了状态监控系统（包括振动监控、过滤器堵塞指示，磁塞（即磁性捡屑器）及发动机正常状态监控和发动机寿命记录器等，以便实施

视情维修,使外场维护工作量减少);

⑤发展新的单晶涡轮叶片材料提高燃气初温,因为涡轮轴发动机空气流量小,最好不采用气冷。

8.3 航空发动机的舰用化改装问题

由上面的分析和介绍,使我们认识到航空发动机(航空燃气轮机)技术日新月异的发展,为实现航空发动机的舰用化改装提供了雄厚的技术基础。航空发动机的舰用化改装经各国实践证明,它是发展船舶燃气轮机的有效技术途径。

把航空发动机改为船舶燃气轮机,必须进行舰用化改装,其理由是很明显的。因为航空发动机是按航空使用环境条件和相应的设计规范设计研制的。它的参数、材料、结构和运行性能等各方面尚不能满足和适应船舶海洋条件的要求,因而必须根据船舶海洋条件对船舶燃气轮机动力提出的一系列具体技术要求,对航空发动机进行认真、切实的改装设计。

8.3.1 参数选择和部件改型

1. 主要参数的选择

理论和实践告诉人们,并非任何一种航空发动机随意拿来就能作为舰用化改装的母型机的。例如早期开发的具有低压比,燃气初温不高的歼击机用涡轮喷气发动机,由于其翻修寿命很短,耗油率高。尽管尺寸小、质量轻、结构也紧凑,却不适宜被选择作为改装的母型机。唯有那些成批生产,经长期应用表明其技术成熟,具有高增压比、高燃气初温、高性能指标的涡轮喷气发动机和涡轮风扇发动机才能作为舰用化改装的母型机(在早期也用过涡轮轴发动机和涡轮螺旋桨发动机,但现已少用)。例如:CF6/TF39、奥林普斯 201、TF41、JT9D、TF40、太因、RB211 等性能优良的航空发动机最为适宜。当然,利用新一代包含当代最新、最先进航空发动机技术的高、低涵道比的军用和民用涡轮风扇发动机是入选舰用化改装或技术移植的最佳选择对象。

由于高参数航空发动机采用了高平均切线速度达 450 m/s,这就对应了较高的工作转速。尤其燃气初温也高达 1 260 ℃以上,甚至更高。考虑到船舶燃气轮机的工作条件比航空发动机更加恶劣。具体体现在:工况变化更频繁,特别是对于全工况推进主机,几乎在全部负荷范围内进行变化;在高负荷下持续使用时间较长,一般不小于 1 h。而航空发动机运行工况变化范围小,一般在 0.7 ~ 1.0 工况范围内变化,高负荷持续时间一般仅使用 5 min ~ 10 min。在海平面工作,空气密度大、压强高、气动负荷大,要求有更长的翻修寿命。因此,在航空发动机舰用化改装时,应降低转子的工作转速,也应降低燃气初温,即把设计点进行适度的调整。这样虽然会使燃气轮机的效率和功率都有所降低,但换取了转子和主要零部件工作应力、热负荷的大大降低,轴承等工作条件的改善,最终使燃气轮机的工作可靠性和寿命得到了确实的保证。故这样选择船舶燃气轮机设计点参数(降温、降转)是可取的,是有很大好处的。

值得指出的是,降低燃气初温比降低转速有更大的作用。以奥林普斯 201 型航空双转子涡轮喷气发动机为例,原设计点燃气初温为 1 077 ℃,低压压气机转速为 6 400 r/min,而舰用化改装成奥林普斯 TM3B 时,燃气初温变为 922 ℃,降低了 155 ℃,低压压气机转速变为 6 380 r/min,仅降低 20 r/min,以及舰用斯贝 SM1A 的燃气初温比 TF41 降低了 190 ℃,

皆取得了良好效果。

2. 压气机和涡轮部件的改装

由于船舶燃气轮机轴功率输出的特点，因此，无论是用涡轮喷气发动机还是用涡轮风扇发动机作为设计母型，均需要去掉其尾喷管、加力燃烧室及反推力装置，把航空发动机改变成燃气发生器，并配上重新设计的动力涡轮，这样构成符合技术要求的船舶燃气轮机。这样，由原航空发动机的三大部件（压气机、燃烧室和涡轮）形成船舶燃气轮机的燃气发生器，产生高温高压的燃气来驱动新配置上的动力涡轮产生机械功，带动船舶螺旋桨，以完成船舶推进的任务。

由于船舶燃气轮机皆设计成单流路形式，因此单涵道（亦为单流路式）的涡轮喷气发动机作为设计母型时，压气机和涡轮部件仅做少量的适应性改装设计，可不做大的改装设计。但若用具有内外涵（为双流路）道的涡轮风扇发动机作为设计母型时，则需要把原来的双流路改装成单流路形式。为此，必须对风扇压气机进行很大的改装设计（即重新设计低压压气机或对原风扇进行顶切设计）。由于低压压气机的重大变动，因此与其相匹配的低压涡轮要重新设计。

对于三转子涡轮风扇发动机 RB211－22B 舰用化改装时，去掉前风扇，及其驱动涡轮（3 级低压涡轮），使之成为一个双转子单路式燃气发生器，原来的中压压气机变为低压压气机。由于第 1 级压气机进口状态与原来的不同，变成了由大气中直接吸气，因而，该压气机的第 1 级（包括静子和转子），又设计出了新的低压涡轮。而动力涡轮是由奥林普斯 TM3B 的动力涡轮改型设计的。图 8－11 所示为 RB－211 改装前后的对照。

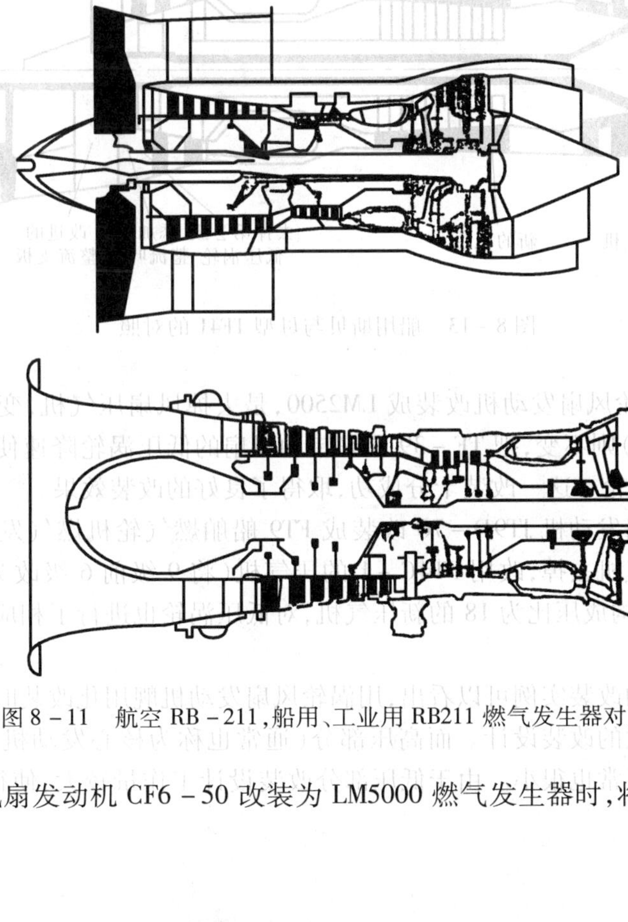

图 8－11　航空 RB－211，船用、工业用 RB211 燃气发生器对照

双转子涡轮风扇发动机 CF6－50 改装为 LM5000 燃气发生器时，将单级风扇和 3 级低

压压气机改为 5 级低压压气机(重新设计前 2 级,后 3 级维持不变)。由于去掉了大流量风扇,使低压压气机耗功大为减少,故重新设计了低压涡轮,由原来的 4 级变为了 1 级,其改装前、后对照如图 8 - 12 所示。

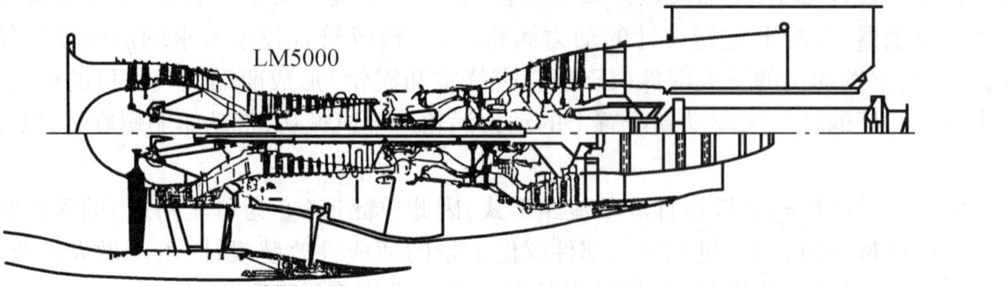

图 8 - 12　LM5000 与 CF6 - 50 的对照

双转子涡轮风扇发动机斯贝 168 - 25(美国改型称 TF41)作为母型改装成舰用斯贝时,对低压压气机进行了重新设计(原 TF41 的低压压气机包括 5 级风扇),使新的 5 级低压压气机在整个功率范围内都具有较高的效率,由于带动低压压气机的低压涡轮耗功减少(减少到原来的 55%),故也做了重新设计,级数仍为 2 级。其前后改装对照如图 8 - 13 所示。

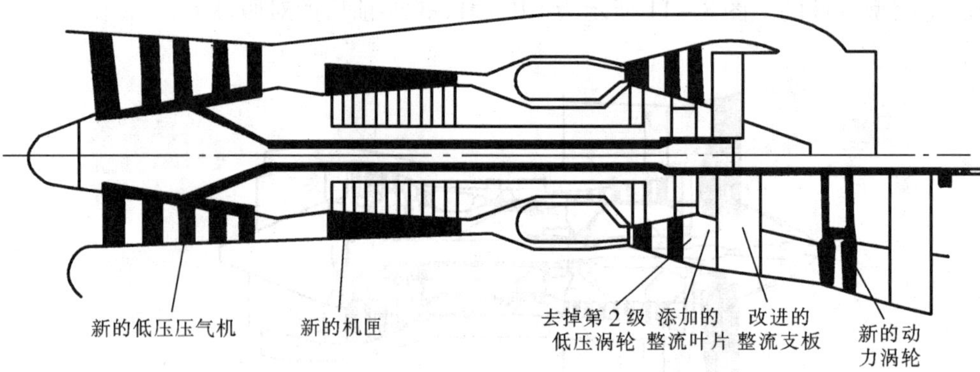

图 8 - 13　船用斯贝与母型 TF41 的对照

TF - 39 航空涡轮风扇发动机改装成 LM2500,是去掉风扇压气机,变双路为单路结构。而核心机(高压系统)则不变,把 TF - 39 原来带动风扇的低压涡轮降速使用并增加 1 级,作为 LM2500 的动力涡轮。这一改装十分成功,取得了良好的改装效果。

双转子涡轮风扇发动机 JT9D - 70 改装成 FT9 船舶燃气轮机燃气发生器时,将原来的单级风扇和低压压气机去掉,改用 FT4C - 1 的压气机(将 9 级前 6 级改为低压压气机),这样连同高压压气机,构成压比为 18 的新压气机,对低压涡轮也进行了相应的改装,由 4 级变为了 1 级。

从上面列举出的改装实例可以看出,用涡轮风扇发动机舰用化改装时,低压压气机和低压涡轮往往要做较大的改装设计。而高压部分(通常也称为核心发动机部分)一般维持基本不变,即使改动,通常也很小。由于低压部分改装设计工作量较大,使得性能匹配和调试